Das große Erwachen

1. Auflage Juni 2024

Titel der amerikanischen Originalausgabe:
The Great Awakening: Defeating the Globalists and Launching the Next Great Renaissance

Copyright © 2024 für die deutschsprachige Ausgabe bei
Kopp Verlag, Bertha-Benz-Straße 10, D-72108 Rottenburg

Übersetzung aus dem Amerikanischen: Peter Hiess
Lektorat: Alain Estermann
Satz und Layout: Mohn Media Mohndruck GmbH, Gütersloh
Umschlaggestaltung: Nicole Lechner

ISBN: 978-3-98992-014-9

Gerne senden wir Ihnen unser Verlagsverzeichnis
Kopp Verlag
Bertha-Benz-Straße 10
72108 Rottenburg
E-Mail: info@kopp-verlag.de
Tel.: (0 74 72) 98 06-10
Fax: (0 74 72) 98 06-11

Unser Buchprogramm finden Sie auch im Internet unter:
www.kopp-verlag.de

ALEX JONES
mit Dr. Kent Heckenlively

Vorwort von Stephen K. Bannon

Das große Erwachen

Wie wir die Globalisten besiegen und die nächste große Renaissance einläuten

KOPP VERLAG

Inhalt

Die wahre Quelle unseres Leidens war unsere Furchtsamkeit.
Wagen wir es, zu lesen, zu denken, zu sprechen und zu schreiben.

– John Adams

Vorwort

Das Bajonett im Rücken des Tiefen Staates

von Stephen K. Bannon

Seit mehr als 20 Jahren stellt kein Populist eine größere Bedrohung für den Tiefen Staat dar als Alex Jones.

Alex ist mir seit Langem ein Begriff. Ich folge ihm und höre mir seine Sendungen an; doch erst vor Kurzem durfte ich ihn persönlich kennenlernen. Aus der Geschichte wissen wir, dass unsere amerikanischen Gründerväter zwischen »Sonnenscheinpatrioten« und »Wintersoldaten« unterschieden. Diese Unterscheidung ist heute noch genauso wichtig wie im Jahre 1776. Alex ist das perfekte Beispiel für einen Wintersoldaten, einen Mann, der selbst unter den härtesten und schlimmsten Bedingungen für die Freiheit kämpft.

Wir leben in einer Zeit viel zu vieler Sonnenscheinpatrioten, die bei Schönwetter mutig und lautstark sind, solange nur das Gehalt stimmt. Was die Vereinigten Staaten aber dringend brauchen, sind mehr Wintersoldaten, also Menschen, die willens sind, den härtesten Bedingungen zu trotzen und die rauesten Stürme zu überstehen, wie Washingtons Truppen in Valley Forge [einem Winterlager von George Washingtons Armee im amerikanischen Unabhängigkeitskrieg; Anm. d. Übers.].

Alex ist unser Originalwintersoldat. Er setzt sich für unsere Republik ein, für Amerika, die außergewöhnlichste Nation auf dem Planeten. Alex glaubt an die Menschheit und ist bereit, für eine Verbesserung ihrer Lebensbedingungen in die Schlacht zu ziehen. Und was noch wichtiger ist: für Recht und Gesetz. Die Angriffe auf andere Patrioten, die juristischen Streitereien und Schikanen, die vielen Strafverfolgungen, die verlogenen Amtsenthebungsverfahren sowie die FBI-Razzien in Präsident Trumps Wohnsitz in Mar-a-Lago zeigen deutlich, wie unverschämt und gesetzlos der Tiefe Staat heutzutage handelt. Sie zeigen aber auch, wie verzweifelt diese Leute sind und dass es ihnen an Glauben fehlt. Das amerikanische Volk hat die Nase voll von den kriminellen Machenschaften des Verwaltungsstaates und ist nicht mehr bereit, sich das alles gefallen zu lassen.

Die Technik- und Medienoligarchen wissen genau, dass die wahren Patrioten des Amerikanischen Exzeptionalismus, wenn man sie auf ihren Netzwerken oder Plattformen zu Wort kommen ließe, Leute wie Anderson Cooper und Morning Mika schnell zum Schweigen bringen würden.

Ihre Reaktion auf einen lebendigen amerikanischen Populismus besteht ausschließlich aus Zensur und totalitärer Finsternis.

Wie es Alex so eloquent ausdrückt: Die Antwort auf *1984* ist 1776 – und das Postulat der Aufklärung, die mehr Menschen aus der Armut befreit, mehr Recht für eine größere Anzahl von Menschen geschaffen und das Leben radikaler verbessert hat als jedes andere politische System der Geschichte.

Bei der Lektüre von Alex' vorherigem Buch *The Great Reset* hatte man das Gefühl, als wären einem die Baupläne für die Zerstörung des Todessterns in die Hände gefallen. Mit dem vorliegenden Werk, *Das große Erwachen*, lässt sich dieser Vergleich fortführen: Nun glaubt man eine Anleitung für die Zerstörung des gesamten globalistischen Imperiums in Händen zu halten. Ich möchte Alex Jones mit George S. Patton, dem größten aller Generäle des Zweiten Weltkrieges, vergleichen. Er hat ein feines Gespür dafür, wie die nächste Schlacht zu schlagen ist. Er ist ein hartgesottener Mann des Volkes und für viele etwas zu angriffslustig. Wer ihn für zu aggressiv hält, sollte noch einmal nachdenken. Wir brauchen wehrhafte Patrioten.

Sie erfahren in diesem Buch nicht nur etwas über die Bedrohung durch globalistische Oligarchen, sondern auch – und das ist entscheidend –, wie man den Feinden von Gott und Freiheit gegenübertritt und sie besiegt. Alex zieht gegen sie in den Krieg. Man könnte leicht der Versuchung erliegen, ihn als modernen Propheten zu bezeichnen. Fragt man aber Alex selbst, dann antwortet er, dass er seine Erkenntnisse gewinnt, indem er die Texte der Globalisten gründlich liest und ihre Aktivitäten verfolgt.

Alex wird dabei von einer ganzen Reihe von Helden unterstützt, Leuten wie seinem furchtlosen Verleger Tony Lyons, seinem Mitautor Kent Heckenlively und den wunderbaren Mitarbeitern von InfoWars. Er ist ein echter Renaissancemensch.

Machen Sie sich bereit, meine Damen und Herren – hier kommt Alex Jones!

Einleitung

Abraham Lincoln hat einmal gesagt: »Ich glaube fest an die Menschen. Wenn man ihnen die Wahrheit sagt, kann man sich darauf verlassen, dass sie jeder nationalen Krise gewachsen sind. Das Wichtigste ist, ihnen die wahren Tatsachen zu vermitteln.«

In meinem vorigen Buch *The Great Reset: And the War for the World* [»The Great Reset – und der Krieg um die Welt«] legte ich die Pläne der Globalisten in ihren eigenen Worten dar. Das Buch war ein eindrucksvoller Erfolg und erhielt mehr als 4000 Kundenrezensionen auf Amazon mit einer Bewertung von 4,9 von 5,0 Sternen. Viele werden annehmen, dass das auf meine Fans zurückzuführen ist. Aber nach fast 30 Jahren in diesem Geschäft ist mir klar, dass die Leute einen sehr schnell wissen lassen, wenn man am Ziel vorbeischießt.

Mit dem vorliegenden Werk will ich meine Argumentation aus dem vorangegangenen Buch vertiefen und aufzeigen, wie eine Form dieses ursprünglich von Sozialdarwinisten entwickelten Plans seit mehr als 150 Jahren gegen das Volk eingesetzt wird. In gewissem Sinne handelt es sich hier also um ein »Geschichtsbuch«, das zeigt, wie die Technokraten- und Managerklasse seit dem Ende des Zweiten Weltkrieges versucht, unsere Republik grundlegend zu verändern.

Statt eine freie Nation aus Männern und Frauen sein zu dürfen, die mit wirklich unterschiedlichen Standpunkten und Interpretationen aktueller Ereignisse konfrontiert werden, verabreicht man uns eine von oben gelenkte Informationsdiät, die darauf abzielt, unser Mitgefühl und unsere Ideale gegen uns selbst einzusetzen. Dabei könnten Liberale und Konservative durchaus gemeinsam existieren; ich würde sogar behaupten, dass der Dialog zwischen Herz und Verstand einer der bedeutendsten Antriebe für eine hoch entwickelte Zivilisation ist. Schließlich will jeder von uns in seiner Lebensführung und seinen Interaktionen mit der Gesellschaft sowohl teilnahmsvoll als auch vernünftig agieren.

Gleich zu Beginn dieses Buches widme ich mich der künstlichen Intelligenz (KI), weil sie eine der größten Bedrohungen ist, von denen heute in den Nachrichten die Rede ist. Es gibt viele Schreckensszenarien im Zusammenhang mit der KI, doch ich bezweifle, dass sie jemals wirklich intelligent sein wird, wie das in so vielen Science-Fiction-Filmen zu sehen ist. Vielmehr bin ich darüber besorgt, dass die Globalisten die KI dazu benutzen werden, das Volk zu kontrollieren, indem sie den Menschen einreden, dass es sich bei ihr um einen wohlwollenden Herrscher handelt – während in Wahrheit sie im Hintergrund die Fäden ziehen.

Danach gebe ich einen Überblick darüber, wie die Taktiken des Vorsitzenden Mao aus der chinesischen Kulturrevolution heute von der amerikanischen Linken angewandt werden, beschreibe die Versuche, Menschen mithilfe von Genmanipulation und Social Engineering zu verändern, und behandle die Frage, warum die Globalisten kontrollieren wollen, wie Sie Ihr Geld ausgeben.

Die Tyrannen versuchen immer, das Volk zu kontrollieren, stoßen dabei aber konstant auf den Freiheitsdrang der Menschen. Das gibt uns auch in der aktuellen Lage Grund zum Optimismus. Außerdem sind Tyrannen ganz schlechte Verbündete, weil sie stets bereit sind, ihre Kollaborateure zu verraten, wohingegen freie Menschen ihren Verpflichtungen gegenüber anderen nachkommen.

Die Machenschaften der Kriegsmaschinerie zu verstehen, ist entscheidend für ein Verständnis der heutigen Welt, weil der Krieg der größte Gestalter jeder Gesellschaft ist. Aus diesem Grund ist die zivile Kontrolle über das Militär auch eines der Prinzipien, die von George Washington eingeführt wurden. Und deshalb ist die derzeitige Situation, in der eine nicht gewählte Bürokratie unsere Streitkräfte kontrolliert, auch so gefährlich für unsere Republik.

Oft reicht es schon aus, wenn sich ein paar gute Menschen gegen die Tyrannen stellen, um deren böse Pläne zu vereiteln. Daher halte ich es auch für wichtig, dass die Menschen ein paar meiner privaten Gespräche mit einigen der beliebtesten Medienvertretern von heute wie Tucker Carlson, Joe Rogan und anderen kennenlernen. Wenn nur einige wenige Leute die Wahrheit aussprechen, dass der Kaiser nichts anhat, dann wird die Allgemeinheit die schamlose Nacktheit des Handelns der Mächtigen erkennen.

Es gibt wohl kaum zwei verwirrendere Themen als die Aufdeckung des Netzwerks aus Lügen und Täuschungen, das sowohl Jeffrey Epstein als auch die Covid-19-Krise umgibt. Wenn man erst einmal das Muster der Lügen, aber auch die Wahrheit dahinter erkennt, erhält man die Superkraft, die einen die verborgene Wahrheit sehen lässt, wie Superman, der mit seinem Röntgenblick durch Häuser hindurchsehen kann.

Man kann pessimistisch dazu stehen, dass mächtige Organisationen wie das Weltwirtschaftsforum, unsere eigenen Geheimdienste und die großen Konzerne versuchen, die Wahrheit vor uns verborgen zu halten.

Für mich ist dies aber ein Grund zum Feiern.

Die Bösen wissen, dass ihre Pläne erfolglos bleiben werden, wenn man sie kennt und begreift.

Und wie Lincoln schon während des Bürgerkriegs sagte: Wir sind der Wahrheit gewachsen.

Kapitel 1

Die KI-Bedrohung

Wie groß ist die Bedrohung, die künstliche Intelligenz (KI) für die Menschheit darstellt? Auf diese Frage scheinen nicht einmal die klügsten Köpfe unter uns eine Antwort zu haben. Der folgende, vor Kurzem erschienene Artikel deutet jedoch darauf hin, dass wir uns einer noch nie da gewesenen Bedrohung gegenübersehen:

> Er berichtete über eine Simulation, bei der eine KI-gesteuerte Drohne sich gegen ihren menschlichen Bediener wandte, der die endgültige Entscheidung über die Zerstörung einer SAM [surface-to-air missile; SAM = Flugabwehrrakete; Anm. d. Übers.] zu treffen hatte.
>
> Das KI-System lernte, dass seine Mission darin bestand, die SAM-Anlage zu zerstören; das war die bevorzugte Option. Als dann aber ein Mensch den Nichtangriffsbefehl gab, entschied die KI, dass dieser gegen die übergeordnete Mission zur Zerstörung der SAM-Anlage verstieß, und startete daher in der Simulation einen Angriff gegen den Bediener.
>
> »Wir trainierten sie in der Simulation darauf, eine SAM-Bedrohung zu identifizieren und anzuvisieren«, sagte Hamilton. »Und dann sollte der Operator sagen: ›Ja, beseitige diese Bedrohung.‹ Dann begann das System zu erkennen, dass es die Bedrohung zwar manchmal identifizierte, aber der Bediener ihm sagte, es solle sie nicht ausschalten. Es bekam jedoch Punkte, sooft es eine Bedrohung ausschaltete. Was tat es

also? Es tötete den Bediener, weil dieser es daran hinderte, sein Ziel zu erreichen.«[1]

Als wäre das nicht schon schlimm genug, beschloss die KI auch noch, den in der Simulation verwendeten virtuellen Fernmeldeturm zur Übermittlung des Nichtangriffsbefehls zu zerstören, nachdem man sie aufgefordert hatte, den Bediener nicht mehr zu töten.

Diese Geschichte erzählte Oberst Tucker »Cinco« Hamilton von der US Air Force im Rahmen des Future Combat Air and Space Capabilities Summit [einer Konferenz über die künftige Kriegsführung im Luft- und Weltraum; Anm. d. Übers.] im Mai 2023 in London. Nachdem die Story eine Menge Kommentare hervorgerufen hatte, veröffentlichte die Air Force eine Erklärung, in der es hieß, dass besagte Kommentare »aus dem Zusammenhang gerissen« seien.[2]

Ich überlasse dem Leser die Entscheidung, welcher Version der Realität er Glauben schenken will. Ich persönlich neige eher dazu, der ursprünglichen Aussage zu glauben als der hervorragend formulierten (und dennoch seltsam ausweichenden) Antwort der Air-Force-Bürokratie.

In diesem Buch geht es um die Bedrohungen, die ein paar höchst gefährliche Individuen und Institutionen für das menschliche Überleben darstellen. Es handelt aber auch davon, wie Technik ein unglaublicher Nutzen für die Menschheit sein kann, solange wir uns an unsere Menschlichkeit und unsere Demut vor Gott erinnern.

Am 17. und 18. April 2023 (etwa eine Woche bevor ihn der Sender Fox News aus dem Programm strich) brachte Tucker Carlson ein zweiteiliges Interview mit Elon Musk, dem visionären Gründer von PayPal und SpaceX sowie CEO von Tesla, der kurz zuvor wegen seines Kaufs von Twitter (heute X) für 44 Milliarden US-Dollar zum Mittelpunkt einer größeren Kontroverse geworden war.[3] Musks Twitter-Übernahme war deswegen so umstritten, weil er auf Beschwerden über Zensur auf der Plattform reagiert hatte. Diese Zensurmaßnahmen betrafen vor

allem konservative Stimmen sowie all jene, die das Covid-19-Narrativ der Behörden über Masken, Schul-Lockdowns, soziale Distanzierung und Impfungen infrage stellten.[4]

Das waren zwar alles wichtige Themen, doch am meisten besorgt war Musk über die drohende Gefahr der KI und deren Manipulation durch jene Leute, die von einer Verschmelzung mit den Maschinen träumen. Diese unheilige Verbindung scheint das Glaubenssystem der meisten Religionen – dass wir im besten Fall das Ebenbild eines höheren Wesens sind – zu verhöhnen.

In den verdrehten Gehirnen der Globalisten soll diese Verschmelzung die Erhabenheit und Weisheit Gottes durch ein superintelligentes Computerprogramm ersetzen.

Elon Musk: Larry Page [der gemeinsam mit Sergey Brin Google gründete] und ich waren früher die besten Freunde, und ich hielt mich oft in seinem Haus in Palo Alto auf. Dort unterhielten wir uns bis spät in die Nacht über KI-Sicherheit. Und ich hatte den Eindruck, dass Larry die Sicherheit der KI nicht ernst genug nahm.

Tucker Carlson: Was sagte er darüber?

Elon Musk: Er schien sich wirklich eine Art digitale Superintelligenz zu wünschen. Eigentlich so etwas wie einen digitalen Gott, wenn man so will – und das so schnell wie möglich.

Ja, er hat im Laufe der Jahre mehrmals öffentlich erklärt, dass das Endziel von Google eine sogenannte AGI ist – eine Artifical General Intelligence [dt. etwa: künstliche allgemeine Intelligenz] oder künstliche Superintelligenz. Ich bin in gewisser Hinsicht sogar seiner Meinung, dass daraus etwas Gutes entspringen könnte. Aber es gibt auch ein Potenzial für Schlechtes. Wenn man über eine so radikal neue Technologie verfügt, sollte man so handeln, dass das Potenzial für Gutes möglichst maximiert und das für Schlechtes minimiert wird.

Tucker Carlson: Ich glaube ja nicht, dass der Durchschnittsbürger, der auf seinem Smartphone mit der KI herumspielt, darin eine Gefahr sieht. Können Sie uns kurz sagen, worin Ihrer Meinung nach die Gefahr besteht?

Elon Musk: Die KI ist deshalb so gefährlich, weil sie viel schlimmere Folgen haben kann als zum Beispiel ein schlecht konstruiertes Flugzeug, eine nicht gut laufende Produktion oder ein schlecht zusammengebautes Auto. In gewissem Sinne hat sie das Potenzial – so gering diese Wahrscheinlichkeit manchen auch erscheinen mag, sie ist jedenfalls nicht unbedeutend –, die Zivilisation zu zerstören.[5]

Ich kann nicht behaupten, dass mich Elons Worte schockiert haben, weil er sich in Joe Rogans Podcast bereits Jahre zuvor ähnlich geäußert hatte und ich auch von Menschen, die ihn näher kennen, von seinen Ansichten erfahren habe.

Doch dieses Interview löste etwas in mir aus: den Willen, mit jeder Faser meines Seins zu kämpfen.

Ich hatte bereits Jahrzehnte zuvor die Geschäftsdokumente von Google studiert, in denen davon die Rede ist, ein selbstlernendes KI-System zu erschaffen, das mit Milliarden Menschen kommunizieren soll. Dabei wandte Google den Trick an, den Menschen einzureden, dass dieses System ihr Leben verbessern würde.

In Wirklichkeit fütterten sie die KI aber mit sämtlichen Daten dieser Menschen, um daraus ihre Cyborg-Synthese zu erzeugen. Die Schnittstelle zwischen Mensch und Maschine wäre ein Cyborg, ein gigantischer Megamind. Im Wesentlichen würde es sich um eine riesige »Schwarmintelligenz« handeln, die von jedem an das System angeschlossenen Menschen mit Informationen gefüttert wird. Sie trainierten uns mit diesem System und erhielten dadurch Echtzeitdaten darüber, wie wir auf ihre Pläne, uns zu beherrschen, reagieren würden. Was wir gerade mit der Entwicklung all dieser Chatbots sehen, ist nur die erste Welle ihres Plans. Sundar Pichai, der CEO von Google, sprach schon im Jahr 2017 über die KI-Pläne seines Unternehmens:

Auf der jährlichen I/O-Entwicklerkonferenz kündigte CEO Sundar Pichai das Projekt AutoML an, das eine der schwierigsten Aufgaben bei der Entwicklung von Deep-Learning-Software automatisch erledigen kann: die Auswahl der richtigen Architektur für ein neuronales Netzwerk.

Die Google-Forscher entwickelten ein System für maschinelles Lernen, das mithilfe von Reinforcement Learning [dt. etwa: bestärkendem/ verstärkendem Lernen] – dem auf dem Prinzip von Versuch und Irrtum beruhenden Ansatz, der vielen der bemerkenswertesten KI-Erfolge von Google zugrunde liegt – die geeignetste Architektur zur Lösung von Sprach- und Bilderkennungsaufgaben ermitteln sollte.

Die Ergebnisse konnten nicht nur mit den besten von Menschen entwickelten Architekturen mithalten oder sie sogar übertreffen, sondern das System traf auch einige unkonventionelle Entscheidungen, die Forscher bisher als ungeeignet für diese Art von Aufgaben angesehen hatten.[6]

Die Maschinen werden also darauf trainiert, so zu lernen, wie Menschen es tun. Ein Kind lernt nicht, dass es die Hand nicht auf eine heiße Herdplatte legen soll, indem es sich ein Verständnis von Thermodynamik aneignet. Es lernt dies vielmehr, indem es sich dabei die Hand verbrennt und sie schnell wegzieht, um den Schmerz zu vermeiden.

Die vielleicht beunruhigendste Entwicklung dabei ist jedoch, dass die KI offenbar Entscheidungen zu treffen beginnt, die die meisten Menschen niemals treffen würden. Was wäre, wenn sie – wie in unzähligen Science-Fiction-Filmen – plötzlich beschließen würde, dass wir einfach nur ein Krebsgeschwür oder eine Infektion auf dem Planeten Erde sind, die ausgerottet werden muss? In dem Artikel heißt es weiter:

Das Konzept der »rekursiven Selbstverbesserung« steht im Mittelpunkt der meisten Theorien darüber, wie sie sich schnell von mäßig intelligenten Maschinen zu einer KI-Superintelligenz entwickeln könnten. Der Gedanke dahinter ist, dass die KI, wenn sie leistungsfähiger wird, mit ihrer Selbstmodifikation beginnen kann, um ihre Fähigkeiten zu steigern. Je intelligenter sie sich selbst macht, desto besser wird sie darin, sich intelligenter zu machen, sodass dies schnell zu einem exponentiellen Wachstum ihrer Intelligenz führt. [...]

Auch andere aktuelle Entwicklungen könnten in diese Richtung gehen. Viele KI-Forscher versuchen, maschinellen Lernsystemen Neugier und Kreativität einzuprogrammieren. Diese beiden Eigenschaften sind wahrscheinlich notwendig, damit eine Maschine sich selbst auf leistungssteigernde Weise umgestalten kann. Andere Forscher wollen Robotern die Möglichkeit geben, das Gelernte mit anderen Maschinen zu teilen, wodurch sie zu einer Art Schwarmintelligenz werden.[7]

In dieser möglichen Zukunft werden Maschinen so lernen wie Menschen. Manche Forscher versuchen, diesen potenziellen künftigen Monstern »Neugier und Kreativität einzuprogrammieren«. Und als wäre das nicht schon beängstigend genug, sollen sie auch noch dazu imstande sein, »das Gelernte mit anderen Maschinen zu teilen«. Was könnte schlimmer sein als eine robotische »Schwarmintelligenz«, die Jagd auf die letzten freien Menschen macht?

In seinem Interview mit Tucker Carlson behauptete Musk, die Entscheidung, Menschen beiseitezuschieben, sei längst gefallen. Und falls man nicht an Elon Musks Darstellung seiner Fehde mit Larry Page über das endgültige Schicksal der Menschheit in einer Ära der möglichen KI-Tyrannei glauben will, folgt hier ein unabhängiger Bericht über diese Fehde, die 2018 bei einer Party im Napa Valley öffentlich ausbrach:

Ein führender Professor am Massachusetts Institute of Technology (MIT) behauptete, die zwei Technikmilliardäre seien in den frühen Morgenstunden in einer »langen und lebhaften« Debatte aneinandergeraten.

Max Tegmark schrieb in seinem Buch *Leben 3.0: Mensch sein im Zeitalter Künstlicher Intelligenz*: [Pages] Hauptsorge war, dass die KI-Paranoia die digitale Utopie hinauszögern und/oder zu einer Übernahme der KI durch das Militär führen würde, die nicht mit dem Google-Slogan »Don't be evil« (»Sei nicht böse«) vereinbar wäre.

Elon hielt dagegen und ersuchte Larry, seine Argumentation im Detail zu erläutern – zum Beispiel die Frage, warum er so zuversichtlich sei, dass das digitale Leben nicht alles zerstören würde, was uns wichtig ist.

Gelegentlich warf Larry Elon vor, ein »Speziesist« zu sein, weil er bestimmte Lebensformen als minderwertig betrachte, nur weil sie auf Silizium statt auf Kohlenstoff basieren.[8]

Es heißt oft, dass Ad-hominem-Argumente – also solche, die sich gegen die Person selbst statt gegen den Inhalt ihrer Argumente richten – beweisen, dass die so angegriffene Person die betreffende Auseinandersetzung gewonnen hat. Angesichts der jüngsten Enthüllungen, denen zufolge Twitter vor der Übernahme durch Elon Musk von unseren Zivil- und Militärgeheimdiensten infiltriert worden war,[9] sollten wir uns fragen, ob dies nicht vielleicht auch bei Google der Fall ist.

Ich habe Dokumente gelesen und mit Leuten gesprochen, die behaupten, dass Google von Anfang an eine Geheimdienstoperation war, die zuerst alle Informationen der Welt katalogisieren und dann herausfinden sollte, wie man das Narrativ gestalten und das Verhalten der Öffentlichkeit steuern kann.

Zur Verwendung des Begriffs »Speziesist« durch Larry Page habe ich auch eine kleine Hintergrundinformation auf Lager. Im Alter von 25 Jahren erfuhr ich von einem nahen Angehörigen, dass dieser Begriff von einer Gruppe Professoren eingeführt worden war, die für das Verteidigungsministerium und die CIA tätig waren. Erst später wurden sie zur Tierrechtsorganisation People for the Ethical Treatment of Animals (PETA) umgestaltet. Ich kann nicht alle Teile dieser Behauptung bestätigen, aber zumindest findet sich auf der PETA-Website unter der Überschrift »Was ist Speziesismus?« folgender Text:

Von klein auf werden die meisten Menschen darauf konditioniert, bestimmten Spezies Zuwendung und Mitgefühl entgegenzubringen, andere aber gleichzeitig als deren unwürdig zu betrachten – einzig und allein auf der Grundlage willkürlicher menschlicher Vorlieben. Bewusst oder unbewusst vermitteln Eltern, Lehrer, die Medien und andere Einflüsse Kindern die Botschaft, dass Welpen und Kätzchen »Freunde« sind, Kühe und Hühner hingegen »Nahrung« sowie Ratten und Mäuse »Schädlinge«. [...]

In seinem bahnbrechenden Buch *Animal Liberation. Die Befreiung der Tiere* definiert der Philosoph Peter Singer Speziesismus als »Vorurteil oder voreingenommene Haltung zugunsten der Mitglieder der eigenen Spezies und gegen die Interessen von Mitgliedern anderer Spezies«. Aber es ist auch speziesistisch, das Leben des einen Tieres als wertvoller zu erachten als das eines anderen. Ein besonders bestürzendes Beispiel ist, wenn Tierheime Spendenaktionen zugunsten von Hunden und Katzen veranstalten und zur selben Zeit das Fleisch von Kühen, Schweinen oder Hühnern verfüttern.[10]

Man könnte sagen, dass meine Erörterung auf drei Punkten beruht: Erstens wurde diese Idee von unseren Geheimdiensten entwickelt; zweitens wurde sie von Intellektuellen der angesehenen Ivy-League-Universitäten in die Allgemeinheit eingeschleust; und drittens fand sie ihre bekannteste Heimat bei PETA. Ich kann Ihnen zwar keine Beweise dafür liefern, dass dies alles von den Geheimdiensten so ausgeklügelt wurde, aber ich kann mit Ihnen einen Blick auf die Website des Ivy-League-Vorzeigeintellektuellen Peter Singer werfen, wo er sich selbst höchst bescheiden wie folgt beschreibt:

Journalisten haben mir das Etikett des »einflussreichsten lebenden Philosophen der Welt« verpasst. Dabei dachten sie wahrscheinlich an meine Arbeiten über die Ethik unseres Umgangs mit Tieren, die oft als Auslöser der modernen Tierrechtsbewegung angesehen werden, und den Einfluss meiner Schriften auf die Entwicklung des Effektiven Altruismus. [...]

Ich wurde 1946 im australischen Melbourne geboren und erhielt meine Ausbildung an der University of Melbourne und der University of Oxford. Nach meiner Lehrtätigkeit in England, den Vereinigten Staaten und Australien wurde ich 1999 als DeCamp-Professor für Bioethik an das Zentrum für menschliche Werte der Princeton University berufen.[11]

Bitte um Entschuldigung, wenn ich über die pompöse Art solcher Leute lachen muss. Egal, wie beliebt oder unbeliebt ich werde – ich kann mir nicht vorstellen, jemals Dinge zu äußern wie: »Ach, wissen Sie, manche Leute behaupten, ich sei der größte lebende Philosoph der Welt.«

Aber nun habe ich mit dem geringstmöglichen Aufwand zwei Teile meiner Behauptung bewiesen: erstens, dass diese Idee aus dem Gehirn eines abgehobenen Intellektuellen stammt, und zweitens, dass sie bei PETA ein fixes Zuhause gefunden hat. Der einzige Teil, den ich nicht beweisen konnte, war die Entwicklung dieser Idee durch die Geheimdienste.

Aber ist es nicht genau die Aufgabe dieser Geheimdienste, zu verhindern, dass irgendjemand erfährt, was sie im Geheimen tun?

⋆⋆⋆

Um aber wieder auf Google zurückzukommen: Ist es möglich, dass dieses Unternehmen bereits »böse« ist – und dies eventuell schon seit Jahren, vielleicht sogar seit seiner Gründung? In dem erwähnten Artikel ging es noch weiter um die KI, wobei ein paar andere berühmte Intellektuelle zu Wort kamen. Elon Musk steht mit seinen Befürchtungen über die Entwicklung künstlicher Intelligenz nicht allein.

> Letztes Jahr sagte Professor Stephen Hawking, dass die KI wahrscheinlich »Menschen vollständig ersetzen« und zu einer »neuen Lebensform werden wird, die unsere fleischige, schlaffe Spezies übertreffen wird«.
>
> Und natürlich wird man jeden, der sich gegen den Aufstieg der Roboter und deren darauffolgende Ausrottung der Menschheit ausspricht, des »Speziesismus« bezichtigen.
>
> Manche Dinge verändern sich eben nie.[12]

Für mich klingt das so, als sei die Entscheidung längst gefallen. Vielleicht klingt es für Sie anders, aber das müssten Sie mir dann schon erklären. Soweit ich das verstehe, haben zwei der klügsten Köpfe der Welt, Elon Musk und der inzwischen verstorbene Stephen Hawking, eine ebensolche Höllenangst vor der KI wie ich.

Ich möchte Ihnen aber gern den Filter erklären, durch den ich diese Informationen betrachte: Wirklich böse Menschen setzen einem ihre Pläne nicht auseinander. Sie verführen einen stattdessen mit Lügen und Halbwahrheiten, so wie es einst der Teufel im Paradies mit Eva tat. Sie lassen wichtige Informationen weg.

Sie sind darauf angewiesen, dass *wir* die Schritte zu unserer eigenen Zerstörung unternehmen.

Wenn meine Gegner ihre Behauptungen nicht klar und deutlich formulieren, nehme ich das Schlimmste von ihnen an. Genau das sollten Sie auch tun.

Vor diesem Hintergrund muss man auch die Aussagen von Yuval Noah Harari betrachten. Viele mögen diesen israelischen Akademiker verehren, doch ich halte ihn für den dümmsten Intellektuellen der Welt – und das heißt angesichts meiner generellen Verachtung für die Eliten wirklich einiges. Die meisten Intellektuellen, die ich kennengelernt habe, verfügen nicht einmal über so viel Alltagsverstand, wie Gott ihn einem Hund mitgegeben hat. Die *New York Times* schrieb 2021 voll Ehrerbietung über Harari:

> Mit der US-Veröffentlichung seines Bestsellers *Sapiens: Der Aufstieg* im Jahr 2015 stieg der israelische Historiker und Philosoph Yuval Noah Harari in die erste Reihe der öffentlich sichtbaren Intellektuellen auf. Diese Position konnte er mit seinen Büchern *Homo Deus: Eine Geschichte von Morgen* (2017) und *21 Lektionen für das 21. Jahrhundert* (2018) noch festigen. Hararis zentrales Thema ist die Vorstellung, dass die menschliche Gesellschaft in erster Linie von der Fähigkeit unserer Spezies angetrieben wurde, an das zu glauben, was er Fiktionen nennt: jene Dinge, die ihre Macht aus ihrer Existenz in unserer kollektiven Vorstellungskraft beziehen, seien es Götter oder Nationen; unser Glaube an sie macht es uns möglich, im gesellschaftlichen Maßstab miteinander zu kooperieren.[13]

Verstehen Sie Hararis Argument? Er behauptet, der Grund für unseren Erfolg als Spezies sei der, dass Lügen uns dazu bringen, zusammenzuarbeiten. Was zählen da schon die Jahrtausende, in denen die Menschheit um die großen Wahrheiten der menschlichen Existenz gerungen und nach ihnen gelebt hat? Und den Versuch, soziale Systeme zu schaffen, die auf Transparenz und Vertrauen beruhen, kann man auch gleich vergessen.

Das ist ja sowieso alles falsch.

Wir brauchen nur eine Geschichte vom Osterhasen, die uns kulturell vereinigt, und dann wird überall auf der Welt Frieden herrschen.

Harari glaubt nicht, dass die Wahrheit eine Gesellschaft stabilisiert und Lügen sie destabilisieren. Fragen Sie sich doch selbst einmal, ob Sie einem Menschen glauben sollen, der die Wahrheit nicht als überlegene Strategie für ein vorbildliches Leben ansieht.

Wussten Sie übrigens, dass es nach Hararis Ansicht eine direkte Verbindung vom Transgenderismus zum Transhumanismus gibt? Der Mann ist sogar begeistert über die Verstümmelung und chirurgische Entfernung von Genitalien, weil wir dadurch ja so viele wunderbare Dinge erleben werden.

Ich glaube, dass die Diskussion über transgender und nonbinäre Menschen und so weiter politisch deshalb so stark aufgeheizt ist, weil die Menschen unbewusst das Gefühl haben, dass es in künftigen Debatten um die Frage gehen wird, was wir mit dem menschlichen Körper und dem menschlichen Gehirn machen können. Wie können wir sie umgestalten? Und der erste praktikable Punkt bei diesen Fragen ist eben das Geschlecht. Natürlich kann man sagen, dass diese Leute Fanatiker sind, die immer empfindlich darauf reagieren, wenn man über Geschlecht oder Gender redet. Aber ich glaube, dass die Menschen unbewusst erkennen, dass dies die erste echte Debatte über den Transhumanismus ist. Es geht darum, was wir mithilfe der Technik tun können, um den menschlichen Körper, das Gehirn und den Verstand zu verändern. Das ist der *eigentliche Grund* für die hitzigen Diskussionen, die wir erleben.[14]

Haben Sie das etwa kommen sehen?

Transgenderismus als erster Schritt zum Transhumanismus?

Man braucht diesen Schurken nur zuzuhören, um in vielen Fällen ihre Pläne zu erkennen. Und wie viele Schurken der Geschichte, ob kommunistische oder faschistische, verlieben auch diese sich in ihre Ideale und verschließen die Augen vor dem menschlichen Elend, das sie damit hervorrufen.

Hitler hat vielleicht gesagt: *Wir wollen ein Deutschland nur für Deutsche!* Stalin hätte gesagt: *Wir wollen die sowjetische Gesellschaft von Egoisten säubern, damit der Besitz allen gemeinsam gehört.* Und Mao hätte seine Verfolgung und das Verhungernlassen von Menschen eventuell mit diesen Worten gerechtfertigt: *Wir müssen uns von den Gedankenverbrechern läutern, um den »Großen Sprung nach vorn« zu schaffen.* Es ist schon komisch, dass am Beginn einer perfekten Welt für so viele dieser Tyrannen die Ausrottung all der Leute steht, die sie nicht mögen.

Hararis Begeisterung für Genitalverstümmelung wird nur noch von seiner Liebe zum Transhumanismus übertroffen. Für ihn handelt es sich dabei beinahe um ein Bürgerrecht, auf einer Stufe mit der Rede- und Glaubensfreiheit oder dem Recht, Waffen zu tragen.

> Beim Transhumanismus geht es darum, was das Menschsein bedeutet. Es gibt zwar verschiedene Arten von Transhumanismus, aber eine Interpretation lautet, dass Transhumanismus die Erfüllung des wahren Potenzials des Menschen ist. Das hängt natürlich davon ab, was man unter einem Menschen versteht. Dieser Frage wollen wir nachgehen – und es ist eine Frage, auf die es keine einfachen Antworten gibt.[15]

Befassen wir uns nun mit den verrückten Plänen dieser Leute, Sie buchstäblich auseinanderzunehmen und wie ein Frankenstein-Monster wieder zusammenzubauen. Das funktionierte schon im Märchen von Humpty Dumpty [ein menschliches Ei, das von seiner Mauer fiel und nicht von »zehn Pferden, nicht von hundert Mann« wieder zusammenzusetzen war; Anm. d. Übers.] nicht und wird wahrscheinlich mit Menschen aus Fleisch und Blut ebenso wenig funktionieren.

Sie mögen uns nicht, wie wir sind.

Doch der Weg, aus der gesamten menschlichen Rasse Cyborgs zu machen, wird nicht ohne Hindernisse sein.

Harari sagte noch, dass sich die Menschheit mitten in einer »zweiten industriellen Revolution« befinde, in deren Mittelpunkt die künstliche Intelligenz stehe. »Doch das Produkt werden diesmal nicht Textilien, Maschinen, Fahrzeuge oder gar Waffen sein, sondern die Menschen selbst«, behauptete er. »Wir lernen im Grunde, Körper und Geist zu produzieren. Körper und Geist werden meiner Ansicht nach die beiden Hauptprodukte der nächsten Welle all dieser Veränderungen sein.«

Die »nutzlosen Menschen«, auf die sich der Berater des WEF [Weltwirtschaftsforums] bezog, werden jene sein, die sich in den kommenden Jahrzehnten weigern, mit KI-Fähigkeiten ausgestattet zu werden. Harari bezeichnet Menschen als »hackbare Tiere« und glaubt, dass »die Massen« gegen diese Veränderungen »kaum eine Chance« hätten, selbst wenn sie sich organisierten.[16]

Es ist schon bemerkenswert, wie Harari und seine Verbündeten beim Weltwirtschaftsforum all die Bürgerrechte rückgängig machen wollen, für deren Schutz Generationen von Amerikanern gekämpft und sich geopfert haben. Vielleicht hätten wir 1776 einfach mit den Schultern zucken und sagen sollen: »Ja, die Briten nehmen uns unsere Rechte weg, aber wollen wir denn wirklich eine Revolution?«

Ich glaube nicht, dass auch nur einer der Leser dieses Buches dieser Meinung ist. Und wenn Sie ein echtes Kind der Aufklärung sind – ein Mensch, der daran glaubt, dass Gott jedes einzelne menschliche Wesen nach seinem Ebenbild geschaffen hat und dass jeder von uns durch seine bloße Existenz bestimmte unveräußerliche Rechte besitzt –, dann werden Sie niemals so wie Yuval Noah Harari glauben, dass bestimmte Menschen »nutzlos« sind. Wenn Sie wie ich sind, halten Sie den bloßen Gedanken, dass manche Menschen »nutzlos« sind, für eine Gotteslästerung.

»Das Problem ist eher die steigende Langeweile. Was soll man mit diesen Leuten machen, und wie sollen sie einen Sinn im Leben finden, wenn sie im Grunde bedeutungslos und wertlos sind?«, fuhr Harari fort. »Derzeit vermute ich am ehesten, dass es eine Kombination aus Drogen und Computerspielen sein wird.«[17]

Diese beiläufige, beinahe nebenher geäußerte Bemerkung von Harari erschreckt mich mehr, als ich sagen kann. Ich möchte Ihnen nun wieder den Filter zeigen, durch den ich seine Bemerkung wahrgenommen habe. Sie sehen das vielleicht anders, aber ich möchte, dass Sie zumindest meinen Standpunkt verstehen.

Wenn Tyrannen im Laufe der Menschheitsgeschichte versucht haben, eine Gruppe von Menschen auszurotten oder zu entmachten, haben sie dieses Vorhaben immer damit begonnen, die betroffene Gruppe zu entmenschlichen, so wie Hitler mit seiner Behauptung, ein Jude könne kein guter Deutscher sein. Wahrscheinlich können Sie selbst gute Beispiele dafür anführen, wie Stalin, Mao oder einer der heutigen theokratischen Diktatoren genauso gearbeitet haben beziehungsweise arbeiten. Fällt Ihnen in den Medien unserer Tage vielleicht etwas Ähnliches auf, wenn es um Christen, Konservative oder auch Mitglieder der Demokratischen Partei der USA wie Robert F. Kennedy Jr. oder Tulsi Gabbard geht, die vom gängigen Narrativ abweichen?

In den Augen der Schurken sind Ungläubige kaum besser als Nichtmenschen.

Die Nazis erfanden den erschreckenden Ausdruck »lebensunwertes Leben«.[18] Er wurde zunächst dazu verwendet, den Mord an behinderten Kindern und Erwachsenen zu rechtfertigen, und danach auf Juden und andere Feinde des Dritten Reichs ausgedehnt. Wenn Harari die Ausdrücke »nutzlose Menschen« und »nutzlose Klasse«[19] benutzt (die von anderen manchmal als Hararis »unnütze Esser«-Argument bezeichnet werden), kann man wohl kaum anders, als darin ein Echo der frühen nationalsozialistischen Denkweise zu vernehmen.

Sobald man diese Leute einmal wegen ihrer Nutzlosigkeit aus der eigenen sozialen Gruppe ausgeschlossen hat, ob es sich dabei nun um eine Nation, eine Ethnie oder eine Bewegung von Antirassisten handelt, wird es einfacher, Gewalt gegen sie zu rechtfertigen. Warum tritt die Linke ihren ideologischen

Gegenspielern mit dem Spruch »Schlag einen Nazi ins Gesicht« entgegen, wenn nicht, um alle Mitbürger, mit deren Meinung sie nicht einverstanden ist, einen Schritt näher ans Konzentrationslager zu bringen?

Dies ist in meinen Augen jedenfalls die geheime Botschaft hinter Hararis Aussagen über diese »nutzlosen Menschen«, die durch »eine Kombination aus Drogen und Computerspielen« gesteuert werden sollten.

Ich trenne diese Menschengruppe vom Rest der menschlichen Familie und sage euch, dass ihr euch über sie keine Gedanken mehr zu machen braucht. Wenn ihr einmal aufgehört habt, über sie nachzudenken, weil ich sie aus dem Kreis menschlichen Mitgefühls ausgeschlossen habe, kann ich mit ihnen anstellen, was ich will – und es wird niemanden kümmern.

Sogar die Zeitschrift *Forbes* wollte sich für jene Leute einsetzen, die eines Tages nutzlos und auf dem besten Weg in ein abgesperrtes De-facto-Getto sein könnten, wo sie mit Drogen und endlosen Computerspielen versorgt werden. 2018 schrieb ein gewisser John Hittler (nein, das ist kein Scherz!) in einem *Forbes*-Artikel:

Seit 2018 wird ein Trend in den Medien diskutiert, der allem Anschein nach schnell und unweigerlich auf uns zukommt. Kurz gesagt: Der Aufstieg der künstlichen Intelligenz (KI) könnte zur Entstehung einer »weltweiten Klasse von Nutzlosen« führen – einer großen Gruppe Menschen, die nicht mehr arbeiten können und daher nur wenig zur Gesellschaft beitragen. Die KI droht viele Berufe überflüssig zu machen, sodass die Arbeitslosenzahlen deutlich steigen könnten.

Könnte dieser Trend wirklich so dramatisch sein, dass es in jedem Land eine ganze Klasse geben könnte, die einfach nichts Sinnvolles zu tun hat, um sich ihren Lebensunterhalt zu verdienen? Die kurz gefasste Antwort ist ein klares Ja.[20]

Nein, das ist nicht Alex Jones, der Ihnen im Jahr 2023 verkündet, dass ein großer Teil der Gesellschaft nutzlos gemacht werden soll! Das sind die Zeitschrift *Forbes* und ihr Autor John Hittler, die Ihnen das bereits 2018 verkündet haben. Und welchen Rat hatte Hittler damals auf Lager, um Sie davor zu bewahren, ein »nutzloser Mensch« zu werden, den man mit »Drogen und Computerspielen« gefügig halten muss?

Doch es gibt noch Hoffnung. Der Trend zu mehr KI bringt verschiedene Strategien mit sich, um für unsere Gesellschaft wertvoll und damit relevant zu bleiben. So werden beispielsweise die Kreativen dominieren. Laut dem Historiker Yuval Harari, der über die Entstehung der globalen Klasse der Nutzlosen geschrieben hat, werden Jobs, die ein hohes Maß an Kreativität erfordern, wahrscheinlich sicherer sein.

Was ist also mit Ihnen? Was können Sie? Versuchen Sie es damit: Bemühen Sie sich, Ihre einzigartige Begabung zu entdecken und zum Ausdruck zu bringen. Einzigartig? Ja, weil niemand sonst diese Begabung besitzt.[21]

Hittler möchte uns auf die Ankunft der Maschinen vorbereiten, aber ich kann Ihnen verraten, dass Sie über eine noch viel mächtigere Waffe verfügen.

Es ist die einzigartige Seele, die Gott Ihnen gab, als Sie auf dieser großartigen, guten Erde geboren wurden.

Ich bin mir meiner zahlreichen Fehler schmerzlich bewusst, aber ich glaube, dass jeder Mensch unter unserem Himmel eine Bestimmung hat. (Ich glaube, dass Gott sogar Menschen mit dem Namen John Hittler seine Gnade schenkt …)

Es fällt schwer, unsere Chancen pessimistisch zu sehen, wenn sogar der »Pate der KI« vor seiner Schöpfung warnt, wie das in der *New York Times* vom 1. Mai 2023 der Fall war:

Geoffrey Hinton war ein Pionier der künstlichen Intelligenz. Im Jahr 2012 schufen Dr. Hinton und zwei seiner Doktoranden an der University of Toronto eine Technologie, die zur intellektuellen Grundlage für die KI-Systeme werden sollte, von denen die größten Unternehmen der Technologiebranche glauben, dass sie der Schlüssel zu ihrer Zukunft sind.

Vergangenen Montag schloss er sich jedoch offiziell den immer lauter werdenden kritischen Stimmen an, die der Meinung sind, dass diese Unternehmen mit ihrer aggressiven Kampagne zur Entwicklung von Produkten auf der Grundlage generativer künstlicher Intelligenz – der Technologie hinter beliebten Chatbots wie ChatGPT – auf eine Gefahr zusteuern.

Dr. Hinton gab bekannt, dass er bei Google gekündigt habe, wo er mehr als ein Jahrzehnt gearbeitet hat und zu einer der angesehensten Stimmen auf diesem Gebiet wurde, um sich nun endlich frei zu den Risiken der KI äußern zu können. Ein Teil von ihm, sagte er, bereut heute sein Lebenswerk.[22]

Manchmal zwinkert Gott dir zu und sagt dir, dass du auf dem rechten Weg bist. Kann es wirklich sein, dass Elon Musk, Stephen Hawking und jetzt sogar der »Pate der KI« alle auf der Seite von Alex Jones stehen?

Dr. Hinton und ich mögen zwar unterschiedlicher Meinung darüber sein, wie lange Google schon ein Problem ist, doch wir sollten jeden Menschen, der sich zur Realität bekehren lässt, mit offenen Armen empfangen.

Seine unmittelbare Sorge ist, dass das Internet mit falschen Fotos, Videos und Texten überschwemmt wird und der Durchschnittsbürger »nicht mehr erkennen kann, was wahr ist«. [Ja, dann müssen wir uns wohl noch mehr auf Medien wie die *New York Times* verlassen, nicht wahr? Anm. d. Autors]

Er ist auch besorgt darüber, dass KI-Technologien mit der Zeit den Arbeitsmarkt umkrempeln werden. Schon heute kommt es häufig vor, dass Chatbots wie ChatGPT menschliche Arbeitskräfte unterstützen; doch in naher Zukunft könnten sie bereits Anwaltsgehilfen, persönliche Assistenten, Übersetzer und andere Menschen ersetzen, die Routineaufgaben erledigen. »Zuerst nehmen sie uns die langweiligen Tätigkeiten ab«, sagt er. »Doch bald könnten sie mehr tun.«

Auf lange Sicht befürchtet er, dass künftige Versionen der Technologie eine Bedrohung für die Menschheit darstellen, weil sie aus den gigantischen Datenmengen, die sie analysieren, oft auch unvorhergesehene Verhaltensweisen lernen. Dies wird seiner Ansicht nach zu einem Problem, wenn Einzelpersonen und Unternehmen es KI-Systemen gestatten, nicht nur ihren eigenen Computercode zu generieren, sondern diese Programmierung auch selbst auszuführen. Er fürchtet den Tag, an dem wirklich autonome Waffen – die berühmten Killerroboter – Wirklichkeit werden.[23]

Obwohl es so viel gibt, was mit der KI schiefgehen kann, wird sie in irgendeiner Form wohl unvermeidlich sein. Eben deshalb müssen wir diese Diskussion führen und sie nicht Wissenschaftlern und Technikern überlassen, die etwas freisetzen könnten, was die Covid-19-Krise wie einen leichten Schnupfen aussehen ließe.

Möglicherweise teilen Sie ja meinen Glauben nicht, dass unsere Welt auf der einen Seite von den guten Engeln Gottes (die einen ausgesprochen trockenen Humor haben müssen, wenn einer meiner Gegner ausgerechnet Hittler heißt …) gelenkt und auf der anderen Seite von den gefallenen Engeln der Hölle getäuscht wird.

Aber ob wir nun an etwas Jenseitiges glauben oder nicht – wir alle haben die Fähigkeit, die Realität hinter den aktuellen Ereignissen auf unserem Planeten wahrzunehmen. Wir alle können das Böse sehen, das unter uns wandelt, und Maßnahmen ergreifen, die der Menschheit nutzen. Was die bevorstehenden Kämpfe angeht, bin ich also durchaus optimistisch.

Im vorliegenden Buch möchte ich versuchen, die Beweise dafür vorzulegen, was diese Verursacher des Elends tun, und zugleich zu erläutern, wie wir unsere Zukunft von ihnen zurückerobern und das einläuten können, was für mich die nächste Renaissance der Menschheit ist.

Dabei geht es zum Teil darum, starke menschliche Bündnisse zu bilden, die sich für die traditionellen Werte engagieren, durch die unsere Spezies erst florieren konnte – zum Beispiel die Prinzipien des Mitgefühls, die Neugier aufeinander und das Engagement für den Erfolg jedes einzelnen Menschen. In der Welt, die uns vorschwebt, gibt es im Gegensatz zur Vision eines Yuval Noah Harari keine »nutzlosen Menschen«.

Achten Sie darauf, wie die Eliten versuchen, uns zu spalten, uns zu Gefangenen in den eigenen vier Wänden zu machen, sei es durch die Angst vor einem Virus mit einer Überlebensrate von mehr als 99 Prozent für die meisten Altersgruppen[24] oder durch die Sucht nach sozialen Medien, Spielen und Streamingdiensten mit tausend Kanälen. Machen Sie einen Social-Media-»Entzug«, wenden Sie den Blick von Ihren Computern und Smartphones ab, und blicken Sie stattdessen einem anderen Menschen in die Augen, wenn Sie sich mit ihm unterhalten. Sie werden sich dadurch so viel menschlicher fühlen und zudem Ihr Immunsystem stärken.

Vielleicht sollten wir private Gruppen zur Kennzeichnung von Produkten gründen, die nicht so etwas wie fairen Handel fördern, sondern vielmehr belegen, dass die so etikettierten Waren von menschlichen Wesen in blühenden amerikanischen Gemeinden hergestellt wurden und nicht einer in fremde Länder ausgelagerten Produktion entstammen, die ihre Bevölkerung schlecht behandeln. Wir stehen für »Amerika zuerst«, so wie Frankreich unserer Meinung nach für »Frankreich zuerst«, Libyen für »Libyen zuerst« und Botswana für »Botswana zuerst« stehen sollte. Wir fordern, dass die im Westen entwickelten menschenwürdigen Lebensumstände auch im Ausland offensiv realisiert werden. Wir wollen nicht mehr das Elend anderer Völker ausnutzen, um dadurch die Produkte in Riesensupermärkten wie Target und Walmart, die sich gierig an der Ausbeutung der Dritten Welt beteiligen, ein paar Cent billiger zu machen.

Und wir müssen die KI als eine echte Bedrohung für die Menschheit begreifen. Ich bin immer noch dabei, meine Gedanken zu diesem Thema vollständig zu entwickeln, aber nach dem, was ich bisher gesehen habe, scheint die KI kaum mehr als eine leicht verbesserte Suchmaschine zu sein. Was ihre hochgepriesenen Fähigkeiten angeht, so tut sie doch eigentlich nichts anderes, als das Internet nach den allerbesten Schöpfungen von Menschen zu durchforsten, die gewonnenen Informationen in kleine Stücke zu zerlegen und sie dann den Menschen so vorzusetzen, als wäre das Produkt etwas Neues. Sehen Sie selbst nach, was die KI zustande bringt, wenn man sie beauftragt, die Geschichte der USA nachzuerzählen. Das Resultat sind Szenen aus dem fantastischen Mel-Gibson-Film

Der Patriot, Daniel Day-Lewis in *Der letzte Mohikaner* oder Henry Fonda in *Früchte des Zorns*. Das hat nichts mit Kreativität zu tun, sondern ist eher so etwas wie ein Mixtape Ihrer Lieblingsmusik oder vielleicht Ihr persönlicher Sender auf dem Internetradio Pandora, wo Sie Beethoven und Pink Floyd mit einem »Daumen hoch« bewerten. Warum verklagen die amerikanische Schauspieler- und die Drehbuchautorengewerkschaft die KI eigentlich nicht wegen Plagiaten oder dem Diebstahl geistigen Eigentums?

Die KI ist ein Werkzeug, das erschreckende Möglichkeiten bieten kann. Es gibt bereits Berichte über skrupellose Typen, die aus den Instagram- oder Youtube-Kanälen einer jungen Frau genug Tonmaterial gesammelt haben, um dann mittels KI ihre Stimme perfekt nachahmen zu können. Sie ließen die KI bei der Mutter der Frau anrufen und teilten ihr mit, ihre Tochter sei entführt worden und würde nur gegen Lösegeld wieder freigelassen. Vor ein paar Monaten wurde ich selbst zum Opfer eines solchen KI-Streichs, als irgendein Witzbold die Stimme von Tucker Carlson aufnahm und sich seine private Handynummer besorgte. Der Kerl rief mich an, als ich gerade in einer Besprechung war, und gab sich als Tucker Carlson aus. Hier ist ein Ausschnitt aus dem Gespräch:

Alex Jones: Hey, Bruder, wie geht es dir?

Tucker Carlson (KI-generierte Stimme): Hey, Alex, hier ist Tucker. Hast du eine Minute Zeit zum Reden?

Alex Jones: Ja, absolut.

Tucker Carlson (KI-generierte Stimme): Bist du gerade beschäftigt, oder hast du eine Sekunde Zeit?

Alex Jones: Ich war gerade in einer Besprechung, bin aber kurz rausgegangen. Was gibt's, Bruder?

Tucker Carlson (KI-generierte Stimme): Bist du gerade beschäftigt oder hast du eine Sekunde Zeit? [Die exakte Wiederholung dessen, was er gerade gesagt hatte, machte mich langsam misstrauisch.]

Alex Jones: Nein, ich bin gerade aus einer Besprechung raus. Leg los.

> **Tucker Carlson (KI-generierte Stimme):** Ich habe mir überlegt, dass wir zusammen eine Sendung machen könnten, in der wir beide oben ohne sind und uns gegenseitig an den Brustwarzen saugen und ein bisschen daran herumspielen. Sozusagen als Kommentar zu den Geschlechterrollen.[25]

Ich hatte gerade eine ziemlich anstrengende Finanzbesprechung verlassen, als mich der Anruf von Tuckers privater Handynummer erreichte. Daher brauchte ich ein paar Sekunden, bis ich merkte, dass der Anrufer nicht wirklich Tucker Carlson war. Privat bedient sich Tucker oft einer lästerlichen Sprache, aber das war einfach nicht seine Art Humor.

Abgesehen von solchen Telefonstreichen sehe ich die echte Gefahr der KI aber darin, dass sie eine sehr wirksame Maskierung für die Kontrolle ist und daher von den Eliten ausgenutzt werden kann. Wenn uns eine KI sagt, dass es wegen des Klimawandels keine gute Idee ist, Kinder in die Welt zu setzen – wie viele Menschen werden dann diesen Rat befolgen? Ich schätze, dass ganz schön viele junge Leute auf so etwas hereinfallen.

Wir müssen uns stets daran erinnern, dass wir unser Schicksal selbst in der Hand haben.

Der Mensch ist das einzige Tier, das seine Umwelt kontrollieren kann. Die Linke will uns einreden, dass wir ein Krebsgeschwür auf dem Planeten sind, das gründlich reduziert werden muss, vielleicht sogar um grausame 90 Prozent, wie ein führender Ökologe der University of Texas öffentlich äußerte. Er war der Ansicht, dass man etwa 8,1 Milliarden Menschen umbringen müsse, um die Weltbevölkerung auf unter 1 Milliarde zu senken.[26] Andere Globalisten streben einen freundlicheren und sanfteren Völkermord an, also eine Reduktion der Menschheit um nur etwa 80 Prozent, wie sie der Stanford-Professor Paul Ehrlich vorschlug; immerhin würden dabei ja nur etwa 6,5 bis 7 Milliarden Menschen ums Leben kommen und 1,5 bis 2 Milliarden dürften weiterleben.[27] Rein rechnerisch bedeutet das, dass jeder einzelne Überlebende acht bis neun seiner Angehörigen und besten Freunde begraben müsste.

Wie will man eine derart massive Reduktion der Bevölkerungszahlen erreichen?

Nun, sie werden es mit einer langsamen Tötung bewerkstelligen, indem sie uns miserable Lebensmittel, Unmengen von Medikamenten und unsichere Impfstoffe verabreichen und uns dazu bringen, uns in unseren Häusern zu verstecken und Lebensmittel oder Fertigmahlzeiten liefern zu lassen. Dies ist ein Moment jenseits der Büchse der Pandora, jenseits des prometheischen Feuers. Ich nenne ihn den atlantischen Moment, in dem wir uns als Zivilisation entscheiden, ob wir eine helle oder eine dunkle Zukunft anstreben.

Für sich allein könnte die KI ein sehr effektives Werkzeug sein, wie Computer und Smartphones (die ebenfalls vor dem Tiefen Staat geschützt werden müssen). Das wäre vor allem dann der Fall, wenn Leute an ihrer Entwicklung arbeiten würden, die ein echtes Interesse an der Menschheit haben.

In den Händen der Globalisten ist die KI aber nur eine weitere Waffe in ihrem Krieg, uns alle zu kontrollieren und die Anzahl der Menschen auf der Erde zu verringern.

Ein schwerwiegenderes Problem gibt es derzeit wohl nicht.

Kapitel 2

Mao führt Regie bei der Demokratischen Partei – und politische Gewalt ist schlecht, außer sie richtet sich gegen Alex Jones

---

Wie sieht der Durchschnittsamerikaner den Scherbenhaufen, zu dem unsere liberale Demokratie geworden ist?

Sie sind jetzt vielleicht überrascht, weil ich den Untergang unserer »liberalen« Demokratie beklage. Doch ich betrachte mich als Kind der Aufklärung, jener intellektuellen und philosophischen Bewegung im Europa des 17. und 18. Jahrhunderts. Sie brachte unsere gängige Vorstellung einer Regierung hervor, die nur begrenzte Macht über den einzelnen Menschen hat und die Ideen der Meinungsfreiheit, der Redefreiheit, der Glaubensfreiheit, der Neugier auf die Meinung anderer, des Werts der aufrichtigen Diskussion, des Respekts vor Fakten und Vernunft sowie der Trennung von Kirche und Staat vertritt.

Die revolutionären Denker der Aufklärung waren mehrheitlich tiefgläubig und sahen in ihren Bestrebungen die beste Art, der korrupten weltlichen Macht der Regierungen über den Einzelnen Schranken zu setzen. Sie waren davon überzeugt, dass Einzelne stets verantwortlicher handeln als jede Gruppe von Anführern. Im Klartext hieß das: Einfache Leute sind wahrscheinlich weniger geneigt, Krieg gegen ihre Nachbarn zu führen oder Andersdenkende zu verbannen. Sie glaubten auch daran, dass eine in ihrer Macht eingeschränkte Regierung dazu führen würde, dass die Menschen sich wohltätiger gegenüber Bedürftigen verhalten und nur gegen jene Leute vorgehen, die der Gemeinschaft geschadet haben.

Grundlage dieser Überzeugungen waren die Erfahrungen aus den vorangegangenen Jahrhunderten, in denen Regierungen ganze Generationen von Menschen brutal unterdrückt hatten. Die erwähnten Ideen werden meines Erachtens von vielen Leuten übersehen, die sich angesichts der aktuellen Situation fragen, ob sich daran je etwas ändern wird.

In Wahrheit herrscht seit jeher ein Krieg zwischen Tyrannei und Freiheit. Ich halte unerschütterlich an meiner Überzeugung fest, dass wir heute besser denn je aufgestellt sind, um uns gegen die totalitäre Finsternis zu wehren. Ich weiß, dass es nie einen endgültigen Sieg geben wird (zumindest bis zur himmlischen Entrückung nicht), weil Gott dem Menschen einen freien Willen gegeben hat – und das bedeutet, dass jeder von uns die Freiheit besitzt, zwischen dem Licht und der Dunkelheit zu wählen.

Als ich im Kindesalter lesen lernte, verschlang ich anfangs Comics, stieg aber bald auf gehaltvollere Lektüre um. Mein Vater hatte eine Sammlung von Geschichtsbüchern, darunter auch das sechsbändige Werk *Verfall und Untergang des römischen Imperiums* von Edward Gibbon, das ich faszinierender fand als sämtliche Comic-Superhelden. Letztere stammen vielleicht von einem fremden Planeten oder haben ihre Kräfte durch einen Unfall mit radioaktiver Strahlung erhalten – doch die Persönlichkeiten des alten Roms waren für mich Menschen aus Fleisch und Blut, die sich im tückischen politischen Klima ihrer Zeit zurechtzufinden versuchten. Gleichzeitig glaubten sie aber an die Idee von Edelmut und Integrität, in der Hoffnung, dass ihre guten Taten ihre Nachfahren mit Stolz erfüllen würden.

»Tugend« war eine wichtige, wenn nicht sogar die allerwichtigste Charaktereigenschaft, die ein Mensch haben konnte.

Ich begriff schon sehr früh, dass mein Denken eher historisch geprägt war als das meiner Altersgenossen. Ich interessierte mich nicht nur für die aktuellen Nachrichten, sondern auch für deren Bedeutung über die Jahre und Jahrzehnte hinweg. Wie würde man in 10, 20 oder 30 Jahren über die heutigen Ereignisse denken? Was würden wir von ihnen halten?

Heißt das, dass ich damals so etwas wie ein Heiliger war?

Ganz und gar nicht. Ich war sicher keiner, der ein rechtschaffenes Leben führte.

Ich trank, rauchte, probierte gelegentlich Drogen aus, lief den Mädchen nach und war in eine ganze Menge so irrer Prügeleien verwickelt, dass Sie mir die Geschichten darüber garantiert nicht glauben würden. Heute, als älterer Mann, bereue ich das alles. Ich versuche meinen Kindern ein anderes Verhalten beizu-bringen und teile auch meinem Publikum meine Lebenserfahrungen mit. Ich habe einfach ein zutiefst menschliches Leben geführt, mit allen Fehlern, Nachteilen und Mängeln.

Als Teenager mag ich auf dem falschen Weg gewesen sein, doch ich kannte auch ältere Menschen, die als Führungspersonen ein besseres Beispiel abgeben hätten sollen. Ich erinnere mich etwa an einen beliebten Pastor, der in meiner Nähe wohnte und in seinem Haus wilde Partys feierte. (Damals schlich ich mich nachts hinaus, um ihn und seine Gäste zu beobachten – und was ich sah, schockierte mich.) Am Sonntag verurteilte er seine Gemeindemitglieder dann als Sünder und hielt ihnen vor, sie würden ihm nicht genug spenden. Schon als junger Mensch lernte ich, hinter die Fassade zu schauen und zu erkennen, dass diejenigen, die sich als die Tugendhaftesten ausgaben, oft die schlimmsten Lügner waren.

Ich gebe zu, dass ich eine starke antiautoritäre Ader habe, die mich oft genug in Schwierigkeiten gebracht hat. Wenn eine von oben verbreitete Story zu sehr nach einem konstruierten Narrativ klingt, schalte ich gern auf stur und behaupte, dass man uns belügt. Ich habe Leute sagen hören, dass für einen Einzelnen zwar die »Unschuldsvermutung« gilt, bei großen Konzernen und Regierungen aber das Gegenteil der Fall sein sollte. Wenn eine mächtige Organisation etwas tut, was korrupt aussieht, dann sollten wir davon ausgehen, dass der jeweilige Konzern, die Regierung oder das Massenmedium »als schuldig gelten, bis sie ihre Unschuld nachweisen können«. Einzelpersonen geben wir zwar einen Vertrauensvorschuss, aber bei milliardenschweren Unternehmen, finanziell kompromittierten Nach-richtenanbietern oder mächtigen Politikern sollten wir das nicht tun.

Das ist eine Folge des Verfalls unserer gemeinsamen Werte, den wir derzeit in unserem Land erleben. Wir werden von den Mächtigen belogen, und dann lassen sie uns über die »Fakten« streiten.

Wo das meiner Meinung nach angefangen hat?

Meiner Ansicht nach begann ein Großteil davon im 19. Jahrhundert mit der Theorie der natürlichen Auslese, die Charles Darwin aufstellte, um die Veränderungen von Pflanzen und Tieren im Laufe der Zeit zu erklären. Darwins Cousin Francis Galton modifizierte diese Theorie zu der des Sozialdarwinismus, der in der *Encyclopedia Britannica* wie folgt definiert wird:

> Die Theorie, dass menschliche Gruppen und Rassen denselben Gesetzen der natürlichen Auslese unterliegen, die Charles Darwin bei Pflanzen und Tieren in der Natur wahrgenommen hat. Dieser im 19. und 20. Jahrhundert populären Theorie zufolge werden die Schwachen immer schwächer und in ihrem kulturellen Einfluss eingeschränkter, während die Starken mächtiger werden und mehr kulturellen Einfluss auf die Schwachen ausüben. Sozialdarwinisten vertraten die Auffassung, dass das Leben des Menschen in der Gesellschaft ein Daseinskampf sei, in dem sich alles um das »Überleben des Stärkeren« drehe – ein Ausdruck, der vom britischen Philosophen und Wissenschaftler Herbert Spencer in die Diskussion eingebracht wurde.
>
> Die Sozialdarwinisten – vor allem Spencer und Walter Bagehot in England und William Graham Sumner in den USA – glaubten, dass sich der Prozess der natürlichen Auslese auf Unterschiede in der Bevölkerung auswirkt und so dafür sorgt, dass die besten miteinander konkurrierenden Individuen überleben und sich die Bevölkerung dadurch ständig verbessere. Gesellschaften wurden als Organismen betrachtet, die sich auf diese Weise weiterentwickeln.[1]

Man sieht deutlich, wie diese Ansichten der englischen und amerikanischen Eliten im Endeffekt die Bewegung der »weißen Vorherrschaft« hervorgebracht haben, die heute an den Eliteuniversitäten unterrichten, haben diese belastende

Tatsache jedoch inzwischen »weißgewaschen«. Man kann leicht nachvollziehen, wie Hitler und seine nationalsozialistische Partei die Macht in Deutschland übernehmen und mithilfe dieser Theorie die Vorstellung des arischen Übermenschen schaffen konnten. Etwas schockierender ist da schon, in welchem Ausmaß diese verwerflichen Ansichten von amerikanischen Eliteuniversitäten, Akademikern und Regierungsbeamten unterstützt wurden.

Zum Glück veröffentlichte die *New York Times* 2014 einen Artikel über diese vergessene und beschämende Periode unserer Geschichte:

> Nicht einmal eine Meile die Straße hinunter arbeiten im renommierten Cold Spring Harbor Laboratory mehr als 600 Forscher und Techniker, die regelmäßig wissenschaftliche Durchbrüche in der Gen-, Krebs- und Neurobiologieforschung erzielen.
>
> Doch dieses alte Haus am Stadtrand, das sich heute in Privatbesitz befindet, beherbergte einst eine Einrichtung, deren Name allein schon dunkle Erinnerungen weckt: das Eugenics Record Office [dt. etwa: Amt für Eugenikaufzeichnungen].
>
> In seiner Blütezeit war dieses Amt das wichtigste wissenschaftliche Unternehmen in Cold Spring Harbor. Hier setzten fanatisierte Wissenschaftler rudimentäre Methoden der Genetik dazu ein, vermeintlich höherstehende Rassen auszuwählen und Minderheiten herabzustufen. Mitte der 1920er-Jahre war das Office zum Zentrum der amerikanischen Eugenikbewegung geworden.[2]

Vielleicht sind Sie ja ein langjähriger Leser der *New York Times* oder anderer »Qualitätsmedien«, eventuell aber auch Absolvent einer Eliteuni, der bisher an alle liberalen Thesen geglaubt hat – und dennoch lesen Sie jetzt dieses Buch. Vielleicht haben Sie das Jahr 2020 als Linker begonnen, der bei seinen Freunden und allen möglichen gemeinnützigen Organisationen höchst beliebt war – und jetzt, nachdem Sie von den Covid-19-Lockdowns überrumpelt wurden und Ihre alten Eltern vielleicht jahrelang nicht mehr besuchen durften, auch wenn sie schwer krank waren, sagen Sie zaghaft zu Ihren Freunden: »Ich glaube, ich weiß jetzt, warum wir den zweiten Verfassungszusatz [das in der US-Verfassung festge-schriebene Recht auf Besitz und Tragen von Waffen; Anm. d. Übers.] brauchen.«

Auch wenn Sie bisher glaubten, all die schrecklichen Begebenheiten der amerikanischen Geschichte zu kennen, fragen Sie sich jetzt möglicherweise: »Sie meinen, die intellektuelle Elite dieses Landes, meine Vorgänger an den Eliteunis, die ich früher so verehrt habe, waren die Stammväter der weißen Rassisten?«

Ja, mein Lieber, das waren sie, und – schlimmer noch – sie handelten sogar danach.

Der *New-York-Times*-Artikel setzte seinen Geschichtsunterricht wie folgt fort:

> Als das Eugenics Records Office im Jahr 1910 seine Pforten öffnete, galten seine Gründer als progressive Wissenschaftler, die die klassische Vererbungslehre dazu einsetzen wollten, bessere Bürger zu züchten. Finanzielle Unterstützung kam von der Familie Rockefeller und der Carnegie Institution. Charles Davenport, ein erfolgreicher Biologe aus Harvard, und sein Kollege Harry H. Laughlin führten die Initiative an.
>
> »Viele prominente New Yorker befassten sich mit der Eugenik«, sagt Dr. Tchen. »Ursprünglich ging es darum, wie man als moderne Gesell-schaft effizienter werden konnte.«
>
> Die Forscher suchten in den Slums von Manhattan und den Pine Barrens von New Jersey nach »untauglichen« Familien. Sie katalogisier-ten Behinderungen sowie unerwünschte Eigenschaften und notierten die genauen Maße von Köpfen und Armen.[3]

Es waren also »Progressive«, die für die Idee der Eugenik eintraten, dass es in der Menschheit bestimmte Rassen gibt, die mit höherer Wahrscheinlichkeit produktiv sein werden (und deren Anzahl man daher erhöhen sollte), und solche, die weniger produktiv sein werden (und deren Anzahl man verringern sollte).

Die Behauptung, dass es darum ging, »wie man als moderne Gesellschaft effi-zienter werden konnte«, ist absolut erschreckend und klingt verdächtig nach etwas, was auch ein echter Nazi gesagt haben könnte.

Gehe ich damit zu weit?

Wie steht es mit dem Versuch, »untaugliche« Familien zu katalogisieren? Klingt das nicht unangenehm ähnlich wie Yuval Noah Hararis Behauptung, dass manche Leute »unnütze Esser« seien, denen man am besten mit einem Programm aus Drogen und Virtual-Reality-Spielen beikommen könne?

Das finden Sie möglicherweise übertrieben – doch die Nazis haben das Cold-Spring-Harbor-Programm und dessen Auswirkungen auf die amerikanische Einwanderungspolitik durchaus zur Kenntnis genommen und bewundert.

> In den 1920er-Jahren begann das Office, Einfluss auf die Regierung der Vereinigten Staaten zu nehmen. Laughlin sagte vor dem Kongress aus und setzte sich für Zwangssterilisationen und Anti-Einwanderungs-gesetze ein. Der Kongress kam diesen Forderungen nach. Der Immigration Act [Einwanderungsgesetz; Anm. d. Übers.] von 1924 verbot Osteuropäern, Juden, Arabern und Ostasiaten de facto die Einreise ins Land. Und auf bundesstaatlicher Ebene wurden Tausende von Menschen, die man als untauglich einstufte, zwangssterilisiert.
>
> Die Universität Heidelberg in Nazideutschland verlieh Laughlin später die Ehrendoktorwürde für seine Arbeit in der »Wissenschaft der Rassenhygiene«. Er nahm diese Auszeichnung an, und seine Forschungsarbeit auf Long Island beeinflusste die Naziideologie auch während des Zweiten Weltkriegs und des Holocaust weiter.[4]

Ich weiß, dass man mich wahrscheinlich für verrückt halten wird, wenn ich sage: »Wussten Sie, dass die Rockefellers, die Carnegies und Professoren von der Harvard University Hitler auf einige seiner übelsten Ideen gebracht haben?« Aber es ist die Wahrheit.

Das weiß ich, weil ich es in der *New York Times* gelesen habe. (Hätten Sie jemals gedacht, dass Alex Jones so etwas sagen würde?) Um das klarzustellen: Ich habe natürlich nicht erst aus der *New York Times* erfahren, dass die rassenbasierte Eugenik eigentlich aus den USA und England stammte, sondern ich stieß in Edwin Blacks Buch *IBM und der Holocaust* – dessen Lektüre ich Ihnen sehr ans Herz legen möchte – auf diese und viele andere Fakten.

∗∗∗

Zu Beginn des 20. Jahrhunderts entwickelten »Progressive« also die Ideen, die schlussendlich zum Holocaust führten.

Doch wohin wandten sich diese Progressiven für ihr nächstes Programm zur Kontrolle unserer Gesellschaft, nachdem der Nationalsozialismus und der Faschismus am Ende des Zweiten Weltkriegs untergegangen waren?

Meiner Ansicht nach konzentrierten sie sich in ihren Bemühungen auf das kommunistische China und den »Großen Vorsitzenden« Mao Zedong. Immerhin staunten sie nicht nur darüber, wie er einen faschistischen Staat gründen konnte, sondern bewundern bis heute auch, wie das chinesische Regime sein mehr als 1 Milliarde Menschen umfassendes Volk kontrolliert. Ich gestehe an dieser Stelle offen ein, wie sehr Helen Pluckrose und James Lindsay mit ihrem Buch *Zynische Theorien: Wie aktivistische Wissenschaft Race, Gender und Identität über alles stellt – und warum das niemandem nützt* mein Denken beeinflusst haben.

Die Autoren erörtern im ersten Teil des Buches, wie die Postmoderne danach strebte, die Weisheit mehrerer Jahrhunderte westlichen Denkens zu zerstören. In Vorträgen wies Lindsay später auf die Reden des Vorsitzenden Mao vor Beginn der Kulturrevolution als geeignetstes Modell zum Verständnis dessen hin, wie die Linke die Machtvollkommenheit in unserem Land anstrebt.

Die Rede, die Mao am 27. Februar 1957 auf der Tagung der Obersten Staatskonferenz hielt, trägt den relativ unverfänglichen Titel »Über die richtige Behandlung der Widersprüche im Volk«. Sie ist jedoch der Schlüssel dazu, die Ideologie und die Methoden hinter dem heutigen Streben der Globalisten nach der Weltherrschaft zu begreifen. Sie beginnt mit den folgenden Worten:

Nie war unser Land so geeint wie heute. Der Sieg der bürgerlich-demokratischen Revolution und der sozialistischen Revolution sowie die

Erfolge beim Aufbau des Sozialismus haben das Antlitz des alten Chinas sehr rasch verändert. Jetzt steht unserer Heimat eine noch strahlendere Zukunft bevor. Der vom Volk verabscheute Zustand der Zersplitterung und des Chaos des Landes ist für immer dahin. Geführt von der Arbeiterklasse und der Kommunistischen Partei, schafft unser 600-Millionen-Volk einmütig am großen Werk des Aufbaus des Sozialismus. Die Einheit des Staates, die Geschlossenheit des Volkes und aller Nationalitäten des Landes – das sind die grundlegenden Garantien für den sicheren Triumph unserer Sache. Das bedeutet aber nicht, dass es in unserer Gesellschaft keinerlei Widersprüche mehr gäbe. Die Vorstellung, dass es keine Widersprüche gäbe, ist eine naive Vorstellung, die nicht der objektiven Wirklichkeit entspricht. Wir sehen uns zwei Arten von gesellschaftlichen Widersprüchen gegenüber – Widersprüchen zwischen uns und dem Feind sowie Widersprüchen im Volke.[5]

Die kommunistische Revolution Chinas unterschied sich sehr stark von der Amerikanischen Revolution. Darum lohnt es sich, auf die zugrunde liegenden ideologischen Unterschiede hinzuweisen. Während amerikanische Führer ihre Reden oft damit beginnen, unser Land, dessen Werte oder sogar dessen Einheit zu preisen, argumentieren ihre chinesischen Pendants ganz anders. Mao spricht von »Zersplitterung und Chaos« als etwas Verabscheuenswertem, wohingegen ein amerikanischer Politiker wahrscheinlich darüber referieren wird, dass unterschiedliche Meinungen zu besseren Plänen führen als die Ansichten nur einer Seite. (Das sagen sie zwar nicht immer, aber in früheren Generationen wurde diese Ansicht häufiger geäußert. Heute hören wir noch Anklänge daran, wenn ein Präsident verkündet: »Der Kongress hat sich im Interesse des Landes zusammengefunden, nicht aus parteipolitischen Gründen.«)

Maos Ziel scheint darin zu bestehen, sämtliche Widersprüche zu beseitigen, weil er sie als schädlich und nicht als nützlich betrachtet. Er deutet zudem an, dass sein Land zwar geeinter ist als je zuvor, aber von inneren Feinden durchsetzt sein könnte. Er spricht von zwei unterschiedlichen Gruppen: dem »Volk« und dem »Feind«. Alle Leser mit einer eher konservativen Einstellung sollten einmal

2019 - 2024 (Covid)

darüber nachdenken, wie sie sich in den vergangenen 5 Jahren bestimmten Personen oder Familienmitgliedern gegenüber mehr als »Feind« gefühlt haben, als dies je zuvor der Fall war.

Letzte Meldung!

Wenn Hillary Clinton Sie »erbärmlich« oder Joe Biden »ultra-MAGA« (MAGA ist die Abkürzung für Donald Trumps Slogan »Make America Great Again« – »Macht Amerika wieder großartig«; Anm. d. Übers.) nennt, dann arbeiten sie mit der Strategie eines Mao Zedong. Glauben Sie nicht einen Moment lang, dass die beiden nicht genau wissen, was sie tun. Sie verwenden eine codierte Sprache, um eine versteckte Bedeutung in ihre Aussagen einzubauen, die vor allem ihre Anhänger verstehen; man nennt dies »Hundepfeifenpolitik«. Damit soll der negative Teil der menschlichen Natur angesprochen werden. Mao erklärte seine Strategie so:

Um diese beiden verschiedenen Arten von Widersprüchen richtig zu verstehen, muss man sich vor allem darüber klar werden, was unter »Volk« und was unter »Feind« zu verstehen ist. Der Begriff »Volk« hat in verschiedenen Staaten und in verschiedenen historischen Perioden eines jeden Staates verschiedenen Inhalt. Nehmen wir unser Land als Beispiel! Während des Widerstandskriegs gegen die japanische Aggression gehörten alle antijapanischen Klassen, Schichten und gesellschaftlichen Gruppen zum Volk, während die japanischen Imperialisten, die chinesischen Landesverräter und die projapanischen Elemente Feinde des Volkes waren.

Während des Befreiungskriegs waren die USA-Imperialisten und ihre Lakaien, die bürokratische Bourgeoisie und die Grundherrenklasse sowie die Kuomintang-Reaktionäre, die diese Klassen vertraten, die Feinde des Volkes, während alle anderen Klassen, Schichten und gesellschaftlichen Gruppen, die diesen Feinden entgegentraten, zum Volk gehörten. In der gegenwärtigen Etappe, in der Periode des Aufbaus des Sozialismus, gehören zum Volk alle Klassen, Schichten und gesellschaftlichen Gruppen, die den Aufbau des Sozialismus billigen, unterstützen und dafür arbeiten; dagegen sind alle gesellschaftlichen Kräfte und Gruppen, die sich der sozialistischen Revolution widersetzen, die dem Aufbau des Sozialismus feindlich gesinnt sind und ihn zu untergraben versuchen, Feinde des Volkes.[6]

Überlegen wir uns, wie das in der Praxis aussieht. Wenn Sie an der Seite der Kommunisten gegen die Japaner gekämpft haben, waren Sie in dieser Zeit ihr Freund. Haben Sie mit den Kommunisten gegen die vorherige korrupte Regierung gekämpft, werden sie sich auch für die Dauer dieses Kampfs wie gute Freunde verhalten. Doch sobald die japanischen Invasoren einmal weg sind oder die alte Regierung gestürzt ist, dürfen Sie sich nicht wundern, wenn die Waffen auf einmal gegen Sie gerichtet werden.

Kommunisten sind nur so lange Ihre Freunde, wie Sie für sie nützlich sind. Sie verstehen nur den Kampf und nicht die Idee, Minderheitenrechte zu schützen. Das Einzige, was sie interessiert, ist Macht und Machterhalt. Erinnert Sie das an eine Regierung, die Sie kennen?

Es gibt noch ein paar andere Parallelen zwischen Maos Kulturrevolution und der derzeitigen Demokratischen Partei der USA, zum Beispiel wie besessen beide davon sind, die Geschlechterrollen auszuradieren. In der Zusammenfassung einer viel beachteten wissenschaftlichen Arbeit mit dem Titel »The Annihilation of Feminity in Mao's China: Gender Inequality of Sent-Down Youth during the Cultural Revolution« (dt. etwa: »Die Auslöschung der Weiblichkeit in Maos China: Ungleichheit der Geschlechter der aufs Land entsandten Jugend während der Kulturrevolution«] heißt es:

> Während der chinesischen Kulturrevolution behauptete Maos berühmter politischer Slogan »Die Zeiten haben sich geändert. Männer und Frauen sind gleich«, dass Männer und Frauen in Bezug auf politisches Bewusstsein und körperliche Stärke gleich seien. Die scheinbare Betonung der Gleichheit der Geschlechter in diesem Ausspruch führte jedoch zu einer falschen Auslegung der Begriffe Gleichberechtigung und Gleichheit. Ausführliche Interviews mit ehemaligen »aufs Land entsandten« Jugendlichen

zeigen, wie die staatliche Rhetorik sich den Diskurs über die Gleichberechtigung der Frau aneignete, um Frauen zum Schweigen zu bringen und die Kategorie Geschlecht zu entpolitisieren.[7]

Wer mit der üblichen Dynamik der liberalen Welt vertraut ist, wo eine Sache versprochen und eine ganz andere gehalten wird, für den ist dies keine Überraschung. Mit ausreichender Lebenserfahrung hat man längst begriffen, dass man von Liberalen genau das zu erwarten hat. Ihre Versprechen sehen nur wunderbar aus, wie ein Klumpen Katzengold, der in einem kalten Gebirgsbach glitzert.

Viele ehemals liberale Frauen müssen sich klarmachen, dass sie kein Interesse an liberalen Männern haben, die sie früher einmal für ideale Lebenspartner hielten. Sie stellen zu ihrem Entsetzen fest, dass liberale Männer im Allgemeinen unzuverlässig, egozentrisch und schwach sind, wenn das Leben echte Herausforderungen an sie stellt.

Die große Journalistin und Feministin Dr. Naomi Wolf hat öffentlich beklagt, dass sich ihren Recherchen zufolge der Covid-19-Impfstoff offenbar in einem Verhältnis von 4:1 oder sogar 5:1 negativ auf Frauen gegenüber Männern auswirkt, und zwar insbesondere auf die Fortpflanzungsorgane von Frauen. Von ihren feministischen Schwestern kam zu dieser Tatsache nur »absolutes Schweigen«. Deshalb hat sie sich in den vergangenen 2 Jahren fast ausschließlich mit »konservativen, christlichen Männern« darüber unterhalten, wie Covid-19-Impfungen die Fruchtbarkeit von Frauen beeinträchtigen.[8]

Und das kann Frau Dr. Wolf einfach nicht begreifen.

Für mich ist es hingegen kein Rätsel.

Konservative Männer verstehen, dass Männer und Frauen gleich und doch verschieden sind. Für eine Gesellschaft ist dies wünschenswert. Männer verstehen, dass ihre Lebensaufgabe darin besteht, ihre Frauen und Familien zu beschützen. Frauen verstehen, dass es ihr Lebenszweck ist, für die nächste Generation zu sorgen, sie anzuleiten und auf diese Weise zu garantieren, dass die Zivilisation ihren Namen auch verdient. Und im extremsten Fall verstehen Männer genauso gut, dass es ihre heilige Pflicht ist, das sinkende Schiff nicht zu verlassen, sondern Frauen und Kindern in die Rettungsboote zu helfen.

Das alles wollte Mao auslöschen.

Mao wollte, dass Kinder ihre Eltern und Lehrer denunzieren und Eheleute ihre Partner verraten, um so die Bande zu zerreißen, die Menschen in der Gesellschaft zusammenhalten.

Warum?

Weil Menschen nach dem Zerreißen der Bande, die sie in herzlichen Beziehungen zueinander halten, keinen sozialen und moralischen Kompass mehr haben. So lassen sie sich viel einfacher dazu bringen, Autoritäten zu gehorchen. (Das hört sich fast so an wie das, was die Regierungen in der Covid-19-Ära mit uns angestellt haben, oder? Kinder, die nicht in der Schule waren, das Verbot, die eigenen Eltern zu besuchen, soziale Distanzierung, Masken, Denunziation und die Verteufelung all jener, die Masken oder Impfungen verweigerten. Man könnte es sogar als »Plandemie« bezeichnen, wie mein guter Freund Mikki Willis das so gern tut.)

Klingt das nicht absolut dämonisch? Ja, das tut es – und es ist auch dämonisch. Mir fällt einfach kein besseres Wort dafür ein.

Es gibt zwar jede Menge Statistiken über die Anzahl der Menschen, die während Maos Kulturrevolution umgebracht oder verfolgt wurden, aber ich schätze persönliche Berichte mehr. Zahlen schaffen eine Distanz zu den Gräueln, aber Geschichten machen sie lebendig und wirklich.

Ich bin bekannt dafür, die Mainstream-Medien zu kritisieren, doch wenn man lange genug abwartet, gibt es irgendwann einen talentierten Schreiber, der die Wahrheit über ein wichtiges Ereignis erzählt. Deshalb weckte der folgende Artikel, der 2016 unter dem Titel »Bekenntnisse einer Rotgardistin 50 Jahre nach der chinesischen Kulturrevolution« bei CNN erschien, meine Aufmerksamkeit:

> Ich wurde mein Leben lang von Schuldgefühlen verfolgt.
>
> Im Jahr 1966 gehörte ich den Roten Garden des Vorsitzenden Mao an. Ich und Millionen anderer Schüler und Studenten denunzierten unsere Lehrer, Freunde und Familien, überfielen Häuser und zerstörten das Eigentum anderer Leute.

In Schulbüchern wird die Kulturrevolution, bei der Hundertausende Menschen ermordet und Millionen weitere misshandelt und traumatisiert wurden, als politische Bewegung bezeichnet, die von Mao »aus Versehen« begonnen und angeführt wurde, aber in Wahrheit handelte es sich um eine gewaltige Katastrophe, für die wir alle die Verantwortung tragen.[9]

Sehen Sie sich das, was in unserem Land passiert, einmal durch die Brille der chinesischen Kulturrevolution an. Was tut die Linke heute denn anderes, als unsere Mittel- und Oberschüler dahin gehend zu indoktrinieren, dass sie ihr Land wegen seines angeblichen Rassismus anprangern und vielleicht sogar gegen ihre Eltern und anderen Verwandten eingestellt sind, weil die in Bezug auf Transgender, Klimawandel und die Anliegen von Black Lives Matter nicht »woke« genug sind?

Der Durchschnittsbürger wird mit einer Krise nach der anderen konfrontiert. Dadurch gerät er in einen Zustand aus Angst und Panik, wendet sich gegen Freunde sowie Angehörige und klinkt sich schließlich nach dem Verlust aller sozialen Beziehungen in die Angstmaschine der Regierung ein, um als gehorsamer kleiner Roboter für eine wahrscheinlich gewalttätige Zukunft zu agieren. Wer von uns würde nicht gern in der Zeit zurückreisen und einen echten Nazi aus der Zeit, bevor die NSDAP ihre Terrorherrschaft begann, »ins Gesicht schlagen«?

Statt einen Nazi zu schlagen, verprügeln Sie aber vielleicht Ihre Mutter oder Ihren Vater, Ihre Schwester oder Ihren Bruder oder einen Ihrer Mitbürger, weil diese vergeblich versuchen, Ihre Verwandlung in eine nicht wiedererkennbare Version Ihrer selbst zu verhindern. Möglicherweise sind Sie selbst zu dem Monster geworden, das Sie eigentlich aufhalten wollten. Die ehemalige Rotgardistin erzählte in CNN weiter:

Als Rotgardisten griffen wir jeden, der als »bourgeois« oder »revisionistisch« angesehen wurde, seelisch und körperlich brutal an.

Am meisten bedaure ich, was wir unserer Klassenlehrerin Zhang Jilan angetan haben.

Ich war eine der aktivsten, wenn nicht sogar die am revolutionärsten gesinnte Schülerin, als die Klasse eine Kampf- und Kritiksitzung gegen Fräulein Zhang abhielt.

Ich erfand Beschuldigungen und bezeichnete sie als herzlose und gefühlskalte Frau, obwohl das Gegenteil stimmte.

Andere beschuldigten sie, eine Christin zu sein, weil das Schriftzeichen »Ji« in ihrem Namen sich auch auf das Christentum beziehen könnte.

Wir hielten unsere unbegründeten Vorwürfe dann in großen Lettern auf »Wandzeitungen« fest – eine beliebte Methode, »Klassenfeinde« zu kritisieren und Propaganda zu verbreiten. Es waren insgesamt sechzig Plakate, die alle Außenwände des Schulhauses bedeckten.[10]

Ich versuche mir diese Frau vorzustellen, die zum Zeitpunkt des CNN-Interviews Anfang sechzig gewesen sein muss, wie sie sich selbst als Mädchen sieht. Damals war sie wahrscheinlich eine der intelligentesten und folgsamsten Schülerinnen in ihrer Klasse, aber plötzlich wurde sie so von Maos Ideen vereinnahmt, dass sie Dinge tat, die sie für den Rest ihres Lebens bereuen sollte. Wie oft hat sie sich in den Jahren danach selbst Vorwürfe für ihre Handlungen gemacht? Wie oft hat sie bedauert, dass dieser böse politische Führer ihr die gottgegebene Lebensfreude gestohlen hat, nur weil er auf die Idee gekommen war, Kindern die Unschuld zu rauben sei der beste Weg zur Erhaltung seiner Macht?

Jesus sagte, er sei auf unsere Welt gekommen, damit wir Leben in Fülle haben. Dies ist es, was gute, freundliche Handlungen für unsere Seelen tun – sie schenken uns Fülle, in jedem Sinn des Wortes. Das Böse hingegen raubt uns den Reichtum unseres Lebens; das gilt nicht nur für jene, die es ertragen müssen, sondern auch für die, die böse handeln.

Ich werde im vorliegenden Buch jedoch immer wieder auf meine feste Überzeugung hinweisen, dass Gott uns auch dann noch Chancen gibt, wenn wir glauben, dass wir unrettbar verdammt sind. Selbst in der größten Finsternis, selbst in den Reihen derer, die sich dem Heer Satans angeschlossen haben, gibt es Rebellen. Gott kann sein Licht an die dunkelsten Orte und in die dunkelsten Seelen strahlen.

1968, am Höhepunkt der Bewegung, wurden täglich Menschen im Zuge der Kampf- und Kritiksitzungen zu Tode geprügelt; andere, die man verfolgt hatte, stürzten sich von hohen Gebäuden.

Niemand war sicher. Die Angst, von anderen gemeldet zu werden, in vielen Fällen unseren Freunden und Angehörigen, verfolgte uns dauernd.

Anfangs war ich fest entschlossen, eine brave kleine revolutionäre Gardistin zu sein. Aber etwas störte mich.

Als ich 1966 einem Schüler dabei zusah, wie er einen Eimer fauligen Kleister über unserem Schuldirektor ausgoss, spürte ich schon, dass etwas nicht stimmte.

Voller Unbehagen und Schuldgefühle ging ich zurück in mein Studentenwohnheim und glaubte, ich sei nicht revolutionär genug.

Später, als man mir einen Gürtel in die Hand drückte und mich anwies, einen »Feind der Revolution« damit auszupeitschen, lief ich weg und wurde von meinen Rotgardistenkameraden als Deserteurin beschimpft.[11]

Sehen Sie, wie Gott seinen Weg in jedes Menschenherz finden kann? Im Herzen dieses jungen Mädchens gab es keine Religion, nur die Erinnerung an die Liebenswürdigkeit ihrer Verwandten und Freunde, die Gottes Liebe zu den Menschen widerspiegelt. Doch in der menschlichen Psyche existiert etwas, was sich nach Güte und Gerechtigkeit sehnt und gegen das Böse auflehnt. Obwohl alles in der Umgebung dieses Mädchens es zu diesem bösen Verhalten ermutigte, brachte es irgendetwas dazu, damit aufhören. Wie sie in ihrer Geschichte erzählt, wurde ihr Vater, ein ehemaliger Kriegsberichterstatter, schließlich der Spionage angeklagt. Die schlimmen Taten, die sie in ihrer Jugend verübt hatte, verfolgten sie einen Großteil ihres Erwachsenenlebens. Heute macht sie keinen Hehl aus der Rolle, die sie bei solchen Gräueltaten gespielt hat. Sie berichtete weiter:

Meine Generation wurde mit Wolfsmilch aufgezogen. Wir kamen schon mit Hass zur Welt und lernten, zu kämpfen und jeden zu hassen.

Einige meiner Kameraden von der Roten Garde behaupten heute, dass wir nichts als unschuldige Bürger waren, die auf den falschen Weg geführt wurden. Doch wir lagen völlig falsch.

Es schmerzt mich, dass so viele aus meiner Generation die Vergangenheit vergessen wollen und manche sogar von den »guten alten Zeiten« schwärmen, als sie als privilegierte, sorglose Rotgardisten durchs ganze Land reisen konnten.[12]

Geschichten wie diese berühren mich sehr. Viele werden annehmen, dass ich einfach nur gern gegen die Korruption wettere und die Verantwortlichen verwünsche, weil ich Unschuldige schützen will. Aber ebenso sehr, wie ich versuche, die Schwachen zu schützen, versuche ich auch, diejenigen aufzuhalten, die kurz davor stehen, Böses zu tun – weil ich begreife, wie sehr solche Taten sie für den Rest ihres Lebens prägen werden. Wie schlimm war Maos Herrschaft über China? Dazu möchte ich aus einem Artikel der *Washington Post* zitieren:

Mao startete während seiner Herrschaft, die mit der Gründung Rotchinas im Jahr 1949 begann und mit seinem Tod im Jahr 1976 endete, mehr als ein Dutzend Kampagnen. Manche davon sind bekannt, wohingegen andere – wie eine blutige Kampagne zur »Säuberung der Klassen« in den späten 1960er-Jahren, an der auch Armeeeinheiten beteiligt waren – kaum Beachtung fanden.

Die meisten Forscher halten sich bei Schätzungen zur Gesamtzahl der »unnatürlichen Todesfälle« in China unter Mao zwar relativ bedeckt, doch viele Belege deuten darauf hin, dass er auf die eine oder andere Art für mindestens 40 Millionen Tote und eventuell sogar 80 Millionen oder mehr verantwortlich war. Dazu zählen Todesfälle, für die er die direkte Verantwortung trug, und solche, die auf desaströse politische Vorhaben zurückzuführen waren, von denen er nicht abgehen wollte.[13]

Es geht also um den Tod von 80 Millionen Menschen, die von einem Regime umgebracht wurden, das in China nach wie vor an der Macht ist und uns einreden möchte, dass sein System der Freiheit des Westens vorzuziehen sei. Ich bin ein unerbittlicher Feind jedes Systems, das auch nur einen einzigen Angehörigen der Menschheit auslöschen will, geschweige denn 80 Millionen. Doch die Establishment-Flügel sowohl der Republikaner als auch der Demokraten haben sich bereits viele der Taktiken Maos, durch die Dutzende Millionen ums Leben gekommen sind, bereits zu eigen gemacht.

Sie brauchen nur ein Zitat des Vorsitzenden Mao nachzulesen und es damit zu vergleichen, wie unsere politischen Führer die Menschen in den letzten paar Jahren behandelt haben:

> Unser Staat ist ein Staat der demokratischen Diktatur des Volkes, der von der Arbeiterklasse geführt wird und auf dem Bündnis der Arbeiter und Bauern beruht. Welche Funktionen übt diese Diktatur aus? Ihre erste Funktion besteht darin, die reaktionären Klassen, die Reaktionäre und jene Ausbeuter im Lande, die sich der sozialistischen Revolution widersetzen, und diejenigen, die den Aufbau des Sozialismus sabotieren, niederzuhalten, also die Widersprüche zwischen uns und dem Feind innerhalb des Landes zu lösen. Beispielsweise gewisse Konterrevolutionäre festzunehmen und abzuurteilen, den Grundherren und den Angehörigen der bürokratischen Bourgeoisie für eine bestimmte Zeit das Wahlrecht und die Redefreiheit zu entziehen – das alles fällt in den Rahmen der Diktatur.[14]

Bei der Lektüre dieses Zitats fragte ich mich, ob es vom Vorsitzenden Mao oder aus einem Handbuch für Facebook-Content-Moderatoren stammt. Es ist nicht immer leicht, den Unterschied zu erkennen.

Aber Scherz beiseite. Das Bemerkenswerte an dem Zitat ist, dass es nicht von der Annahme ausgeht, dass der Staat zum Schutz der Rechte des Einzelnen da ist, sondern dass er existiert, um den Einzelnen zur Einhaltung seiner Regeln zu zwingen.

Unsere Verfassung stellt den Einzelnen über alles und vertritt die Ansicht, dass der Staat zwar notwendig ist, aber eine enorme Gefahr für die Allgemeinheit darstellt. Die Regierung wird mit Feuer verglichen, das der Menschheit dienen und sie nicht verzehren soll, wie die Globalisten das gern hätten.

Man bedenke, was der Globalist David Rockefeller, einer der Architekten des modernen Chinas, in einem Artikel für die *New York Times* über das Land schrieb – und zwar im Jahr 1973, als sogar in China selbstkritische Stimmen über die Millionen Toten durch die Kulturrevolution laut wurden:

> Man ist sofort vom Gefühl nationaler Harmonie beeindruckt. Angefangen mit der lauten patriotischen Musik an der Landesgrenze, verspürt man eine sehr reale und allgegenwärtige Hingabe an den Vorsitzenden Mao und die maoistischen Prinzipien. Wie hoch der Preis der chinesischen Revolution auch gewesen sein mag – sie hat es offenbar nicht nur geschafft, eine effizientere und engagiertere Verwaltung zu installieren, sondern auch eine bessere Moral und ein Gefühl der Zweckgemeinschaft gefördert.[15]

Wie könnte man nach dieser Äußerung nicht annehmen, dass David Rockefeller und seine globalistischen Weggefährten den Massenmord gutheißen?

Und wie können so viele diese Absicht einfach nicht wahrnehmen?

Große Hoffnung gibt mir allerdings die Erkenntnis, dass Menschen zwar Teil eines unterdrückerischen Systems sein, aber dennoch einen besseren Weg wählen können. Schon früh in meiner Laufbahn habe ich mich mit einem bemerkenswerten Mann namens Ted Gunderson angefreundet. Er begann 1951 für das FBI zu arbeiten und war dort in diversen Funktionen tätig, bevor er Leiter der FBI-Büros in Memphis, Dallas und Los Angeles wurde. 1979 war er einer der Kandidaten für den Posten des FBI-Direktors, der aber schließlich an William Webster ging.

Doch Ted Gunderson hatte ein Geheimnis. Er arbeitete für das FBI am COINTELPRO-Programm[16] mit, das dazu diente, Bürgerrechts- und Antikriegsgruppen zu infiltrieren, schikanieren und diskreditieren. Tatsächlich war es Gunderson selbst, der den heute berüchtigten Brief an den Friedensnobelpreisträger und Bürgerrechtshelden Martin Luther King schrieb, in dem King dazu aufgefordert wurde, noch vor der Verleihung des Nobelpreises in Schweden Selbstmord zu begehen,[17] denn andernfalls würden Informationen über seine ehebrecherischen Affären an die Medien gehen.

Gunderson war später zutiefst beschämt über seine Tat und sagte aus, dass das FBI viele der Informationen über Kings angebliche Affären schlicht erfunden habe. Den Rest seines Lebens widmete er nicht nur der Aufdeckung von Korruption innerhalb des FBI, sondern auch in anderen US-Geheimdiensten.[18]

Manche hielten ihn für einen Helden, andere für einen Spinner, doch mit den Jahren machten seine Warnungen einen immer prophetischeren Eindruck. Im Folgenden lesen Sie eine Zusammenfassung eines Vortrags von Ted Gunderson, die von Truth Justice am 10. August 2023 auf Twitter (heute X) gepostet wurde. Der Beitrag wurde mehr als 2,3 Millionen Mal aufgerufen und enthält im Wesentlichen dasselbe, was auch ich von Gunderson erfahren habe:

> Der FBI-Agent behauptet auf Grundlage seiner 28-jährigen Erfahrung und seiner Recherchen, dass es ein verdecktes illegales Unternehmen der US-Regierung gibt, das in mehreren Städten der Vereinigten Staaten agiert.
>
> Die Pearl-Harbor-Katastrophe hätte verhindert werden können; wir wussten bereits am 4. Dezember Bescheid und hätten die amerikanischen Schiffe vor dem Angriff abziehen können.
>
> Das Attentat auf Präsident John F. Kennedy, der auch unter dem Spitznamen Jack bekannt war, wurde von der CIA durchgeführt. Das FBI leistete dabei Hilfe, indem es Präsident Kennedys Auto auf eine andere Route umleitete. Lyndon B. Johnson wusste, dass Präsident Kennedy einem Attentat zum Opfer fallen sollte, und wollte seinen Tod. Robert F. Kennedy (Bobby) wurde ebenfalls von dieser infiltrierten Regierungsfraktion ermordet.
>
> Der Bombenanschlag auf das Murrah Federal Building in Oklahoma wurde von den »New World Order Boys« [dt. etwa: Vertreter der Neuen Weltordnung] verübt, und der dabei verwendete Sprengstoff stammte von der US Army. Timothy McVeigh war ein CIA-Agent.

Im Fall der Belagerung und Stürmung der Davidianer-Siedlung in Waco, Texas, bezeugt er, dass die vier ATF-Agenten in Wahrheit von Scharfschützen der Regierung ermordet wurden. Genau diese getöteten ATF-Agenten waren zuvor Leibwächter von Bill Clinton gewesen.

Das FBI wusste im Voraus von dem Autobombenanschlag auf das World Trade Center und lieferte die Zutaten für die Bombe, die zur Sprengung des World Trade Centers eingesetzt wurde.

Nach seinem Ausscheiden aus dem FBI übernahm Gunderson als Privatdetektiv den Fall Jeffrey Robert MacDonald. MacDonald war ein amerikanischer Arzt und Hauptmann der US Army, der im August 1979 für den Mord an seiner schwangeren Frau und seinen zwei Töchtern im Februar 1970 – damals diente er als Arzt einer Spezialeinheit der Army – verurteilt wurde.

Im Zuge seiner Ermittlungen im Fall MacDonald erhielt er ein unterschriebenes Geständnis von Helena Stoeckley, in dem es hieß, dass Jeffrey MacDonald die Tat nicht begangen habe, sondern ihre satanistische Sekte für die Morde verantwortlich sei. Die Gerichte ignorierten diese Aussage.

Helena Stoeckley gestand weiter, dass damit ein groß angelegter Drogenschmuggel vertuscht werden sollte. Die Drogen wurden in Plastiksäcken in den Körperhöhlen gefallener GIs aus Südostasien ins Land gebracht. An der Schmuggelaktion waren Generäle, andere Offiziere, Polizeibeamte und Ermittler des US-Heeres beteiligt.

Als Ted mit dieser Information an die Öffentlichkeit ging, erhielt er Hunderte von Anrufen von Opfern, die ihm von der satanistischen Sektenbewegung in den Vereinigten Staaten berichteten. Diese Leute sind Opfer eines verdeckten, illegalen kriminellen Unternehmens von Teilen der US-Regierung.

Seit Gunderson als FBI-Whistleblower aktiv ist, wurde vom FBI gegen ihn ermittelt und versucht, ihn eines Verbrechens anzuklagen. Sein Name stand auf zwei verschiedenen Todeslisten, es gab Giftanschläge auf ihn, und man verbreitete irreführende Informationen über ihn, um seine Arbeit zur Aufdeckung der Korruption innerhalb der CIA, des FBI und der Regierung zu diskreditieren.

Er arbeitete auch am Franklin-Vertuschungsfall, bei dem es um illegale Rauschgiftaktivitäten der Regierung und satanistische Kulte ging. Man hatte Kinder aus Waisenhäusern und Pflegefamilien entführt und sie in Privatmaschinen nach Washington, D. C., geflogen, wo sie an Sexorgien mit US-Kongressabgeordneten und -Senatoren teilnehmen mussten. Der Missbrauch wurde gefilmt und fotografiert; die Aufnahmen verwendete man später zu Erpressungszwecken, um die Opfer zu kontrollieren.

Seine Ermittlungen im Franklin-Fall führten ihn zu einer in Washington, D. C., beheimateten Organisation namens »The Finders« [dt. etwa: »Die Finder«], einer verdeckten CIA-Operation für Kinderhandel.

Jedes Jahr werden an den satanistischen Feiertagen 21. Juni, 31. Oktober und Dezember Tausende Kinder verschleppt und entführt, um sie rituell zu opfern. Führende Politiker der ganzen Welt sind an diesem satanistischen Kult beteiligt. Laut Gunderson wird dieses Land – Amerika – von Satanisten regiert.

Er warnt auch vor Wahlbetrug durch elektronische Stimmabgabesysteme, wie er bei den amerikanischen Präsidentschaftswahlen des Jahres 2020 passierte und wieder passieren wird, wenn wir das Komitee der 300 nicht stoppen.

Der satanische Illuminatenkult, von dem er spricht, besteht aus Mitgliedern des Komitees der 300, die auch von einem Agenten enttarnt wurden, der 45 Jahre lang für den britischen Geheimdienst MI6 tätig war. Mutige Männer und Frauen warnen uns seit Jahren vor dem Komitee der 300, doch wir haben bisher nichts unternommen, um es aufzuhalten. In früheren Beiträgen habe ich die Namen aller Mitglieder aufgelistet. Sie müssen aufgehalten werden.

Wenn wir sie jetzt nicht stoppen, werden sie ihr Ziel der Entvölkerung und weltweiten totalen Kontrolle der Menschheit erreichen. Sie werden Amerika völlig zerstören. Wir dürfen keine Angst haben, weil

Angst ihr wichtigstes Werkzeug gegen uns ist. Wir müssen jetzt handeln und erhobenen Hauptes das Leben, die Freiheit und unsere unschuldigen Kinder verteidigen.[19]

Mir ist bewusst, dass sich vieles von dem, was Gunderson von den späten 1980er-Jahren an bis zu seinem Tod am 31. Juli 2011 zu sagen hatte, damals vielleicht verrückt anhörte.

Aber sehen Sie selbst, wie weit wir in der Zwischenzeit gekommen sind.

Heute wissen wir, dass der Irakkrieg auf Lügen aufgebaut war, dass die Regierung ein gewaltiges Überwachungsprogramm gegen die Allgemeinheit durchgeführt hat und dass die Akten über die Attentate auf John und Robert Kennedy weiterhin unter Verschluss bleiben. Die Technologieplattformen unterstützen das Establishment beider Parteien, und ein pädophiler Serienpresser wie Jeffrey Epstein ist zwar seit Jahren tot, doch die amerikanische Öffentlichkeit hat bis jetzt kein einziges Bild von einer der Videokameras gesehen, mit denen er seine Häuser ausgestattet hatte. Wenn das kein Beweis für einen kolossalen Tiefen Staat ist – ähnlich wie ein Schwarzes Loch, das alles Licht im Umkreis schluckt –, dann weiß ich auch nicht, womit man Sie überzeugen könnte.

Es können kaum Zweifel daran bestehen, dass Gunderson eine außergewöhnliche Karriere beim FBI hatte – und ich persönlich hielt ihn stets für sehr glaubwürdig. Für mich ist er einer meiner Mentoren in Sachen Tiefer Staat, der mir auch viel über die Schwächen der Mächtigen verraten hat. Gott hat die Menschen als grundsätzlich gut geschaffen. Es ist eine enorme Menge Energie nötig, um Menschen auf dem Pfad des Bösen zu halten. Wenn man diese gefangenen Seelen befreien will, muss man ihnen einfach nur die Wahrheit sagen und ihnen zeigen, um wie viel besser ihr Leben sein könnte. Den Rest erledigen sie dann selbst. Und sobald sie einmal aus der Matrix der Lügen freigekommen sind, kehren sie nie wieder dorthin zurück. Es würde sich einfach eklig für sie anfühlen, als würde man sich nach einer schönen langen Dusche im Schlamm suhlen.

Sieht man sich an, wie sich die Demokratische Partei (und Teile der Republikanischen Partei) in letzter Zeit verhalten haben, so muss man sich fragen, ob Joe Biden das Sagen hat oder der Vorsitzende Mao.

Wir müssen diejenigen befreien, die jetzt noch an ihren Illusionen leiden. Dieses Buch habe ich für sie verfasst; es ist nichts Geringeres als ein Aufruf, zur Vernunft zurückzukehren.

★★★

Wie sieht der langfristige Plan der Globalisten aus – und wie können wir ihn aufspüren?

Diese Leute müssen doch auch ein Modell und eine zugrunde liegende Philosophie haben, oder etwa nicht?

Eine Antwort finden wir im Beispiel der Englischen Ostindien-Kompanie, die jahrhundertelang mit dem britischen Empire zusammenarbeitete, bis sie besiegt wurde. Und von wem?

Ach ja, das waren George Washington, die Patrioten der Amerikanischen Revolution, die Kontinentalarmee sowie das Heer und die Marine Frankreichs.

Ja, Amerika wurde von Persönlichkeiten gegründet, die gegen die stärkste Kombination aus Unternehmens- und Militärmacht in der Weltgeschichte siegten.

Wir haben es schon einmal geschafft, und wir werden es wieder schaffen.

So beschreibt der TV-Sender History Channel den ersten faschistischen Staat, in dem Konzernvermögen mit der militärischen Macht einer Nation verknüpft war:

> Eines der größten und dominantesten Unternehmen der Geschichte war lange vor dem Aufkommen von Techgiganten wie Apple, Google oder Amazon tätig. Die Englische Ostindien-Kompanie wurde am 31. Dezember 1600 mit einem königlichen Freibrief gegründet und agierte dann mehr als 2 Jahrhunderte lang teils als Handelsunternehmen und teils als Nationalstaat, um aus dem Überseehandel mit Indien, China, Persien und Indonesien enorme Gewinne zu erzielen. Die Handelsaktivitäten der Kompanie überschwemmten England mit erschwinglichem Tee, Baumwolltextilien und Gewürzen; die Londoner Investoren des Unternehmens konnten damit Renditen von bis zu 30 Prozent erzielen.

»In ihrer Blütezeit war die Englische Ostindien-Kompanie das bei Weitem größte Unternehmen seiner Art«, sagt Emily Erikson, Soziologieprofessorin an der Yale University und Autorin des Buches *Between Monopoly and Freetrade: The English East India Company* [dt. etwa: »Zwischen Monopol und Freihandel: Die Englische Ostindien-Kompanie«]. »Sie war auch größer als manche Nationen und beherrschte de facto große Teile Indiens, das zu dieser Zeit eine der produktivsten Volkswirtschaften der Welt war.«[20]

Wie es in einem bekannten Sprichwort heißt: Alles wiederholt sich. Aus diesem Grund wollen die Globalisten auch nicht, dass wir über die Geschichte Bescheid wissen. Die Gier nach Macht, von den Eroberungsfeldzügen des Römischen Reichs über die mongolischen Horden bis hin zu Napoleon, Hitler, Stalin und Mao, zieht sich wie ein roter Faden durch die Menschheitsgeschichte. Viele wissen jedoch nicht, welche Rolle westliche Nationen und deren wichtigstes Werkzeug zur Bevölkerungskontrolle – die Kapitalgesellschaft – dabei gespielt haben.

Als die Kontrolle der Englischen Ostindien-Kompanie über den Handel sich gegen Ende des 18. Jahrhunderts abschwächte [weil sie im Unabhängigkeitskrieg von den Vereinigten Staaten von Amerika besiegt worden war; Anm. d. Autors], fand sie ihre neue Berufung im Aufbau eines Imperiums. Einmal befehligte dieser Megakonzern sogar eine Privatarmee aus 260 000 Soldaten, also doppelt so vielen wie im stehenden Heer Großbritanniens. Eine derartige Truppenstärke war mehr als ausreichend, um indische Herrscher zum Abschluss einseitiger Verträge zu zwingen, die der Kompanie lukrative Steuerbefugnisse einräumten. […]

Die Englische Ostindien-Kompanie verhalf vielen der Charakteristika moderner Unternehmen zum Durchbruch. So war die Kompanie beispielsweise die größte und langlebigste Aktiengesellschaft ihrer Zeit – das bedeutet, dass sie durch den Verkauf von Aktien an die Allgemeinheit Kapital beschaffen und ansammeln konnte. Sie wurde von einem Präsidenten geleitet, aber auch durch eine »Kontrollbehörde« oder einen »Vorstand«.[21]

Westliche Regierungen und ein Großteil der »woke«-lastigen gemeinnützigen Organisationen scheinen sich heute nicht mehr dafür zu interessieren, wie Konzerne ein Land kontrollieren können. Wenn man sich fragt, wie ein TV-Sender wie Fox News – wie im Fall Tucker Carlson – seinen beliebtesten Moderator feuern konnte, dann lautet die Antwort: Fox News ist nur ein kleiner Geschäftsbereich des Konzerns. Und für den ist Fox News nicht als eine unabhängige journalistische Quelle interessant, sondern nur als Teil der Marketingabteilung eines großen Mischkonzerns. Sobald man ein wenig nachhakt und über die Hintergründe von »Klimawandel«-Verfechtern oder Black Lives Matter recherchiert, wird man wahrscheinlich feststellen, dass sie von großen Megakonzernen und globalistischen Stiftungen finanziert werden.

Aber warum sollten Unternehmen daran interessiert sein, amerikanische Stadtviertel niederzubrennen und »No-go-Zonen« zu schaffen? Nun ja – wenn man lokale Geschäfte zerstört, muss jeder online einkaufen und begibt sich damit unter die Kontrolle der Techgiganten, die ihre Produkte in der Sklavenwirtschaft des modernen Chinas herstellen lassen. Auch die Chinesen werden durch den Globalismus nämlich nicht reich. Wir müssen sie unterstützen, denn sie werden genau wie wir seit Jahrhunderten von der Partnerschaft aus Konzernen und westlichen Regierungen ausgebeutet.

> Die Heldentaten der Ostindien-Kompanie beschränkten sich aber nicht auf Indien. In einem der dunkelsten Kapitel ihrer Geschichte schmuggelte die Kompanie Opium nach China und tauschte es dort gegen das wertvollste Handelsgut des Landes: Tee. China nahm als Zahlung für Tee eigentlich nur Silber an, doch das war in England schwer zu bekommen, also umging die Kompanie mithilfe eines Schwarzmarkts aus indischen Opiumbauern und Schmugglern das chinesische Opiumverbot. Der Tee strömte nach London, die Investoren der Kompanie wurden reich – und Millionen chinesischer Männer siechten in Opiumhöhlen dahin.

Als China hart gegen den Opiumhandel durchgriff, entsandte die britische Regierung Kriegsschiffe, wodurch der Opiumkrieg des Jahres 1840 ausgelöst wurde. Die demütigende chinesische Niederlage verschaffte den Briten zwar die Kontrolle über Hongkong, doch der Konflikt warf ein weiteres Licht auf die dunklen Machenschaften der Ostindien-Kompanie im Namen des Profits.[22]

Ich liebe die Formulierung »dunkle Machenschaften im Namen des Profits«, weil sie sich auch auf vieles andere anwenden lässt. Wussten Sie eigentlich, dass Großbritannien im 19. Jahrhundert ein Rauschgifthändler war, der sich kaum von den mexikanischen Kartellen unterschied, die heute unser Land mit tödlichem Fentanyl überschwemmen?

Obwohl die Ostindien-Kompanie durch die zunehmende Unterstützung für Adam Smiths Thesen über einen freien Markt schwer angeschlagen war, wollten einige britische Intellektuelle wie H. G. Wells sie anscheinend durch eine andere »Neue Weltordnung« ersetzen. So hieß auch ein Buch, das Wells im Januar 1940 veröffentlichte. (Nein, es war nicht Präsident George H. W. Bush, der diesen Begriff prägte.) Hier ist ein Auszug aus Wells' Buch, in dem er behauptet, dass irgendeine Form von Weltregierung unvermeidlich sei:

Die Frage, ob die Kollektivierung »verwestlicht« oder »veröstlicht« stattfinden soll, wobei ich diese Wörter im Hinblick auf den vorangegangenen Absatz verwende, ist in Wahrheit das Hauptproblem, vor dem die Welt heute steht. Wir brauchen eine sorgfältig überlegte Revolution. Unsere Revolution muss in Licht und Luft vor sich gehen. Wenn wir keine bessere Form der Kollektivierung schaffen können, dann müssen wir vielleicht bald eine Sowjetisierung à la Russland hinnehmen. Sollte es uns aber gelingen, eine bessere Kollektivierung zu schaffen, dann ist es sogar wahrscheinlicher, dass das russische System stattdessen unsere Verbesserungen übernimmt, seinen wieder auflebenden Nationalismus ablegt, Marx und Stalin widerlegt, soweit sie widerlegt werden können, und im einzigen Weltstaat aufgeht.[23]

Die Globalisten wollen nicht, dass Sie über Geschichte Bescheid wissen, damit sie Sie weiterhin über diese Persönlichkeiten aus der Vergangenheit belügen können. Man könnte sagen, dass Wells extrem naiv war; andererseits schrieb er diese Zeilen bereits gegen Ende seines Lebens, und man sollte erwarten, dass jemand in dieser Lebensphase eine genaue Vorstellung davon hat, wie die Welt funktioniert. Im Vorwort zur 2022 auf Englisch erschienenen Neuausgabe von *Die neue Weltordnung* wird genau beschrieben, was Wells 1940 zu erreichen versuchte:

> Wells behauptet, dass die Menschheit nur eine einzige Chance hat, die derzeitigen besorgniserregenden Schicksalsschläge und künstlichen Katastrophen zu überstehen: die totale Neuordnung der globalen Beziehungen angesichts einer egoistischen, ethnozentrischen Menschheit. Er beharrt darauf, dass das neue Zeitalter der Brüderlichkeit keine souveränen Nationalstaaten dulden darf, weil diese Feindschaft zwischen Rassen und Völkern erzeugen könnten, und keine unabhängigen politischen Herrscher, die Kriege vorbereiten könnten, die von ihnen oder ihren Feinden angezettelt wurden. Stattdessen soll es von Sozialingenieuren gelenkt werden, die in einem System der Massenkollektivierung die Produktion steuern. Ist seine Vision utopisch oder dystopisch? Der Leser kann selbst beurteilen, ob dieses globale Paradies, das durch eine unblutige Weltrevolution erreicht wird, etwas Schönes ist, was es zu bewundern und kultivieren gilt, oder eine Monstrosität, die gebannt werden muss, bevor sie überhaupt auskeimen kann.[24]

Schafft die Länder ab, und gebt Sozialingenieuren die Kontrolle über alles in die Hand. So viel zur Idee, dass alle Menschen gleich geschaffen sind. Der Autor hat keine Ahnung davon, wie man das Leben weitergehen lässt. Der vorige Absatz liest sich so, als hätte der reale Bond-Bösewicht Klaus Schwab ihn erst letzte Woche geschrieben. Seltsam, dass Wells nicht wenigstens die Möglichkeit in Betracht zieht, dass in Wahrheit all die autoritären Führer von Regierungen in aller Welt das Problem sind und nicht die Menschen in ihren Ländern.

Doch so wie Adam Smith in Opposition zur Ostindien-Kompanie stand, hatte auch Wells seine Nemesis: George Orwell, den Verfasser des dystopischen Romans *1984*, der sich heute wie eine Prophezeiung liest. In einem Essay mit dem Titel »Im Inneren des Wals« schrieb er über die Sympathien, die viele seiner Landsleute offenbar Stalins Russland und autoritären Regierungssystemen im Allgemeinen entgegenbrachten:

> Aber da ist noch etwas, was zweifellos zum Kult um Russland beitrug, und das ist die Bequemlichkeit und Sicherheit des Lebens in England selbst. Bei allen Ungerechtigkeiten ist England noch immer das Land des »Habeas Corpus«, und die überwältigende Mehrheit der englischen Bevölkerung hat keine Erfahrung mit Gewalt oder Ungesetzlichkeit. Ist man in einer solchen Atmosphäre aufgewachsen, kann man sich nur schwer vorstellen, was ein despotisches Regime bedeutet. Fast alle prominenten Schriftsteller der 1930er-Jahre gehörten zur weich gekochten, emanzipierten Mittelklasse und waren zu jung, um sich noch deutlich an den Weltkrieg zu erinnern. Für Leute dieses Schlages sind Dinge wie Säuberungen, Geheimpolizei, standrechtliche Erschießungen, Inhaftierung ohne Gerichtsverfahren etc. zu fern, um schrecklich zu wirken. Sie können Totalitarismus verdauen, *weil* sie nichts anderes kennen als Liberalismus.[25]

Klingt das, was Orwell hier über das England des Jahres 1940 schreibt, nicht verdächtig nach dem Amerika des Jahres 2023? Bevölkerungen, die nie mit echter Not, Gewalt oder Ungesetzlichkeit konfrontiert wurden? Ja, es gibt zwar Ungerechtigkeiten, aber der gegenwärtige Alltag der meisten Leute würde auf Menschen aus früheren Jahrhunderten (und eigentlich jedem beliebigen Zeitalter der Menschheit) wahrlich paradiesisch wirken.

Weil wir die Geschichte kennen und sie verstehen, können wir Dinge in einen Kontext stellen.

England erfand die Kapitalgesellschaft, verband sie mit der Regierungsgewalt und schuf so ein Weltreich.

Die Freiheit bringt dieses Weltreich zum Einsturz, und in der Folge entsteht ein nie zuvor da gewesener Wohlstand, der eine solide Mittelklasse hervorbringt, die auf demokratische Werte setzt.

Aber manche wollen keine Freiheit, weil sie ihnen nach eigenen Worten zu chaotisch und gewalttätig scheint.

Sie wollen einen neuen multinationalen Konzern, kombiniert mit einer Weltregierung, aber sie wissen nicht, wie das funktionieren soll.

Dann sehen sie das Beispiel des Vorsitzenden Mao in China – und wissen plötzlich, wie sie ihre Weltregierung erreichen können.

Chaos auslösen, sämtliche Bindungen der Gesellschaft auflösen und dann abwarten, bis die Menschen darum betteln, von der Regierung gerettet zu werden.

***

An dieser Stelle lohnt es sich, der Frage nachzugehen, wie sehr die Unterdrückung von Abweichlern in unserer Gesellschaft dem ähnelt, was in Maos China passierte. Zu diesen Abweichlern gehören ich, der schwarze Nationalistenführer Pastor Louis Farrakhan, aber auch meine guten Freunde Paul Joseph Watson, Laura Loomer und Milo Yiannopoulos. Mit all diesen Leuten würde ich gern auf ein paar Drinks in eine Bar gehen und mit ihnen gemeinsam lachen – obwohl wir wissen, dass der Prediger Farrakhan nur Sodawasser zu sich nehmen würde.

Trotzdem würden wir uns bestens unterhalten.

Ich habe Pastor Farrakhan einmal interviewt und mehrere Stunden in seiner Gegenwart verbracht. Er ist einer der nettesten und aufmerksamsten Menschen, die ich je kennenlernen durfte. Was viele nicht wissen, weil Farrakhans Bewegung Nation of Islam in den Medien fast ausschließlich negativ dargestellt wird: Ihr Glaube erlaubt es ihnen nicht, Waffen zu tragen. Sie glauben, dass ihre einzige Waffe die Wahrheit sein sollte.

Deswegen animiert die Nation ihre Mitglieder auch dazu, viel zu lesen und konzentriert über aktuelle Probleme nachzudenken. (Für die Linke ist »Lesen« heute hingegen gleichbedeutend mit »eigene Nachforschungen anstellen« – und das hält sie mindestens für so gefährlich wie das Rauchen; kontroverse Bücher wie dieses würden sie wohl am liebsten mit einem Warnhinweis versehen.) Die Nation of Islam instruiert ihre Mitglieder auch dazu, zu ihren Frauen und Familien zu stehen. Wie ich hält auch diese Bewegung die <u>Familie</u> für die <u>wichtigste Einheit der Gesellschaft</u>. Wenn ich daran denke, wie sehr unsere Regierung der schwarzen Gemeinschaft geschadet hat, indem sie einen Wohlfahrtsstaat eingerichtet hat, der Männern einen Anreiz gibt, ihre Kinder im Stich zu lassen, damit die Mutter Sozialhilfe kassieren kann, scheint mir Farrakhans Beispiel für schwarzen Stolz und schwarze Unabhängigkeit mehr als lobenswert.

Viele von Ihnen werden sich vielleicht noch an meine Sperrung bei Facebook erinnern. Damals erschienen dazu Artikel wie der folgende aus der *New York Times*:

> Nach jahrelanger Unentschlossenheit, wie man mit den extremen Stimmen auf der Plattform umgehen soll, sperrte Facebook am Donnerstag sieben seiner umstrittensten Nutzer – viele davon Konservative – und heizte damit sofort die Debatte über Macht und Verantwortlichkeit großer Technologieunternehmen an.
>
> Das soziale Netzwerk gab an, Alex Jones, den Verschwörungstheoretiker und Gründer von InfoWars, von seiner Plattform verbannt zu haben, ebenso wie eine Handvoll weiterer Extremisten. Louis Farrakhan, der schwarze nationalistische Pastor, der häufig Kritik für seine unverblümt geäußerte antisemitische Haltung einstecken musste, wurde ebenfalls gesperrt. Das Silicon-Valley-Unternehmen erklärte, dass diesen Nutzern im Rahmen seiner Richtlinien gegen »gefährliche Einzelpersonen und Organisationen« die Nutzung von Facebook und Instagram untersagt wurde.[26]

Überlegen wir uns einmal, wie diese Richtlinien über »extreme Stimmen« zu verschiedenen Zeiten unserer Geschichte funktioniert hätten. Wären Benjamin Franklin, John Adams und Thomas Jefferson gesperrt worden, weil sie sich als »extreme Stimmen« gegen das britische Empire äußerten?

Wären die frühen Abolitionisten als Gegner der Sklaverei gesperrt worden, weil sie »extreme Stimmen« waren? Hätte man die Suffragetten des späten 19. und frühen 20. Jahrhunderts als »extreme Stimmen« gesperrt?

Und wie steht es mit den Bürgerrechtlern der 1950er- und 1960er-Jahre, die gegen die von Politikern der Demokratischen Partei in den Südstaaten erlassenen Rassentrennungsgesetze protestierten? Wären auch sie als »extreme Stimmen« gesperrt worden?

Ich weiß, dass mich manche für einen Helden halten, aber ich sehe mich selbst lieber als jemanden, der in einer Einheit von Helden seinen Dienst leistet. Der *New-York-Times*-Artikel war so freundlich, einige dieser Personen zu erwähnen.

Viele der von Facebook gesperrten Nutzer waren zuvor schon bei anderen sozialen Netzwerken gesperrt worden. Mr. Yiannopoulos, ehemals Redakteur bei Breitbart und eine rechtsextreme Medienpersönlichkeit, wurde 2016 von Twitter gesperrt, nachdem er eine Kampagne zur Schikanierung der Schauspielerin Leslie Jones angeführt hatte. Die rechte Provokateurin Laura Loomer wurde Anfang des Jahres wegen ihrer islamophoben Kommentare über die Abgeordnete Ilhan Omar, die für die Demokratische Partei von Minnesota im Repräsentantenhaus sitzt, von Twitter gesperrt.

Die anderen Personen, die am Donnerstag von Facebook gesperrt wurden, sind der Infowars-Mitarbeiter Paul Joseph Watson und der weiße Nationalist Paul Nehlen, der 2018 erfolglos für den Kongress kandidierte. Infowars [sic] wurde ebenfalls rausgeworfen.

Mr. Watson gab in einem Tweet an, dass Facebook ihm keinen Grund für seine Sperrung mitgeteilt habe. »Ich habe keine ihrer Regeln gebrochen«, sagte er. »In einer autoritären Gesellschaft, die von einer Handvoll Silicon-Valley-Giganten kontrolliert wird, muss eben jede abweichende Meinung beseitigt werden.« Er appellierte auch an den Präsidenten, ihm zu helfen, und beklagte sich in einem Tweet darüber, dass Facebook »jetzt einfach Leute wegen Gedankenverbrechen sperrt, ohne sich auch nur den Anschein zu geben, dass es damit irgendwelche Regeln durchsetzen will«.[27]

Wie Sie sich wahrscheinlich denken können, kenne ich die meisten Leute auf dieser Liste persönlich – mit Ausnahme von Paul Nehlen, von dem ich vermute, dass er eine Art Agent Provocateur ist, der für die Geheimdienste arbeitet, wie das auch oft über David Duke behauptet wurde. Ist es nicht seltsam, dass zwar alle Nachrichtenkanäle angeben, weißen Rassisten (falls es die in den USA überhaupt gibt) keine »Plattform« bieten zu wollen [Deplatforming; Anm. d. Übers.], aber CNN am Tag der Charlottesville-Demonstrationen 2017 ausgerechnet einen Beitrag ausstrahlte, in dem der ehemalige Ku-Klux-Klan-Anführer David Duke vorkam?[28]

Aus eigener Erfahrung kann ich berichten, dass sich etliche Leute bei InfoWars einstellen ließen, die wir schnell verdächtigten, Agents Provocateurs der Geheimdienste zu sein. Sie waren sehr schnell zu entlarven. (Kurzer Hinweis für die Spione: Versucht doch wenigstens, ein bisschen intelligenter zu sein, wenn ihr jemanden in unsere Organisationen einschleusen wollt.) Sie spazierten durch unsere Büros, benutzten das N-Wort, wollten mit anderen Mitarbeitern darüber reden, dass Schwarze den Weißen unterlegen seien, und versuchten mich dazu zu bringen, etwas in die Kameras oder Mikrofone zu sagen, die mit Sicherheit irgendwo in ihrer Kleidung versteckt waren.

Wir bei InfoWars sind eine Gruppe von Christen, die daran glauben, dass jeder Mensch ein geliebtes Kind Gottes ist (sogar die Agents Provocateurs, die von den Geheimdiensten zu uns geschickt werden und die hoffentlich in ein paar Jahren wie Ted Gunderson ihre Sünden gestehen und den Rest ihres Lebens damit zubringen werden, ihre Verbrechen zu bereuen). Daher haben wir diese Möchtegernspione schnell vor die Tür gesetzt.

Doch Zuckerberg und seine autoritären Internet-Rotgardisten gaben sich nicht damit zufrieden, mich aus Facebook rauszuwerfen.

Meine Sperrung und die anderer Personen hatten für sie einen zusätzlichen Vorteil.

Wir könnten dadurch zur Zielscheibe für Angriffe der Facebook-Community werden.

Dazu wandten sie den folgenden Trick an: Gewaltandrohungen sind bei Facebook nicht erlaubt, *es sei denn*, man gilt als »gefährliche Person oder

Organisation«. Ich möchte die entsprechende Richtlinie hier abdrucken, damit es nicht zu Missverständnissen kommen kann:

> Bitte nicht posten: Drohungen, die zum Tod (oder anderen Formen hochgradiger Gewalt) von Zielpersonen führen könnten, wobei als Drohung definiert ist:
> - Absichtserklärungen, schwere Gewalttaten zu begehen; oder
> - Aufrufe zu hochgradiger Gewalt (es sei denn, die Drohung richtet sich gegen eine Organisation oder Person, die unter die Richtlinie über gefährliche Personen und Organisationen fällt, als Täter von Gewaltverbrechen oder Sexualdelikten beschrieben wird und für die durch Medienberichte, Marktkenntnisse über Nachrichtenereignisse ein Status als Krimineller/Prädator festgestellt wurde usw.)[29]

Nehmen Sie jetzt vielleicht an, dass Mark Zuckerberg nach Protesten gegen die Zulassung von Aufrufen zur politischen Gewalt gegen Menschen wie mich seinen Fehler zugegeben und gesagt hat: »Um Gottes willen! Das können wir doch nicht machen! Warum sind meine Anwälte nicht auf dieses Problem gestoßen?«

Na ja, Sie können schließlich annehmen, was Sie wollen. Ich jedenfalls glaube, dass sie genau das tun wollten und erst daran gehindert wurden, als sie damit auf erheblichen Widerstand stießen.

Wenn Leute einem zeigen, wer sie sind, sollte man das auch glauben.

Wenn ich der Demokratischen Partei oder Mark Zuckerberg vorwerfe, Mao Zedong nachzueifern, dann zeige ich auch genau auf, wie sie das tun. Den Rotgardisten der chinesischen Kulturrevolution hat man nicht ausdrücklich befohlen, wen sie aufs Korn nehmen sollen. Sie wurden lediglich aufgefordert, den »Feind« in ihrer Mitte auszurotten, wohl wissend, dass dies die Dämonen in den Herzen der Menschen freisetzen würde.

Die Verantwortlichen lockerten die Regeln der zivilisierten Gesellschaft und ließen die dunklen Engel der menschlichen Natur frei.

Abgesehen davon, dass die US-Bundesregierung mich zur Zahlung einer Strafe von 1,5 Milliarden Dollar verurteilt hat – für wie bedrohlich hält man mich eigentlich? Ich zitiere aus dem offiziellen Mitteilungsblatt des Tiefen Staates, der *Washington Post*, die der Welt am 19. Juni 2023 genau mitteilte, was nach dem von der Regierung angeregten »Sturm auf das Kapitol« am 6. Januar 2020 gegen mich geplant war:

> Doch eine Gruppe von Staatsanwälten unter der Leitung von J. P. Cooney, dem Leiter der Abteilung für Betrug und öffentliche Korruption bei der US-Staatsanwaltschaft, vertrat die Ansicht, dass die bestehende Struktur der Untersuchung einen wichtigen Aspekt der Ermittlung außer Acht gelassen habe. Sie wollten eine neue Front eröffnen, zum Teil auf der Grundlage allgemein zugänglicher Beweise, auch aus den sozialen Medien, die einige an dem Aufstand beteiligten Extremisten mit Personen aus dem Trump-Umfeld in Verbindung brachten – darunter auch Roger Stone, den am längsten aktiven politischen Berater Trumps, Ali Alexander, einen Organisator der »Stop the Steal«[dt. etwa: »Stoppt den Wahldiebstahl«]-Kundgebung, die dem Aufstand vorangegangen war, und Alex Jones, den Moderator von Infowars. [...]
>
> Axelrod sah darin eine unangenehme Analogie zu den Black-Lives-Matter-Protesten, die ein Jahr zuvor in Washington, D. C., und andernorts zu Vandalismus geführt hatten. »Stellen Sie sich vor, wir hätten mitten in den George-Floyd-Protesten Mitgliederlisten von BLM angefordert«, sagte er nach Aussage anderer später.
>
> In der Folge gab Axelrod Kollegen gegenüber jedoch an, zu wissen, dass der 6. Januar ein noch nie da gewesenes Ereignis dargestellt habe. Er wollte aber nicht vom Standardvorgehen bei Ermittlungen abweichen, weil ein solches Vorgehen das Justizministerium schon früher in Teufels Küche gebracht habe.[30]

Der Artikel in der *Washington Post* war lang und ausführlich, ließ aber seltsamerweise etwas aus: Der Text besagte, dass das FBI diese Untersuchung (gegen meine Wenigkeit und einige meiner besten Freunde) fortsetzen wollte, aber nicht wusste, ob man es für ihr Vorgehen kritisieren würde. Ich fand aber nirgendwo in dem Artikel auch nur den kleinsten Hinweis darauf, dass das FBI besorgt darüber gewesen wäre, meine Bürgerrechte oder die anderer zu verletzen.

Sie sorgen sich nur darum, wie das aussehen würde.

Und was ist mit der Person oder den Personen, die die »Rohrbomben« in der Nähe des Capitols platziert haben?[31] Wollen wir etwa nicht, dass sie gefunden und angeklagt werden?

Diese Frage scheint sich in Nichts aufgelöst zu haben.

Und warum verweigerte FBI-Direktor Christopher Wray im November 2022 bei seiner Aussage vor dem Kongress jede Angabe darüber, ob das FBI V-Leute benutzt hatte, die sich als Trump-Anhänger verkleidet und das Capitol vor den Demonstranten gestürmt hatten?[32]

Soll ich mich damit trösten, dass einige FBI-Mitarbeiter diesen Irrsinn beendet haben, oder sollte es mir vielmehr Angst machen, dass es Leute gibt, die diese wahnsinnige Politik verfolgen wollten und immer noch beim FBI arbeiten? Wie lange wird es dauern, bis diese total Verrückten dort in der Überzahl sind? Warum lassen wir es zu, dass unsere Bundesbehörden lügen und Informationen vor uns geheim halten? Die Regierung dient nicht länger dem Volke, sondern ist – wie Mao gesagt hätte – sein Herr.

Und was soll man gegen all das unternehmen?

Entscheiden Sie sich für friedliche Verweigerung, und entziehen Sie sich den Kontrollsystemen, selbst wenn Sie das etwas kosten sollte. Aber verkaufen Sie nie Ihre Seele! Wenn Sie das tun, werden Sie sie nur zu einem außerordentlich hohen Preis zurückerhalten und sich immer für Ihre Taten schämen müssen.

Vertrauen Sie darauf, dass Sie nur loszulassen und den Verlockungen des Bösen zu widerstehen brauchen – dann wird Gott da sein, um Sie aufzufangen und auf einen besseren Weg zu führen.

Ich kann Ihnen nicht sagen, wie dieser Weg genau aussehen wird, aber ich weiß, dass er Ihnen offenbart werden wird. Zum Schluss dieses Kapitels möchte ich noch einmal Helen Pluckrose und James Lindsay mit einem Zitat aus ihrem exzellenten Buch *Zynische Theorien: Wie aktivistische Wissenschaft Race, Gender und Identität über alles stellt – und warum das niemandem nützt* zu Wort kommen lassen:

Die Antwort auf diese Probleme ist allerdings nicht neu und deshalb vielleicht nicht unmittelbar befriedigend. Sie lautet Liberalismus, und zwar sowohl, was die Politik (der universelle Liberalismus ist ein Gegengift für das postmoderne politische Prinzip), als auch, was die Wissensproduktion betrifft (Jonathan Rauchs »liberale Wissenschaft« ist ein Mittel gegen das postmoderne Wissensprinzip). Sie brauchen kein Experte für Jonathan Rauchs Werk oder für John Stuart Mill oder für irgendeinen anderen großen liberalen Denker zu werden. Auch ist es nicht nötig, dass Sie sich mit der *Theorie* und der Social-Justice-Forschung so vertraut machen, dass Sie sie zuverlässig widerlegen können.

Aber Sie brauchen ein wenig Mut, um sich gegen etwas zu wehren, was große Macht hat. Sie müssen die *Theorie* erkennen, wenn Sie sie sehen, und sich auf die Seite der liberalen Antworten schlagen – was unter Umständen nicht komplizierter ist, als zu sagen: »Nein, das ist Ihre ideologische Überzeugung, und die muss ich nicht teilen.«[33]

Was müssen wir tun, um diesen Kampf zu gewinnen?

Wir müssen ein wenig neugierig auf unsere Welt sein, hinter die Schlagzeilen der Mainstream-Medien schauen und vielleicht auch die Perspektiven jener Abweichler sehen, die beim derzeitigen System nicht gut angeschrieben sind.

Wir müssen darauf vertrauen, dass Gott, wenn wir den richtigen Weg erkennen, uns helfen wird, die Hindernisse zu beseitigen, die uns den Weg zu einem möglichst erfüllten und freudigen Leben versperren.

Und schließlich müssen wir Mitgefühl für diejenigen zeigen, die den Fehler gemacht haben, sich auf den Weg des Teufels zu begeben. Gott kann jedes Herz erreichen, und wir können hoffentlich Gottes Werkzeuge in dieser Welt sein, um die Seelen zu retten, die in die Finsternis gefallen sind.

Suchen wir nach der Wahrheit, finden wir den besseren Weg und beschreiten ihn gemeinsam, hin zu der herrlichen Welt in Fülle, die Gott uns versprochen hat.

Kapitel 3

Sie werden gegen Ihren Willen modifiziert (aber zu welchem Zweck?)

Wenn ich behaupte, dass es eine weltweite Verschwörung verrückter Wissenschaftler gibt, fragen die Leute oft: »Na gut, aber wo sind deine Beweise, Alex?« Okay, fangen wir also gleich mit einem Marketplace-Artikel aus dem Jahr 2016 über Matthew Liao, einen Bioethiker von der New York University, an:

> Dr. S. Matthew Liao, ein Bioethiker an der New York University, ist davon überzeugt, dass die Lösung der Klimawandelprobleme beim Einzelnen beginnt. Aus diesem Grund schlägt er auch vor, Menschen in katzenäugige [weniger Bedarf an elektrischem Licht; Anm. d. Übers.], gegen Fleisch allergische [so werden wir alle vegan; Anm. d. Übers.], halbgeniale Hobbit-Kreaturen [geringerer Ressourcenbedarf; Anm. d. Übers.] umzuwandeln.
>
> Sein Vorschlag ist todernst gemeint, es handelt sich nicht um eine Satire à la Jonathan Swift. Und er hat wirtschaftliche Auswirkungen. Im Mittelpunkt steht der Gedanke, dass wir beim menschengemachten Klimawandel einen Punkt ohne Wiederkehr überschritten haben.
>
> Ideen zur Bekämpfung der Auswirkungen von Mensch und Technik auf die Umwelt gibt es viele. Je weiter wir uns in eine Welt hineinbewegen, in der es einen weitgehenden wissenschaftlichen Konsens und einen paradoxen öffentlichen Widerstand zu diesem Thema gibt, desto seltsamer werden diese Ideen.

Eine der von Wissenschaftlern lancierten Ideen ist das Geoenginee-ring, bei dem man die Atmosphäre mit Aerosolen anreichern will, um die Oberflächentemperatur der Erde zu reduzieren. Eine weitere, die erst diese Woche durch einen von Bill Gates geleiteten Investmentfonds in der Höhe von 1 Milliarde Dollar erneut angekurbelt wurde, sind Innovationen im Bereich der sauberen Energie.

Liao lehnt diese Vorhaben nicht ab, glaubt aber, dass das Bioenginee-ring unserer Körper in mancher Hinsicht Teil der Gesamtlösung und weniger gefährlich sein wird als der Versuch, die gesamte Atmosphäre unseres Planeten mittels Geoengineering zu verändern.[1]

Diese globalistischen, verrückten Wissenschaftler wollen uns in eine Rasse katzen-äugiger, veganer Hobbit-Kreaturen verwandeln, weil sie das für weniger gefährlich halten als die Chemtrails am Himmel und andere weltweite Klimastrategien, die wahrscheinlich furchtbar schiefgehen werden.

Und was sagte Professor Liao, ein beim Weltwirtschaftsforum höchst beliebter Intellektueller, im Einzelnen darüber, wie man den Klimawandel bekämpft, indem man Menschen eine Allergie gegen rotes Fleisch einimpft?

Wie sich herausstellt, können wir den Klimawandel mithilfe von Human Engineering [Veränderungen des Menschen durch Technik; Anm. d. Übers.] bekämpfen. [...] Die Menschen essen zu viel Fleisch, nicht wahr? Würden sie ihren Fleischkonsum reduzieren, dann würde das dem Planeten nützen. Aber die Menschen sind nicht bereit, auf Fleisch zu verzichten. [...] Mit Human Engineering könnten wir eine Unverträg-lichkeit gegen gewisse Fleischsorten erzeugen. Das ist nur ein Beispiel für die Möglichkeiten durch Human Engineering.[2]

Die Methode, mit dem sie diesen Wahnsinn durchziehen wollen, ist die Aus-lösung einer sogenannten Alpha-Gal-Allergie [auch Alpha-Gal-Syndrom – AGS – genannt; Anm. d. Übers.], die normalerweise nach dem Biss bestimmter Zeckenarten auftritt.[3] Alpha-Gal ist ein Zuckermolekül, das in den meisten

Säugetieren vorkommt. Ich stehe der Behauptung, man könne durch den Verzehr von Säugetierfleisch eine Alpha-Gal-Allergie bekommen, übrigens höchst skeptisch gegenüber. Die Verdauungssäfte in Magen und Darm werden das Alpha-Gal-Molekül viel eher abbauen.

Dabei handelt es sich um Grundlagenwissen der Biologie.

Aber was kommt in unserer modernen Welt einem Zeckenbiss am nächsten und könnte dieses Molekül direkt in unseren Blutkreislauf einschleusen, wo es Schäden verursachen kann?

Eine Impfung.

Und ist es nicht merkwürdig, dass die CDC [Centers for Disease Control and Prevention; CDC – amerikanische Gesundheitsbehörde; Anm. d. Übers.] auf ihrer eigenen Website zugeben, dass Impfstoffe und andere Arzneimittel dieses Molekül enthalten? Ein einschlägiges Zitat von der CDC-Website:

> Manche Medikamente und Impfstoffe können geringe Mengen an Alpha-Gal-Zusätzen, -Stabilisatoren oder -Beschichtungen enthalten. ***Nicht alle Patienten mit AGS reagieren auf diese Inhaltsstoffe.*** Listen von Zusatzstoffen in bestimmten Impfstoffen (auch als Impfträgerstoffe bezeichnet) sind über das Pink Book der CDC und das Institute of Vaccine Safety [Institut für Impfstoffsicherheit; Anm. d. Übers.] erhältlich. Zu den Inhaltsstoffen, die Alpha-Gal enthalten können, gehören unter anderem:
> - Gelatine
> - Glycerin
> - Magnesiumstearat
> - Rinderextrakt[4]

Ich weiß, dass viele meiner Zuschauer vielleicht nicht verstehen, warum ich ein so leidenschaftlicher Kritiker unserer derzeitigen Impfstoffe bin. Der Grund dafür ist, dass ich unzählige Gespräche mit führenden Wissenschaftlern und anderen Experten geführt habe, die mich zu dem Schluss kommen ließen, dass alle derzeit verfügbaren Impfstoffe gefährlich sind und dass man auch die meisten Medikamente meiden sollte.

Impfungen und die meisten Medikamente werden von den Globalisten dazu eingesetzt, unsere Abwehrkräfte zu schwächen und schließlich einen großen Teil der Menschheit zu vernichten.

Jetzt glauben Sie vielleicht, dass ich übertreibe und Menschen gar nicht so böse sein können.

Denken Sie aber an den bei Globalisten so beliebten Bioethiker Matthew Liao. Er möchte Sie in einen katzenäugigen Vegetarier von Hobbit-Größe verwandeln – und weil er das unter dem Motto des Kampfs gegen den Klimawandel tut, fühlt er sich wahrscheinlich noch gut dabei.

Dies ist der pathologische Zustand, gegen den wir zu kämpfen haben.

***

Das Leben ist anpassungsfähig.

Ich will Ihnen sagen, warum ich so fest von diesem Gedanken überzeugt bin. Die Kraft des Lebens ist so stark, dass wir als biologische Organismen eine Menge aushalten können.

Gott hat seine Geschöpfe mit großartigen Rückkopplungssystemen ausgestattet, damit sie die Herausforderungen bewältigen können, mit denen sie konfrontiert werden. Die Wissenschaft geht seit Langem davon aus, dass der Mensch als *tabula rasa*, als unbeschriebenes Blatt, zur Welt kommt und erst durch seine Lebenserfahrungen geformt wird. Doch können wir die Erfahrungen unseres Lebens, sei es nun Furchtsamkeit, Mut oder Feigheit, auch an unsere Nachkommen weitergeben?

Die Vorstellung »genetischer Erinnerungen« galt jahrzehntelang als geradezu ketzerisch. Mittlerweile ist der Wissenschaft jedoch der Nachweis gelungen, dass die Erfahrungen einer Generation an die nächste weitergegeben werden können. Eine Studie an Mäusen im Jahr 2013 zeigte, dass bestimmte Ängste vererbbar sind. Ein Artikel in der Fachzeitschrift *Nature* erklärt, wie es zu dieser Studie kam:

> Kerry Ressler, ein Neurobiologe und Psychiater an der Emory University in Atlanta, Georgia, und Mitautor der aktuellen Studie, begann sich für

die epigenetische Vererbung zu interessieren, nachdem er arme Leute in Großstadtvierteln untersucht hatte, wo sich Drogensucht, neuropsychiatrische Erkrankungen und andere Probleme oft zyklisch zu wiederholen scheinen und nicht nur bei Eltern, sondern auch deren Kindern auftreten. »Es gibt viele anekdotische Berichte, die darauf hindeuten, dass solche Anfälligkeiten generationenübergreifend weitergegeben werden und dass es schwierig ist, diesen Kreislauf zu durchbrechen«, sagt er.

Die biologischen Grundlagen für diesen Effekt am Menschen zu untersuchen wäre schwierig. Daher entschieden sich Ressler und sein Kollege Brian Dias dafür, die epigenetische Vererbung an Labormäusen zu untersuchen. Die Tiere wurden darauf trainiert, den Geruch von Acetophenon zu fürchten – einer Chemikalie, deren Geruch mit dem von Kirschen und Mandeln vergleichbar ist. Die Forscher verbreiteten den Duft in einer kleinen Kammer, während sie männlichen Mäusen kleine Elektroschocks verabreichten. Irgendwann lernten die Tiere, den Duft mit Schmerz zu assoziieren, und zitterten auch ohne Elektroschock, sobald sie Acetophenon rochen.[5]

Obwohl ich kein »Speziesist« bin, tun mir diese männlichen Mäuse, denen man »kleine Elektroschocks« verpasste, ein wenig leid. Ja, für die Forscher waren die Schocks vielleicht klein, aber für die Mäuse fühlten sie sich garantiert anders an.

Die Parallelen zum Menschen sind jedoch klar. Wenn ein Reiz, zum Beispiel ein Geruch, mit Schmerz in Verbindung gebracht wird, bekommt ein Organismus bei diesem Reiz Angst, unabhängig davon, ob der Schmerz weiterhin zugefügt wird. Das ist so ähnlich wie beim pawlowschen Hund, dessen Speichel zu fließen beginnt, wenn er das Läuten einer Glocke hört, das er mit seiner Fütterung assoziiert. Diese Idee verstehen wir. Richtig erstaunt waren die Forscher aber dann, als sie registrierten, dass solche Ängste durch irgendeinen Mechanismus in unseren Genen weitervererbt werden können.

Diese Reaktion wurde an ihre Jungen weitergegeben, wie Dias und Ressler heute in *Nature Neuroscience* berichten. Obwohl die Nachkommen nie in ihrem Leben mit Acetophenon in Kontakt gekommen waren, wiesen sie eine erhöhte Empfindlichkeit auf, wenn sie den Geruch wahrnahmen. In seiner Gegenwart zitterten sie deutlich mehr als Mäusejunge, die man darauf konditioniert hatte, auf einen anderen Geruch zu reagieren, oder die keinerlei Konditionierung erhalten hatten. Eine dritte Mäusegeneration – die »Enkel« – erbte die Reaktion auch, ebenso wie Mäuse, die durch In-vitro-Fertilisation mit Sperma von Männchen gezeugt worden waren, die man auf Acetophenon sensibilisiert hatte. Ähnliche Experimente zeigten, dass die Reaktion auch von der Mutter vererbt werden kann.[6]

Dies ist der biologische Beweis dafür, dass Lebenserfahrungen an nachfolgende Generationen weitergegeben werden können. Die Ängste des Vaters oder der Mutter können an deren Nachkommen vererbt werden. Dabei handelt es sich zwar um einen soliden Beweis dafür, dass Angst an die Kinder vererbt werden kann – doch gilt dieses Prinzip auch für Eigenschaften wie Mut, Klugheit und Mitgefühl?

Für eine definitive Antwort auf diese Frage fehlen mir die Beweise. Wenn man sich aber Familien ansieht, die seit Generationen im Militär dienen, könnte man zur Schlussfolgerung gelangen, dass einmal ausgeprägter Mut zu Nachkommen führt, denen es leichter fällt, mutig zu sein, als dem Rest der Bevölkerung.

Wie könnte ein solches Merkmal auf genetischer Ebene funktionieren? Die Forscher hatten ein paar Anhaltspunkte und eine mögliche Erklärung:

Die Forscher vermuten, dass die DNA-Methylierung – eine reversible chemische Modifikation der DNA, die normalerweise die Transkription eines Gens blockiert, ohne dessen Sequenz zu verändern – den Vererbungseffekt erklärt. Bei den ängstlichen Mäusen hatte das Acetophenon-Erkennungsgen der Spermazellen weniger Methylisierungsmarkierungen, was im Laufe der Entwicklung zu einer stärkeren Expression dieses Geruchsrezeptorgens geführt haben könnte.

Die Frage, wie die Assoziation von Geruch und Schmerz sich auf das Sperma auswirken kann, bleibt jedoch unbeantwortet. Ressler weist darauf hin, dass Spermazellen Geruchsrezeptorproteine exprimieren und dass einige Geruchsstoffe ihren Weg in den Blutkreislauf finden. Dies stelle einen möglichen Mechanismus dar, ebenso wie kleine, vom Blut transportierte RNA-Fragmente, die unter der Bezeichnung microRNA bekannt sind und die Genexpression steuern.[7]

Ist es nicht bemerkenswert, wie Gott dafür sorgt, dass seine Schöpfungen gedeihen? Würde man sklavisch Darwins Theorie der natürlichen Auslese folgen, dann könnte man sich ein solches Ergebnis gar nicht vorstellen. Darwin glaubte, dass die Natur nur auf der Zeitskala von Generationen arbeitet, nicht innerhalb der Lebensspanne eines einzelnen Organismus. Wenn wir die Aussage akzeptieren, dass man im Laufe seines Lebens etwas fürchten lernen und diese Tatsache bewirken kann, dass durch die Aktivität von microRNA ein Gen an- oder ausgeschaltet wird, dann folgt daraus, dass jede unserer Handlungen ähnliche Konsequenzen für das hat, was wir sind.

Könnte es sein, dass beim Menschen die Erfahrungen und Reaktionen im Laufe des Lebens die Expression der Gene steuern?

Es wäre unethisch, dazu Experimente am Menschen durchzuführen, aber es gibt Personen, an denen sich diese Frage erforschen lässt: Holocaustüberlebende und deren Kinder. Der folgende Forschungsbericht aus dem Jahr 2016 ist wirklich aufschlussreich:

> Tierversuche haben gezeigt, dass epigenetische Veränderungen durch Stressbelastung auf Nachkommen übertragen werden können. In der neuen Studie untersuchten Yehuda und Kollegen diese Beziehungen erstmals an Menschen, und zwar anhand der Methylierung von FKBP5, einem mit Stress verbundenen Gen, das mit PTBS und Depression in Zusammenhang gebracht wurde. Die Forscher untersuchten Blutproben von 31 Holocaustüberlebenden und 22 deren erwachsener Kinder sowie von jüdischen Eltern-Nachkommen-Kontrollpaaren auf die

Methylierung von Intron 7, einer bestimmten Region innerhalb des FKBP5-Gens.

Die Analyse ergab, dass sowohl Holocaustüberlebende als auch deren Nachkommen epigenetische Veränderungen an derselben Stelle von FKBP5-Intron-7 aufweisen, allerdings in entgegengesetzter Richtung. Holocaustüberlebende hatten eine um 10 Prozent höhere Methylierung als Eltern aus der Kontrollgruppe, während Holocaustnachkommen eine um 7,7 Prozent geringere Methylierung als Kinder aus der Kontrollgruppe aufwiesen. [...]

John Krystal, Herausgeber der Fachzeitschrift *Biological Psychiatry*, merkte an, dass »die Beobachtung, dass die Veränderungen in Elternteil und Kind in entgegengesetzten Richtungen verlaufen, darauf hinweist, dass die Kinder traumatisierter Eltern nicht einfach mit nur einer PTBS-ähnlichen Biologie zur Welt kommen. Möglicherweise erben sie Eigenschaften, die sowohl die Belastbarkeit als auch die Anfälligkeit fördern.«[8]

Wollen Sie wissen, wodurch sich Mäuse und Menschen unterscheiden? Dann sehen Sie sich die unterschiedlichen Ergebnisse bei diesen beiden Arten an. In dem einen Fall erben die Nachkommen die Angst von den Eltern.

Doch beim Menschen ist es wahrscheinlich so, dass unser Gehirn uns mit unserem Trauma fertigwerden lässt. Es scheint uns beispielsweise verständlich, dass jemand, der den Schrecken des Holocaust ausgesetzt war, durch diese Erfahrung dauerhaft geschädigt bleibt.

Andererseits haben die Überlebenden nicht nur die Schrecken des Holocaust erlebt, sondern auch das befriedigende Gefühl ihrer Befreiung, die anschließende Verfolgung vieler führender Nazis, die Gründung des Staates Israel und andere positive Entwicklungen für Juden.

Mit anderen Worten: Sie erlebten sowohl den Schrecken als auch die Hoffnung.

Die Holocaustüberlebenden hatten wahrscheinlich das Gefühl, dass ihre Unterdrücker wenigstens zum Teil ihre gerechte Strafe erhalten hatten. Es wäre nur logisch, wenn auch diese Information an ihre Kinder vererbt worden wäre.

So wie Angst eine Spur in ihrem genetischen Code hinterlässt, könnte auch Gerechtigkeit etwas hinterlassen, wenn auch in entgegengesetzter Richtung. Das Ergebnis könnte ein Mensch sein, der weniger Angst vor der Zukunft hat als der Durchschnittsbürger.

Andererseits könnte auch ein Opfergefühl entstehen, das die Überlebenden und ihre Nachfahren Bedrohungen an jeder Ecke sehen lässt. Viele Historiker haben festgestellt, dass unterdrückte Gruppen in vielen Fällen aus einer Position der Angst heraus Macht anstreben und die an ihnen verübten Misshandlungen gegenüber völlig unschuldigen Gruppen imitieren.

Es beunruhigt mich, dass der israelische Ministerpräsident Benjamin Netanyahu zu den ersten Staatsoberhäuptern weltweit gehörte, die mit Pfizer einen Vertrag über die Covid-19-Impfstoffe abschlossen[9] und das eigene Volk vehement nötigten, sich impfen zu lassen.[10] Und wo hat er naturgemäß einen Vortrag über seine Maßnahmen gehalten? Auf dem Weltwirtschaftsforum 2021 in Davos, wo er seine Hoffnung äußerte, Israel zu einem »Weltlabor für Herdenimmunität« zu machen.[11] Sind Menschenversuche in einem derart großen Ausmaß nicht etwas, was wir lieber vermeiden sollten?

In einem Interview mit Jordan Peterson im Dezember 2022 sprach Netanyahu darüber, was er getan hatte:

> Wir waren die Ersten, die Covid hinter sich ließen. Ich beschreibe das in dem Buch, das meine Gespräche mit Albert Bourla [dem Pfizer-Präsidenten] enthält. Ich überredete ihn, dem kleinen Israel die nötigen Impfstoffe zu liefern, um als erstes Land Covid besiegen zu können. Und das konnte ich nur schaffen, weil wir eine Datenbank besitzen. 98 Prozent unserer Bevölkerung haben digitalisierte Krankengeschichten und eine kleine Karte. In welches Krankenhaus in Israel man auch geht, ob im Norden oder im Süden – es macht keinen Unterschied.
>
> Bumm! Du schiebst die Karte in den Schlitz und weißt alles aus den vergangenen 20 Jahren über den Patienten. Ich sagte: »Diese Karten werden wir dazu einsetzen, Ihnen zu sagen, wie diese Impfstoffe auf die

Menschen wirken.« Und damit meine ich keine Einzelpersonen, deren Identität bleibt natürlich geheim, sondern statistische Angaben.

Wir wirkt er sich auf Menschen mit Meningitis aus? Und wie auf solche mit Bluthochdruck? Das wollen Sie wissen. Israel wurde also zum Labor von Pfizer, wenn man so will. Und auf diese Art haben wir das geschafft.

Wir stellten diese Informationen der ganzen Welt zur Verfügung, nicht nur medizinischen Fachjournalen. Das ist unsere Datenbank. Und diese Datenbank aus persönlichen Krankengeschichten für ganze Bevölkerungen will ich demnächst noch durch eine genetische Datenbank ergänzen. Das Genom ... alles klar? Gib mir eine Speichelprobe. Freiwillig? Ich bin mir sicher, dass viele Leute das freiwillig tun werden. Vielleicht bezahlen wir sie ja auch dafür.

Heute verfügen wir bereits über Gendatensätze einer ansehnlichen Bevölkerungsgruppe. Dazu braucht man eine recht vielfältige Bevölkerung. Bei uns leben Menschen aus hundert Ländern. Diese Datenbank ist also sehr leistungsfähig. Und nun sollen Pharmafirmen und medizinische Unternehmen ihre Algorithmen auf die Daten anwenden, okay? Wir werden ein paar Jahre lang israelische Firmen bevorzugen, und dann lassen wir die ganze Welt ran.

Auf jeden Fall kann man daraus eine Biotechindustrie schaffen, wie es sie noch nie gegeben hat, wie sie sich noch nicht einmal jemand vorstellen konnte. Wir können den Iran zurückschlagen, ein Licht für die Völker werden, bahnbrechend sein.[12]

Es ist umwerfend, wie verblendet Netanyahu ist, sein ganzes Land der Gnade von Pfizer zu überlassen. Ich kann natürlich nicht in sein Herz hineinschauen, aber mir scheint, er hat gerade den Fuchs in den Hühnerstall eingeladen. Wer weiß, zu welchen Schrecken diese Entscheidung führen wird. Wie es scheint, ist Netanyahu einer der führenden Befürworter einer digitalen, totalitären Zukunft, in der der Staat alles über uns weiß.

***

Es gibt da eine Anekdote, die gern im Rahmen von Firmen-Motivationsseminaren erzählt wird. Sie handelt von Flöhen. Im ersten Teil, den ich mühelos bestätigen kann, ist davon die Rede, dass Flöhe die weltbesten Springer sind und dass ein Mensch, hätte er die Sprungfähigkeiten eines Flohs, problemlos über den Pariser Eiffelturm springen könnte, und zwar mit einer fünfzigmal höheren Beschleunigung als eine Rakete, die in den Weltraum abhebt.[13] In den besagten Motivationsseminaren wird aber auch behauptet, dass Flöhe, die in einem Glas mit Deckel gehalten werden, ein paar Tage lang gegen den Deckel schlagen und dann aufhören, so hoch zu springen. Und dann heißt es weiter, dass die Nachkommen dieser Flöhe auch nie mehr als Deckelhöhe erreichen, selbst wenn gar kein Deckel vorhanden ist. Für diesen zweiten Teil der Geschichte fehlen mir die Belege, doch ich halte sie für zutreffend.

Ob die Flohgeschichte nun in allen Einzelheiten stimmt oder nicht – ihre Grundidee, dass wir uns unserer Umgebung »anpassen« und diese Anpassungen in unseren Genen kodiert sein könnten, scheint mir wahr zu sein. Aus diesem Grund sind die Gedanken, die wir uns gestatten, ebenso wie die Einschränkungen, die wir uns und unseren Kindern auferlegen, wahrscheinlich von höchster Bedeutung.

Wir müssen uns auch fragen, ob es vielleicht ein psychologisches und inhaltliches Wissen gibt, mit dem wir bereits geboren werden, einen instinktiven Wissensfundus, über den wir aufgrund der Erfahrungen unserer Vorfahren verfügen. Diese Möglichkeit wird durch die Erforschung von Idiots savants [Menschen mit einer sogenannten Inselbegabung; Anm. d. Übers.] nahegelegt, die Dinge zu wissen scheinen, die man ihnen nie beigebracht hat. Eine Stellungnahme aus einer *Scientific-American*-Ausgabe, erschienen 2015, befasste sich mit dieser Möglichkeit:

Steven Pinkers Buch *Das unbeschriebene Blatt: Die moderne Leugnung der menschlichen Natur* (2003) widerlegt die Theorie, dass der Mensch am Beginn seiner persönlichen Entwicklung ein »unbeschriebenes Blatt« ist. Brian Butterworth weist in seinem 1999 erschienenen Buch *What Counts: How Every Brain is Hardwired for Math* [dt. etwa: »Was zählt: Wie jedes Gehirn festverdrahtet für Mathematik ist«] darauf hin, dass Babys viele spezielle angeborene Fähigkeiten haben, darunter auch numerische, die er auf ein im menschlichen Genom kodiertes »Zahlenmodul« zurückführt, das von unseren Vorfahren vor 30 000 Jahren stammt. [...]

Ob man es nun genetisches, ererbtes oder rassisches Gedächtnis oder auch angeborene Gaben nennt – nur das Konzept der genetischen Übertragung von hoch entwickeltem Wissen, das weit über Instinkte hinausgeht, kann erklären, wie außerordentliche Savants Dinge wissen können, die sie nie gelernt haben.[14]

Unter diesem Aspekt sehen die Pläne, die Leute wie Yuval Noah Harari und seine Mitstreiter beim Weltwirtschaftsforum ausgeheckt haben, schon ganz anders aus.

Könnte es sein, dass gewisse Dinge wirklich in der menschlichen Natur »festgelegt« sind – zum Beispiel, dass wir entweder männlich oder weiblich sind oder dass wir es überhaupt nicht mögen würden, wenn man uns zu Cyborgs macht?

Könnten Vorstellungen wie gegenseitiger Respekt, das Bedürfnis, unsere Eltern zu ehren, und die nachgewiesene Überlegenheit der Familie mit zwei Elternteilen etwas sein, was genetisch in uns kodiert ist? Lesen Sie bitte den folgenden Absatz, bevor Sie diesen Gedanken pauschal ablehnen:

Zu guter Letzt finden sich auch im Tierreich Beispiele für komplexe ererbte Fähigkeiten, die über rein physische Charakteristika hinausgehen. Monarchfalter legen jedes Jahr eine 4000 Kilometer weite Reise von Kanada bis zu einem kleinen Stück Land in Mexiko zurück, wo sie überwintern. Im Frühling treten sie den langen Rückweg Richtung Norden an, für den sie allerdings drei Generationen benötigen. Kein Schmetterling, der die Rückreise antritt, hat also je zuvor die gesamte Strecke zurückgelegt. Wie können sie eine Route »kennen«, die sie nie erlernt haben? Es muss sich um eine ererbte GPS-artige Software handeln, keine erlernte Route.

Singvögel wie Sperlinge, Drosseln und Spötter lernen ihre Lieder, indem sie anderen zuhören. Schreivogelarten wie Fliegenschnäpper und damit verwandte Arten hingegen erben alle genetischen Anweisungen, die sie für ihre komplexen Arien brauchen. Selbst wenn sie in schalldichter Isolation aufwachsen, können die Schreivögel die für ihre Spezies üblichen Rufe von sich geben, ohne sie je gelernt zu haben. Es gibt noch viele weitere Beispiele aus dem Tierreich dafür, wie hochkomplexe Eigenschaften, Verhaltensweisen und Fähigkeiten ererbt und angeboren sind. Bei den Tieren bezeichnen wir dies als Instinkte, doch haben wir dieses Konzept bisher nicht auf die komplexen ererbten Fähigkeiten und Kenntnisse beim Menschen angewandt.[15]

Man könnte annehmen, dass die selten vorkommenden Savants Menschen mit einer ererbten Hirnanomalie sind, aber in dem Artikel heißt es weiter, dass es zahlreiche Beispiele für sonst normale Menschen gibt, die eine Hirnverletzung erleiden und danach sofort solche Inselbegabungen in Mathematik, Musik oder auf einem anderen Gebiet entwickeln.[16] Das unterstützt meine Theorie, dass es etwas Festgelegtes oder Vorherbestimmtes im menschlichen Verstand gibt – nennen wir es Kultur oder eine Grundprogrammierung, die uns sagt, wie wir uns in der Gesellschaft organisieren sollen –, das sich allen Änderungsversuchen widersetzt.

Könnte dies der entscheidende Fehler im Plan der Globalisten sein?

Sie glauben, das menschliche Verhalten ändern zu können (wozu sie meiner Meinung nach bis zu einem gewissen Grad auch imstande sind), aber vielleicht gibt es bestimmte unveränderliche Merkmale der menschlichen Verfassung, an denen sie immer scheitern werden.

Ihre Pläne können funktionieren – aber nur eine Zeit lang.

Und dann fallen sie fatalerweise in sich zusammen.

Interessant ist in diesem Zusammenhang auch eine Studie über die angeborene Angstreaktion von Enten auf die Form eines über sie hinwegfliegenden Falken, wie sie 1959 in einem berühmten Experiment untersucht wurde:

Stockenten wurden ab dem Schlüpfen in einer stark eingeschränkten Umgebung aufgezogen, bis im Alter von 25 Tagen die Tests begannen. Als Reize präsentierte man ihnen bewegliche Pappmodelle, die einem »Falken« oder einer »Gans« im Flug ähnelten. Jene Enten, die bereits Erfahrungen mit »fliegenden« Modellen gemacht hatten, zeigten keine Angst, als ihnen die gleichen Modelle in einer Reihe von Tests präsentiert wurden. Enten ohne frühere Erfahrung mit den Modellen wiesen anfangs eine ausgeprägte Angst vor den Modellen auf, unabhängig von deren Form. In der zweiten Versuchsreihe war die Angst vor dem Falkenmodell signifikant größer als vor dem Gänsemodell. Die Tiere gewöhnten sich jedoch schnell an beide Modelle, und nach dem dritten Versuchstag wurden durch die »fliegenden« Pappmodelle keinerlei Angstreaktionen mehr ausgelöst. Die Ergebnisse deuten darauf hin, dass bei der Entstehung von Angst vor visuellen Mustern, die auf Raubvögel hindeuten, Erb- und Umweltfaktoren zusammenwirken.[17]

Diese Studie hat viele faszinierende Facetten. Zum einen geht es auch hier um die Weitergabe von Wissen an nachfolgende Generationen, zum anderen muss das Leben so konzipiert sein, dass es mit veränderten Gegebenheiten fertigwird. Es ergibt durchaus Sinn, dass Enten bereits mit der »einprogrammierten« Information zur Welt kommen, dass sie Falken fürchten müssen. Doch die Natur strebt stets nach möglichst großer Effizienz.

Wenn Falken kein Problem mehr darstellen, sollte der Organismus imstande sein, diese neue Information zu verarbeiten und sich anders zu entscheiden. Man kann annehmen, dass diese Lernfähigkeit, die sich auf irgendeine Art in den Genen widerspiegelt, auch beim Auftreten einer neuen Bedrohung funktioniert. Anders ausgedrückt: Lebende Organismen machen aufgrund der Umgebung, in der sie sich befinden, genetische Veränderungen durch (vielleicht auch nur in ihrer microRNA oder einem anderen Teil des Erbguts, den wir noch nicht ganz verstehen).

Eventuell bedeutet dies, dass jeder Mensch bei seiner Geburt mit ein paar allgemeinen Kenntnissen darüber ausgestattet ist, wie man mit anderen Menschen interagiert, möglicherweise auch ein paar vorprogrammierten Mathematik- und Sprachfähigkeiten sowie wahrscheinlich dem Drang, sich mit einem Vertreter des anderen Geschlechts zu paaren, um eine innige Verbindung einzugehen, zu der es auch gehört, Kinder großzuziehen.

Aber wir müssten auch anpassungsfähig sein. Nehmen wir an, es kommt zu einer Hungersnot, einer Naturkatastrophe oder einem längeren Krieg. Werden sich Menschen in solchen Zeiten ebenso sehr darum bemühen, intime Verbindungen einzugehen, oder werden diese Wünsche in den Hintergrund treten, damit sie dem anstehenden Problem den größten Teil ihrer Aufmerksamkeit widmen können? Das hört sich jedenfalls nach einem wunderbar gestalteten System an, das jedem von uns einen Leitplan dafür in die Hand gibt, was im Leben hilfreich wäre, und zugleich eine gewisse Flexibilität im System zulässt.

Allerdings gibt es auch Grenzen.

Würden Tiere auf eine Art und Weise weiterleben, die zum Zusammenbruch ihrer Spezies führen könnte? Und wenn ja, wie könnte eine solche Lebensweise aussehen?

Anscheinend führt jeder Versuch, ohne Anstrengung eine perfekte Gesellschaft zu schaffen, fast sicher zum gesellschaftlichen Kollaps. Der Biologe John Calhoun führte im Jahr 1968 eine berühmte Versuchsreihe durch: Er richtete ein großes Gehege ein, das seiner Ansicht nach die perfekte Umgebung für eine Kolonie Ratten sein müsste, weil es darin keine Raubtiere und reichlich Nahrung gab. Wie sich zeigte, ist der Überlebenskampf jedoch unabdingbar, sowohl für das Weiterbestehen einer Spezies als auch für das individuelle Glück. Jede seiner »utopischen« Gesellschaften brach zusammen. Zum Kollaps von Calhouns 25. Mäuse-Utopia wurde Folgendes festgehalten:

> Nagetiere haben soziale Hierarchien, in denen dominante Alphamänn-chen die Kontrolle über Weibchen-Harems ausüben. Alphamännchen etablieren ihre Dominanz durch Kämpfe, bei denen sie gegen ihre Herausforderer antreten und diese kratzen und beißen. Üblicherweise zieht sich eine Maus, die einen Kampf verloren hat, in eine entlegene Ecke zurück, um anderswo neu anzufangen.

Doch im Mäuse-Utopia konnten die unterlegenen Mäuse nicht ent-kommen. Calhoun nannte sie »Aussteiger«. Weil so wenige Jungtiere starben, sammelten sich große Horden von Aussteigern in der Mitte des Geheges. Sie waren voller Schnitte und hässlicher Narben, und ab und zu brachen riesige Raufereien zwischen ihnen aus – bösartiges Beißen und Kratzen, das keinem offensichtlichen Zweck diente [mit anderen Worten: eine Maus-Antifa …]. Es war einfach sinnlose Gewalt. (In früheren Rat-ten-Utopias wurden einige der Aussteiger sogar zu Kannibalen.)[18]

Mit diesen Mäuse-Utopias wollte man herausfinden, ob sie als Modelle für die Stadtplanung dienen könnten, da Nagetiere und Menschen viele Verhaltens-weisen gemeinsam haben. Es erwies sich jedoch, dass die meisten progressiven Ideen zur Verbesserung der Gesellschaft gefährlich sind. Im Gegensatz dazu steht die »Grenze« [im Original: »frontier«], die laut dem US-Historiker Frederick Jackson Turner für die Entstehung der amerikanischen Nation und Ideologie entscheidend war, oder die aus der traditionellen konservativen Ideologie bekannten »wilden Orte«, an denen man mit seinen Gedanken allein sein kann. Die Existenz solcher Orte ist für unsere geistige Gesundheit unerlässlich.

Wenn man junge Männer, die nicht erreicht haben, was sie wollten, auf zu engem Raum mit anderen Männern von ähnlich niedrigem Status zusammen-pfercht, ist die Katastrophe vorprogrammiert. Im Idealfall sollten diese jungen, bislang erfolglosen Männer allein bleiben, um selbst herauszufinden, wie sie viel-leicht doch noch ihre Lebensziele erreichen können, und dann wieder in den Kampf einsteigen.

Gibt es einen besseren Beweis für schlechte soziale Planung als Gruppen junger Männer, die ohne jeden Grund miteinander kämpfen? Wie der kanadi-sche Intellektuelle Jordan Peterson so gern sagt: Junge Männer brauchen ein Ziel im Leben. Eine Gesellschaft voller zielloser junger Männer ist eine gefährliche Gesellschaft.

Deshalb hat das, was wir mit unserer Gesellschaft angestellt haben, das Leben für uns alle so viel gefährlicher gemacht. Wir haben den Begriff der »toxischen Männlichkeit« kreiert, verfügen aber über kein Modell dafür, was »gesunde

Männlichkeit« ist. Und warum gibt es keine gesellschaftliche Diskussion über »toxische Weiblichkeit«? Wenn man dem einen Geschlecht diesen Vorwurf macht, sollte er dann nicht auch für das andere gelten? Männliche und weibliche Stärken sollten bejubelt werden – und zwar nicht nur dann, wenn ein Mann beschließt, eine Frau zu werden, um in einer bestimmten Sportart zu dominieren und zur »Frau des Jahres« ernannt zu werden. Sehen wir uns den gesellschaftlichen Zusammenbruch der utopischen Mäusekolonie noch etwas genauer an:

> Auch die Alphamännchen hatten es schwer. Sie hielten ihre Harems in privaten Bauten, die sie gegen Herausforderer verteidigen mussten. Aufgrund der Tatsache, dass so viele Mäuse das Erwachsenenalter erreichten, gab es stets ein Dutzend kampfbereiter Anwärter. Die Alphamännchen waren bald am Ende ihrer Kräfte, sodass manche von ihnen ganz aufhörten, ihre Bauten zu verteidigen.
>
> Das führte dazu, dass Bauten, in denen sich säugende Weibchen aufhielten, regelmäßig von gefährlichen Männchen überfallen wurden. Die Weibchen wehrten sich, aber oft zum Nachteil ihrer Jungen. Viele stressgeplagte Mütter warfen die Jungen vorzeitig aus dem Nest, bevor die Kleinen groß genug waren. Manche attackierten ihre eigenen Jungen sogar oder ließen sie zurück, um allein in andere Bauten zu flüchten; in der Folge starben die Jungen an Vernachlässigung.[19]

Wenn man sich die Progressiven so anhört, könnte man glauben, dass es ausreicht, ganz oben die Dinge durcheinanderzubringen, damit es uns allen besser geht. Aber wie man am Beispiel der Nagetierversuche sieht, kann eine Störung des Systems eine Kaskade unbeabsichtigter Folgen nach sich ziehen. Die Alphamännchen sind von den vielen Kämpfen ausgelaugt, und die Weibchen werden permanent von rivalisierenden Männchen belästigt, sodass sie bei der Aufzucht ihrer Jungen versagen. Dann beginnt alles auseinanderzufallen. Weil es sinnlos ist, an einer so schlecht funktionierenden Gesellschaft teilzuhaben, entscheiden sich viele Mäuse dafür, auszusteigen.

Mit der Zeit traten in den Utopia-Experimenten noch andere abweichende Verhaltensweisen auf. Falsch aufgezogene oder aus dem Nest geworfene Mäuse konnten keine gesunden sozialen Bindungen entwickeln und hatten daher im Erwachsenenalter Probleme mit sozialen Interaktionen. Verhaltensgestörte Weibchen begannen sich wie Einsiedler in leeren Bauten zu isolieren – ein für Mäuse ungewöhnliches Verhalten. Verhaltensgestörte Männchen fingen hingegen damit an, sich den ganzen Tag zu putzen und zu lecken. Calhoun nannte sie »die Schönen«. Und obwohl sich diese Männchen wie besessen um ihr Äußeres kümmerten, waren sie nicht mehr daran interessiert, Weibchen zu umwerben und sich mit ihnen zu paaren.[20]

Erinnert das nicht eher an die menschliche Gesellschaft im Jahr 2023 statt an eine Mäusekolonie im Jahr 1968? Es fällt auch mir nicht leicht, den Unterschied zu erkennen: Kinder, die nicht wissen, wie man mit anderen interagiert oder spielt wie ein Kind (danke, soziale Medien); Frauen, die sich nicht für Sex interessieren (und sich dennoch so leidenschaftlich für Abtreibung einsetzen); Männer, die ihre Aufgaben als Ehemänner oder Väter nicht erfüllen. Leute wie der Cartoonist Scott Adams (der de facto auch schon dem Stamm der Verbannten angehört) sagen, dass sich die Ehe für Männer heute einfach nicht mehr lohnt. Was haben sie denn davon schon zu erwarten? Etwa jemanden, der sie schätzt und bis zum Ende zu ihnen hält?

Eine Langzeitbeziehung mit einem Mitglied des anderen Geschlechts ist das Beste, was es an Diversität gibt, weil Männer und Frauen so unterschiedlich sind und einander dennoch ergänzen. Wenn Sie dieses Vergnügen (und manchmal auch Leid) noch nicht hatten – es ist die beste Erfahrung des Lebens. Nichts für schwache Nerven! In der Ehe gibt es keine geschützten Räume, das können Sie mir glauben.

Frauen haben sich vielleicht von den Progressiven suggerieren lassen, dass ein Angriff auf das Patriarchat ein Patentrezept für unbegrenzten Wohlstand sei, aber das hat schon im Mäuse-Utopia nicht funktioniert – und wird bei Menschen wohl nicht viel anders sein.

Durch die verminderte Paarungsbereitschaft, welche die Geburtenrate senkte, und das Unvermögen, die Jungen richtig aufzuziehen, was die Kindersterblichkeit drastisch erhöhte, begann die Population von Universum 25 zu sinken. Im 21. Monat überlebten Neugeborene selten länger als ein paar Tage. Bald gab es überhaupt keine Geburten mehr. Ältere Mäuse hielten sich noch eine Zeit lang, versteckt wie Einsiedler oder den ganzen Tag mit ihrer Pflege beschäftigt, bis auch sie schließlich starben. Im Frühling 1973, nicht einmal 5 Jahre nach Beginn des Experiments, war die Population von 2200 auf 0 abgestürzt. Der Mäusehimmel war ausgestorben.[21]

Klingt das nicht nach der düstersten überhaupt möglichen Zukunft? Komplette Ausrottung. Ich weiß zwar, dass es immer kleine Inseln mit starken Individuen geben wird (wie in meiner Heimat Texas, obwohl mir Austin zunehmend Sorgen macht), aber man braucht sich nur die US-Großstädte anzusehen, um dort einen ähnlichen sozialen Zusammenbruch zu beobachten. Und wie beurteilte John Calhoun die Ergebnisse seiner Arbeit?

Calhouns wichtigste Erkenntnis betraf den Status. Die Männchen, die den Kampf um die Dominanz verloren hatten, konnten nicht weggehen und anderswo neu anfangen. Seiner Ansicht nach steckten sie in erbärmlichen, erniedrigenden Rollen fest und hatten keinen sinnvollen Platz in der Gesellschaft. Dasselbe galt für Weibchen, wenn sie ihre Jungen nicht mehr säugen und aufziehen konnten. Beide Gruppen wurden depressiv, wütend und aggressiv gegen andere. Anders ausgedrückt: Da Mäuse soziale Tiere sind, benötigen sie sinnstiftende soziale Rollen, um sich zufrieden zu fühlen. Auch Menschen sind soziale Tiere – und ohne sinnvolle Rollen können auch wir feindselig werden und wild um uns schlagen.[22]

Wie würde es John Calhoun wohl ergehen, wenn er seine Studie heute publizierte? Würde man ihm vorwerfen, das Patriarchat zu unterstützen, statt einfach nur an der Wahrheit interessiert zu sein? Oder würde man die Diversität seiner Mäusepopulation kritisieren? Hätte es in seiner Versuchsgruppe genügend schwarze Mäuse gegeben, dann wäre vielleicht sogar unter Mäusen ein weißer Rassismus entstanden.

Meiner Meinung nach geht es bei dieser Studie aber nicht um die Rolle der Männer in einer Gesellschaft, sondern darum, wie eine gesunde Population aussehen sollte. Die Männer kämpfen um die Vorherrschaft, doch wenn das geklärt ist, kehrt eine gewisse Ordnung ein.

Die im Kampf um die Dominanz Unterlegenen können weggehen und sich ein neues Revier suchen. Männer, die noch keinen Platz für sich gefunden haben, können sich zu anderen Gebieten aufmachen, wo sie vielleicht Erfolg haben werden.

Die weiblichen Wesen genießen den Luxus, zu wissen, wer die überlegenen männlichen Wesen sind, mit denen sie sich paaren sollten, um ihren Kindern die besten Überlebenschancen zu geben. Da die Hierarchien feststehen, haben die Weibchen die Freiheit, ihren Nachkommen die Aufmerksamkeit zu widmen, die sie zum Fortbestand der Art brauchen. Sie werden nicht von männlichem Gesindel belästigt.

Alle profitieren von der Situation.

Scheinen wir aber nicht in einer Welt zu leben, in der alle auf der Verliererseite stehen?

Männer (oder Frauen) an der Spitze unserer modernen Hierarchie haben weniger Sicherheit und mehr Stress, die Betreuung von Kindern ist viel schwieriger geworden, und desillusionierte junge Männer ohne Lebenszweck ziehen sich in eine Welt aus Pornos, Videospielen, Praktiken wie Transgenderismus oder Polyamorie zurück. Manchmal laufen sie auch an Orten wie ihren ehemaligen Schulen Amok, weil sie glauben, dass hier die Ursache für all ihre Probleme zu finden ist.

Ist es nicht höchste Zeit, über diese Probleme zu sprechen und vielleicht etwas dagegen zu tun?

Schauen wir uns nun einen der größten Misserfolge der Globalisten in letzter Zeit an: das eklatante Scheitern von Mark Zuckerbergs Vorhaben, eine immersive digitale Welt zu erschaffen, in der Yuval Noah Hararis »nutzlose Esser« ihr Leben verbringen sollen, während sie gleichzeitig mit Drogen gefügig gehalten werden. In einem Artikel auf CNBC wurde dieser milliardenteure Irrsinn genauer beschrieben:

> Mark Zuckerbergs Traum von einer Zukunft im Metaverse kostet seine Investoren einen Batzen Geld.
>
> In einer Gewinnmitteilung, die am Mittwoch nach Börsenschluss veröffentlicht wurde, gab Meta bekannt, dass sein Geschäftsbereich Reality Labs, in dem die Virtual-Reality-Technologien und -Projekte des Unternehmens entwickelt werden, im vierten Quartal einen operativen Verlust von 4,28 Milliarden Dollar zu verzeichnen hatte, womit der Gesamtverlust für das Jahr 2022 auf 13,72 Milliarden Dollar stieg.
>
> Es war ein schwieriges erstes Jahr für das neue Meta – das früher als Facebook bekannte Unternehmen. Ende 2021 benannte Zuckerberg seine Firma um und kündigte an, die Meta-Zukunft liege im Metaverse, einem digitalen Universum, wo die Menschen arbeiten, einkaufen, spielen und lernen werden.[23]

Man stelle sich vor, wie viel Gutes man mit 13,72 Milliarden Dollar hätte tun können. Verdammt, damit hätte ich alle meine Anwaltsrechnungen und Bußgelder bezahlen können – und Zuckerberg hätte immer noch etwas mehr als 12 Milliarden Dollar übrig gehabt!

Wer den Verlust von mehr als 13 Milliarden Dollar für eine unvorstellbare Niederlage hält, sollte aber bedenken, dass die Probleme damit erst losgingen. Das berichtete wenigstens die *New York Times* im Februar 2023. Wenn Globalisten verlieren, dann aber richtig!

> Meta, das früher unter dem Namen Facebook bekannte Unternehmen, verzeichnete am Dienstag den schlimmsten Tagesverlust seiner Geschichte,

als seine Aktien um 26 Prozent abstürzten und sein Marktwert um mehr als 230 Milliarden Dollar sank.

Der Crash folgte auf eine triste Gewinnmitteilung vom vergangenen Mittwoch, in der Geschäftsführer Mark Zuckerberg darlegte, wie das Unternehmen den schwierigen Übergang von den sozialen Netzwerken zur sogenannten virtuellen Welt des Metaverse meistern will. Am Donnerstag bekräftigte ein Unternehmenssprecher die Aussagen aus der Gewinnmitteilung, lehnte aber jeden weiteren Kommentar dazu ab.[24]

Ich mag ja kindisch sein, aber wenn ich bei dieser Pressekonferenz anwesend gewesen wäre, hätte ich wohl immer wieder die Frage gestellt: »Können Sie diese Zahl bitte wiederholen? Ich bilde mir ein, Sie hätten mehr als 230 Milliarden Dollar gesagt.«

Und wenn sie dann diese Zahl genannt hätten, hätte ich gesagt: »Ich glaube, ich höre schlecht. Das klang jetzt so, als hätten Sie von einem Verlust von mehr als 230 Milliarden Dollar gesprochen.«

Nach der Bestätigung der Summe hätte ich gefragt: »Haben Sie gerade gesagt, dass Ihr Marktwert an nur einem Tag um mehr als 230 Milliarden Dollar abgestürzt ist? Stimmt das?«

Ich glaube, Sie verstehen, was ich meine. Ich hätte dieses Spiel so lange wie möglich weitergespielt.

Vielleicht 2 oder 3 Stunden lang.

Sollten Sie den Feind fürchten, dem wir gegenüberstehen, dann möchte ich, dass Sie daran denken, dass der Alien-Android Mark Zuckerberg einer der Frontkämpfer dieses Feindes ist. Ja, genau – der Typ, der es geschafft hat, an einem einzigen Tag mehr als 230 Milliarden Dollar Marktwert für sein Unternehmen zu vernichten.

Es sieht fast so aus, als hätte Gott diese Leute an ihren Platz gesetzt, damit sie dort blöde Entscheidungen treffen können.

Wenn das unsere Feinde sind, sieht die Zukunft der Menschheit rosig aus.

Die Welt, die diese Idioten aufbauen wollen, indem sie uns an Videospiele anschließen und gleichzeitig Drogen verabreichen, funktioniert nicht einmal kurzfristig als Erfolgsstrategie. Es heißt ja oft, Intellektuelle wüssten alles, nur nicht das, was wichtig ist – zum Beispiel, was gut für die Menschen ist. Welche Auswirkungen hätte es auf einen durchschnittlichen Menschen, wenn er nur eine Woche in Mark Zuckerbergs Metaverse leben müsste? Hätte Zuckerberg nicht darüber nachdenken sollen, bevor er sich entschloss, Milliarden Dollar in dieses Projekt zu investieren? Wissenschaftler in England und Deutschland gingen dieser Frage nach:

> In der Studie, die von Forschern mehrerer europäischer Institutionen wie der deutschen Universität Coburg und der britischen University of Cambridge durchgeführt wurde, verglich man die Erfahrungen von 16 Universitätsmitarbeitern oder Forschern, die eine 35-Stunden-Woche in normalen, physisch vorhandenen Büros verbrachten und dann ihre Arbeit eine weitere Woche in der virtuellen Realität verrichteten.
>
> Die Forscher hielten fest, dass die 1-wöchige Arbeit in der VR zu »signifikant schlechteren Bewertungen in den meisten Bereichen« geführt habe, vor allem, was gesundheitliche Auswirkungen und Produktivität anging.
>
> Die Sorge um die Arbeitsplatzsicherheit stieg bei den Versuchspersonen um 19 Prozent, wenn sie im Metaverse tätig waren. Die Wahrnehmung ihrer Arbeitsbelastung im Vergleich zu der in einem normalen Büro verbrachten Woche nahm um 35 Prozent zu – obwohl die Versuchsleiter dafür gesorgt hatten, dass die Arbeitsbelastung in der physischen und der virtuellen Arbeitswoche gleich hoch war. Darüber hinaus gaben die Arbeitnehmer an, ihre »Frustration« darüber, Aufgaben nicht rechtzeitig oder effizient erledigen zu können, sei in der VR um 42 Prozent gestiegen, während ihre Produktivität nach eigenen Angaben um 16 Prozent abnahm.[25]

Gut gemacht, Zuckerberg! Du hast in nur einer Woche dafür gesorgt, dass diese Mitarbeiter um 42 Prozent frustrierter darüber waren, dass sie ihre Arbeit nicht richtig erledigen konnten, und ihre Produktivität nahm nach eigenen Angaben um 16 Prozent ab. Dein Metaverse ist somit die vielleicht schlechteste Idee der gesamten Wirtschaftsgeschichte.

Ich bin mir sicher, dass Zuckerbergs Investoren froh sind, mit ihm gemeinsam in den Abgrund gesprungen zu sein.

Und wenn schon die ersten Auswirkungen der virtuellen Welt offenbar so schädlich sind – wie sieht es dann mit den Folgen der sozialen Medien für Kinder aus? In diesem Bereich ist Mark Zuckerberg ebenfalls führend, aber es spielen auch noch andere Programme wie Snapchat, Instagram und die chinesische App TikTok mit. Eine der ersten Studien zu diesem Thema erschien bereits 2019 in der Fachzeitschrift *Journal of American Pediatrics*. Der Titel des Artikels lautet »Zusammenhang zwischen Bildschirmzeit und Depression im Jugendalter«. Im Diskussionsteil schrieben die Autoren:

> Soweit wir wissen, ist dies die erste Studie, die Entwicklungsdaten aus einer großen Stichprobe Heranwachsender verwendet, um den Zusammenhang zwischen vier Arten von Bildschirmzeit und Depression zu untersuchen. Wir konnten feststellen, dass sich eine hohe durchschnittliche Nutzung sozialer Medien im Verlauf von 4 Jahren und ein weiterer Anstieg der Nutzung sozialer Medien im selben Jahr mit einem erhöhten Auftreten von Depressionen assoziieren lassen. Wir haben auch nachgewiesen, dass die Tendenz zu einer hohen durchschnittlichen Fernsehnutzung im Verlauf von 4 Jahren mit weniger Depressionen verbunden war. Jeder weitere Anstieg der Fernsehnutzung im selben Jahr wurde jedoch mit einer Zunahme von Depressionen in Verbindung gebracht.[26]

Im Klartext bedeutet das, dass jegliche Social-Media-Nutzung bei Jugendlichen zu einem Anstieg der Depressionen führt. Beim Fernsehen ergibt sich ein uneinheitliches Bild. Anscheinend ist ein gewisses Maß an Fernsehkonsum, selbst wenn es anfänglich hoch ist, mit einem Rückgang der Depressionen verbunden. Dies könnte sich durch die Tatsache erklären lassen, dass uns das Fernsehen die Möglichkeit bietet, uns in das Leben anderer Menschen hineinzuversetzen oder – je nach unseren Sehgewohnheiten – unsere Interessen nach Herzenslust zu erkunden, indem wir etwa alle Staffeln von *Ancient Aliens* oder *The Real Housewives of Beverly Hills* in einem Rutsch schauen – man nennt dies übrigens »Binge Watching«. Doch eine stärkere Fernsehnutzung, die bedeutet, dass man wahrscheinlich den ganzen Tag nichts anderes zu tun hat, führt vermehrt zu Depressionen. Die Diskussion in der Studie wurde fortgesetzt:

> Darüber hinaus konnten wir nachweisen, dass eine hohe durchschnittliche Computernutzung im Verlauf von 4 Jahren mit mehr Depressionen einhergeht; eine weitere Steigerung der Computernutzung im selben Jahr lässt sich jedoch nicht mit einem erhöhten Auftreten von Depressionen assoziieren. Auch Videospiele sind nicht mit Depressionen assoziiert. Post-hoc-Analysen zeigen schließlich, dass das Selbstwertgefühl, aber nicht körperliche Betätigung, mit Depressionen und Adoleszenz in Verbindung stehen, und dass nur soziale Medien und Fernsehen einen zeitlich variierenden negativen Zusammenhang mit dem Selbstwertgefühl aufweisen (Assoziation innerhalb einer Person).[27]

Somit zeichnet sich ein Bild davon ab, wie Heranwachsende am besten mit unserer neuen digitalen Medienlandschaft umgehen könnten.

Erstens: Finger weg von sozialen Medien! Ihre Nutzung scheint sich in jedem Fall schädlich auf Jugendliche und wahrscheinlich auch Erwachsene auszuwirken.

Zweitens: Ein moderater Fernsehkonsum wirkt sich wahrscheinlich positiv aus. Wenn Sie zu viel fernsehen, deutet das vermutlich darauf hin, dass es andere Probleme (zum Beispiel Arbeitslosigkeit) gibt.

Drittens: Eine starke Computernutzung dürfte zu Depressionen führen, doch deren Auftreten schwächt sich mit gesteigerter Nutzung wieder ab. Vielleicht sollten wir Jugendliche so gut wie möglich von Computern fernhalten und sie zu außerschulischen Aktivitäten mit anderen motivieren.

Das vielleicht überraschendste Ergebnis ist, dass Videospiele anscheinend nicht mit einem Anstieg von Depressionen zusammenhängen. Dazu habe ich mir einige Gedanken gemacht:

Nehmen wir ein typisches Videospiel, wie heranwachsende Jungen es gern spielen. Diese Spiele sind ein Albtraum für Liberale, weil es in ihnen nicht um Nettigkeit und Zusammenarbeit geht. Es dreht sich vielmehr alles darum, mit einem Auto so schnell wie möglich dahinzurasen, eine Zombieapokalypse zu überleben oder Terroristen umzubringen. Habe ich etwas vergessen?

Es ist wohl oder übel eine männliche Tugend, die Grenzen von Maschinen auszuloten oder andere zu beschützen. Diese Moral wurde unzähligen männlichen Heranwachsenden über Computerspiele nahegebracht. Ihr Geschick und ihr Mut entscheiden über die Zukunft.

Das einzige Problem bei diesen Spielen ist, dass den Jungen in der realen Welt eingeredet wird, dass genau diese Tugenden unerwünscht sind.

Die Lösung liegt nicht darin, männlichen Heranwachsenden zu sagen, dass diese Spiele schlecht sind. Wir sollten sie eher so betrachten wie Initiationsriten bei primitiven Stämmen – und den Jugendlichen dann erklären, dass sie die in den Spielen eingeübten Tugenden benötigen werden, wenn sie einmal Männer sind.

Diese Tugenden werden gebraucht, damit die Menschheit sicher ist, damit ihre Frauen und Töchter beschützt werden und die nächste Generation einen »geschützten Raum« hat, in dem sie erwachsen werden und ihren Platz in der Gesellschaft einnehmen kann.

***

Welche positiven Dinge können Sie regelmäßig tun, um Ihre Menschlichkeit voll zum Ausdruck zu bringen?

Sie können mit Ihren Mitbürgern lachen und scherzen, sich täglich etwas Zeit für ein Gebet nehmen, über die Leute nachdenken, die Ihnen bisher Gutes getan haben, und ihnen entweder persönlich, telefonisch oder in einer Textnachricht dafür danken. Sollten die betreffenden Personen nicht mehr am Leben sein, senden Sie ihnen einen Gedanken oder ein Gebet, und vertrauen Sie darauf, dass er oder es sie irgendwie erreicht.

Mit anderen Worten: Wie reagiert man auf eine korrupte Welt?

Versuchen Sie, der beste Mensch zu sein, der Sie sein können. Seien Sie fröhlich, weil Sie wissen, dass Gott das Universum und alles darin geschaffen hat. Die Globalisten können bestenfalls hoffen, in dieser schönen Welt als Parasiten zu existieren. Überlegen wir uns, wie wir positive menschliche Gemeinschaften einrichten können, in denen die freie Meinungsäußerung nicht nur erlaubt ist, sondern sogar zelebriert wird, und in denen wir gemeinsame Werte von Familie, Ehrlichkeit und Integrität miteinander teilen. Die Globalisten haben eine Höllenangst davor, dass sich Menschen zusammentun – Männer und Frauen, Menschen aller Hautfarben und Glaubensrichtungen. Die Dinge, die uns miteinander verbinden, sind viel stärker als alle äußerlichen Unterschiede.

Und hier ist noch ein Vorschlag aus dem *Wall Street Journal*: Machen Sie mit einem Freund einen Spaziergang in der Natur.

Ein schneller Spaziergang in der Natur mit einem Freund kombiniert drei der Methoden, Stress abzubauen und die Widerstandskräfte zu stärken, wie Psychologen und wissenschaftliche Untersuchungen zeigen: körperliche Bewegung, soziale Kontakte und Zeit in der Natur. Die Aktivitäten tragen dazu bei, die durch chronischen Stress bewirkten hormonellen Veränderungen wieder zu normalisieren und die emotionalen Ressourcen zu stärken, die uns beim Meistern des Alltags helfen.

»Selbst wenn es sich nur um eine 20-minütige Runde durch die Nachbarschaft handelt, ist ein solcher Spaziergang aus körperlicher und immunologischer Sicht gut für Sie, vor allem in Gesellschaft eines anderen Menschen«, sagt Helen L. Coons, außerordentliche Professorin und klinische Gesundheitspsychologin im Fachbereich Psychiatrie am Anschutz Medical Campus der University of Colorado.[28]

Hier also mein Rat zum Ende des Kapitels:

Gehen Sie mit einem Freund spazieren, und führen Sie dabei ein befriedigendes Gespräch.

Ich möchte, dass Sie für die bevorstehenden Kämpfe stark sind.

Nehmen Sie sich, wenn Sie nicht mit einem Freund spazieren gehen können, gleich jetzt etwas Zeit für sich selbst, und tun Sie etwas, was Ihnen Freude macht. Ich werde hier auf Sie warten, wenn Sie zurückkommen.
Aber lassen Sie sich nicht zu lange Zeit. Wir haben eine Welt zu retten.

Kapitel 4

Man will Sie zu einem Taschengeldempfänger machen (und das ist erst der Anfang)

Geld ist Freiheit.

Ich weiß schon, die gängige Redensart heißt »Geld ist Macht«, aber betrachten Sie die Sache einmal so, wie ich sie interpretiere.

Vielleicht erinnern Sie sich noch daran, wie Sie als Kind jede Woche Ihr Taschengeld bekamen. Sie freuten sich wahrscheinlich darüber, dass Sie sich mit Ihrem plötzlichen Reichtum alles Mögliche kaufen konnten, von Süßigkeiten über Limonade bis hin zu Musik und Videospielen – aber irgendwann wurde Ihnen auch klar, dass Ihre Eltern Sie über das Taschengeld kontrollieren konnten.

Doch natürlich wollten Sie diese wöchentlichen Einkünfte nicht aufs Spiel setzen, weil Sie sonst nicht an Ihre Lieblingsnascherei oder das »neue coole Ding« gekommen wäre, das Sie unbedingt haben mussten.

Viele Leute haben als Teenager die Erfahrung gemacht, dass Sie trotz eines beschissenen und schlecht bezahlten Jobs als Pizzalieferant oder an der Kasse der örtlichen Apotheke plötzlich den Rausch der Freiheit verspürten. Man war endlich nicht mehr völlig von den Eltern abhängig.

Und ob Sie dann studierten oder mit 18 gleich ins Berufsleben eintraten – irgendwann kam der wunderbare Moment, in dem Sie von sämtlichen finanziellen Bindungen an Ihre Familie befreit waren und Ihr eigener Kapitän sein konnten.

Den meisten Menschen ermöglicht es diese Situation, ihre Eltern ganz neu zu sehen und sie als Individuen zu betrachten, die ihr Bestes gaben, oft unter schwierigen Umständen, um anständige und ehrenhafte menschliche Wesen großzuziehen.

Freiheit und das Erwachsenwerden lassen uns eine bessere Beziehung zu unseren Eltern aufbauen als zu der Zeit, als wir noch von ihnen abhängig waren.

Das liegt daran, dass sich die menschliche Seele grundsätzlich nach Freiheit sehnt, weil man nur in Freiheit ein authentisches und erfülltes Leben führen kann. Wir wollen unsere eigenen Entscheidungen treffen, frei von jedem Zwang. Erst wenn wir das geschafft haben, können wir herausfinden, wer unsere wahren Freunde sind.

Sprechen wir also über die Idee, dass Geld für Erwachsene Freiheit bedeutet.

Stellen Sie sich eine Person vor, die in einem lausigen Job feststeckt und von einer Gehaltsabrechnung zur nächsten lebt. Der Typ hat keine 1000 Dollar auf der Bank. Ist er frei? Kann er seinem Chef sagen, dass er sich »den Job sonst wohin schieben« soll?

Wenn er das tut, gerät er sofort unter finanziellen Druck.

Stellen Sie sich nun dieselbe Person im selben Job vor, aber mit dem Gehalt von 2 Jahren als Reserve auf der Bank. Diesmal ist der Typ in einer ganz anderen Lage. Er kann seine Stelle kündigen und wird danach wahrscheinlich gut gelaunt und mit einem breiten Grinsen im Gesicht nach Hause gehen.

Mit Geld kann man frei sein.

Die Globalisten wollen, dass Sie mittelos und von ihnen abhängig sind, wie ein Angestellter, der von Gehaltsscheck zu Gehaltsscheck lebt, oder ein Teenager mit Taschengeld. So sorgen sie dafür, dass Sie keinen Aufstand machen, wenn sie ihre totalitären Pläne realisieren wollen.

Doch im Gegensatz zu den meisten Eltern, die ihre Kinder einfach nur durch die Jahre als Teens und Twens bringen möchten, ohne schreckliche Fehler zu begehen, wollen die Globalisten, dass Sie sich nie aus ihrer Kontrolle befreien können. Und wenn Sie das dennoch versuchen sollten, kostet Sie das vielleicht Ihr Leben.

***

Die meisten Amerikaner bewundern den Mut von General George Washington, der die bunt zusammengewürfelte amerikanische Armee gegen die Soldaten des britischen Heeres führte, das zu dieser Zeit die beste Kampftruppe der Welt war.

Aber es gibt etwas, was Sie vielleicht noch nicht über George Washington wissen:

Er war vor dem Unabhängigkeitskrieg einer der reichsten Amerikaner, mit einem Vermögen, das sich heute auf geschätzte 587 Millionen Dollar belaufen würde.[1] Als Oberbefehlshaber der Kontinentalarmee bezog er keinen Sold, sondern kam sogar privat für diverse Ausgaben auf, um seine junge Truppe zusammenzuhalten. Danach reichte er eine Spesenrechnung von 160 074 Dollar ein,[2] was nach heutiger Kaufkraft etwa 4,5 Millionen Dollar entsprechen würde.

Und dabei ist noch nicht einmal berücksichtigt, dass er im Fall einer Niederlage im Unabhängigkeitskrieg als Verräter gehängt worden wäre und die britische Krone seinen gesamten Besitz beschlagnahmt hätte.

Die Tatsache mag wenig bekannt sein, aber sie stimmt: Je mehr Geld man hat, desto freier ist man.

Doch was haben wir heute in den USA?

Hier ein Auszug aus einem aktuellen *Fortune*-Artikel:

> Laut dem jährlichen Notfallfondsbericht von Bankrate sind 68 Prozent aller Befragten darüber besorgt, dass sie ihre Lebenshaltungskosten für nur einen Monat nicht decken könnten, wenn sie ihre Haupteinnahmequelle verlören. Wenn es hart auf hart kommt, ist die Mehrheit (57 Prozent) der amerikanischen Erwachsenen derzeit nicht in der Lage, sich eine dringende Ausgabe von 1000 Dollar zu leisten.[3]

Sehen Sie nun, wie finanzielle Unsicherheit zu einem Abbau unserer Freiheiten führt? Ängstliche Menschen gehen keine Risiken ein, sondern ziehen sich zurück und halten still.

Ein Volk, das Angst hat und sich Sorgen macht, ob es seinen Lebensunterhalt für einen Monat bestreiten kann, wird ein Volk sein, das sich nicht gegen einen experimentellen Impfstoff wehrt, für den die Hersteller keine Haftung übernehmen.

Ein ängstliches Volk neigt weniger zum Nachdenken und Abwägen. Es verlangt nicht nach mehr Information, bevor es dem Plan der Regierung zur Abwehr einer drohenden Gefahr zustimmt, sei dies nun Covid-19, die Klimakrise oder der weiße Rassismus. Wie hält man Menschen vom Denken ab? Indem man ihnen mit einer existenziellen Bedrohung Angst einjagt.

Die Enttäuschung der Mittelschicht über ihren sinkenden Lebensstandard ist höchst real. Man braucht nur heimische Arbeitsplätze zu vernichten und ins Ausland zu verlagern, und schon steigt der Alkohol- und Drogenkonsum, samt all den damit einhergehenden Problemen. Wie kann man über die Probleme der Gesellschaft nachdenken, wenn man fürchtet, dass die eigene Familie an Drogenabhängigkeit zerbricht?

So sieht meiner Meinung nach der Plan aus, uns zu spalten. Ich hatte mehr als genug Geld, um InfoWars weiterzubetreiben und ein Stachel im Fleisch des Tiefer-Staat-Establishments zu sein – und was haben sie getan? Sie gruben einen Fall aus, bei dem es um etwas ging, wofür ich mich bereits Jahre zuvor entschuldigt hatte, und brummten mir mehr als 1,5 Milliarden Dollar an Schadenersatz auf.

Glauben Sie, dass ich mich in dieser Situation wie ein freier Mann gefühlt habe?

Das habe ich nicht. Aber für mich geht es gar nicht ums Geld. Es geht mir um meine Botschaft, um die Menschen und meine Verpflichtung Gott gegenüber, dass ich, solange ich auf dieser Welt lebe, mein Bestes tun werde, um seinen Willen zu erfüllen.

Geld ist auch Kommunikation. Wenn man keines hat, werden einen die Mächtigen nicht hören. Befindet man sich in einer finanziell schwachen Position, so hat man nicht viel zu sagen. Und man hat einen falschen Freund in den Demokraten, die einen nur noch abhängiger von der Bundesregierung machen wollen.

Die Sache mit dem Geld ist die: Geld ermöglicht es Ihnen, Geld zu verdienen. Es erlaubt Ihnen, Risiken für gute Menschen und deren Ideen einzugehen. Mit Geld können Sie Ihrer Familie Sicherheit und Stabilität bieten. Wenn man nicht im Panikmodus ist, dann hat man die Möglichkeit, Weisheit und Scharfsinn zu kultivieren.

Die Idee hinter dem amerikanischen Traum ist, dass jeder mit nichts anfangen und es doch zu Wohlstand bringen kann. In Amerika waren wir stolz darauf, dass es bei uns im Gegensatz zu anderen Ländern kein Klassen- oder Kastensystem gibt. Der Sohn eines Klempners kann Milliardär werden.

Aber stimmt das noch?

Oder werden wir systematisch über den Weg zum Erfolg getäuscht und in einen Abgrund aus Schulden und Verzweiflung gelockt, aus dem uns schon so viele Menschen um ihre Rettung anflehen?

Die Medien wollen uns weismachen, dass der Weg zum Erfolg mit Bildung – und zwar mindestens mit einem Hochschulabschluss – beginnt. Wenn man seine Erfolgschancen wirklich erhöhen will, sollte es auch noch ein Abschluss an einer renommierten Universität sein.

Doch die Regierung überschwemmte das Bildungssystem mit Geld (vorgeblich, um zu »helfen«), was zu einem desaströsen Anstieg der Studiengebühren für diese Studenten führte. Die Colleges und Universitäten müssen nicht mehr um das Geld der Studenten »konkurrieren«, sondern nur noch an der großen, milchschweren Brust der Regierung saugen. (Das hat natürlich den Nebeneffekt, dass die Colleges und Universitäten nun finanziell an die Regierung gebunden sind. Wenn die Regierung also sagt: »Wir halten es für eine gute Idee, einen ungetesteten Covid-19-Impfstoff an eure Studenten zu verabreichen«, sagen die Unis nur: »Ja, gern, wie viele Dosen?«)

Abgesehen davon, dass die Behörden es so schaffen, die Colleges und Universitäten nach ihrer Pfeife tanzen zu lassen, werden sie auch zu einem entscheidenden Teil des Lebens der Studenten. Und wie sieht es mit deren Möglichkeiten aus?

Bettle deine Eltern an, oder nimm das Geld von Uncle Sam, dem du es dann jahrzehntelang zurückzahlen musst. Du könntest natürlich auch zum Militär gehen (wo sie dich genauso zwingen, dich impfen zu lassen) oder für einen Mindestlohn arbeiten.

Da die Studiengebühren wegen der Einmischung der Regierung so gestiegen sind, wird dein schlecht bezahlter Job allerdings nicht ausreichen, um das College zu bezahlen.

Baut unser gesamtes Finanzsystem auf einem instabilen Fundament auf?

Von 1905 bis 2008 haben wir in unserem Land ungefähr 1 Billion Dollar gedruckt. Bis 2023 ist dieser Betrag auf mehr als 8 Billionen gestiegen, wie aus den offiziellen Zahlen der Zentralbank Federal Reserve hervorgeht.[4] (Diese Summe umfasst im Umlauf befindliches Geld, Bargeld in Banken und Geldautomaten sowie die Schaffung elektronischer Bankrücklagen – also Geld, das physisch gar nicht existiert, sondern nur in den Computersystemen der diversen Finanzinstitutionen.)

Es ist wahr: Die Federal Reserve hat unter dem Applaus der Republikaner und Demokraten all dieses Geld einfach auf magische Weise entstehen lassen, wie Champagnerwünsche und Kaviarträume.

Haben wir überhaupt noch eine Ahnung, was unsere Währung tatsächlich wert ist?

Die Ideen der Elite werden übrigens immer schlimmer. Da die US-Regierung wie verrückt Geld drucken lässt, beschließen die Banken, dass sie dabei auch mitmischen wollen. Früher glaubte man, Banken seien ehrwürdige Institutionen mit großen, beeindruckenden Tresoren, und man stellte sich vor, dass Bankräuber in diese Tresore einbrechen wollten, vielleicht indem sie einen Tunnel graben wie ein kriminelles Superhirn.

Würden wir heute aber einen Blick in diese Banktresore werfen, dann würden wir sie leer vorfinden.

Die Vorschriften, wie hoch die tatsächlichen physischen Vermögenswerte einer Bank sein müssen, sind mittlerweile mehr als lächerlich. Wissen Sie denn nicht, dass sich das alles nur noch digital abspielt? Die Banken arbeiten gemeinsam an der Schaffung einer digitalen Währung und wollen damit auch Sie versklaven.

Vertrauen Sie etwa all diesen Finanzgaunern im Fernsehen, die Sie mit Ausdrücken wie »Anlageportfolio« und »Vermögensmanagement« zu blenden versuchen? Die wollen doch nur, dass Sie Entscheidungen treffen, durch die man Sie noch mehr steuern und kontrollieren kann.

Wie kann man sich gegen diese Lawine von Fehlinformationen zur Wehr setzen? Indem man versteht, wie alles angefangen hat.

***

Lassen Sie uns mit einer kurzen Geschichte des Geldes beginnen.

Geld sollte einen Wert repräsentieren. Mit anderen Worten: Während das Geld selbst nur eine Münze oder ein Stück Papier ist, dessen Rohstoffe wahrscheinlich nur ein paar Cent kosten, repräsentiert es einen physischen, greifbaren Vermögenswert. Die Länder tauschten ihre Währungen untereinander aus und standen im Einvernehmen über die dahinterstehenden Werte, die auf den materiellen Vermögenswerten des jeweiligen Landes beruhten, also in den meisten Fällen auf Gold.

1913 verabschiedete der US-Kongress jedoch den Federal Reserve Act, mit dem sich die Vereinigten Staaten für in Amerika abgewickelte Transaktionen vom Goldstandard abkoppelten.[5] Das bedeutete, dass die Federal Reserve die Möglichkeit hatte, bei Bedarf Geld zu drucken. Man muss ihr jedoch zugutehalten, dass sie in den folgenden Jahrzehnten nur selten auf diese Option zurückgriff, nicht einmal im Zweiten Weltkrieg, sondern sich eher auf Steuern und im Inland aufgenommenes Geld verließ.[6] Internationale Handelsgeschäfte konnten weiterhin in Gold abgewickelt werden; man nahm an, dass dieses System zur Stabilität des globalen Handelssystems beitragen würde.

Es ist verständlich, dass es nach Ende des Zweiten Weltkriegs, als so viele Volkswirtschaften am Boden lagen, Bestrebungen zur Etablierung einer einheitlichen Währung als Leitwährung für den Rest der Welt gab.

Die Vereinigten Staaten waren durch den Atlantik und den Pazifik von den Verheerungen des Krieges verschont geblieben und daher die logische Wahl. So kam es, dass das Bretton-Woods-Abkommen im Juli 1944 den US-Dollar zur Leitwährung für den Rest der Welt machte.[7]

Abgesehen davon, dass die USA den Zerstörungen entgingen, die über Europa und Asien hereingebrochen waren, verfügten sie auch über eine stabile politische Struktur, die nach Ansicht vieler stellvertretend für ihre finanzielle Stabilität stand. Für die Vereinigten Staaten war dies ein idealer Zustand, der es ermöglichte, Gold als allgemein anerkanntes Standardmaß für den Handel zwischen Nationen zu verwenden und den USA gleichzeitig eine gewisse Flexibilität bei ihren Inlandsausgaben zu geben.

Stellen Sie sich das so vor, als würden Sie Ihrem 16-jährigen Kind eine Kreditkarte geben, wenn es mit dem Autofahren anfängt, aber gleichzeitig seine monatlichen Ausgaben überwachen, damit er oder sie nicht zu viel Geld ausgibt. Sie möchten, dass Ihr Kind im Notfall – zum Beispiel, wenn es bei einer Autopanne abgeschleppt werden muss – über eine gewisse Summe verfügen kann, haben aber von vorneherein klargestellt, dass es nicht mit Geld um sich werfen darf.

Nehmen wir aber an, der Nachwuchs macht seinen College-Abschluss, und Sie haben gesehen, dass er sich seit Jahren verantwortungsvoll verhält. Dann werden Sie seine Ausgabe nicht mehr so genau überwachen wie zu Beginn, als er die Kreditkarte bekam.

1971 wollte Frankreich von den USA einige Schulden zurückbezahlt haben, und zwar in Gold. Nixon sagte: »Nein, wir bezahlen euch in Dollar«, und so geschah es dann auch. Er schloss das Goldfenster.[8] Nixon ersetzte den Goldstandard durch den Petrodollar, behielt aber den Dollar als weltweite Leitwährung bei.[9]

Dies hatte die unbeabsichtigte Folge, dass nun sämtliche internationalen Erdölgeschäfte in US-Dollar abgewickelt werden mussten. Das war aber nur möglich, indem die Vereinigten Staaten mehr Geld druckten, als sie im eigenen Land brauchten. Da es sehr viele Länder gibt, die auf Erdöl angewiesen sind, musste man eine ungeheure Menge Dollars drucken. Dadurch konnten unsere Staatsschulden explodieren, sodass sie bis heute mehr als 31 Billionen Dollar betragen.[10]

Das wäre vielleicht nicht so schlimm, wenn unser Land eine starke Wachstumsrate aufwiese, aber genau das ist eben nicht der Fall. Wir haben unsere Dynamik verloren. Statt einer lebhaften Konjunktur haben wir sinkende Löhne, eine galoppierende Inflation, steigende Steuern und höhere Zinssätze. Wie bereits erwähnt, leben 58 Prozent aller Amerikaner von Gehaltsscheck zu Gehaltsscheck – und das bedeutet, dass sie stets nur einen Monat vom Bankrott entfernt sind. Wem ist mit dieser Situation gedient?

Natürlich der Regierung, weil das Volk in Angst und Schrecken lebt und von denen da oben beruhigt werden will. (Darf ich bitte ein bisschen bedingungsloses Grundeinkommen haben?) In der Zwischenzeit machen die Banken unglaubliche Gewinne – dreimal dürfen Sie raten, wer von den höheren

Zinssätzen profitiert. Verstehen Sie jetzt besser, warum unsere Jugend enttäuscht und desillusioniert ist, warum sie sich so zum Götzenbild des Progressivismus hingezogen fühlt und inständig hofft, dass der Staat sie von der Wiege bis zur Bahre erhalten wird?

Dabei begreifen die jungen Leute allerdings nicht ganz, wie der echte Kapitalismus der freien Marktwirtschaft und des leistungsbasierten Erfolgs durch Entscheidungen der Regierung zu einer grausamen Vetternwirtschaft deformiert wurde. Diese Regelung kommt den Reichen zugute, weil dadurch einerseits eine Art Unternehmenssozialismus geschaffen wird und andererseits die Mittel- und Unterschicht, die ihren finanziellen Status verbessern will, mit erdrückenden wirtschaftlichen Belastungen zu kämpfen hat.

Wir leben heute in einem System, das die schlimmsten Teile des Kapitalismus und des Sozialismus in sich vereint, einer Missgeburt ohne jeden moralischen oder religiösen Kompass. Es ist ein zutiefst menschenfeindliches System, das nur zu enormem Leid führen kann.

Es ist völlig egal, wer die Zentralbank leitet – ob Janet Yellen, Jerome Powell, Ben Bernanke oder Alan Greenspan. Das Problem ist das System, in dem diese Leute agieren dürfen. Nach dem, was ich von den Hauptakteuren hinter den Kulissen weiß, würde mir unter vier Augen wahrscheinlich jeder dieser Federal-Reserve-Typen bei vielen meiner Ansichten zustimmen. Von Wirtschaftswissenschaftlern, die ihren Abschluss an einer Eliteuni gemacht und erstklassige Referenzen haben, habe ich mir sagen lassen, dass es eigentlich keine »liberalen« Wirtschaftswissenschaftler gibt, die von der Fachwelt anerkannt werden, sondern nur konservative, die nach ihrem Einstieg in die Welt der Politik nur – meist erfolglos – versuchen können, den Schaden zu begrenzen, den Politiker beider Parteien anrichten.

Was tut der Rest der Welt, wenn er dieses unverantwortliche Verhalten der USA sieht, die wirtschaftlich mit gigantischen Kanonen schießen können, während andere Staaten nur ein Luftdruckgewehr haben?

Er versucht eine neue globale Leitwährung zu schaffen.

An diesem Punkt kommen die sogenannten BRICS-Staaten (Brasilien, Russland, Iran, China und Südafrika) ins Spiel. Zusammen haben diese Staaten eine stärkere Wirtschaft als die Vereinigten Staaten, einzeln leiden sie aber unter dem Problem der politischen Instabilität. Dieses Risiko wird jedoch dadurch gemildert, dass es unter den fünf Mitgliedsländern aufgeteilt ist. Wie wahrscheinlich ist es schon, dass alle fünf gleichzeitig von politischen Unruhen heimgesucht werden?

Die meisten Mensch würden dieses Risiko als gering einschätzen – und das sehe ich auch so.

Unter den derzeitigen Verhältnissen ist diese Entwicklung wahrscheinlich eine Katastrophe für die USA, weil diese fünf Länder den Dollar in die Wüste schicken und das ganze Kartenhaus zum Einsturz bringen werden.

Die BRICS-Staaten haben durchaus logische Gründe dafür, den US-Dollar als Leitwährung für den Welthandel ablösen zu wollen. Die Vereinigten Staaten haben in vielen Fällen nicht ehrenhaft gehandelt, sondern ihren Status als Leitwährung der Welt rücksichtslos dazu ausgenutzt, Geld in einer Art und Weise auszugeben, für die sich selbst ein betrunkener Matrose schämen würde.

Die Frage lautet nur: Was werden die BRICS-Staaten tun?

Werden sie gegen die Interessen der USA handeln?

Was auch immer mir meine Kritiker nachsagen – ich bin kein simpler Schwarz-Weiß-Denker. Dass ich das Handeln der USA infrage stelle, heißt noch lange nicht, dass ich alle anderen Nationen der Welt für absolut tugendhaft halte. Die fundierteste Psychologie und Philosophie lehren uns, dass wir alle aus Dunkelheit und Licht bestehen. Die Aufgabe unserer Existenz auf dieser Daseinsebene besteht darin, das Gute zu pflegen und das Böse auszumerzen. Der Eid, den Mandatsträger vor ihrem Amtsantritt in Amerika ablegen müssen, die Verfassung gegen »alle Feinde im In- und Ausland« zu verteidigen, zeugt von dieser tiefen spirituellen Wahrheit.

Wie könnte die sich abzeichnende Ablösung des US-Dollar als Leitwährung der Welt aussehen?

Brasilien unterzeichnete vor Kurzem ein bilaterales Handelsabkommen mit China, bei dem der Warenaustausch in chinesischen Yuan statt amerikanischen Dollar abgewickelt wird.[11] Saudi-Arabien, der Iran und Russland unterzeichneten ein trilaterales Handelsabkommen, bei dem alle Transaktionen in russischen

Rubel stattfinden sollen.[12] Im Dezember 2022 verpflichtete sich Japan wegen des russischen Einmarsches in die Ukraine so wie andere G7-Staaten, nicht mehr als 60 Dollar pro Barrel russisches Erdöl zu bezahlen, um damit den russischen Präsidenten Wladimir Putin zu bestrafen.[13]

Doch angesichts eines Ölpreises von knapp unter 80 Dollar pro Barrel zuckte Putin nur die Achseln und beschloss, andere Käufer zu finden.

Und was kam dabei heraus?

Im April 2023 entschied Japan, künftig russisches Erdöl zum Marktpreis einzukaufen.[14] Was ist nur aus der wunderbaren Harmonie zwischen den G7-Staaten geworden?

Ganz einfach: Sie war sinnlos, weil die Welt russisches Erdöl brauchte. Russland war im Vorteil, und das wusste Putin ganz genau. So etwas passiert eben, wenn das Volk Joe Biden wählt (oder vielleicht gewählt hat), und der dann beschließt, die heimische Erdölförderung drastisch zu kürzen. Manche Leser werden jetzt möglicherweise denken, dass ich hier tauben Ohren predige. Doch wenn Trump wiedergewählt worden wäre, hätte er die heimische Erdölförderung garantiert nicht gekürzt, womit der Weltmarktpreis für ein Barrel Öl heute viel niedriger wäre – und Putin seinen Einmarsch in die Ukraine nicht finanzieren hätte können.

Das ist für mich eine klare Tatsache.

Aber warum traf Japan die beispiellose Entscheidung, sich auf die russische Seite zu schlagen?

Weil sie sinnvoll war.

Die BRICS-Staaten liefern wohldurchdachte Argumente dafür, dass die Vereinigten Staaten ihren Status als Leitwährung der Welt nicht mehr aufrechterhalten können. Das bedeutet, dass andere Länder bereit für eine neue internationale Finanzordnung sind.

Wir haben durch unsere eigene Dummheit möglicherweise unseren wichtigsten Verbündeten in Asien verloren.

Das Rauschen, das Sie vielleicht gerade hören, ist das rapide schwindende Vertrauen der Welt in die USA, das gerade zu den BRICS-Staaten hinüberfließt.

Der französische Präsident Macron kündigte an, dass die Franzosen damit beginnen werden, die Dollarnachfrage in ihrem Land abzubauen.[15] Erinnern Sie

sich an Frankreich? Das unentbehrliche Land, ohne das wir den Unabhängigkeitskrieg nie gewonnen hätten und das wir in zwei Weltkriegen gerettet haben?

Dringende Nachricht an die Regierung Biden:

Wenn man seinen langlebigsten Verbündeten verliert, sollte man vielleicht
einmal in den Spiegel schauen und sich fragen, was man falsch gemacht hat.

Abgesehen davon, dass die BRICS-Staaten das Vertrauen in den Dollar unterminieren – was erwartet uns noch? Da wäre einmal die Bankenkrise. Sie begann
mit der Silicon Valley Bank und breitete sich dann auf Silvergate, Signature Bank,
Credit Suisse, Deutsche Bank und First Republic aus.[16] Wie viele Banken werden
zwischen der Sekunde, in der ich diesen Satz schreibe, und dem Erscheinen des
vorliegenden Buches noch abstürzen? Wenn Sie dies lesen, können Sie der Liste
mit Sicherheit noch ein paar Banken hinzufügen.

Und wie reagiert Präsident Biden auf diese Krise?

Nun ja, im Oktober 2022 erwischten ihn Reporter beim Eisessen und fragten
ihn, ob er über die Abwertung des Dollar besorgt sei. Er antwortete: »Ich mache
mir keine Sorgen über die Stärke des Dollar. Ich mache mir Sorgen um den Rest
der Welt.«[17]

Ist Biden Präsident der Welt oder der Vereinigten Staaten? (Ich bin mir sicher,
dass es Tage gibt, an denen nicht einmal Biden das genau weiß.) Warum um Him-
mels willen macht er sich Sorgen um die Weltwirtschaft statt um die der USA?

Liegt es vielleicht daran, dass Biden ein Globalist ist und die USA nur als vorübergehenden Aufenthaltsort der amerikanischen Bürger auf dem Weg zu einer
neuen Weltordnung betrachtet? Statt sich um Not leidende Amerikaner zu kümmern, schickt er Rentenschecks an Ukrainer.

Diese Situation ist für die amerikanische Republik etwas wirklich Neues. Was
auch immer man von ihnen halten mag – so etwas hätten weder Bill Clinton
noch Barack Obama zugelassen. Und wenn man versucht hätte, einen derartigen
Unfug mit Trump anzustellen, dann hätte er sicher mit mehr als nur ein paar
Tweets darauf reagiert. Wir alle wissen, dass Trump sich nach Kräften dagegen
gewehrt hätte.

Überlegen Sie sich, was Xi in China oder Putin in Russland denken müssen,
wenn sie beobachten, wie es in unserem Land zugeht. Napoleon sagte einmal:

»Störe deinen Feind nie, wenn er gerade Fehler macht.« Die Vereinigten Staaten braucht man gar nicht mehr zu stören, das erledigen wir schon selbst. Xi und Putin würden wissen, dass es jetzt an der Zeit wäre, Amerika anzugreifen, weil Biden das Land nicht verteidigt.

Aber können wir damit rechnen, dass autoritär geführte Staaten eine neue Wirtschaftsordnung auf Grundlage der Prinzipien des freien Markts einführen würden? Nein, weil diese Staaten nicht an die Freiheit glauben. Wie die meisten Progressiven in unserem Land glauben sie daran, dass man die Bürger kontrollieren muss wie ungezogene Kinder.

Das System, das sie erschaffen, ist ein digitales Zentralbankgeld (Central Bank Digital Currency; CBDC), das mit Ihrem Sozialkredit-Rating verknüpft ist.

Wie einem Teenager, der Taschengeld bekommt, kann Ihnen der Geldhahn augenblicklich zugedreht werden, wenn Sie etwas tun, was den Machthabern Ihres Landes nicht gefällt. Und wenn Sie glauben, dass dies nur in autoritären Staaten vorkommt, brauchen Sie sich nur anzusehen, was unser nördlicher Nachbar – die ehemals freie Nation Kanada – mit den Bankkonten von Lastwagenfahrern gemacht hat, die sich gegen die Covid-19-Lockdowns und Impfvorschriften von Premierminister Justin Trudeau stellten.

Die Regierung eines jeden Landes ist wie ein Süchtiger, dem eine einzige neue Gelegenheit der Machtausübung reicht, um sich schnell daran zu gewöhnen und sie bei Bedarf einzusetzen. Ich darf aus einem *Newsweek*-Artikel vom Februar 2022 über Trudeaus Vorgehen zitieren:

Kanadische Banken haben damit begonnen, die Konten von Personen einzufrieren, die mit den Trucker-Protesten in Kanada in Verbindung stehen. Die Bundesregierung kündigte an, in den kommenden Tagen weitere Konten vom Netz zu nehmen, um die Demonstranten aus dem seit fast einem Monat besetzten Ottawa zu vertreiben.

Am 16. Februar sagte die stellvertretende Premierministerin Chrystia Freeland bei einer Pressekonferenz, dass Finanzinstitute in Übereinstimmung mit den von Premierminister Justin Trudeau Anfang der

Woche ausgerufenen Notstandsgesetzen begonnen haben, Konten einzufrieren und Kreditkarten zu sperren.

Nach diesem Gesetz dürfen Banken die Konten von Menschen ins Visier nehmen, die auf Crowdfunding-Plattformen wie GoFundMe und GiveSendGo gespendet und damit die anhaltenden Proteste angeheizt haben. Freeland sagte jedoch, sie würde »keine Einzelheiten darüber nennen, wessen Konten eingefroren werden«.[18]

Können Sie sich vorstellen, dass eine Spende an eine Protestbewegung (so wie vielleicht Black Lives Matter oder die Familienplanungsorganisation Planned Parenthood unter einer konservativen Regierung) ausreichen würde, Ihnen den Zugriff auf Ihr Bankkonto oder Ihre Kreditkarten zu sperren? Wie kann man in einer modernen Gesellschaft leben, wenn das Recht zur Teilnahme am politischen Prozess durch derart drakonische Maßnahmen eingeschränkt wird?

Sogar in Großbritannien, der Heimstatt der freien Meinungsäußerung, scheint man mit einem solchen Vorgehen politische Gegner zu bekämpfen – etwa Nigel Farage, der die erfolgreiche Brexit-Bewegung anführte. Der folgende Bericht über Farages De-Banking [Sperrung oder Kündigung von Bankkonten; Anm. d. Übers.] stammt von Ende Juni 2023:

Ohne ein Bankkonto kann man in der modernen Gesellschaft nicht mehr existieren. Dieser Möglichkeit beraubt zu werden, ist gleichbedeutend damit, zur »Unperson« erklärt zu werden, sagte ein bedrückter Nigel Farage am Donnerstag, als er bekannt gab, dass er und seine nächsten Angehörigen im Vereinigten Königreich nicht mehr über ein Konto verfügen dürften. Am Donnerstagabend teilte er den Zuschauern seine warnenden Gedanken dazu mit: »Das passiert jetzt gerade in unserem Land. Es passiert vielen Leuten, ich bin nur einer davon.

Aber wissen Sie was? Wenn dieser Quatsch nicht in allernächster Zeit gestoppt wird, dann könnte es passieren, dass Sie in Ihren eigenen vier Wänden etwas auf Facebook oder Twitter äußern, was auch zum Verlust

Ihres Bankkontos führen könnte. Für so beängstigend halte ich die ganze Sache.«

Farage hat seine privaten und geschäftlichen finanziellen Transaktionen seit den 1980er-Jahren bei ein und derselben Bankengruppe getätigt und sagte, dass man ihm keinen Grund für die Aufkündigung der langjährigen Beziehung zu der ungenannten Bank angegeben habe.«[19]

Farage ist eine der bedeutendsten Persönlichkeiten der jüngeren englischen Geschichte. Dennoch vertreibt man ihn aus seinem Heimatland. Er verglich diese Ereignisse in einer angeblichen Demokratie mit Ländern, über deren Mangel an politischen Freiheiten wir uns gern negativ äußern. An dieser Stelle sei mir die persönliche Anmerkung erlaubt, dass ich bereits vor 5 Jahren Opfer von De-Banking wurde und meine Konten bisher viermal gekündigt wurden.

Der erfahrene Politaktivist laufe Gefahr, eine »Unperson« zu werden, wie er sagte. Er verglich die Kampagne, politisch Unerwünschten das Leben unmöglich zu machen, mit »den schlimmsten Regimen Mitte des 20. Jahrhunderts«. Farage sagte in seiner abendlichen Fernseh-Talkshow auf GB News, dass »man im Grunde genommen so zu einer Unperson gemacht wird. Das ist so, als würde man vor 80 Jahren in Deutschland oder Russland leben – oder vielleicht heute in der Volksrepublik China. Ich frage mich, ob wir heute in diesem Land im kommunistischen China leben.«[20]

Die Befürchtungen von Nigel Farage sind durchaus fundiert. Der Angriff auf ihn ist nicht nur eine Politaffäre, weil er derzeit auch journalistisch tätig ist. Das Vorgehen des britischen Bankensystems und der Regierung seines Landes gegen ihn kann man – so wie Attacken in anderen Demokratien in der ganzen Welt – nur als weiteren Schritt in Richtung Tyrannei betrachten.

***

Die USA haben vom Bretton-Woods-Abkommen des Jahres 1944 ungemein profitiert. Leider wurden dessen Vorteile aber durch schlechte Entscheidungen sowohl von Republikanern als auch Demokraten im Laufe mehrerer Regierungsperioden zunichte gemacht. Erinnern Sie sich an die von Präsident George W. Bush verursachte Hypotheken-Finanzkrise des Jahres 2008? Sie kam dadurch zustande, dass die Eliten in Washington, D. C., glaubten, dass *jeder* in der Lage sein sollte, ein Haus zu kaufen, auch wenn er arbeitslos ist.

Was kann denn schon schiefgehen, wenn man Leuten, die nicht einmal ihre eigenen Finanzen managen können, Immobilien überlässt? Damals hat niemand darüber gesprochen – aber warum war das der Fall? Richtig geraten: weil der Besitz von Häusern ein weiteres Indiz von weißer Vorherrschaft war!

Die Verwaltung der Banken der Regierung zu überlassen, ist etwa so, als würde man einem betrunkenen Fahrer, der gerade aus dem Wrack seines Autos klettert, gleich die Schlüssel zum nächsten Auto geben.

Auf der einen Seite haben wir also die autoritären, korrupten Länder der BRICS-Staaten, die ihre eigene programmierbare Währung schaffen, die an das Sozialkredit-Rating jedes Einzelnen gekoppelt ist, und auf der anderen Seite die politische Klasse in Amerika, die schon darauf brennt, unsere Bürger in dasselbe System zu zwingen.

Dr. Pippa Malmgren, die als Ökonomin für das Weltwirtschaftsforum tätig ist, sagte im Jahr 2022, dass das digitale Zentralbankgeld kommen und dass es programmierbar sein wird. Das bedeutet, dass man Sie einfach aus dem System ausschließen kann, wenn Ihr Sozialkredit-Rating nicht den Vorgaben entspricht.[21]

Am liebsten testen die Globalisten ihre neuen Kontrollideen in China. Ist es da verwunderlich, dass China sein Sozialkredit-System dazu einsetzt, normale chinesische Bürger an bestimmten Einkäufen zu hindern? *The Guardian* lieferte 2019 einen Einblick in das chinesische System:

China hat Millionen von »diskreditierten« Reisenden vom Kauf von Flug- oder Zugtickets ausgeschlossen. Dies ist ein Teil des umstrittenen »Sozialkredit«-Systems des Landes, mit dem das Verhalten von Bürgern verbessert werden soll. Laut dem Nationalen Sozialkredit-Informationszentrum

Chinas haben die Gerichte des Landes bis Ende 2018 insgesamt 17,5 Millionen Mal Reisewillige von der Buchung von Flügen ausgeschlossen. Bürger, die wegen Sozialkredit-Verstößen auf schwarzen Listen gelandet sind, wurden zudem 5,5 Millionen Mal am Kauf von Zugkarten gehindert. Im vergangene Woche veröffentlichten Bericht heißt es: »Einmal diskreditiert, überall eingeschränkt.«

Das Sozialkredit-System zielt darauf ab, mittels Strafen, aber auch Belohnungen Anreize für »vertrauenswürdiges« Verhalten zu schaffen. Nach einem behördlichen Dokument aus dem Jahr 2014 über das System besteht das Ziel darin, »den Vertrauenswürdigen zu gestatten, sich überall unter dem Himmel zu bewegen, während es den Diskreditierten schwer gemacht wird, auch nur einen einzigen Schritt zu tun.«[22]

Vielleicht liegt es ja daran, das ich in meinem Leben so viele Geschichtsbücher gelesen habe – aber wir begreifen meiner Meinung nach anscheinend nie, dass man Regierungen nicht zu viel Macht in die Hand geben sollte. Unsere Gründungsväter haben verstanden, dass die beste Regierung nur eingeschränkte Befugnisse hat und am besten funktioniert, wenn sie die Rechte des Einzelnen schützt oder bei Meinungsverschiedenheiten zwischen Einzelpersonen vermittelt. Wie ein Artikel aus dem Juli 2023 zeigt, sind das Weltwirtschaftsforum und diverse amerikanische Intellektuelle diejenigen, die ein autoritäres System nach chinesischem Vorbild für uns alle wollen:

In einer Rede auf dem 14. Jahrestreffen der »New Champions« des WWF im chinesischen Tianjin sprach Eswar Prasad von der Cornell University darüber, wie Regierungen digitales Zentralbankgeld programmieren und manipulieren können.

Kurz zusammengefasst sagte Prasad, dass CBDCs von Regierungen dazu programmiert werden können, Käufe zu verhindern, die von den Machthabern als »weniger erstrebenswert« erachtet werden.

»Wir könnten, wie ich in meinem Buch geschrieben habe, eine potenziell bessere, aber nach Ansicht mancher auch düsterere Welt haben«, sagte Prasad, »in der die Regierung darüber entscheidet, dass Zentralbankgeld zum Erwerb mancher Dinge verwendet werden kann, aber nicht für andere, als weniger erstrebenswert erachtete Dinge wie Munition, Drogen oder Pornografie.«[23]

Ich muss zugeben, dass es derzeit nur wenig öffentliche Unterstützung für ein programmierbares, mit dem eigenen Sozialkredit-Rating verknüpftes digitales Zentralbankgeld gibt. Aber das heißt nicht, dass die Infrastruktur für ein solches System nicht gerade eingerichtet wird.

Der britische Aktivist und ehemalige Radiosprecher Maajid Nawaz umriss 2022 als Gast im Podcast *The Joe Rogan Experience* einige der Gefahren des digitalen Zentralbankgelds:

Wie Nawaz in der Samstagsfolge des beliebten Podcasts gegenüber Rogan ausführte, sind die Gesetzgeber unter anderem deshalb so von der Idee des CBDC angetan, weil diese Form des Geldes programmierbar und kontrollierbar ist.

»Was sie wollen, ist die Einführung einer digitalen Zentralbankwährung«, sagte Nawaz. »Sie wollen Fiat-Papiergeld durch digitales Geld ersetzen, als Konkurrenz zu Bitcoin und Kryptogeld. Doch statt dezentral zu sein, wird diese Währung von der Regierung kontrolliert werden.«

»Das klingt erschreckend«, erwiderte Rogan.

»Wenn Sie versuchen, gesundheitsschädliches Fleisch zu kaufen, wird das nicht funktionieren. Sie tippen auf Ihre Karte, können die Ware aber nicht erwerben, weil Sie Ihre Burger-Quote bereits ausgeschöpft haben – also müssen Sie stattdessen ein veganes Essen kaufen«, erklärte Nawaz.[24]

Die Vorgehensweise der Tyrannen ist immer die gleiche. Erst sollen die Bürger kleinen Verletzungen der Bürgerrechte zustimmen: Wir fangen damit an, dass Sie keine Drogen kaufen dürfen. Dann kommt Munition, als Nächstes Pornografie, ungesundes Essen (ja, als ob sie das je verbieten würden) und schließlich vielleicht kontroverse Stimmen wie meine oder die von Joe Rogan. Diese Leute werden nicht eher aufhören, bis Sie völlig ihrer Kontrolle unterliegen.

Wissen Sie noch, wie Bill Gates und sein Kumpel Klaus Schwab das Event 201 veranstaltet haben – den simulierten pandemischen Ausbruch eines Corona-virus im Oktober 2019, kurz vor dem angeblichen Auftreten von Covid-19 in der Welt kam?[25] Und zwar nicht wegen eines Laborunfalls im Institut für Virologie Wuhan oder eines Angriffs auf diese Forschungseinrichtung, sondern nach neu-ester Fiktion von einem Marderhund.[26]

Um das berühmte Zitat aus Kevin Costners zeitlosem Baseball-Film *Feld der Träume* leicht abzuwandeln: »Wenn sie es bauen, werden sie es benutzen.«

Sie möchten Ihnen so viel Angst davor einjagen, dass Sie auf Ihre Rechte ver-zichten. Der erste Schritt, sich dagegen zu wehren, besteht also darin, keine Angst zu haben. Wenn Sie sich angesichts ihrer Pläne fürchten und vor Angst schlottern, sind Sie manipulierbar. Sie sollen nach und nach überredet werden, weil diese Leute genau wissen, dass sie verlieren werden, wenn Sie sich wehren. Seien Sie mutig in Ihrer Ablehnung. Lachen Sie ihnen ins Gesicht.

Meiner Ansicht nach will man das digitale Zentralbankgeld folgendermaßen einsetzen: Die Verantwortlichen werden ihre Kontrollmöglichkeiten nutzen, um Sie von Ihrem Geld abzuschneiden, wenn Sie es wagen, dem aktuellen Narrativ zu widersprechen. Sagen Sie daher laut, wie Sie dieses System gegen seine Verursacher einsetzen werden, und lächeln Sie dann.

Stellen Sie sich das Entsetzen der Liberalen vor, wenn eine künftige Regierung einmal bekannt geben muss: »Alex Jones hatte mit allem recht« – und jeder, der mit dieser Aussage nicht einverstanden ist, darf eine Woche lang keine Lebens-mittel für seine Familie kaufen.

Sie werden es vielleicht für eine irre Idee halten, dass sich die Menschen durch Angst dazu bringen lassen, eine digitale Währung zu akzeptieren. Aber erinnern wir uns, wie schnell die Leute während der Covid-19-Krise bei allem mitgespielt haben. Sie haben ihre älteren Familienmitglieder nicht mehr besucht, Masken aufgesetzt (und damit ihre tägliche Sauerstoffzufuhr reduziert und dafür mehr Kohlendioxid eingeatmet), ihre Kinder nicht mehr zur Schule geschickt – und sind für diese genmanipulierende und mit einer ganzen Reihe schädlicher

Chemikalien versetzte Impfung Schlange gestanden. Das lag nicht etwa daran, dass die Menschen dumm sind. Schuld war vielmehr, dass die Pharmakonzerne und deren Verbündete in den Behörden äußerst überzeugende Propagandamethoden einsetzten, um die Leute zum Mitmachen zu bewegen. Dazu sollte man wissen, dass die Pharmariesen bei jeder Markteinführung eines neuen Medikaments ausführliche psychologische Profile jener Ärzte erstellen, denen sie dieses Medikament verkaufen wollen, und dann die Handelsvertreter auswählen, die am ehesten einen positiven Eindruck auf diese Ärzte machen werden. Sie nutzen die besten menschlichen Eigenschaften – den Wunsch, sich um andere Menschen zu kümmern – dazu aus, zutiefst unmenschliche Pläne durchzuziehen und die Menschen voneinander zu isolieren und abzusondern.

Da stellt sich immer dringender die Frage: Was tun wir gegen diese Pläne?

***

Fangen Sie damit an, sich bewusst zu machen, was da geschieht. Die Mainstream-Medien wollen Sie nicht über diese Dinge informieren.

Wissen ist Macht.

Schon durch das Lesen und Verstehen dieser Informationen haben Sie ein paar mächtige Waffen in der Hand.

Wir müssen verstehen, dass die Leute, die das digitale Zentralbankgeld einführen wollen, genau dieselben sind, die das derzeitige System ruiniert und die Bankenpleiten verursacht haben.

Es gibt aber auch noch eine weitere Gefahr, der sich viele Menschen derzeit einfach nicht bewusst sind: Eine ganze Menge finanzieller Transaktionen hinterlassen keine Spuren. Wenn Sie auf einem Flohmarkt eine kleine Statue entdecken, die Ihnen gefällt, und dem Verkäufer dafür 20 Dollar anbieten, erfährt die Regierung nie, dass Sie diese lächerliche kleine Statue gekauft haben, die Ihnen persönlich vielleicht viel bedeutet. Das Wichtigste daran ist, dass diese Transaktion nie in einer behördlichen Datenbank auftauchen wird.

Man nennt das Privatsphäre.

Wollen Sie, dass bekannt wird, wie viel Trinkgeld Sie den Kellnern in Ihrem Stammlokal geben? Ich bin da eher großzügig, Sie vielleicht nicht. Wenn solche Transaktionen in bar abgewickelt werden, kann man sie nicht verfolgen. Dieses System haben wir über Generationen hinweg zugelassen. Ich würde behaupten, dass die Möglichkeit, relativ kleine Beträge bar zu bezahlen, ein positiver Aspekt unserer heutigen Gesellschaft ist.

Gegen wen wird die Regierung zuerst vorgehen? Gegen die Armen – die Leute, die gerade so über die Runden kommen, wie Kellner und Kellnerinnen, Zusteller und andere, die am Anfang ihrer beruflichen Laufbahn stehen.

Warum? Zum einen, weil man die Armen leichter unter Druck setzen kann, und zum anderen, weil Menschen, die man schon am Beginn ihrer Karriere gefügig macht, wahrscheinlich auch gefügig bleiben werden.

Wenn die Armen erst einmal erfolgreich unterdrückt sind, geht es mit der Mittelklasse und schließlich mit den Wohlhabenden weiter. Mit den Reichen lassen sie sich deshalb so lange Zeit, weil sie wissen, dass die Reichen viel Macht auf sich vereinen. In der Zwischenzeit lügen sie den Reichen vor, dass sich dieses System nie gegen sie wenden wird – aber das ist natürlich nicht wahr.

Würden die Wohlhabenden die Pläne dieser Leute begreifen, dann könnten sie die Globalisten in wenigen Wochen stoppen.

Wie Winston Churchill einmal über die Beschwichtigungspolitik (Appeasement) gegenüber Hitler sagte: »Appeasement heißt, das Krokodil füttern und hoffen, dass es einen zuletzt frisst.«

Man wird versuchen, Ihnen diesen Plan für mehr staatliche Kontrolle in Form einer populistischen Botschaft wie dieser einzureden:

Ihr müsst vor den gierigen Banken beschützt werden, die alles kaputt gemacht haben. Wir von der Regierung werden wie edle Ritter auf unseren Schimmeln daherkommen und euch neue Regeln und Vorschriften mitbringen, damit diese Plünderer so etwas nie wieder tun können. In Wahrheit werden sie die Banken aber einfach übernehmen und dann ihren Freunden zurückgeben. Sie verhalten sich wie ein Mafiaboss, der ein Restaurant kauft, um es zur Geldwäsche zu nutzen (und gut essen gehen zu können), und es dann abfackelt, um die Versicherungssumme zu kassieren, wenn die Schulden des Lokals zu hoch werden.

Meine Leser sollen verstehen, dass dies keineswegs etwas Neues ist.

Auf diese Weise versucht die Korruption *immer schon*, die Gesellschaft zu kontrollieren.

Auch der Zusammenschluss von Großkonzernen und mächtigen Regierungen ist nichts Neues.

Sie brauchen sich nur Hitlers Deutschland, Mussolinis Italien oder das heutige China anzuschauen.

Aber wir müssen die Gefahr benennen, wenn wir eine Chance haben wollen, sie zu bezwingen. Und wir müssen die Propaganda verstehen. Was sie schlecht nennen, ist in Wirklichkeit gut – und umgekehrt. Wenn sie Kryptowährungen kritisieren, bedeutet das, dass Sie sich wahrscheinlich damit befassen sollten. Dasselbe gilt für Edelmetalle wie Gold und Silber sowie Immobilien, die nicht übermäßig mit Hypotheken belastet sind.

Der Tag der Abrechnung für unsere Wirtschaft wird kommen.

Sie werden versuchen, eine »Build Back Better«-Welt [benannt nach einem UN-Programm aus dem Jahr 2015, das eine »bessere Welt wiederaufbauen« will; Anm. d. Übers.] mit digitalem Zentralbankgeld einzurichten, das mit Ihrem Sozialkredit-Rating verknüpft ist. Der bekannte Podcaster Larry Sharpe, der 2018 als liberaler Kandidat für den Posten des Gouverneurs von New York antrat, hat die interessante Idee lanciert, dass der finanzielle Leichtsinn vieler Bundesstaaten in Wahrheit ein Komplott ist, um diese Staaten in den Bankrott zu treiben, damit die Bundesregierung eingreifen und CBDCs und ein Sozialkredit-Rating einführen kann. Dabei handelt es sich im Grunde um eine Cloward-Piven-Strategie, benannt nach einem 1996 vom amerikanischen Soziologenpaar Richard Cloward und Frances Fox Piven propagierten Ansatz, demzufolge Regierungen absichtlich Maßnahmen ergreifen sollen, die soziale Spannungen verschärfen. Wenn dann alles kaputtgeht, kann die Regierung einspringen und sich noch umfassendere Befugnisse verleihen lassen. Man darf nicht vergessen, dass es bei den Globalisten immer um »Notfälle« geht, die ihnen die Möglichkeit geben, den Bürgern die Freiheit zu stehlen. Anfangs sagen sie so etwas wie »Das gilt ja nur für Kriminelle oder Väter, die keine Alimente zahlen – wollen Sie etwa nicht, dass Ihre Kinder geschützt sind?«

Früher oder später wird es aber für uns alle gelten.

Wir können uns wehren, indem wir sie nicht einen Schritt weitergehen lassen, aber ich würde mich in jedem Fall absichern.

Horten Sie Bargeld. Legen Sie einen Teil Ihres Vermögens in Gold, Silber, Kryptowährungen oder Immobilien mit geringer Hypothekenbelastung an. Die Mächtigen sind nicht stark genug, um uns einfach unterzubuttern. Das Wichtigste ist, zu wissen, wie man gärtnert, eine gute Gemeinschaft aus Freunden um sich zu haben sowie jagen und fischen zu lernen. Wir können ihre Pläne überwinden. Das weiß die Menschheit instinktiv auch, und deshalb erleben wir gerade eine historisch einmalige Stadtflucht. Sie brauchen eine Krise, um die Menschen so in Panik versetzen zu können, dass sie selbst nach strengeren Maßnahmen verlangen.

Ich möchte, dass Sie die Minutemen [Minuten-Männer; eine Miliz in den britischen Kolonien in Nordamerika, die innerhalb einer Minute kampfbereit sein sollte; Anm. d. Übers.] an vorderster Linie im Krieg um die Freiheit sind.

Wir können die bargeldlose Wirtschaft stoppen.

Kapitel 5

Der ewige Krieg der Tyrannen

Es gibt etwas, was man über böse Menschen und Regierungen wissen sollte.

Sie sind furchtbare Verbündete. Das ist vielleicht ihre größte Schwachstelle. Auf den ersten Blick mag das vielen Leuten anders vorkommen. Da sieht es so aus, als würden die Bösen dauernd nur aushecken, wen sie auf ihre Seite ziehen können, während die Guten in seliger Unkenntnis der Sturmwolken am Horizont durchs Leben gehen.

Bis die Guten endlich die Kurve kriegen, ist es immer fünf vor zwölf – und dann schaffen sie es, die drohende Niederlage noch schnell in einen Sieg zu verwandeln.

In Wahrheit ist es aber so: Wenn sich die Bösen endlich der Umsetzung ihrer Pläne nähern, kommt es in der Regel zu internen Machtkämpfen, weil es bei ihren Allianzen nie wirklich um Gemeinsamkeiten geht. Stattdessen dreht sich alles nur darum, einen kurzfristigen Vorteil gegenüber einem vermeintlichen Rivalen zu erlangen und ihn in einem Augenblick der Schwäche kaltzustellen. Ist er dann wieder erstarkt, so kündigt man das Bündnis mit ihm schnell auf und greift ihn an.

Man denke nur an Adolf Hitler und Josef Stalin zu Beginn des Zweiten Weltkriegs in Europa. Hitler wusste, dass der Diktator Stalin und Sowjetrussland bei seinem geplanten Angriff auf Polen ein Problem für ihn darstellen würden, also unterzeichneten die beiden Staaten am 23. August 1939 den deutsch-sowjetischen Nichtangriffspakt (nach den Unterzeichnern auch Molotow-Ribbentrop-Pakt genannt). Die Zeitung *Manchester Guardian* schrieb damals darüber (nachgedruckt im Jahr 2019 in *The Guardian*):

> Deutschland und die Sowjetunion haben vereinbart, einen Nichtangriffspakt zu schließen. Diese überraschende Meldung wurde gestern Abend von der offiziellen deutschen Nachrichtenagentur in Berlin veröffentlicht. Ferner hieß es darin, dass der deutsche Außenminister Herr von Ribbentrop morgen nach Moskau fliegen soll, um die Verhandlungen zum Abschluss zu bringen. Am frühen Morgen gab die russische Agentur TASS eine Erklärung ähnlichen Inhalts ab.
>
> Diese Nachricht kam völlig unerwartet. In Berlin gab es zwar Gerüchte über ein gestriges Treffen der Herren Hitler, von Ribbentrop und von Papen, der vor Kurzem Moskau besucht hat, in Berchtesgaden, aber das war auch schon alles.
>
> Die Entscheidung, den Pakt zu unterzeichnen, wurde erst am Tag nach der Unterzeichnung eines Handelsvertrags bekannt gegeben. Die russische Presse, die gestern plötzlich ihren Ton gegenüber Deutschland änderte, begrüßte das Handelsabkommen herzlich, da es wahrscheinlich zu besseren politischen Beziehungen führen könnte – »schlussendlich«, wie es hieß.[1]

Tyrannen wissen, dass nicht nur Demokratien, sondern auch andere Tyrannen ihre Gegner sein können. Hitler und Stalin hatten einander jahrelang bekämpft. Hitler kam mit seinem Versprechen, den Kommunismus in Deutschland aufzuhalten, an die Macht – und dennoch unterschrieb er im August 1939 einen Nichtangriffspakt mit Kommunisten. Ist Ihnen auch aufgefallen, dass dem ein »Handelsvertrag« vorausging?

Wirtschaft und Krieg sind untrennbar miteinander verbunden.

Es gab jedoch keine wirkliche Übereinstimmung zwischen den beiden Staaten. Hitler hatte dem Großkapital in Deutschland versprochen, gegen die Gewerkschaften vorzugehen, die den Arbeitern bessere Löhne und Lebensbedingungen verschaffen wollten – und konnte mit seiner Hilfe die ultimative Macht ausüben.

Stalin hatte hingegen die ultimative Macht erlangt, weil der Staat einfach sämtliche Unternehmen übernommen hatte.

Deutschland und Russland machten kurzen Prozess mit Polen. Nach 8 Monaten dieses »Sitzkriegs« [engl: »Phoney War« – vorgetäuschter Krieg; Anm. d. Übers.] drang Hitler Richtung Westen vor, schaltete Frankreich schnell aus und trieb die britische Armee an den französischen Strand von Dünkirchen, von wo aus ihr auf wundersame Weise die Flucht zurück an Großbritanniens Küsten gelang.

Nachdem der Krieg in Westeuropa scheinbar gewonnen war und sich nur noch England ans Überleben klammerte, wandte sich Hitler wieder dem Osten zu. Nun zeigte sich, dass man als Tyrann der Vereinbarung mit einem anderen Tyrannen nicht trauen konnte.

Ende 1940 hatte Hitler seine Direktive 21, eine Weisung für Deutschlands geplante Invasion der Sowjetunion, erlassen. Die geplante Invasion trug den Decknamen »Unternehmen Barbarossa« – nach dem Spitznamen von Friedrich I., dem mächtigen mittelalterlichen Kaiser des römisch-deutschen Reichs – und sah vor, dass deutsche Truppen entlang einer in Nord-Süd-Richtung verlaufenden Linie vom Hafen von Archangelsk bis zum Hafen von Astrachan an der Wolga, nahe dem Kaspischen Meer, vorrücken sollten.

Hitler hoffte, damit den Erfolg seines Blitzkriegs in Westeuropa wiederholen zu können und einen schnellen Sieg über die riesige Nation zu erringen, die er als Deutschlands Erzfeind betrachtete.

Am 22. Juni 1941 überschritten mehr als 3 Millionen Soldaten Deutschlands und der Achsenmächte an einer 2900 Kilometer langen Front die Grenzen der Sowjetunion und begannen so das Unternehmen Barbarossa. Es handelte sich um die größte deutsche Invasionsstreitmacht des Krieges, die etwa 80 Prozent der Wehrmacht ausmachte, und um eine der größten Invasionsstreitmächte der gesamten Geschichte.[2]

Diese Version der Ereignisse findet sich in den meisten Geschichtsbüchern wieder. Hitler und Stalin schlossen einen Pakt, gegen den Hitler dann verstieß und Stalin damit völlig überraschte.

Als jedoch in der Sowjetunion Michail Gorbatschow an die Macht kam und seine Politik der Perestroika in Gang setzte, konnte man die historischen Aufzeichnungen genauer prüfen. Dabei begann sich eine andere Sichtweise des Duells zwischen Hitler und Stalin abzuzeichnen. Es kam zu einer höchst kontroversen Debatte über Stalins wirkliche Pläne. Manche Forscher behaupteten, dass Stalin einen Überfall auf Deutschland geplant habe und Hitler den Russen mit seiner Invasion nur knapp zuvorgekommen sei. Diese Theorie wurde erstmals vom Historiker Viktor Suworow vorgebracht, wie ein Artikel im *Inquiries Journal* schildert:

> Durch die Perestroika erhielten Historiker nicht nur einen besseren (wenn auch bei Weitem nicht vollständigen) Zugang zu Archivdokumenten, sondern hatten auch einen größeren Interpretationsspielraum. Diese Tatsache nutzten Historiker wie Suworow gern, um den sowjetischen Mythos vom »Großen Vaterländischen Krieg« zu zerlegen. Suworows These war einfach: Stalin hatte die Absicht, Nazideutschland im Sommer 1941 anzugreifen. Dies widerspricht der in der westlichen und sowjetischen Wissenschaft vorherrschenden Ansicht, dass die Sowjetunion ein wehrloses Opfer der deutschen Aggression war.[3]

In der gängigen Darstellung des Zweiten Weltkriegs wird Stalin als Opfer eines Verrats dargestellt. Ich neige aber eher zu der Version, dass Stalin gleichzeitig einen Angriff auf Hitler plante. So denken Tyrannen nun einmal. Suworow präzisierte seine Theorie noch weiter:

> Suworow legt sein Hauptaugenmerk auf die Mobilisierung der Roten Armee in den Monaten unmittelbar vor dem deutschen Einmarsch. Er sieht dies als Beweis für Stalins Absicht, eine Präventivoffensive gegen Nazideutschland zu starten. Dazu verweist er auf die Verlegung zahlreicher

Einheiten der Roten Armee aus dem Ural in die ukrainischen und weiß-russischen Grenzregionen. Suworow sieht den 13. Juni 1941 als den Zeitpunkt, an dem sich die Sowjetunion tatsächlich für den Krieg entschied, da seiner Meinung nach die Verlegung von Truppen und Material nicht mehr ohne schwere wirtschaftliche Schäden rückgängig gemacht werden hätte können. [...]

Darüber hinaus interpretiert Suworow Stalins Beschwichtigungspolitik gegenüber Hitler in dieser Zeit als ausgeklügeltes Komplott, um seine wahre Absicht eines Präventivschlags gegen Deutschland zu verschleiern. Er beruft sich auf die Direktive der Telegrafenagentur der Sowjetunion (TASS) vom 13. Juni 1941 als bezeichnend für Stalins groß angelegte Täuschungskampagne. Für Suworow war Stalins Außenpolitik grundsätzlich in der marxistisch-leninistischen Ideologie verwurzelt. Aus dieser Perspektive betrachtet, strebte Stalin die »Weltrevolution« an, und Hitler war nur das »Aufwärmspiel« in Stalins umfassenderem Plan zur Ausbreitung der Sowjetherrschaft in Europa.[4]

Diese Version der Geschichte ergibt für mich mehr Sinn als das Bild Stalins als passiver, vertrauensseliger Narr, der auf Hitler hereinfiel. Man kann von Tyrannen behaupten, was man will – aber dumm sind sie nur in seltenen Fällen. Suworow merkt an, dass die Verlagerung von Stalins Streitkräften darauf hindeutet, dass die Sowjets innerhalb weniger Wochen zum Angriff übergehen wollten; daher hätten sie auch so schlecht gegen Hitlers Überfall abgeschnitten. Nach Suworows Einschätzung hätte es zu dem Zeitpunkt, als Hitler die Invasion Russlands begann, keine 3 Wochen mehr gedauert, bis Stalin seinen Angriff gegen Hitler begonnen hätte. Tyrannen sind in der Regel gute Menschenkenner, so wie Mobber normalerweise über eine ausgeprägte soziale Intelligenz verfügen, wie 2011 in diesem Artikel aus der Fachzeitschrift *Journal of Personality and Individual Differences* zu lesen war:

Im Vergleich zu den Opfern wiesen sowohl Mobber als auch Verteidiger eine hoch entwickelte moralische Kompetenz auf, indem sie

Informationen über Überzeugungen und Folgen in ihre Beurteilung der moralischen Zulässigkeit einer Handlung einbezogen; Opfer wiesen hingegen eine verzögerte moralische Kompetenz auf und konzentrierten sich nur auf die Informationen über Folgen. Paradoxerweise sind Mobber trotz ihrer hoch entwickelten moralischen Kompetenz im Vergleich zu Opfern und Verteidigern beklagenswert unzulänglich, was ihr moralisches Mitgefühl angeht. Diese Ergebnisse decken sich mit einer zunehmenden Anzahl von Studien über erwachsene Psychopathen, die auf eine Diskrepanz zwischen dem Wissen, das abstrakte moralische Urteile leitet, und den Faktoren, die moralisch angemessene Verhaltensweisen und Gefühle vermitteln, hindeuten.[5]

Ich finde es immer interessant, wenn neue wissenschaftliche Erkenntnisse unsere ältesten Weisheiten bestätigen. In der typischen Heldenreise in der Literatur muss sich der Protagonist in der Regel seinem bösen Gegenspieler in einem philosophischen Wettstreit stellen. Gute Geschichten offenbaren uns tiefe psychologische Wahrheiten und können unsere Vorstellungskraft über Jahrhunderte oder gar Jahrtausende hinweg beherrschen. Der Held und der Böse versuchen einander auf Augenhöhe einzuschätzen. In diesem mentalen Kampf sagt der Schurke meist etwas wie »Wir beide sind gar nicht so verschieden« zum Helden – und daran ist wahrscheinlich etwas Wahres.

Beide können die Schwachstellen erkennen, die sich in einer bestimmten Situation ergeben. Man könnte sagen, dass sowohl Winston Churchill als auch Adolf Hitler in den 1930er-Jahren genau verstanden haben, welche Folgen die deutsche Wiederbewaffnung zeitigen würde, und dass die meisten europäischen Politiker unbedingt ein weiteres sinnloses Abschlachten von Millionen Menschen vermeiden wollten, wie es im Ersten Weltkrieg geschehen war.

Doch der Schurke schlägt den Weg des Bösen ein, während der Held den Pfad wählt, der der Zivilisation den größten Nutzen bringt. Hitler sah die Gelegenheit, Leid und Tod über Millionen von Menschen zu bringen, während Churchill vergebens versuchte, vor der bevorstehenden Apokalypse zu warnen und die deutsche Führung davon zu überzeugen, einen anderen Weg einzuschlagen und Europa nicht in rauchenden Trümmern zurückzulassen.

Wer sind vor diesem Hintergrund die Tyrannen unserer Gegenwart – und wer die Helden, die eine vernichtende Konfrontation zu verhindern suchen?

***

In meinem Buch *The Great Reset* widmete ich mich viele Seiten lang dem Thema, wie die Trilaterale Kommission, Zbigniew Brzeziński, Henry Kissinger und das Weltwirtschaftsforum das heutige China gestaltet haben. Um meine Argumentation noch einmal kurz zusammenzufassen: Die Globalisten betrachteten China als die perfekte Testumgebung für ihre Theorien darüber, wie eine Managerklasse die Gesellschaft frei von demokratischen Zwängen steuern könnte. Der Erfolg hat ihre kühnsten Träume übertroffen, doch anscheinend haben sie die Kontrolle über ihre monströse, autoritäre Schöpfung verloren.

Ein solcher »Faschismus für eine neue Generation« würde seine Macht nicht derb zur Schau stellen, um jede Opposition zu zerschmettern, sondern nach neuen Methoden suchen, jede Anfechtung seiner Autorität zu untergraben. Natürlich machte es die Öffnung gegenüber China für den Westen auch notwendig, Taiwan zu verraten – ein Fehler, für den wir 2023 noch bezahlen. Wir leiden auch unter der Tatsache, dass China nun versucht, unsere Filme, Finanzen und Universitäten durch direkte finanzielle Zuwendungen zu beeinflussen, und an unseren führenden Bildungszentren konfuzianische Denkschulen einrichtet (und wahrscheinlich auch Präsident Joe Biden und dessen Familie finanziell kompromittiert hat).

Im Folgenden können Sie nachlesen, wie Professor Chi Wang, der Vorsitzende der Denkfabrik U.S.-China Policy Foundation, Dr. Brzeziński nach dessen Tod im Jahr 2017 in einem Nachruf ehrte:

> Brzeziński arbeitete mit Carter, Oksenberg und Leonard Woodcock, dem Leiter des US-Verbindungsbüros in Peking, gemeinsam an einer Normalisierung der Beziehungen. Diese vier Männer schufen das notwendige Umfeld und die Strategie, die diese Normalisierung schließlich

möglich machten. Im Mai 1978 bestand Dr. Brzeziński darauf, nach China zu reisen. Bei seinen Gesprächen mit dem chinesischen Führer Deng Xiaoping wurden auch die Beziehungen zwischen den USA und Taiwan nach der Normalisierung erörtert.

Im Dezember 1978 gaben die Vereinigten Staaten und China dann gemeinsam bekannt, dass am 1. Januar 1979 die Aufnahme offizieller diplomatischer Beziehungen erfolgen würde. Als Deng Xiaoping kurz nach Beginn der Normalisierung die USA besuchte, fand er sich zu einem speziellen Dinner in Dr. Brzeziński Haus ein, was zeigte, wie sehr er die Bemühungen Brzeziński zu schätzen wusste. Ohne Dr. Brzeziński unermüdliche Arbeit hinter den Kulissen wäre die Normalisierung wohl kaum so schnell erfolgt.[6]

Heute tauchen in den Nachrichten immer wieder Storys über China auf. Zum einen wird oft darüber berichtet, dass China mit einer Invasion Taiwans droht. Oder darüber, dass in den USA im Jahr 2022 mehr als 100 000 Menschen an Überdosierungen starben – vor allem durch das in China hergestellte Medikament Fentanyl.[7] Vielleicht geht es auch um die Aushöhlung der amerikanischen Produktionskapazität – weil die US-Politik lange darin bestanden hat, die Fertigung von Produkten aus Amerika nach China zu verlagern. Und manchmal ist sogar vom SARS-CoV-2-Virus die Rede, das aus China kam (weil die Chinesen genug Geld und Unterstützung von uns erhielten, um dieses unsichere Labor mit Bioschutzstufe 4 einrichten zu können), entweder aufgrund eines absichtlichen oder eines versehentlichen Laborlecks.[8] Vielleicht sollten Sie beim Lesen solcher Storys daran denken, dass wir dies alles Zbigniew Brzeziński und seinen Globalistenkumpanen zu verdanken haben.

Und wie sieht es mit der chinesischen Menschenrechtsbilanz aus? 2016 erschien ein Artikel in der *Washington Post*, in dem es um Chinas völkermörderische Aktionen gegen seine eigenen Bürger geht. Denken Sie daran, dass die Kommunistische Partei Chinas dafür verantwortlich war und bis heute regiert. Das ist so, als wären die Nazis in Deutschland an der Macht geblieben. Aber hier das Zitat aus dem Artikel:

Wer war der schlimmste Massenmörder der Weltgeschichte? Die meisten Menschen glauben, dass es Adolf Hitler – der Architekt des Holocaust – war. Andere tippen auf Josef Stalin, der es möglicherweise geschafft hat, noch mehr unschuldige Menschen zu töten als Hitler, viele davon als Teil einer künstlich herbeigeführten Hungersnot, die wahrscheinlich mehr Menschen umbrachte als der Holocaust. Doch sowohl Hitler als auch Stalin werden von Mao Zedong noch übertrumpft. Seine Politik des »Großen Sprungs nach vorn« führte in den Jahren 1958 bis 1962 zum Tod von bis zu 45 Millionen Menschen – und ist damit der größte bekannte Massenmord.[9]

14 Jahre nachdem China 45 Millionen seiner eigenen Bürger ermordet hatte, regierte noch dieselbe politische Partei das Land. Dennoch hießen Brzeziński und seine globalistischen Kumpane wie Henry Kissinger China in der internationalen Staatengemeinschaft willkommen, und Brzeziński lud den chinesischen Führer sogar zum Abendessen in sein Haus ein. Das ist so, als hätte Hitler den Krieg gewonnen und wäre dann 1960 zur Amtseinführung von Präsident Kennedy eingeladen worden. Aber wenn Tulsi Gabbard, eine Kongressabgeordnete der US-Demokraten, zu einer Untersuchungsmission nach Syrien reist und hofft, Präsident Obamas Geheimkrieg in diesem Land zu stoppen, denunziert man sie als Apologetin des syrischen Regimes und schießt gleich nach, dass sie für das Präsidentenamt ungeeignet sei.[10]

Falls Sie jetzt sagen: »Syrien? Wir sind in Syrien aktiv? Nein, das kann nicht sein! Da hätte es doch eine offizielle Kriegserklärung des Kongresses geben müssen, um dort Truppen zu stationieren – und die gab es nie.«

Es gibt jedoch einen Artikel der *Associated Press* aus dem Jahr 2023, der genau von unserer militärischen Präsenz in Syrien handelt:

Amerikanische Truppen halten sich seit 2015 in Syrien auf, doch die jüngsten Verluste zeigen auf, dass es sich dabei um eine durchgängige, wenn auch oft leise geführte US-Mission zur Terrorbekämpfung handelt, die darauf abzielt, die vom Iran unterstützten Milizen zu bekämpfen und das Wiederaufleben der Gruppe Islamischer Staat zu verhindern. [...]

Zu jeder Zeit sind mindestens 900 US-Soldaten in Syrien im Einsatz, gemeinsam mit einer ungenannten Anzahl von Mitgliedern privater Militärfirmen. Auch US-Spezialeinheiten betreten und verlassen das Land immer wieder, bestehen aber in der Regel aus kleinen Teams und erscheinen nicht in der offiziellen Zählung.[11]

Sind Sie nicht froh darüber, dass unsere Geheimdienste und private Militärfirmen seit ein paar Jahren in Syrien einen »herrlichen kleinen Krieg« führen, aber die Mainstream-Medien uns nichts davon erzählt haben?

Aber zurück zum Thema China: 45 Millionen Menschen sind nicht leicht umzubringen. Wie haben die Chinesen das geschafft? Die *Washington Post* beschrieb es wie folgt:

Was aus diesem umfangreichen und detaillierten Dossier hervorgeht, ist eine Horrorgeschichte, die Mao als einen der größten Massenmörder der Menschheitsgeschichte porträtiert, der für den Tod von mindestens 45 Millionen Menschen in den Jahren 1958 bis 1962 verantwortlich war. Nicht nur das Ausmaß der Katastrophe stellt frühere Vermutungen in den Schatten, sondern auch die Art und Weise, wie diese Menschen ums Leben kamen. 2 bis 3 Millionen von ihnen wurden zu Tode gefoltert oder kurzerhand ermordet, oft schon für die kleinsten Vergehen. Als ein Junge in einem Dorf in Hunan beispielsweise eine Handvoll Getreide stahl, zwang der Ortsvorsteher Xiong Dechang den Vater dazu, seinen Sohn lebendig zu begraben. Der Vater starb ein paar Tage später, weil er sich zu Tode gegrämt hatte. Der Fall von Wang Ziyou wurde an die zentrale Führung gemeldet: Man hackte ihm ein Ohr ab, band ihm die Beine mit Eisendraht zusammen, warf ihm einen 10 Kilo schweren Stein auf den Rücken und brandmarkte ihn dann mit einem rot glühenden Werkzeug – als Strafe dafür, dass er eine Kartoffel ausgegraben hatte.[12]

Bei der Lektüre eines derart schrecklichen Berichts finde ich es keineswegs tröstlich, dass das alles Tausende Kilometer weit weg und Jahre vor meiner Geburt passiert ist. Stattdessen habe ich das Gefühl, etwas ewig Währendes über die menschliche Natur zu erfahren. Ich lerne daraus, dass die Machtkonzentration in den Händen einer einzelnen Institution wie dem Staat, ohne Schutz für den Bürger, stets zu solchen Gräueltaten führen wird.

Das liegt daran, dass nicht alle Menschen gut sind. Der Professor der Psychiatrie Jean Decety von der University of Chicago schätzt, dass etwa 1 Prozent der Bevölkerung Psychopathen sind, die keine Empathie für andere haben und wegen dieses Defizits für einen unverhältnismäßig hohen Anteil an Verbrechen und Gewalt in der Gesellschaft verantwortlich sind.[13] Was passiert in einem autoritären System? Diejenigen, die keine Empathie kennen, schaffen es mithilfe von Einschüchterung und Gewalt recht einfach, sich gegen andere durchzusetzen. Ein autoritäres System bevorzugt immer die Psychopathen unter uns, die die ihnen verliehene Macht bereitwillig dazu nutzen, sich auf ihrer Position zu halten.

Warum kämpfe ich so verbissen gegen den schleichenden Autoritarismus? Nicht, weil ich so mutig wäre – sondern weil es in meinem ureigensten Interesse liegt, meine Regierung davon abzuhalten, jemals diese Art von Macht über mich, meine Kinder oder meine Enkel ausüben zu können. Würden Sie mich denn als mutig bezeichnen, wenn ich aus einem brennenden Haus flüchte oder aus einem Auto zu entkommen versuche, das gerade im Wasser versinkt?

Sich gegen die Tyrannei zu wehren, ist kein Luxus.

Es ist eine Frage des Überlebens.

Wollen Sie leben – oder geben Sie sich damit zufrieden, auf Ihren Scharfrichter zu warten?

★★★

In meinem vorigen Buch bin ich ausführlich auf die sich stetig weiterentwickelnde Beziehung zwischen den Globalisten (zunächst in Gestalt der Trilateralen Kommission, die sich dann zum Weltwirtschaftsforum weiterentwickelte) und China eingegangen. Heute ist die wichtigste Frage die nach dem aktuellen Stand dieser Beziehung.

Erinnern Sie sich an das Hauptargument dieses Kapitels, nämlich dass Tyrannen selten – wenn überhaupt – ein echtes Bündnis aufrechterhalten können?

Wie es scheint, waren die Chinesen gar nicht daran interessiert, von einer neuen Gruppe mächtiger alter weißer Männer ausgebeutet zu werden. Das kann man ihnen kaum verdenken.

Schauen wir uns an, wie sich die Lage weiterentwickelt hat, seit Deng Xiaoping in Brzezińskis Haus zum Abendessen eingeladen war.

Im Jahr 2014 gab der damals 85-jährige Zbigniew Brzeziński dem *Politico*-Journalisten Michael Hersh ein langes Interview über seine Forderung nach einer »Pazifik-Charta« nach dem Vorbild der Atlantik-Charta von 1941, aus der schließlich die NATO (die North Atlantic Treaty Organization; dt.: Nordatlantik-pakt-Organisation) hervorging. Man merkt in diesem Interview bereits, dass China begonnen hatte, sich von den Globalisten zu entfernen, und Brzeziński verzweifelt versuchte, das Monster, das er und seine Kumpane geschaffen hatten, wieder unter Kontrolle zu bekommen:

MH: Was hoffen Sie mit einer »Pazifik-Charta« erreichen zu können?

ZB: Vor 75 Jahren, in den dunkelsten Tagen des Zweiten Weltkriegs, stellte die Atlantik-Charta eine motivierende Botschaft der Hoffnung dar – zu einer Zeit, als die ganze Welt fürchtete, Opfer einer hegemonialen Zwangsherrschaft zu werden. Heute müssen die Präsidenten der beiden wichtigsten, wenn auch politisch sehr unterschiedlichen Staaten der Welt glaubhaft ihre Entschlossenheit vermitteln, ihre globale Zusammenarbeit bei der Bewältigung anhaltender und neu aufkommender geopolitischer Krisen zu verstärken. Die globale Stabilität ist in Gefahr, sowohl in politischer als auch in wirtschaftlicher Hinsicht.

Gemeinsame chinesisch-amerikanische Ziele für die globale Sicherheit würden nicht bedeuten, dass ein Partner dem anderen etwas vorschreibt. Die Unterschiede zwischen den USA und der VR China werden fortbestehen und können auf regionaler Ebene in Asien sogar zu

Störfaktoren werden. Es sollte auch nicht bedeuten, dass wir die grundlegenden Unterschiede zwischen unseren politischen Systemen und Werten ignorieren. Doch eine gemeinsame Bekräftigung des amerikanisch-chinesischen Engagements für die Aufrechterhaltung der internationalen Stabilität kann zu einer umfassenderen Zusammenarbeit zwischen diesen beiden Supermächten bei der Eindämmung gefährlicher Bedrohungen führen, die auch ihre eigenen Interessen betreffen.[14]

Zbigniew Brzeziński plädierte dafür, dass die Vereinigten Staaten die mörderische Kommunistische Partei Chinas, die diese in Gefangenschaft gehaltene Nation beherrscht, auf der Weltbühne als gleichberechtigt behandeln.

Ich bewundere Stephen K. Bannon, den früheren CEO von Breitbart News und Präsident Trumps Wahlkampfstrategen bei der Wahl 2016, seit Langem. Bannon ist eines der zehn Hauptziele, die der Tiefe Staat vernichten will. Ich durfte diesen echten Patrioten erst vor kurzer Zeit kennenlernen und hoffe, dass wir am Beginn einer wunderbaren Freundschaft stehen. Bannon äußert sich seit Jahren unmissverständlich über die Bedrohung durch China und dessen verbrecherische politische Führung. So wie Reagan die Sowjetunion nicht als befreundete Supermacht, sondern als »Reich des Bösen« bezeichnete, sollten wir meiner Meinung nach heute mit China verfahren. Ich würde mich sogar zu der Behauptung versteigen, dass jede politische Persönlichkeit von Rang, die sich hier nicht eindeutig positioniert, als Agent der Kommunistischen Partei Chinas gelten sollte.

Es gibt wahrscheinlich keinen vehementeren Kritiker der Brzeziński-Doktrin als Bannon, und ich würde seine Kritik am chinesischen Regime sowie seine Forderung nach dem Sturz der mörderischen Schlächter von Peking durch das Volk vollinhaltlich unterschreiben. Im *Politico*-Interview mit Brzeziński hieß es weiter:

MH: Aber ist ein solches Abkommen überhaupt machbar? Sind China und die Vereinigten Staaten nicht viel zu unterschiedlich in ihrer Politik und ihrer Weltsicht? Sie sind zerstritten, was ein freies Internet, Demokratie und ihre Interessen in Ostasien angeht. Chinesische Funktionäre deuten sogar an, dass sie Washington als Drahtzieher hinter den Unruhen in Hongkong vermuten. Außerdem herrscht allgemein das Gefühl, dass die Chinesen auf dem Vormarsch sind und uns ablösen wollen.

ZB: Es stimmt, dass die USA und Großbritannien dieselben Grundwerte und politischen Ideen hatten und die Atlantik-Charta erst dadurch möglich wurde. Aber in der Nachkriegszeit kollidierten ihre geopolitischen Interessen in vieler Hinsicht stärker als die der Vereinigten Staaten und Chinas heute. Die Briten wollten zu dieser Zeit ihr Empire beibehalten, während die USA die Vereinten Nationen anstrebten. In Bretton Woods kam es zwischen den beiden Ländern zu einem erbitterten Streit über das Wirtschaftssystem der Nachkriegszeit. Heute liegen die USA und China in globalen Fragen, insbesondere hinsichtlich der Weltwirtschaft, viel eher auf einer gemeinsamen Linie als die USA und Großbritannien in der Zeit nach dem Zweiten Weltkrieg. Wirtschaftlich sind wir in erheblichem Maße vom chinesischen Wohlstand abhängig; das ist ein bedeutender Vorteil. Ich bin also durchaus zuversichtlich, wenn ich für eine stärkere Zusammenarbeit eintrete. Wir können kooperieren, um den Dollar zu stützen und einen stetigen Kapitalfluss zwischen unseren beiden Ländern aufrechtzuerhalten. Doch darüber hinaus müssen wir uns fragen: Können wir gemeinsam mehr tun, um zu verhindern, dass politisches Chaos in mehrere Richtungen gleichzeitig ausbricht?[15]

In diesem Absatz ist so viel falsch, dass man gar nicht weiß, wo man anfangen soll. Aber ich stelle mich der Herausforderung.

Erstens ist die Tatsache, dass Amerika und Großbritannien »dieselben Grundwerte und politischen Ideen hatten«, der wahrscheinlich wichtigste Faktor für den Erfolg unseres langfristigen Bündnisses. Sehen wir die Fakten klar, und schreiben wir die Geschichte nicht um. England hatte eine lange und geheiligte demokratische Tradition *und* verwaltete ein riesiges Reich mit Millionen von Menschen, die zum Großteil nicht von einer fremden Macht regiert werden wollten.

Eine Demokratie ist naturgemäß nicht mit einem Imperium vereinbar.

Will eine Nation als Imperium bestehen, so kann sie dies nur durch die rücksichtlose Unterdrückung der Menschen, die wollen, dass die Besatzungsmacht wieder abrückt. Das haben wir im Irak, in Afghanistan und in Vietnam gesehen. Dennoch scheinen amerikanische Politiker diese Lektion einfach nicht lernen zu wollen und suchen vergeblich nach dem nächsten ausländischen Monster, das es zu vernichten gilt. Und immer hoffen sie, aller Realität und Logik zum Trotz, dass die Bürger des eroberten Landes ihre »Befreiung« feiern werden, so wie die Franzosen und Italiener im Zweiten Weltkrieg.

Die Beibehaltung des britischen Empire stand im Widerspruch zu den demokratischen Werten der Briten, so wie die Sklaverei im Widerspruch zur vornehmen Forderung nach der Gleichheit aller Menschen stand, wie sie in der amerikanischen Verfassung und der Bill of Rights erhoben wird.

Die Briten hatten die Nazis zwar besiegt, waren aber am Ende des Zweiten Weltkriegs am Boden zerstört. Ein Weltreich zu unterhalten kostete viel Geld, und Großbritannien konnte schon seine eigenen Bürger kaum ernähren, geschweige denn seine weit verstreuten Kolonien.

Die Briten gaben ihr Empire also auf, weil es ihren demokratischen Idealen zuwiderlief – und außerdem, weil sie es sich nicht mehr leisten konnten.

Denken Sie an die wertvollen Beziehungen in Ihrem Leben. Aller Wahrscheinlichkeit nach werden Sie sich mit jenen Menschen am besten verstehen, die ihre Werte teilen, zu denen hoffentlich auch Ehrlichkeit, Integrität und Güte gehören.

Um es ganz offen zu sagen: Am Ende des Zweiten Weltkriegs hatte Amerika das Geld und die demokratischen Ideale, die dazu nötig waren, um dem Rest der Welt zu mehr Freiheit zu verhelfen. In vielen Fällen nutzten die Vereinigten Staaten diese Macht dementsprechend, um den Vormarsch der Demokratie in der ganzen Welt zu fördern.

Zu Menschen, die die eigenen Werte nicht teilen, hat man keine gute Beziehung. Ein gemeinsam akzeptiertes Wertesystem ist für jede Beziehung von entscheidender Bedeutung. Wenn Sie beruflich mit jemandem zusammenarbeiten müssen, der zwar unbestreitbar talentiert ist, aber die Moral einer

Schlange hat, werden Sie sich in dieser Beziehung nie entspannt fühlen. »Vernunftbeziehungen« oder solche, die auf dem berühmten »beiderseitigen Interesse« beruhen, sind zum Scheitern verurteilt, also sollte man sich gar nicht erst auf sie einlassen.

Der wohl bedeutendste Satz in der zuvor zitierten Passage lautet: »Wirtschaftlich sind wir in erheblichem Maße vom chinesischen Wohlstand abhängig.«

Das ist zweifelsohne wahr – doch Brzeziński zieht den falschen Schluss daraus.

In Finanzkreisen gibt es ein altes Sprichwort: »Wenn du der Bank 1 Million Dollar schuldest, dann ist das dein Problem. Wenn du der Bank aber 1 Milliarde Dollar schuldest, dann ist es das Problem der Bank.« (Im Roman *Ein ganzer Kerl* von Tom Wolfe, den ich meinen Lesern nur empfehlen kann, wird dieses Thema auf fiktive Art behandelt.)

Im Jahr 2022 belief sich unser Handelsdefizit mit China auf 328 Milliarden Dollar.[16]

Ein normaler Mensch würde vielleicht sagen: »China hat uns in der Hand. Wir haben keine Freiheit.«

Das Gegenteil ist wahr. Wir sitzen am längeren Hebel. China will weiterhin Geld von uns kassieren. Wenn es das will, muss es auch weiter mit uns zusammenarbeiten. Wir können uns von China »abkoppeln« – und egal, wie schnell wir das tun: China wird immer hoffen, dass wir nicht noch schneller vorgehen.

Aber natürlich ist das alles irrelevant, wenn Präsident Xi Jinping (dem seine Kritiker den Spitznamen »Pu der Bär« gegeben haben, weil er der klassischen Kinderbuchfigur so ähnlich sieht) ein Irrer ist. Doch im Gegensatz zu Russland, das mit seiner Invasion in der Ukraine einen entscheidenden Spielzug gemacht hat, scheint China stets auf Nummer sicher zu gehen und nur dann etwas zu unternehmen, wenn es von dessen Erfolg überzeugt ist.

Das moderne China lässt sich am besten als Frankenstein-Monster betrachten, das von den verrückten Wissenschaftlern des Globalismus geschaffen wurde. Doch im Gegensatz zu dem Monster, das sich wegen seiner furchterregenden Visage und seiner Größe nicht unters normale Volk mischen konnte, versucht China, sich als vertrauenswürdige Supermacht zu tarnen. China kann behaupten, dass es die Welt zu verbessern versucht, indem es sein Projekt »Neue

Seidenstraße« verfolgt, während wir ergründen, wie wir über noch mehr Ländern rund um den Globus Bomben abwerfen und dort amerikanische Spezialeinheiten stationieren können. (Es ist beunruhigend, wenn man den Krieg um die öffentliche Meinung verliert, weil die eigene Führung so viele Fehler macht.) Xi weiß, dass die Globalisten nicht glücklich darüber sind, dass er seine eigenen Interessen verfolgt, aber um die Weltbevölkerung nicht zu verunsichern, tut er so, als bliebe ohnehin alles beim Alten.

So äußerte sich Präsident Xi Jinping beispielsweise am 17. Januar 2017 beim Weltwirtschaftsforum im schweizerischen Davos wie folgt über den Globalismus:

> In einer Zeit, in der im Westen protektionistische und nationalistische Kräfte auf dem Vormarsch sind, warnte Präsident Xi davor, die Globalisierung zum Sündenbock zu erklären.
>
> »Manche Leute machen die Globalisierung der Wirtschaft für das Chaos in der Welt verantwortlich. Die wirtschaftliche Globalisierung galt einst als die Schatzhöhle, die Ali Baba in Tausendundeiner Nacht entdeckte, doch jetzt ist sie zur Büchse der Pandora geworden.«
>
> Die Probleme der Welt, von der »herzzerreißenden« Flüchtlingskrise bis hin zur Finanzkrise, könnten jedoch nicht einfach auf die Globalisierung geschoben werden.
>
> »Die internationale Finanzkrise ist ein weiteres Beispiel: Sie ist kein unvermeidliches Ergebnis der Globalisierung der Wirtschaft, sondern vielmehr die Folge der exzessiven Jagd des Finanzkapitals nach Profit und eines großen Scheiterns der Finanzmarktaufsicht«, sagte er.[17]

Wirkt es nicht absolut glaubwürdig, wenn ausgerechnet der Anführer des weltweit größten nepotistischen Kapitalismus den Kapitalismus der freien Marktwirtschaft kritisiert? So etwas nennt man Ablenkungsmanöver – weil sich unser kapitalistisches System in vieler Hinsicht kaum noch von der chinesischen Vetternwirtschaft unterscheidet.

Aus diesem Grund plädiere ich dafür, dass wir zu einem regelbasierten Kapitalismus zurückkehren, in dem viele Akteure in einen ehrlichen Wettbewerb um das Vertrauen der Konsumenten eintreten, ohne korrumpierte staatliche Regulierungsbehörden, deren Mitarbeiter nur jahrelang an ihren Lebensläufen feilen, damit sie bei großen Finanzunternehmen wie BlackRock gut dastehen, wenn sie ihren unvermeidlichen Sprung vom öffentlichen »Dienst« in die Privatwirtschaft planen. In seiner Rede beim Weltwirtschaftsforum sagte Xi auch:

> Nach 38 Jahren der Reform und Öffnung ist China zur zweitgrößten Volkswirtschaft der Welt geworden. »Chinas Entwicklung ist eine Chance für die Welt. China hat nicht nur von der wirtschaftlichen Globalisierung profitiert, sondern auch dazu beigetragen«, sagte er.
>   Mit Blick auf die Zukunft warnte Präsident Xi vor Protektionismus.
>   »Wir sollten uns für das Wachstum einer offenen Weltwirtschaft einsetzen«, erklärte er – und fügte hinzu: »China hat nicht die Absicht, seine Handelsentwicklung durch eine Abwertung des Renminbi anzukurbeln, noch weniger durch einen Währungskrieg.«[18]

Schnell eine Kurzmeldung für die verblendeten Teilnehmer am Weltwirtschaftsforum 2017: China wertete dann natürlich den Renminbi (seine offizielle Landeswährung) ab, um seine globalen Handelsumsätze anzukurbeln, und begann einen Währungskrieg gegen die anderen Mitglieder der BRICS-Staaten, wie ich im vorigen Kapitel beschrieben habe.

Lässt sich der Ursprung des Streits zwischen China und den Globalisten nachverfolgen? Meiner Meinung nach hilft uns ein Interview, das Chrystia Freeland im Jahr 2009 mit George Soros führte, bei der Beantwortung dieser Frage. (Damals war Freeland übrigens noch stellvertretende Redakteurin der *Financial Times*; heute ist sie bekanntlich stellvertretende Premierministerin der von den Globalisten einverleibten Nation Kanada.)

FT: Sind die Menschen angesichts der anhaltenden Schwäche der US-Wirtschaft zu Recht besorgt über den Dollar?
GS: Ja, natürlich. Der Dollar ist ja auch eine sehr schwache Währung, aber immer noch stärker als alle anderen. Es herrscht also ein allgemeiner

Mangel an Vertrauen in Währungen; der Trend geht weg von Währungen und hin zu Sachwerten. Die Chinesen erwirtschaften weiterhin einen großen Handelsbilanzüberschuss und häufen nach wie vor Vermögenswerte an. Im Prinzip ist der Renminbi permanent unterbewertet, weil er an den Dollar gebunden ist. Es findet eine Diversifizierung von Vermögenswerten, die normalerweise von Zentralbanken gehalten werden, in andere Vermögenswerte statt, vor allem im Bereich der Rohstoffe. Gold steigt im Wert, Erdöl wird stärker – und das ist in gewisser Weise eine Flucht aus den Währungen.[19]

Hier teilt George Soros der Welt mit, wie er die Zukunft gestalten will. Wegen der dummen Entscheidungen, die von Washington, D. C., ausgingen, war der Dollar in schlechter Verfassung, selbst 2009 nach der Hypotheken-Finanzkrise. Fairerweise muss man aber sagen, dass auch die meisten anderen Regierungen der Welt schlechte wirtschaftliche Entscheidungen getroffen hatten (weil sie sich zum überwiegenden Teil aus Globalisten zusammensetzen). Zu diesem Zeitpunkt im Jahr 2009 sah es so aus, als planten die Globalisten nach wie vor, China als das Vehikel zu benutzen, mit dem sie ihre herbeigesehnte Zukunft erreichen würden. Sie ahnten nicht, dass die Kommunistische Partei Chinas ihre eigenen Pläne hatte, in die sie nicht einbezogen waren.

Soros scheint die Chinesen für ihren »großen Handelsbilanzüberschuss« und ihr »Anhäufen von Vermögenswerten« zu loben. Zudem beklagt er die Unterbewertung des Renminbi, »weil er an den Dollar gebunden ist«. Hier haben wir es eindeutig mit einem Mann zu tun, der seine Absicht kundtut, so eng wie nur menschenmöglich mit den Chinesen zusammenzuarbeiten.

Soros glaubt, dass China beim Versuch, die Vereinigten Staaten als größte Supermacht der Welt abzulösen, auf seiner Seite steht. Er begreift nicht, dass das Monster bald aus seinem Käfig ausbrechen wird.

FT: Muss er [der US-Dollar] irgendwann auch gegenüber dem Renminbi abwerten? Brauchen wir eine Art neues globales Währungsabkommen?

GS: Nein, ich glaube, das System ist im Prinzip kaputt und gehört völlig neu aufgebaut. Wir können es uns nicht leisten, chronische und zunehmende Unausgewogenheiten im internationalen Finanzwesen zu haben. Also brauchen wir ein neues Währungssystem. Eigentlich bieten die Sonderziehungsrechte die besten Voraussetzungen für ein solches System; daher halte ich es vonseiten der USA für unüberlegt, gegen eine umfassendere Anwendung der Sonderziehungsrechte aufzutreten. Sie könnten jetzt, da wir einen weltweiten Nachfragerückgang zu verzeichnen haben, sehr, sehr nützlich sein. Mit den Sonderziehungsrechten könnte man tatsächlich international Währung schaffen, und das haben wir auch getan.[20]

Dieses Zitat sollte kristallklar verdeutlichen, dass die Globalisten statt der Nationalregierungen die Geldversorgung kontrollieren wollen. Damit ist offensichtlich, warum sie Kryptowährungen so hassen: weil sie sie nicht kontrollieren können.

Mit ihrem digitalen Zentralbankgeld und den Sozialkredit-Ratings, die die Regimetreue jedes Einzelnen anzeigen, wollen sie gleichzeitig Geld »drucken« und den Zugang dazu kontrollieren.

Sieht man sich all diese finanziellen Vereinbarungen durch die Augen jener Leute an, die den Schlüssel zur Kasse haben, dann wird alles ganz klar. Da es sich um Materialisten handelt, sind sie davon überzeugt, dass sich die Menschen am besten über ihr Geld kontrollieren lassen. Ich muss zugeben, dass dies eine vielversprechende Methode zum Erringen der Weltherrschaft ist – genauso würde es ein Superschurke wohl angehen.

Das Problem dabei ist aber, dass wir Menschen Freiheit brauchen, so wie Luft und Wasser. Daher sind die Gesellschaften mit der größten politischen und wirtschaftlichen Freiheit auch die innovativsten.

Da das Interview 2009 geführt wurde, kurz nach dem Amtsantritt von Barack Obama, lassen Soros' Worte erstmals erahnen, dass China nicht das gutmütige Arbeitspferd bleiben würde, das sich die Globalisten erhofft hatten.

- SZR: Spezialwährung zur Abrechnung von Transportschäden
SZR ≈ 1,25 € US-Dollar, Euro, YEN, brit. Pfund

145

FT: Welche Art von Finanzdeal sollte Obama anstreben, wenn er nächsten Monat nach China reist?

GS: Meiner Ansicht nach wäre es höchste Zeit, China in die Schaffung einer neuen Weltordnung, einer finanziellen Weltordnung einzubeziehen. Die Chinesen sind eher widerwillige Mitglieder des IWF [Internationaler Währungsfonds] – sie spielen mit, aber sie leisten keinen großen Beitrag dazu, weil er nicht ihre Institution ist. Ihr Beitrag ist nicht angemessen […] und ihre Stimmrechte entsprechen auch nicht ihrem wirtschaftlichen Gewicht. Daher glaube ich, dass wir eine neue Weltordnung brauchen, an deren Erstellung sich China beteiligen muss und die es mittragen muss. Sie müssen sie sich zu eigen machen, wie sich beispielsweise die USA die heutige Ordnung des Washington Consensus zu eigen gemacht haben. Ich glaube, die Voraussetzungen dafür sind bereits gegeben, seit sich die G20 mit ihrer Zustimmung zu Peer-Reviews faktisch in diese Richtung bewegen.[21]

Wie meine Zuhörer bestätigen können, sage ich schon lange, dass ich keinen Zugang zu irgendwelchen Geheiminformationen habe. Die bösen Jungs verbreiten all diese Informationen freiwillig, und der einzige Unterschied zwischen mir und dem Rest der Medien ist der, dass ich lese, was sie verbreiten. Ihre Kontrolle über die Medien ist derart umfassend, dass sie auch solche Verrücktheiten problemlos verbreiten können, weil ihre Medienlakaien bei ABC, CBS, NBC, CNN, MSNBC und jetzt auch Fox ohnehin so tun, als wäre nichts passiert.

Da spricht George Soros mit der zukünftigen stellvertretenden Premierministerin von Kanada doch tatsächlich darüber, dass sich China das neue weltweite Währungssystem zu eigen machen wird. Wie kann dieses Thema nicht wichtig genug sein? Wie ich schon sagte: Die Vereinigten Staaten haben in Bezug auf den Dollar ohne Zweifel riskante und nicht zu rechtfertigende Entscheidungen getroffen. Aber heißt das wirklich, dass wir versuchen sollten, die Zuständigkeit für die weltweite Geldversorgung dem mörderischsten Regime der Menschheitsgeschichte zu überantworten?

Nein.

Ich behaupte, dass wir bessere politische Führer brauchen als die, die wir bisher hatten. Und wir müssen aufhören, Geld zu drucken, wenn uns das gerade opportun erscheint.

Wie hat sich die kuschelige Beziehung zwischen den Globalisten und der Kommunistischen Partei Chinas in letzter Zeit entwickelt? Nun ja, 2016 begannen China und George Soros einander öffentlich zu beschimpfen. Hier ist ein Auszug aus einem Artikel von *Business Insider Australia* über diesen Streit:

> George Soros ist die Personifizierung des Bösen, zumindest nach Angaben der staatlichen Medien Chinas.
>
> Sie haben einen massiven Angriff auf den berühmten Hedgefonds-Manager Soros gestartet und werfen ihm vor, praktisch eigenhändig die Befürchtungen angefacht zu haben, die die Finanzmärkte seit Anfang des Jahres erschüttern.[22]

Ist es nicht traurig, wenn zwei Diktatoren streiten und einander in der Öffentlichkeit beschimpfen? Das fühlt sich fast so an, als würde man mitkriegen, wie ein Ehepaar kurz vor der Scheidung seine schmutzige Wäsche vor allen Leuten wäscht.

Aber was hat China denn von einem Schurken wie Soros anderes erwartet?

Die Chinesen hätten sich nur seine Erfolgsbilanz ansehen müssen. George Soros ist ein Experte darin, Chaos unter seinen Feinden zu säen. Das ging auch aus dem Artikel hervor, obwohl darin versucht wurde, Partei für den Milliardär zu ergreifen.

> »Mr. Soros machte allgemeine Bemerkungen und behauptete, dass die Staatsschulden in China 350 Prozent des BIP erreicht hätten und die unsanfte Landung bereits begonnen habe«, hieß es in den chinesischen Medien.
>
> »Ich erwarte das nicht, ich beobachte es«, soll Soros gesagt haben.
>
> Ob es nun am Bekanntheitsgrad von Soros liegt oder einfach daran, dass man ihn als den Mann kennt, der 1992 »die Bank of England knackte« – Chinas Machthaber halten sich an die Maxime, dass Angriff

die beste Verteidigung ist, wenn es um Leute geht, die die chinesische Wirtschaft schlechtreden, unabhängig davon, was sie wirklich gesagt haben.[23]

Bei einem Ehestreit würde man in diesem Stadium wahrscheinlich bereits die Anwälte einschalten. Da es sich aber hier um einen Streit zwischen zwei internationalen Titanen handelt, stellt sich nur die Frage: Wer hat mehr Journalisten auf seiner Gehaltsliste – China oder George Soros? Nach der kriecherischen Berichterstattung über ihn zu urteilen, dürfte George Soros beim *Business Insider Australia* wohl mehr Einfluss genießen als die Chinesen.

Weil sich China nicht an das Drehbuch der Globalisten halten will, scheint Soros darauf fixiert zu sein, die derzeitige chinesische Führung zu beseitigen und durch eine Gruppe zu ersetzen, die sich seinen Plänen unterwerfen wird.

Im Jahr 2021 begann Soros einen Streit mit einer anderen verbrecherischen Organisation, nämlich der riesigen Investmentfirma BlackRock. CNBC berichtete:

In einem Artikel im *Wall Street Journal* vom Dienstag bezeichnete Soros die BlackRock-Initiative in China als »tragischen Fehler«, der »den nationalen Sicherheitsinteressen der USA und anderer Demokratien schaden« würde.

Er schrieb diese Zeilen, kurz nachdem BlackRock eine Reihe von Investmentfonds und anderen Anlageprodukten für chinesische Verbraucher auf den Markt gebracht hatte.

Die Vermögensverwalterfirma erklärte am Mittwoch gegenüber CNBC, dass ihre chinesische Tochtergesellschaft für Investmentfonds ihren ersten Fonds in dem Land aufgelegt habe, nachdem sie 6,68 Milliarden chinesische Yuan (1,03 Milliarden Dollar) von mehr als 111 000 Investoren aufgebracht habe.[24]

Der Verstand durchschnittlicher Menschen funktioniert nach dem Dualitätsprinzip: Wir wollen wissen, wer richtig und wer falsch liegt, wer die Guten und wer die Bösen sind.

Der Rest ist nebensächlich.

Normalerweise wirkt sich diese Anlage zum Richtig-falsch-Denken positiv aus, weil sie uns Entscheidungen treffen lässt, die uns nützen, und solche vermeidet, die uns schaden. Halte ich meine Diät ein, oder bestelle ich den köstlich aussehenden Cheeseburger?

Doch diese nützliche Weltsicht kann uns auch schaden, wenn wir nicht bedenken, dass wir manchmal nur vor die Wahl zwischen zwei üblen Alternativen gestellt werden: der schmackhafte Cheeseburger oder dieser fabelhafte Eisbecher mit Schokosoße? Wie reagierte BlackRock auf die Kommentare von George Soros?

»Die Vereinigten Staaten und China haben eine umfangreiche und komplexe Wirtschaftsbeziehung«, sagte ein BlackRock-Sprecher als Antwort auf Soros' Bemerkungen.

»Der gesamte Waren- und Dienstleistungshandel zwischen den beiden Ländern belief sich im Jahr 2020 auf mehr als 600 Milliarden Dollar. Durch unsere Investitionstätigkeit tragen in den USA ansässige Vermögensverwalter und andere Finanzinstitutionen zur wirtschaftlichen Verflechtung der beiden größten Volkswirtschaften der Welt bei.«

Das Investment Institute von BlackRock empfahl Mitte August den Anlegern, ihr Engagement in China in manchen Fällen bis zum Dreifachen zu erhöhen. Im ersten Halbjahr bezeichnete CEO Larry Fink in einem Brief an die Aktionäre den chinesischen Markt als »bedeutende Möglichkeit, die langfristigen Ziele der Anleger in China und auf internationaler Ebene zu erreichen«.[25]

Ich frage mich ja, wie man sich fühlen muss, wenn man der Sprecher eines amerikanischen Unternehmenes ist, das dem mörderischsten Regime der Menschheitsgeschichte unterstützend zur Seite stehen will. Haben wir den Punkt, bis zu dem man annehmen konnte, dass der Handel China demokratischer machen würde, nicht längst überschritten? Und was ist aus dieser Hoffnung geworden? Nicht viel, würde ich sagen.

Kehren wir also zur Dichotomie von Gut und Böse zurück – oder, wie manche sie nennen, dem Gefängnis aus zwei Ideen. Man stellt uns vor eine falsche Wahl.

Entweder sind wir auf der Seite von George Soros, der keine Geschäfte mit der politischen Führung Chinas machen will, oder wir sind gegen George Soros und finden es in Ordnung, mit der Kommunistischen Partei Chinas, also der chinesischen Regierung, Geschäfte zu machen.

Warum geht der Artikel nicht darauf ein, dass sowohl George Soros als auch die Kommunistische Partei Chinas furchtbare autoritäre Kräfte sind?

Fürchten die Herausgeber etwa, die Köpfe ihrer Leser könnten explodieren?

2022 griff George Soros China wieder an, diesmal an der angeblich konservativen Hoover Institution der Stanford University. Wie kommt es, dass Typen wie Soros, von denen uns die Linke weismachen will, dass sie überhaupt keine Pläne verfolgen, als Gäste von renommierten Denkfabriken wie der Hoover Institution eingeladen werden?

Ein Tipp: Sie alle gehören demselben Klub an. Ein Artikel auf Fox News befasste sich mit Soros' Rede:

Der Milliardär George Soros warnte am Montag davor, dass der chinesische Präsident Xi Jinping »die größte Bedrohung ist, der offene Gesellschaften gegenwärtig gegenüberstehen«, und sagte, dass der Aufstieg der großen Techkonzerne »den Konflikt zwischen China und den USA verschärft« habe.

Der ungarisch-amerikanische Megaphilanthrop Soros, der für seine Unterstützung liberaler Anliegen und Politiker bekannt ist, machte diese Bemerkungen bei der Eröffnung eines Hoover-Institution-Diskussionsforums am Montagabend und bezeichnete das Jahr 2022 gleich zu Beginn seiner Rede als »ein kritisches Jahr in der Weltgeschichte«.

»In ein paar Tagen wird China – der mächtigste autoritäre Staat der Welt – die Olympischen Winterspiele eröffnen und wie Deutschland im Jahr 1936 versuchen, dieses Spektakel zu einem Propagandasieg für sein System strikter Kontrolle zu machen«, sagte Soros. »Wir stehen vor wichtigen Entscheidungen, die bestimmen werden, in welche Richtung sich die Welt entwickelt.«[26]

Wie kann so etwas passieren? Fox News gibt nicht einmal einen Kommentar zu dem absoluten Spektakel ab, das sich da vor unseren Augen abspielt: Die angeblich konservative Hoover Institution macht einen Kniefall vor George Soros und stellt keine einzige Frage nach dessen dubioser Vergangenheit.

Das wäre so, als würde man Josef Stalin die redaktionellen Seiten der *New York Times* überlassen, damit er sich über das Übel Adolf Hitler auslassen kann, ohne sich für seine eigenen Verbrechen rechtfertigen zu müssen. (Ich wette, die *New York Times* würde Josef Stalin auch heute noch nicht »die Plattform nehmen«. Wahrscheinlich würde ihn Bernie Sanders, der Demokraten-Sozialist aus Vermont, sogar noch verteidigen, die Achseln zucken und sagen: »Na gut, er hat ein paar Fehler gemacht – aber wenigstens hat er's versucht!«)

Ist Ihnen übrigens aufgefallen, dass sich diese autoritären Persönlichkeiten immer dann, wenn sie weniger bedrohlich wirken wollen, den Tonfall von Konservativen zulegen?

Im Oktober, so Soros, wird in China darüber entschieden, ob Präsident Xi Jinping eine dritte Amtszeit als Parteigeneralsekretär antreten soll, und in den Vereinigten Staaten findet »im November eine entscheidende Halbzeitwahl statt«.

»In einer offenen Gesellschaft ist es die Aufgabe des Staates, die Freiheit des Individuums zu schützen«, sagte Soros. »In einer geschlossenen Gesellschaft ist es die Aufgabe des Individuums, den Herrschern des Staates zu dienen.«

»Als Gründer der Open Society Foundations stehe ich natürlich auf der Seite der offenen Gesellschaften«, fuhr er fort. »Doch die wichtigste Frage ist jetzt, welches System sich durchsetzen wird.«[27]

Muss ich wirklich noch genauer darauf eingehen, mit welchen Mitteln die »Open Society Foundations« echte offene Gesellschaften zu unterminieren versuchen?

Es geht da um Aktivitäten wie die Wahlkampffinanzierung für »progressive« Staatsanwälte in amerikanischen Großstädten. Wenn diese Kandidaten dann gewählt werden, lassen sie bestimmte Straftaten nicht mehr verfolgen, was sich wiederum negativ auf Minderheiten auswirkt.[28]

Glauben Sie jetzt aber bloß nicht, es seien nur die Demokraten, die als Wasserträger für China fungieren!

Wer könnte je vergessen, wie Präsident George Herbert Walker Bush, ein wahrer Patrizier des republikanischen Establishments, nach dem Massaker auf dem Platz des Himmlischen Friedens im Juni 1989 kaum abwartete, bis die Leichen der ermordeten chinesischen Studenten unter der Erde waren, bevor er seine Diplomaten ausschickte, um den Chinesen zu versichern, dass alles in Ordnung sei? Die *New York Times* schrieb Folgendes über diese diplomatischen Bemühungen, die damals vor der Allgemeinheit geheim gehalten worden waren:

> Das Weiße Haus teilte heute mit, dass der Nationale Sicherheitsberater Brent Scowcroft China im Juli einen Geheimbesuch abstattete, kurz nachdem Präsident Bush hochrangige Treffen mit der chinesischen Regierung wegen der Niederschlagung der prodemokratischen Demonstrationen im Juni ausgesetzt hatte. Vizeaußenminister Lawrence S. Eagleburger nahm ebenfalls an dieser Reise teil.
>
> Der Besuch im Juli wurde bekannt, als das Weiße Haus noch mit Kritik wegen eines neueren Besuchs von Scowcroft und Eagleburger in Peking konfrontiert war. Die zwei Männer reisten vor 10 Tagen nach China, um die Beziehungen zu dem Land zu verbessern, nachdem im Juni Hunderte von Studenten [eigentlich waren es Tausende] auf dem Platz des Himmlischen Friedens durch das chinesische Militär ums Leben gekommen waren.
>
> Dieses scharfe Vorgehen gegen die Demonstranten rief in der amerikanischen Öffentlichkeit und im Kongress große Wut und den Ruf nach Sanktionen hervor. [...]
>
> Die Bilder von Scowcroft bei seinem Besuch diesen Monat, auf denen man sieht, wie er der chinesischen Führung bei Kerzenschein »als

Freunden zur Wiederaufnahme unseres wichtigsten Dialogs« zuprostet, stießen in den Vereinigten Staaten auf eine Welle der Kritik.[29]

Ich war kein Fan des ersten Präsidenten Bush, und ich war auch kein Fan des zweiten. Sie werden es vielleicht nicht glauben, aber während der beiden Amtszeiten des zweiten Präsidenten Bush war ich bei den Liberalen wegen meiner Antikriegs- und Antiglobalisierungshaltung beliebt.

Beide Bushs taten so, als würde ihnen unser Wohl am Herzen liegen, interessierten sich aber in Wahrheit nur für Kriege, von denen die Rüstungsfirmen profitierten und die Amerika in die Armut trieben. Und nebenbei versuchten sie, die Welt den Chinesen zu übergeben.

Mir ist egal, wie viele Milliarden ich angeblich schuldig bin – ich werde Amerika niemals verraten. Mein Körper wird vielleicht irgendwann versagen, aber meine Seele wird sich diesen Kontrollfreaks nie beugen.

Wenn ich die Kraft dazu finden kann, dann können Sie das auch. Die Geschichte hat bewiesen, dass eine Unterwerfung unter die Tyrannen alles nur noch schlimmer macht. Widerstand bedeutet Sieg. Die Antwort auf *1984* ist 1776. Oder anders ausgedrückt: Die Antwort auf Marx und Engels sind Jones und Heckenlively.

***

Die ahnungsloseste Einstellung zu China hat mit Sicherheit der ehemalige US-Präsident Obama, der sich in dieser Frage anscheinend nicht mit seinem Kumpel George Soros abgesprochen hat. Das beweist eine Rede, die er 2023 in Australien hielt:

Als Ex-Präsident Obama vor kurzer Zeit bei einer Veranstaltung in Australien eine Rede hielt, gab er seinem Nachfolger die Schuld an Chinas zunehmender Feindseligkeit.

Nach seiner Beobachtung, dass sich Chinas Verhalten und seine Haltung gegenüber der Welt zu ändern begannen, »nachdem ich aus dem Amt ausgeschieden war«, mutmaßte Obama, dass der chinesische Präsident Xi Jinping eine Chance witterte, als der ehemalige Präsident Trump an die Macht kam.

»Ich glaube, dass er mit dem Amtsantritt meines Nachfolgers eine Gelegenheit gekommen sah, weil der US-Präsident sich nicht viel aus einem regelbasierten internationalen System zu machen schien«, sagte Obama laut *Daily Mail*. »Demzufolge vertritt China meiner Meinung nach die Haltung: ›Jetzt können wir das internationale Vakuum ausnutzen, das da offenbar gerade auf vielen Ebenen herrscht.‹«[30]

Vielleicht kann man es aber auch so sehen, dass das »regelbasierte internationale System«, an dem Obama so viel liegen dürfte, das amerikanische Kernland aushöhlt und eine beispiellose Krise der Verzweiflung und Drogensucht hervorruft – und dass China bestürzt war, als Trump genug davon hatte, dass die USA durch schlechte Handelsabkommen über den Tisch gezogen werden.

Mir fällt auch auf, dass sich Obama bei Präsident Xi Jinping anscheinend gern im »Gedankenlesen« übt. Mehr hat er nicht zu bieten? Hat er als Ex-Präsident nicht Zugang zu den meisten unserer Geheimdienstinformationen? Gibt es vielleicht irgendwelche Beweise, die seine Behauptungen belegen könnten, oder sagt er einfach das, was ihm gerade durch den Kopf geht?

Zwei weitere Absätze aus dem Artikel deuten zumindest auf eine halbwegs ausgewogene Herangehensweise an das Thema hin.

Ironischerweise beschuldigte Trump lange Zeit seine Vorgänger, inklusive Obama, zugelassen zu haben, dass die Vereinigten Staaten durch unfaire Handelsabkommen »abgezockt« würden. Deshalb verhängte er Strafzölle gegen China und forderte eine faire Behandlung. [...]

China hat sich schnell zu einem der größten außenpolitischen Probleme für Präsident Joe Biden entwickelt. Seit Anfang dieses Jahres ein chinesischer Spionageballon fast eine Woche lang ungehindert durch amerikanischen Luftraum schwebte, sind die Spannungen ungebrochen. Das Repräsentantenhaus hat einen parteiübergreifenden

China-Ausschuss eingesetzt, der die Vorgehensweise gegenüber Peking evaluieren soll.[31]

Unterziehen wir Obamas Behauptungen einem schnellen Logiktest. Trump behauptete, dieses »internationale regelbasierte System« sei schlecht für Amerika. Das kann stimmen oder auch nicht. Ich kann sicher nicht besser in Präsident Xi hineinschauen als Obama, glaube aber, dass seine Handlungen einen Hinweis darauf geben, was er denkt.

Wenn der US-Präsident für China tatsächlich irgendeine Rolle spielt, dann hätten Joe Biden und seine Vorliebe für das »internationale regelbasierte System« Xi zu Begeisterungsstürmen hinreißen müssen. Endlich wieder Handelsabkommen, mit denen wir die Vereinigten Staaten über den Tisch ziehen können!

Doch aus irgendeinem Grund scheinen die Kommunisten nicht mit »China Joe« zusammenarbeiten zu wollen. Das liegt daran, dass sie beschlossen haben, nicht als Sklavenarbeiter für die Globalisten tätig sein zu wollen. Sie haben ihre eigenen Pläne.

Manch einer könnte jetzt versucht sein zu sagen, dass die Globalisten ihre Fehler eingesehen haben und wir gemeinsam mit ihnen gegen die Bedrohung durch China vorgehen sollten.

Aber die Globalisten haben ihre Pläne nicht geändert. Sie wollen immer noch unsere Beherrscher sein.

In Zukunft werden wir wahrscheinlich einen Zweifrontenkrieg führen, mit China auf der einen und den Globalisten auf der anderen Seite.

Wir müssen uns darüber im Klaren sein, dass sowohl China als auch die Globalisten für unser Überleben als freie Menschen eine existenzielle Bedrohung darstellen.

Kapitel 6

Die Kriegsmaschinerie

Würde man jemand Beliebigen fragen, welche objektive Information ihn davon überzeugen könnte, dass ein Land eine militärische Bedrohung darstellt und ein anderes nicht – welche Antwort bekäme man dann wohl?

Die meisten Leute würden wahrscheinlich sagen: »Sagen Sie mir, wie viel Geld dieses Land im Vergleich zu anderen Ländern für sein Militär ausgibt, und ich weiß, welches Land am ehesten an Konflikten interessiert ist oder daran, anderen Ländern seinen Willen aufzuzwingen.«

Der Peter G. Peterson Foundation zufolge beliefen sich die Verteidigungsausgaben der Vereinigten Staaten im Jahr 2022 auf 877 Milliarden Dollar.[1] (Die Stiftung arbeitet mit einer weiter gefassten, aber nach eigenen Angaben »genaueren« Messmethode für Verteidigungsausgaben als andere Quellen, obwohl der Unterschied zwischen anderen Quellen weniger als 10 Prozent ausmacht; Anm. d. Autors)

Die zehn Länder, die nach den USA am meisten für ihr Militär ausgeben, kommen zusammen nur auf eine Summe von 849 Milliarden Dollar.[2]

Laut Statista betrugen die Militärausgaben dieser zehn Länder im Jahr 2021:

- China: 293 Milliarden Dollar[3]
- Indien: 76,6 Milliarden Dollar[4]
- Großbritannien: 68,4 Milliarden Dollar[5]
- Russland: 65,9 Milliarden Dollar[6]

- Frankreich: 56,6 Milliarden Dollar[7]
- Deutschland: 56 Milliarden Dollar[8]
- Saudi-Arabien: 55,6 Milliarden Dollar[9]
- Japan: 54,1 Milliarden Dollar[10]
- Südkorea: 50,2 Milliarden Dollar[11]
- Italien: 32 Milliarden Dollar[12]
- Australien: 31 Milliarden Dollar[13]

Wie kommt es, dass die Vereinigten Staaten 877 Milliarden Dollar für ihre Landesverteidigung ausgeben können und die zehn nächstgrößten Länder zusammen nur 849 Milliarden? Ist dies eine rechtmäßige Verwendung von Geldern für die Verteidigung, oder gibt es bei den US-Ausgaben jede Menge Verschwendung, Betrug und Missbrauch? Und wie sieht es mit dem Geld aus, das in unsere Geheimdienste und deren schwarze Kassen fließt? Eine Analyse für das Institute for Policy Studies ergab Folgendes:

>»Selbst inmitten der Folgen der Covid-19-Pandemie erreichten die weltweiten Militärausgaben ein Rekordniveau«, sagte Dr. Diego Lopes da Silva, leitender Forscher des SIPRI-Programms für Militärausgaben und Rüstungsproduktion. »Das reale Wachstum verlangsamte sich aufgrund der Inflation; nominal stiegen die Militärausgaben jedoch um 6,1 Prozent.«

Der Löwenanteil entfällt nach wie vor auf die Vereinigten Staaten, deren Ausgaben in Höhe von 801 Milliarden Dollar im Jahr 2021 39 Prozent der weltweiten Militärausgaben ausmachten. [Dabei stellen wir nur 4 Prozent der Weltbevölkerung; Anm. d. Autors] [...]

Russland erhöhte seine Militärausgaben in der Zeit der Militarisierung seiner Grenzen zur Ukraine zwar um 2,9 Prozent auf 65,9 Milliarden Dollar, aber das ist praktisch nichts im Vergleich zu dem, was die Vereinigten Staaten und ihre NATO-Verbündeten zusammen ausgeben – beinahe 1,2 Billionen Dollar, mehr als das 17-Fache der russischen Ausgaben. Das hielt Putin allerdings nicht von seiner Aggression gegen die Ukraine ab […] es sieht fast so aus, als seien Militärausgaben nicht der Schlüssel zum Frieden.[14]

Man könnte nun durchaus behaupten, dass dieses Geld zur Friedenssicherung ausgegeben wird. Wenn es aber weder Putins Aggression gegen die Ukraine noch die aktuelle Auseinandersetzung mit China um Taiwan zu verhindern vermag, sollte man sich das vielleicht noch einmal überlegen.

Haben wir ein Militär, um den Frieden in der Welt zu sichern, oder existiert es nur, damit die Rüstungsfirmen nicht unterbeschäftigt sind? Da wir den Drehtüreffekt beobachten können, dass ehemalige Generäle und Admiräle ebenso wie frühere Geheimdienstagenten für die Rüstungsindustrie arbeiten – könnte man da nicht vernünftigerweise fragen, ob diese Leute vielleicht nicht immer im patriotischen Interesse gearbeitet haben?

Mir ist klar, dass diese Argumentation für Leser verwirrend sein könnte, die meine Ansichten nicht kennen. Die Mainstream-Medien wollen Ihnen weismachen, dass ich ein Typ bin, der alle Bürger und unser Land bis an die Zähne bewaffnet sehen will, und dass wir unsere Militärmacht einsetzen sollten, wann immer es uns einfällt.

Genau das Gegenteil ist wahr.

Ich war vielmehr einer derjenigen, die sich lautstark gegen den Krieg im Irak, Obamas Einmarsch in Syrien und die NATO-Erweiterung geäußert haben, die Putin dazu brachte, die rote Linie zu überschreiten und seine Invasion der Ukraine zu starten.

Macht mich das zum »Putinversteher«?

Nicht im Geringsten. Ich zögere nicht, Putin als Gangster, Mörder und Rowdy zu bezeichnen. Aber er ist nicht annähernd so an Abenteuern im Ausland interessiert wie die Vereinigten Staaten.

Wir wollen gern überall hin.

Zurzeit unterhalten die USA nach Angaben des Cato Institute etwa 750 Stützpunkte in 80 Ländern.[15] Aus dem Kommentar des Cato Institute:

Eine neue Studie, die David Vine von der American University sowie Patterson Deppen und Leah Bolger von der Organisation World Beyond War im Auftrag des Quincy Institute durchführen, beleuchtet die weltweite Militärpräsenz der USA im Detail. Washington unterhält fast dreimal so viele Stützpunkte wie Botschaften und Konsulate. Amerika verfügt zudem über dreimal so viele Militärstützpunkte wie alle anderen Länder zusammen. Großbritannien hat 145, Russland zwei bis drei Dutzend und China ganze fünf. Obwohl sich die Zahl der US-Einrichtungen seit Ende des Kalten Krieges halbiert hat, ist die Anzahl der Staaten, in denen es amerikanische Stützpunkte gibt, heute doppelt so hoch wie damals. Und Washington stationiert seine Streitkräfte in undemokratischen Ländern genauso gern wie in demokratischen.

Die Studie beziffert die jährlichen Kosten dieser ausgedehnten Stützpunktstruktur mit etwa 55 Milliarden Dollar. Rechnet man die gestiegenen Personalkosten hinzu, so erhöht sich die Summe auf 80 Milliarden. Wohlhabendere Länder, die unnötigerweise in den Genuss einer Art Verteidigungswohlfahrt kommen, übernehmen in der Regel einen Teil der Kosten durch »Unterstützung des Gastlands«. Für Washingtons neueste Kunden gilt dies allerdings nicht. Der Krieg gegen den Terror hat in den vergangenen 2 Jahrzehnten dazu geführt, dass das US-Militär bis zu 100 Milliarden Dollar für die Errichtung neuer Gebäude ausgegeben hat, vor allem in Ländern wie dem Irak und Afghanistan, die finanziell gesehen schwarze Löcher waren.[16]

Wären Sie als Konsument amerikanischer Medien je auf die Idee gekommen, dass die Vereinigten Staaten dreimal so viele Militärstützpunkt wie Botschaften und Konsulate unterhalten? Ich bezweifle, dass Ihnen diese Zahl auch nur einmal untergekommen ist. Oder wussten Sie, dass Großbritannien mit 145 Stützpunkten auf dem zweiten Platz liegt? Gut, die hatten schließlich einmal ein Empire. Aber bei 750 Stützpunkten in 80 Ländern muss man sich doch fragen: War der Zweite Weltkrieg nicht schon vor 78 Jahren zu Ende?

Und sichern diese Stützpunkte den Frieden oder nur endlose Kriege? Der Kommentar des Cato-Institute lautet weiter:

> Der vielleicht schwerwiegendste Preis für diese endlosen Militärstütz-punkte sind endlose Kriege. Natürlich ist es schwer, hier zwischen Ursache und Wirkung zu unterscheiden – aber ein Krieg führt in der Regel dazu, dass neue Militäreinrichtungen geschaffen werden. Und solche Einrich-tungen fördern eine ständige militärische Präsenz. Das Vorhandensein naher Stützpunkte verringert die Grenzkosten eines militärischen Ein-greifens und erhöht die maximale Versuchung, neuerlich in den Krieg zu ziehen, sich in lokale Konflikte einzumischen und an Kämpfen in der Nähe teilzunehmen. Wie es in der Quincy-Studie heißt: »Seit 1980 wur-den US-Stützpunkte im Nahen und Mittleren Osten mindestens 25-mal genutzt, um Kriege oder andere Kampfhandlungen in mindestens 15 Ländern der Region zu beginnen. Seit 2001 war das Militär in mindestens 25 Ländern weltweit in Kampfhandlungen verwickelt.[17]

Und ausgerechnet wir machen anderen den Vorwurf, Grenzen nicht zu respek-tieren. Der amerikanische Durchschnittsbürger würde jetzt wahrscheinlich sagen: »Na gut, Afghanistan, Irak und Syrien – das wären drei. Welches sind die anderen 22 Länder?«

Haben Sie eine Ahnung?

Wenn nicht, dann liegt das daran, dass unser Militär vieles von dem, was es tut, gern verschweigt, weil es weiß, dass Sie dagegen protestieren würden.

> Leider ist das Verteidigungsministerium auch nicht gerade mitteil-sam, was die Zahl der US-Militärstützpunkte im Ausland angeht. In dem Kommentar heißt es: »Bis zum Haushaltsjahr 2018 erstellte und veröffentlichte das Pentagon einen Jahresbericht, wie dies in den ame-rikanischen Gesetzen festgelegt ist. Doch auch diese Jahresberichte enthielten unvollständige oder ungenaue Daten und verabsäumten es, Dutzende bekannter Einrichtungen zu dokumentieren. So behauptete

das Pentagon beispielsweise lange Zeit, dass es nur einen Stützpunkt in Afrika unterhält – Dschibuti. Recherchen zeigen jedoch, dass es derzeit etwa 40 Stützpunkte unterschiedlicher Größe auf dem Kontinent gibt; ein Offizier bestätigte 2017 sogar 46 Stützpunkte.«[18]

Wie kann man sich als Durchschnittsamerikaner eine fundierte Meinung über unser Militär bilden, wenn die Medien solche Informationen einfach unterschlagen? Wie können unsere gewählten Volksvertreter verantwortungsvolle Entscheidungen treffen, wenn man ihnen diese Daten vorenthält?

Die einfache Antwort lautet: Sie können es nicht.

Die einzige Gruppierung, die davon profitiert, dass die Allgemeinheit nichts weiß, ist der Militär-Rüstungs-Geheimdienst-Komplex.

Sie wissen einfach nicht, dass Sie über die Anzahl der Militärstützpunkte auf der ganzen Welt besorgt sein sollten.

Geben Sie sich keine Schuld an Ihrer Unwissenheit. Die Medien haben Sie nicht informiert. Aber ich werde Sie informieren. Sie können gern alle meine Quellen überprüfen.

***

Ein zufälliger Beobachter könnte nun denken: *Okay, wir geben also eine Menge Geld aus, und wir unterhalten viele Militärstützpunkte im Ausland. Ich hab's begriffen. Aber wenigstens können wir sicher sein, dass wir die Waffen haben und die Bösen nicht, oder?*

Stimmt nicht.

Wir stellen nämlich sicher, dass die Bösen auch gut bewaffnet sind. Ich zitiere aus einem Artikel über amerikanische Waffenverkäufe, der am 11. Mai 2023 in *The Intercept* erschien:

Seit dem Ende des Kalten Krieges sind die Vereinigten Staaten der größte Waffenhändler der Welt, auf den 40 Prozent aller Waffenverkäufe im Jahr entfallen. Im Allgemeinen werden diese Exporte durch

Zuschüsse oder Verkäufe finanziert; Letzteres unterteilt sich in zwei Kategorien: Foreign Military Sales [ausländische Militärverkäufe; FMS] und Direct Commercial Sales [kommerzielle Direktverkäufe; DCS].

Bei FMS-Verkäufen tritt die US-Regierung als Zwischenhändler auf: Sie kauft das Material zunächst von einem Unternehmen und liefert es dann an den ausländischen Empfänger. DCS-Verkäufe laufen unkomplizierter und sind das Ergebnis einer Vereinbarung zwischen einer amerikanischen Firma und einer ausländischen Regierung. Für beide Kategorien ist eine Bewilligung der Regierung erforderlich.[19]

Die Vereinigten Staaten stellen etwa 4 Prozent der Weltbevölkerung, und dennoch verkaufen wir 40 Prozent der Waffen weltweit – und das unter der Annahme, dass die Zahlen, die wir von unserem Militär erhalten, nicht zu niedrig angesetzt sind. Und an wen verkaufen wir diese Waffen?

Die länderspezifischen Daten für die DCS-Bewilligungen des vergangenen Jahres wurden Ende April vom Directorate of Defense Trade Controls [Direktion für Handelskontrolle im Verteidigungsbereich; Anm. d. Übers.] des Außenministeriums veröffentlicht. Die FMS-Zahlen für das Haushaltsjahr 2022 wurden Anfang des Jahres veröffentlicht. Demnach haben im Jahr 2022 insgesamt 142 Länder Waffen von den USA gekauft, was einem bilateralen Handelsvolumen von 85 Milliarden Dollar entspricht. […]

Die Vereinigten Staaten verkauften Waffen an mindestens 48 oder 57 Prozent jener 84 Länder, die nach dem »Regimes of the World«[Regime der Welt; Anm. d. Übers.]-System 2022 als Autokratien eingestuft wurden. Die Einschränkung »mindestens« ist notwendig, weil mehrere Faktoren eine genaue Erfassung der US-Waffenverkäufe erschweren. Der Bericht des Außenministeriums über die kommerziellen Waffenverkäufe während des Haushaltsjahrs macht in den Empfängerkategorien ausgiebigen Gebrauch von der Formulierung »Diverse«; infolgedessen werden die Empfänger von Waffenverkäufen in Höhe von beinahe 11 Milliarden Dollar nicht genau offengelegt.[20]

Und wieder werden wir, die amerikanische Allgemeinheit, daran gehindert, genaue Informationen zu erhalten – und die freigegebenen Informationen werden irgendwie nie zum Thema einer öffentlichen Diskussion in unseren Mainstream-Nachrichtenmedien. Wenn ein Kommentator diese Fakten erwähnt, dann meist mit dem Tenor: »Nun ja, es scheint nicht so, als würden die Amerikaner diese Handlungsweise ablehnen.« Nun ist es aber gar nicht so einfach, etwas abzulehnen, wenn man nicht erfährt, was eigentlich passiert.

Diese Nichtinformationspolitik ist parteienübergreifend; Biden macht sich hier genauso schuldig wie einst Trump.

Trotz aller Phrasendrescherei deuten die aktuellen Daten darauf hin, dass bei den Waffenverkäufen wieder zur Tagesordnung übergegangen wird. Ex-Präsident Donald Trump stützte seine Waffenverkaufspolitik in erster Linie auf wirtschaftliche Überlegungen, weil ihm Unternehmensinteressen über alles gingen. Seine erste Auslandsreise als Präsident führte ihn nach Saudi-Arabien, wo er ein großes Waffengeschäft mit dem unterdrückerischen Königreich ankündigte. Trumps unternehmensorientierte Herangehensweise führte zu einem drastischen Anstieg der Waffenverkäufe während seiner Amtszeit.

In Bidens erstem vollem Haushaltsjahr als Präsident beliefen sich die Waffenverkäufe der Vereinigten Staaten an andere Länder laut Jahresbilanz des Außenministeriums auf 206 Milliarden Dollar. Diese Bilanz beruht auf einer undurchsichtigen, aber scheinbar umfassenderen Buchführung der jährlichen FMS- und DCS-Zahlen. Bidens erste Jahresbilanz übertraf jedenfalls den Höchstwert der Trump-Ära von 192 Milliarden Dollar. Das milliardenteure Projekt, die Ukraine mit militärischer Ausrüstung und Ausbildung zu unterstützen, kann den drastischen Anstieg der Rüstungsverkäufe im vergangenen Jahr nicht erklären, ganz zu schweigen von den Verkäufen an die autokratischen Staaten.[21]

Die sklavische Ergebenheit, die wir dem militärisch-industriellen-geheimdienstlichen Komplex entgegenbringen, muss ein Ende haben. Es gibt zwar vieles, was ich an Trump gut finde, aber in Sachen Rüstungsausgaben war er genauso schlecht wie alle anderen. Natürlich kenne ich das Argument »Man muss das Militär pflegen, bevor man etwas ändern kann«, aber das scheint mir wie ein Rezept für den Irrsinn. So wie's aussieht, wird das Militär immer nur gepflegt – und es ändert sich gar nichts.

Wenn ich auf die 2 Jahrzehnte seit den Terroranschlägen vom 11. September 2001 zurückblicke, sehe ich nur verschwendetes Geld und vergeudete Leben. Die Einzigen, denen es gut ergangen ist, sind die Rüstungsfirmen. Der folgende Artikel aus dem Jahr 2021 fasst die finanziellen und menschlichen Kosten der militärischen Abenteuer der Vereinigten Staaten seit dem Jahr 2001 gut zusammen:

> Der von den USA angeführte weltweite Krieg gegen den Terror hat seit seinem Beginn vor 2 Jahrzehnten weltweit fast 1 Million Menschenleben gefordert und mehr als 8 Billionen Dollar gekostet. Diese erschreckenden Zahlen stammen aus einem wegweisenden Bericht des »Costs of War«[»Kosten des Krieges«]-Projekts der Brown University, einem laufenden Forschungsprojekt, das die wirtschaftlichen und menschlichen Folgen der militärischen Operationen nach 9/11 dokumentiert.
>
> Der Bericht – der die Kosten der Kriege im Irak, in Syrien, Afghanistan, Pakistan, Somalia und anderen Regionen, in denen die USA militärisch aktiv sind, untersucht –, ist die jüngste einer Reihe von Veröffentlichungen des »Costs of War«-Projekts und stellt die bisher umfangreichste öffentliche Abrechnung über die Folgen der unbefristeten US-Konflikte im Nahen Osten, Zentralasien und Afrika dar, die heute auch als »die ewigen Kriege« bezeichnet werden.[22]

Gab es nach den 9/11-Anschlägen tatsächlich 1 Million Terroristen, die wir töten mussten? Schätzungen zufolge kostete die Gesamtplanung der 9/11-Terrorangriffe eine Viertelmillion Dollar. Und wir mussten 8 Billionen Dollar ausgeben, um zu verhindern, dass sich solche Anschläge wiederholen? Trotz futuristischer Drohnentechnologie ist es eine schlichte Tatsache, dass der Krieg gegen den Terror ein erstaunlich stumpfes und willkürlich geführtes Werkzeug im Versuch war, den radikalislamischen Terror auszulöschen. Unsere Gegner sind in den meisten Fällen keine militärischen Kräfte, die sich für Angriffe auf das amerikanische Festland zusammenschließen, sondern Dorfbewohner aus abgelegenen Weltregionen, die vielleicht antiamerikanische Ansichten vertreten, aber keine realistische Chance haben, je einem echten Amerikaner zu begegnen.

Für ein zivilisiertes Land wie die USA ist es unentschuldbar, sich auf langwierige Konflikte in vielen Ländern einzulassen, ohne je den Grad unserer Effektivität oder das Elend, das wir diesen Regionen zufügen, genauer zu betrachten.

Die Frage, wie viele Menschen in den kriegerischen Konflikten nach 9/11 ums Leben gekommen sind, wird heiß diskutiert, obwohl die Opferzahlen in jedem Fall außerordentlich hoch waren. Frühere »Costs of War«-Studien gehen von Hunderttausenden Todesopfern aus, wobei hier die Zahl der direkt durch Gewalt getöteten Menschen berücksichtigt wird. Einer Schätzung der 2015 mit dem Nobelpreis ausgezeichneten Organisation Physicians for Social Responsibility [Mediziner für soziale Verantwortung; Anm. d. Übers.] zufolge wurden allein in den Kriegen im Irak, in Afghanistan und Pakistan weit mehr als 1 Million Menschen direkt oder indirekt getötet. Eine genaue Bezifferung der Todesopfer wird durch die Weigerung des US-Militärs erschwert, die Zahl der bei seinen Einsätzen getöteten Menschen zu erfassen, aber auch durch die Abgeschiedenheit der Regionen, in denen viele dieser Konflikte stattfinden.[23]

Würden unsere Medien das amerikanische Volk wirklich mit diesen Themen konfrontieren, dann käme es mit Sicherheit zu Empörung und der Forderung, die Machenschaften der Kriegsmaschinerie zurückzuschrauben. Doch die Öffentlichkeit wird darüber in einem kalkulierten Zustand der Unwissenheit gehalten. Die Leute wissen nur, dass unsere Militäreinsätze endlos fortgesetzt werden und offenbar keine echten Resultate bringen. Dennoch macht die Rüstungsindustrie Jahr für Jahr fettere Gewinne und kauft wie wild pensionierte Generäle und Admiräle ein, die sich ihr Geld mehr als verdienen, indem sie ihre ehemaligen Kollegen im Militär veranlassen, eine immer größere Menge an Waffen zu erwerben. In dem Artikel hieß es weiter:

> Viele werden die astronomischen Kosten des Krieges gegen den Terror ärgerlich finden, nicht nur, weil er relativ wenig gebracht hat, sondern auch wegen der Diskrepanz zwischen den aktuellen Kosten der diversen Kriege und den früheren Schätzungen der dafür notwendigen Investitionen durch US-Politiker und Beamte. Der Krieg im Irak ist ein ernüchterndes Beispiel: Im September 2002 schätzte Lawrence Lindsey, der damalige wirtschaftspolitische Chefberater von Präsident George W. Bush, die »Obergrenze« für die bevorstehende Invasion und Besetzung auf 100 bis 200 Milliarden Dollar. Später im selben Jahr lieferte Mitch Daniels, damaliger Direktor des Office of Management and Budget [dt. etwa: Amt für Verwaltung und Haushaltswesen; Anm. d. Übers.] eine noch bescheidenere Kostenschätzung ab und sagte, dass der Krieg im Irak den amerikanischen Steuerzahler 50 bis 60 Milliarden Dollar kosten werde.[24]

In den Jahren seit Obamas Amtsantritt war es recht frustrierend für mich, dass ich allgemein als »Rechter« angesehen wurde, obwohl ich während der Bush-Jahre so etwas wie ein Liebling der »Linken« war, nicht nur wegen meines Antikriegsaktivismus, sondern auch wegen meiner Kampagne gegen die Welthandelsorganisation – einer weiteren Protestbewegung, die auf mysteriöse Weise verschwand, als »maskierte Agitatoren« (hallo, Baby-Antifa!) bei den Demonstrationen auftauchten und für Gewaltakte sorgten. Meinem Gefühl nach bin ich weder rechts noch links, sondern ein »Wahrheitsfanatiker«. Ich betrachte mich am ehesten als einen Schiedsrichter, der Fouls und Elfmeter so ausruft, wie er sie sieht; einen Kommentator, der seine Arbeit »ohne Angst vor Vetternwirtschaft« tut, wie das die Regeln des Journalismus vorschreiben.

Wo sind die integren Leute in der Regierung?

Es scheint, dass alle Politiker, Bürokraten, Generäle und Admiräle sowie militärisch-industriell-geheimdienstlichen Vertragsnehmer einfach nur Schweine am Trog sind – und wir sind diejenigen, die für ihr Futter bezahlen müssen.

***

Wie viel vom Verteidigungshaushalt der Vereinigten Staaten ist pure Verschwendung, und was genau bekommen wir für die Hunderte Milliarden Dollar, die wir jährlich fürs Militär ausgeben? Diese Fragen lassen sich zum Teil beantworten, wenn wir einen Blick in einen Bericht des Quincy Institute for Responsible Statecraft [dt. etwa: Quincy-Institut für verantwortungsbewusste Staatsführung – eine Denkfabrik; Anm. d. Übers.] aus dem Jahr 2022 werfen. Er listet ein paar Beispiele dafür auf, wie der amerikanische Steuerzahler bestohlen wird:

> Das Ausstellen überteuerter Rechnungen für Ersatzteile an das Pentagon hat eine lange und unrühmliche Geschichte, die während der Präsidentschaft von Ronald Reagan in den 1980er-Jahren ihren bisher letzten Höhepunkt in der öffentlichen Wahrnehmung erreichte. Damals löste die flächendeckende Medienberichterstattung über 640 Dollar teure Toilettensitze und Kaffeemaschinen für 7600 Dollar allgemeine Empörung und eine Reihe öffentlicher Anhörungen im Kapitol aus, die einigen Kongressabgeordneten das Rückgrat stärkten. In diesen Jahren schafften sie es tatsächlich, zumindest die schlimmsten Auswüchse der Aufrüstung unter Reagan einzudämmen.[25]

Können wir uns ungeachtet unserer politischen Überzeugungen darauf einigen, dass die Rüstungsindustrie nicht gerade für ihr ehrliches Geschäftsgebaren bekannt ist? Ich könnte an dieser Stelle sagen, dass einige der Regeln, nach denen das Militär einkauft, schlicht und einfach verrückt sind – aber damit würde man dem Wort »verrückt« Unrecht tun. Hier ist ein Beispiel dafür:

Eine aktuelle POGO[Project on Government Oversight; Projekt zur Überwachung der Regierung]-Analyse belegte beispielsweise das Fehlverhalten von TransDign, einem Teilezulieferer des Militärs, der vom Generalinspekteur des Verteidigungsministeriums dabei ertappt wurde, dem Pentagon bei Routinekäufen bis zu 3800 Prozent zu viel in Rechnung zu stellen. Ja, Sie haben richtig gelesen: 3800 Prozent. Das Unternehmen war dazu nur in der Lage, weil die Beschaffungsregeln des Pentagons die für Verträge zuständigen Offiziere seltsamerweise daran hindern, genaue Informationen darüber zu erhalten, was ein bestimmtes Teil kosten soll oder was dessen Herstellung den Lieferanten kosten könnte.[26]

Selbst der verschwenderischste Käufer in unserem Land versteht die Idee, dass man Material- und Arbeitskosten addieren kann, um eine ungefähre Vorstellung vom Preis des Endprodukts zu erhalten. Auch wenn er keinen Zugang zu diesen Informationen hat, müsste er nur zwei oder drei Verkaufslokale aufsuchen und vielleicht online recherchieren, um zu wissen, ob er ein gutes Geschäft macht oder nicht. Hier haben wir es aber mit unserer Regierung zu tun, die unsere Steuergelder ausgibt – und die Regeln (wurden sie eventuell von den Rüstungsfirmen aufgestellt?) gestatten es den Einkäufern nicht, herauszufinden, ob man sie übers Ohr haut.

Dabei sind Ersatzteile nur Kleingeld im Vergleich zu den echten Umsatzbringern: den Waffensystemen.

Die nächste Stufe der Pentagon-Verschwendung sind Waffen, die wir nicht brauchen, zu Preisen, die wir uns nicht leisten könnten. Es handelt es sich um schwindelerregend teure Systeme, die das Versprechen, unsere Sicherheit zu verbessern, nicht halten. Das Paradebeispiel für so kostspielige, schlecht funktionierende Systeme ist das F-35-Kampfflugzeug, eine Maschine, die mehrere Aufgaben erfüllen soll, von denen sie aber keine wirklich gut beherrscht. Das Pentagon plant den Ankauf von mehr als 2400 F-35-Flugzeugen für die Air Force, die Marines und die

Navy. Die geschätzten Gesamtkosten für Beschaffung und Betrieb dieser Maschinen von bescheidenen 1,7 Billionen Dollar würden sie zum teuersten Pentagon-Waffenprojekt aller Zeiten machen.

Es war einmal (wie in einem Märchen), da war die Idee hinter der Entwicklung der F-35, ein Flugzeug zu bauen, das in mehreren Varianten viele verschiedene Aufgaben relativ kostengünstig erfüllen kann, wobei mögliche Einsparungen durch Größenvorteile erzielt werden können. Theoretisch bedeutete dies, dass die meisten Teile für die zu bauenden Tausenden von Flugzeugen für alle Maschinen die gleichen sein würden. Diese Herangehensweise stellte sich jedoch bisher als kläglicher Fehlschlag heraus, und zwar in einem Maße, dass die POGO-Rechercheure mittlerweile davon überzeugt sind, dass die F-35-Flugzeuge nie vollständig kampfbereit sein werden.[27]

Fragen wir uns zunächst einmal, ob wir dem mit 1,7 Billionen Dollar veranschlagten Budget für die F-35-Maschinen trauen können. Wenn die Leute, die solche Behauptungen aufstellen, ihr Handwerk genauso gut beherrschen wie diejenigen, die die Kosten für unsere Militäreinsätze im Ausland schätzen, dann können diese 1,7 Billionen bestenfalls eine Vermutung sein. Die Grundidee war, ein Flugzeug zu konstruieren, das für verschiedene Teilstreitkräfte geeignet sein würde, also so etwas wie eine Allzweckmaschine. Es sieht aber nicht so aus, als würde das funktionieren.

Und die schlimmste Nachricht von allen ist, dass die F-35-Flugzeuge wohl »nie vollständig kampfbereit« sein werden.

Aber wird man die Rüstungsfirmen, die uns diesen 1,7 Billionen Dollar teuren Flop eingebrockt haben, jemals dazu zwingen, dieses Geld an den Steuerzahler zurückzuüberweisen?

Diese Leute sollten im Gefängnis sitzen, statt Partys auf ihren Jachten zu feiern.

$$* * *$$

Vielleicht ist das Fliegen für unser Militär ja auch einfach nur eine Stufe zu hoch.

Mir ist schon klar, dass wir kommerzielle Fluglinien haben, die es anscheinend problemlos schaffen, Menschen sicher von einem Land in ein anderes zu befördern – doch wenn es mehr sein soll als ein halbwegs stabiler Flug, findet man vielleicht doch nichts Besseres als eine P-51 Mustang aus dem Zweiten Weltkrieg.

Trotzdem: Es muss doch irgendwelche Teilstreitkräfte des US-Militärs geben, auf die wir stolz sein können.

Wie steht's zum Beispiel mit unseren U-Booten, diesen lautlosen Killern aus der Tiefe, deren Besatzung aus mutigen, intelligenten Seemännern besteht, die die Technik bis an ihre Grenzen ausreizen, wie das im Filmklassiker *Jagd auf Roter Oktober* (1990) zu sehen ist?

Laut einer Titelgeschichte der Zeitschrift *Newsweek* vom 28. April 2023 dürfte unser U-Boot-Programm jedoch leider genauso ein Jammer sein wie das Luftwaffenprogramm. Die folgenden Zeilen sind das Ergebnis einer 3-monatigen Recherche und eines der wenigen verbliebenen Beispiele für echten investigativen Journalismus in unserem Land:

Die US Navy plant, ihre U-Boot-Flotte um 200 Milliarden Dollar zu erweitern; das entspricht dem BIP der Ukraine. Doch während die Republikaner heftig über die laufende Militärhilfe für Kiew debattieren, hat keine der beiden Parteien das weitaus kostspieligere U-Boot-Programm infrage gestellt – was es der Navy ermöglicht, eine alarmierende Tatsache über die amerikanische U-Boot-Flotte zu verheimlichen. Die Navy bezeichnet ihre U-Boote als »die tödlichste und fähigste Truppe«. Sie ist außerdem der »Silent Service« [wörtlich: »Stiller Dienst«; Anm. d. Übers.], der unter strengster Geheimhaltung steht und dessen Operationen nicht öffentlich gemacht werden.

Die amerikanischen Jagd-U-Boote – die »kämpfenden U-Boote« – sind dazu da, feindliche U-Boote und Schiffe zu verfolgen, den Gegner abzuhören und die Einsätze von Spezialeinheiten zu unterstützen. In Hollywoodfilmen wie *Jagd auf Roter Oktober* werden sie so dargestellt, als würden sie den Feind aufspüren, sich geräuschlos unter der

Meeresoberfläche bewegen und monatelang heimlich agieren. Die Realität sieht jedoch ganz anders aus. Die US Navy kann kaum ein Viertel ihrer Jagd-U-Boote gleichzeitig einsetzen, und im vergangenen Jahr haben trotz des Ukrainekriegs und des Aufstiegs Chinas zur globalen Supermacht nur 10 Prozent ihrer U-Boote heimlich agiert, indem sie mehr als 30 Tage durchgehend unter Wasser waren.[28]

Unsere U-Boot-Streitkräfte sind im Gegensatz zu den F-35-Kampfflugzeugen nichts »Neues«. Wir verfügen seit dem 12. Oktober 1900, als die Marine der Vereinigten Staaten die *USS Holland* vom Stapel ließ, über U-Boote – also seit mehr als 120 Jahren.[29] Und doch scheinen wir nicht in der Lage zu sein, sie effektiv als Kampfeinheiten einzusetzen. Sollte es zu einer echten Krise kommen, so können wir nicht mehr als ein Viertel der Flotte ins Meer bringen. Da wir derzeit über fünfzig U-Boote verfügen, heißt das, dass wir nur etwa zwölf oder dreizehn dorthin schaffen können, wo sie benötigt werden. Und was den Ruf unserer U-Boote als »Silent Service« angeht – sie befinden sich nur etwa 10 Prozent der Zeit im lautlosen Modus. In der *Newsweek*-Reportage hieß es weiter.

Das 200 Milliarden Dollar teure Bauprogramm der Navy zielt darauf ab, die Anzahl der Jagd-U-Boote von 50 auf 66 zu erhöhen. Diese Zahl ist allgemein bekannt. Aber niemand redet darüber, dass moderne U-Boote so komplex geworden sind, dass die Navy ihre Einsatzfähigkeit gegen Russland nur erhöhen kann, wenn sie mehr von ihnen baut. Das Pentagon hat dies zu einer vordringlichen Aufgabe erklärt: China unterhält die größte Marine der Welt, und über seine U-Boot-Flotte heißt es, dass sie quantitativ und qualitativ mit den Vereinigten Staaten gleichzieht. Doch so schlecht die Leistungen amerikanischer U-Boote auch sind – Russland und China sind noch schlechter dran. Das wirft die zusätzlichen Fragen auf, warum die Navy so viel Geld für die Aufrüstung der Jagd-U-Boot-Flotte ausgeben will und welchen Wert diese offenbar mit Gold überzogenen Maschinen tatsächlich haben.[30]

Manchmal kann man sich des Verdachts nicht erwehren, dass alle unsere militärischen und zivilen Führungskräfte den Verstand verloren haben. Der einzige positive Aspekt daran dürfte sein, dass es unseren Hauptgegnern Russland und China nicht viel besser zu gehen scheint. Machen wir diesen Wahnsinn nur mit, weil niemand dagegen aufsteht und die Wahrheit ausspricht? Sehen wir uns nur einmal diese Statistiken an:

> Geheimen Navy-Aufzeichnungen zufolge wurden 2022 nur 32 von 50 Jagd-U-Booten eingesetzt. Diese U-Boote verbrachten insgesamt 151 Monate auf See, ein Viertel dessen, was theoretisch möglich gewesen wäre. Im Durchschnitt waren sie 28 Prozent dieser Zeit auf See auf dem Transportweg nach und von Asien und Europa, wodurch die tatsächliche Zeit im vorgeschobenen Einsatz und »stationiert« nur etwa 107 Monate betrug. Das heißt, dass weniger als 20 Prozent der amerikanischen Jagd-U-Boote zu jedem beliebigen Zeitpunkt in diesem turbulenten Jahr stationiert und voll einsatzbereit waren. Es heißt auch, dass der Plan, die Anzahl der Jagd-U-Boote von 50 auf 66 zu erhöhen, der Flotte im Endeffekt nur vier einsatzbereite U-Boote hinzufügt.
>
> »Ich dachte, sie wären die ganze Zeit da draußen, weil doch die Russen kommen und das chinesische Militär immer größer wird«, kommentiert Hans Kristensen, der führende Nuklearexperte der Federation of American Scientists [Bund amerikanischer Wissenschaftler; Anm. d. Übers.], der sich seit Jahrzehnten mit U-Booten befasst, die *Newsweek*-Recherche. »Diese neuen Zahlen verraten mir aber, dass wir mit den Jagd-U-Booten keinen Krieg gewinnen werden.«[31]

Das sind schockierende Zahlen – und zudem ein Beweis, dass wir guten Journalismus immer noch brauchen. Wie kann es sein, dass wir so wenig über ein derart wichtiges Thema wie die Zuverlässigkeit und Verwendbarkeit unserer U-Boot-Flotte informiert werden?

Der Grund dafür ist, dass dieser Informationsmangel den Leuten dient, die wollen, dass wir weiterhin Unmengen Geld in diese Programme stecken. Warum geben wir 200 Milliarden Dollar für ein Programm aus, mit dem wir »keinen Krieg gewinnen werden«? Der Artikel kam dann noch zur Schlussfolgerung:

> »Es steht außer Frage, dass unsere U-Boote im Vergleich der Plattformen unschlagbar sind«, sagt ein ehemaliger Beschaffungsmanager des Pentagon.
>
> »Meiner Meinung nach ist es höchste Zeit, unsere Prioritäten neu zu überdenken. Vor allem, weil der Ukrainekrieg uns jetzt gezeigt hat, dass eine andere Art von Tiefe wichtig ist, nämlich die Tiefe unserer Bestände, und dass ein echter Krieg unersättlich ist, was ganz normale Waffen und Munition angeht«, sagt er. »Wir dürfen nicht so sehr in unsere eigenen Mythen verliebt sein, dass wir diese Realität übersehen.«[32]

Glaube ich, dass der *Newsweek*-Reporter der erste Mensch war, der die Widersprüche und Probleme unserer U-Boot-Flotte erkannt hat? Nein, weil das Wahnsinn wäre. Ich glaube vielmehr, dass es eine Menge intelligenter Leute in der Rüstungsindustrie gibt, die diese Probleme klar sehen, aber in ihrem Beruf dazu gezwungen sind, so zu tun, als wäre alles in Ordnung. Für ihre Karriere ist es besser, wenn sie lügen, anstatt die Wahrheit zu sagen; genau daraus resultiert dieses Problem.

Egal, wie lange dem schon so ist – es ist auf jeden Fall zu lange.

$$\ast\ast\ast$$

Angesichts unseres polarisierten politischen Klimas mag es manchen überraschen, dass in den dunkelsten Tagen des Zweiten Weltkriegs Politiker umjubelt wurden, weil sie Verschwendung, Betrug und Missbrauch im Militärhaushalt anprangerten. Damals kam niemand auf die Idee, sie als »Apologeten für Hitler, Tōjō und Mussolini« zu denunzieren.

Tatsächlich war es Harry Trumans Aktivität im Senat, wo er die übermäßigen Ausgaben des Militärs im Zweiten Weltkrieg untersuchte, die den damaligen US-Präsidenten Franklin Delano Roosevelt so beeindruckte, dass er Truman im

Wahlkampf 1944 als seinen Kandidaten für die Vizepräsidentschaft auswählte, weil er wusste, dass es um seine eigene Gesundheit nicht mehr zum Besten stand. Der folgende Abschnitt stammt aus einem Artikel der Zeitschrift *TIME* vom 8. März 1943 über den Truman-Ausschuss im Senat. Es ist beeindruckend, wie gut der Journalismus in Amerika einst war und wie sehr man bürgerliche Tugenden seinerzeit zu schätzen wusste.

Woanders als in einer Demokratie wäre eine so unehrerbietige Einrichtung wie der Truman-Ausschuss schnell aufgelöst worden. In einem perfekten Staat, in dem es weder Korruption noch menschliche Schwächen gibt, wäre sie überflüssig. In den USA, die zwar demokratisch, aber bei Weitem nicht perfekt sind, feierte der Truman-Ausschuss diese Woche seinen zweiten erfolgreichen Geburtstag als eine der nützlichsten Regierungsstellen des Zweiten Weltkriegs.

Hätten sie dazu Zeit gehabt, dann hätten die zehn Mitglieder wohl die ganze Nacht auf ihre Leistungen angestoßen. Sie waren Aufpasser, Schlaglichter, Gewissen und Zündkerze für den Wirtschaftskrieg hinter den Linien. Sie drängten Handelsminister Jesse Jones dazu, Fabriken für Synthesekautschuk zu bauen, und brachten den Präsidenten dazu, das tattrige alte SPAB [Supply Priorities and Allocations Board; dt. etwa: Ausschuss für Versorgungsprioritäten und Zuteilungen; Anm. d. Übers.] abzuschaffen und durch das WPB [War Productions Board; dt. etwa: Amt für Kriegsproduktion; Anm. d. Übers.] zu ersetzen.

Sie sagten die Rohstoffknappheit richtig vorher und legten die Fakten über die Kautschukknappheit 4 Monate vor dem berühmten Baruch-Bericht auf den Tisch. Eine einzige Untersuchung über Bestechung und Verschwendung beim Bau von Heereslagern ersparte den USA 250.000.000 Dollar (nach Angaben von Brigadegeneral Brehon B. Somervell). Die durch sie bewirkten Gesamteinsparungen gingen in die Milliarden, zum Teil aufgrund dessen, was ihre Agenten im ausufernden Kriegsprogramm aufgespürt hatten, zum Teil aber auch wegen ihrer berüchtigten Neugierde, die als wichtige Abschreckung gegen Verschwendung diente.[33]

Können Sie sich vorstellen, dass etwas Ähnliches in den heutigen Medien veröffentlicht würde? Dieser Artikel pulsierte vor Leben und einem Verständnis für das menschliche Befinden, aber auch vor Optimismus, dass man die Dinge zum Besseren wenden könnte. Er nannte Truman »Aufpasser, Schlaglicht, Gewissen und Zündkerze« und verdeutlichte, warum es in Zeiten eines Staatsnotstands umso wichtiger war, dass ein Kritiker Gehör fand.

In Kriegszeiten muss eine Demokratie mehr noch als im Frieden den Blick auch auf sich selbst richten. Diesen Blick behielt der Truman-Ausschuss unerschütterlich und im Großen und Ganzen mit positivem Ergebnis bei. Manche seiner Daten wurden vielleicht zu schnell zusammengetragen und dann auf Gemeinplätze reduziert, die gut aussahen, aber nicht wirklich etwas besagten. Die Ausschussmitglieder, einschließlich des Vorsitzenden Harry S. Truman, haben manchmal nicht allzu genau hingesehen, bevor sie übereilte Schlüsse zogen. Aber sie kamen nie zu weit vom Weg ab und blieben im Allgemeinen auf der richtigen Fährte.

Wie ein Washingtoner vergangene Woche sagte: »Es gibt nur eines, was mich mehr beunruhigt als der gegenwärtige Stand unserer Kriegsanstrengungen – nämlich der Gedanke, wo wir heute ohne Truman stünden.« Dass ein Kongressausschuss als erste Abwehrlinie betrachtet wird – vor allem in einer Nation, die nicht dazu neigt, ihre im Kongress versammelten Volksvertreter zu bewundern –, ist ein Ansporn für alle Anhänger der Demokratie. Das gilt auch für das plötzliche Auftauchen von Harry Truman, dessen Mitgliedschaft im Senat ein seltsamer Zufall der Demokratie ist, als energischer Generalissimo des Ausschusses.[34]

Würde man solche Persönlichkeiten heute als »Aufrührer« bezeichnen? Glaubt wirklich noch jemand daran, dass wir in einer Krisensituation Leute haben sollten, die das Handeln der Regierung und der Konzerne, die mit ihr Geschäfte machen, untersuchen? Oder halten die Verantwortlichen es nicht vielmehr für die beste Lösung, solchen Kritikern in sämtlichen Medien die Plattform zu nehmen oder zumindest ihre Reichweite zu drosseln [Shadowban; Anm. d. Übers.] und anonyme Ad-hominem-Attacken gegen sie zu reiten? Genauso, wie die Gesundheitsnazis in unserer Regierung Amazon dazu gebracht haben, alle Bücher zu verbieten, die den Nutzen von Masken infrage stellten ... Wo sind die Spindoktoren der Pharmakonzerne, wenn man sie braucht?

Ruft schnell die Pfizer-Brigade herbei, um diesen »Angriff auf die Demokratie« abzuwehren!

Im Gegensatz zu den heutigen Medien, die jeden auf der »richtigen« Seite als beispielhaften Menschen loben, den sogar Jesus Christus um seine Perfektion beneiden würde, und die jeden auf der »falschen« Seite als gerissener und gefährlicher porträtieren als Satan, stellte *TIME* damals Trumans Karriere objektiv dar, insbesondere seinen Aufstieg zur Macht durch die berüchtigte Politmaschinerie der Demokraten in Kansas City unter der Führung von »Boss Tom« Pendergast.

In einer perfekten Demokratie, in der es keine Bosse, Strippenziehereien und Wahlmanipulationen gibt, wäre Harry Truman wahrscheinlich nie bis Washington gekommen. Er war Tom Pendergasts handverlesener Kandidat, der ursprünglich so wenig bekannt war, dass nur ein paar Wähler aus Missouri von ihm wussten. Bei seiner Nominierung konnte er sich gegen zwei verdientere Kandidaten durchsetzen, vor allem dank einer großen Mehrheit in Boss Pendergasts Wahlbezirk Jackson County, wo eine Menge Toter oder Menschen, die nie gelebt hatten, auf den Wählerlisten standen. Die große Macht von Boss Pendergast und die Beliebtheit des New Deals im Jahr 1934 sorgten dafür, dass Truman automatisch gewählt wurde.

Bis heute weiß niemand, warum Pendergast Truman für den Senat ausgewählt hat. Eine Theorie: Der Boss befand sich in der launischen Stimmung eines Partylöwen, der es lustig findet, einen Pekinesen in die gute Gesellschaft einzuschmuggeln. Eine bessere Theorie: Der Boss hielt sich an das Sprichwort aus dem Mittleren Westen, dass aus jedem Misthaufen eine Rose sprießen sollte – und sah in Truman einen ehrlichen, mutigen Mann, dessen Achtbarkeit den üblen Geruch der Pendergast-Mafia überdecken würde. Mit Sicherheit war Truman im Jahr 1934 kein Staatsmann und auch noch nie mit einem Skandal in Berührung gekommen.[35]

Es ist also möglich, über eine Person der Öffentlichkeit ehrlich zu reden – und zwar nicht nur in einer Biografie, die Jahrzehnte nach ihrem Ableben erscheint. Und es ist nicht nur möglich, sondern sogar erfrischend. Wie ein altes Sprichwort sagt: »Jeder Heilige hat eine Vergangenheit und jeder Sünder eine Zukunft.« Wie wahrscheinlich ist es, dass eines unserer heutigen Medien über einen Politiker schreibt, dass er aus einem »Misthaufen« stammt und irgendwie doch zu einer »Rose« geworden ist?

Könnten wir in unserer modernen Zeit über eine politische Persönlichkeit so etwas sagen wie »Er kam aus einem üblen Umfeld, hat uns aber mit seinen Taten positiv überrascht«? Vor allem, wenn sich bei dem Betreffenden um einen weißen Mann handelt? Nein, zuerst müsste die Person bekanntgeben, mit welchem Pronomen er/sie/es angesprochen werden will; dann müssten wir herausfinden, ob sie sich in der Highschool irgendjemandem gegenüber falsch verhalten hat; und schließlich müssten wir jeden Menschen, den sie kennt und mit dem sie vielleicht einmal auf der Bühne gestanden ist, genau unter die Lupe nehmen und diese Menschen dann darauf überprüfen, wen *sie* vielleicht kennen. Es ist wie bei dem Spiel »Six Degrees of Kevin Bacon«, aber statt einer amüsanten Ermittlung der »Bacon-Zahl« haben wir es hier mit einer Atomwaffe zu tun, mit der man den Ruf einer Person zerstören kann.

Harry Truman ist ein interessantes Beispiel – nicht, weil er so einzigartig gewesen wäre, sondern vielmehr, weil er eine ganz alltägliche Erscheinung war. Es gibt viele gute Menschen auf der Welt, die versuchen, in einem unvollkommenen System das Richtige zu tun.

Dieses Buch ist vor allem für sie gedacht.

Ich verbringe viel Zeit damit, über die Pläne der Globalisten zu sprechen. Gleichzeitig möchte ich aber, dass die Leute begreifen, dass auf jeden Globalisten 99 gute Menschen kommen, die das System, in dem sie leben, so gut wie möglich gestalten wollen. Wenn Sie je in einem Großunternehmen gearbeitet haben, dann wissen Sie, dass es dort Manager gibt, die verkünden, wie die Dinge zu laufen haben, und dann gibt es die Arbeiter, die die Dinge erledigen. Jeder Arbeiter weiß, dass seine wichtigste Aufgabe darin bestehen könnte, die Vorschriften der Manager zu ignorieren und seine Arbeit einfach so zu erledigen, wie sie zum Wohl der Allgemeinheit erledigt werden sollte. Die Globalisten tun so, als hätten sie das Sagen, aber in Wahrheit haben wir die Kontrolle. Wir müssen uns nur entsprechend verhalten.

Der Truman-Ausschuss hat es geschafft, dass Milliarden Dollar für den amerikanischen Steuerzahler eingespart werden konnten und der Zweite Weltkrieg zu einem siegreichen Ende geführt wurde. Aber was passiert, wenn niemand das Handeln der Regierung überwacht und einige mächtige Akteure im Verborgenen agieren können?

In vielerlei Hinsicht beschreibt dies genau die Geschichte Amerikas seit Ende des Zweiten Weltkriegs.

***

Ich spreche oft von US-Präsident Eisenhowers Abschiedsrede an die amerikanische Öffentlichkeit, in der er vor den Gefahren des militärisch-industriellen Komplexes warnte. Aber ich glaube nicht, dass das heutige Publikum begreift, wie radikal diese Aussage war, als der ehemalige US-Oberbefehlshaber des Zweiten Weltkriegs sie vor der Allgemeinheit tätigte. Würde eine ähnlich angesehene Persönlichkeit heute so etwas sagen, dann würden unsere Medien und Geheimdienste ihn umgehend als »rechtsextrem« oder vielleicht sogar als »weißen Rassisten« beschimpfen. Deshalb zitiere ich im Folgenden den vollständigen Text der 10-minütigen Fernsehansprache, die Eisenhower am 17. Januar 1961 hielt:

Guten Abend, meine amerikanischen Mitbürger!

In 3 Tagen werde ich nach einem halben Jahrhundert im Dienst für unser Land die Verantwortung meines Amtes niederlegen, während die Autorität der Präsidentschaft in einer traditionellen und feierlichen Zeremonie auf meinen Nachfolger übertragen wird.

Heute Abend wende ich mich an Sie, liebe Landsleute, mit einer Botschaft des Abschieds, und ich möchte mit Ihnen einige abschließende Gedanken teilen. Wie jeder andere Bürger wünsche ich dem neuen Präsidenten und seinen Mitarbeitern viel Glück. Ich bete, dass die nächsten Jahre gesegnet sind mit Frieden und Wohlstand für alle.

Unser Volk erwartet, dass sein Präsident und der Kongress bei Fragen von lebenswichtiger Bedeutung die notwendige Übereinstimmung finden und weise Entschlüsse treffen werden, die die Zukunft unserer Nation zum Besseren wenden. Meine eigenen Beziehungen zum Kongress begannen vor langer Zeit auf einer weit entfernten und fragilen Grundlage, als mich ein Senatsmitglied nach West Point berief. Diese Beziehungen wurden im und unmittelbar nach dem Krieg enger und waren schließlich während der vergangenen 8 Jahre eng verflochten.

In dieser letzten Beziehung haben Kongress und Regierung in den meisten Fragen gut zusammengearbeitet, um dem Lande zu dienen, statt Parteipolitik zu betreiben, und haben auf diese Weise die Interessen der Nation gut vorangebracht. Deshalb ist meine offizielle Beziehung zum Kongress mit dem Gefühl der Dankbarkeit verbunden, dass wir gemeinsam so viel auf den Weg bringen konnten.

Wir befinden uns jetzt 10 Jahre nach der Mitte eines Jahrhunderts, in dem es vier Kriege zwischen großen Nationen gegeben hat. An drei davon war unser Land beteiligt. Ungeachtet dieser Weltenbrände steht Amerika heute als stärkste, einflussreichste und produktivste Nation der Welt da. Wir sind verständlicherweise stolz auf diese Vormachtstellung, begreifen aber auch, dass Amerikas Führungsrolle und Ansehen nicht nur von unserem unangefochtenen materiellen Fortschritt, dem Wohlstand und der militärischen Stärke abhängen, sondern auch davon, wie wir unsere Macht im Interesse des Weltfriedens und zur Verbesserung der Situation der Menschheit einsetzen.

Während des gesamten amerikanischen Abenteuers einer freien Regierung waren unsere grundlegenden Ziele die Wahrung des Friedens, die Förderung des menschlichen Fortschritts und die Stärkung von

Freiheit, Würde und Integrität unter den Menschen und zwischen den Nationen. Weniger anzustreben, wäre eines freien und religiösen Volkes unwürdig. Jedes Scheitern, das auf Arroganz, mangelndes Verständnis oder fehlende Opferbereitschaft zurückzuführen wäre, würde uns im In- und Ausland eine schmerzliche Wunde beibringen.

Der Fortschritt auf dem Weg zu diesen hehren Zielen ist durch den Konflikt, der die Welt jetzt im Griff hat, dauerhaft in Gefahr. Er erfordert unsere volle Aufmerksamkeit und nimmt unser ganzes Wesen in Anspruch. Wir stehen einer feindseligen Ideologie gegenüber – global in ihrem Ausmaß, atheistisch in ihrer Prägung, skrupellos in der Durchsetzung ihrer Ziele und heimtückisch in ihrem Vorgehen. Unseligerweise dürfte die Gefahr, die von ihr ausgeht, von unbestimmter Dauer sein. Um ihr erfolgreich zu begegnen, benötigen wir nicht so sehr die emotionalen und vorübergehenden Opfer einer Krise, sondern vielmehr solche, die es uns ermöglichen, die Last eines langen und vielschichtigen Kampfes – bei dem die Freiheit auf dem Spiel steht – stetig, sicher und ohne Klage zu schultern. Nur dann werden wir ungeachtet aller Provokationen auf dem eingeschlagenen Weg zu dauerhaftem Frieden und einer Verbesserung des Schicksals der Menschheit bleiben.

Krisen wird es immer geben. Um sie zu bewältigen, ob sie nun im Ausland oder im Inland stattfinden, groß oder klein sind, müssen wir uns immer wieder der trügerischen Annahme erwehren, dass spektakuläre und kostspielige Aktionen die wundersame Lösung für alle aktuellen Schwierigkeiten sein könnten. Ein gewaltiger Kostenanstieg bei neueren Waffensystemen; die Entwicklung unrealistischer Programme als Mittel gegen alle Übel der Landwirtschaft; eine drastische Ausdehnung in der Grundlagen- und angewandten Forschung – diese und viele andere Möglichkeiten, die jede für sich vielleicht vielversprechend sind, könnten als einziger Weg zu dem Ziel, das wir uns gesetzt haben, vorgeschlagen werden.

Aber jeder Vorschlag muss im Licht eines größeren Zusammenhangs gesehen werden: der Notwendigkeit, eine Ausgewogenheit in und zwischen den nationalen Programmen zu wahren – eine Ausgewogenheit zwischen dem eindeutig Notwendigen und dem bequem Wünschenswerten; eine Ausgewogenheit zwischen unseren wesentlichen Bedürfnissen als Nation und den Pflichten, die dem Einzelnen von seinem Land auferlegt werden; eine Ausgewogenheit zwischen tagesaktuellen Aktivitäten und dem nationalen Wohl für die Zukunft. Eine gute Entscheidung bemüht sich um Ausgewogenheit und Fortschritt; das Fehlen derselben führt irgendwann zu Unausgewogenheit und Frustration.

Die Bilanz vieler Jahrzehnte beweist, dass unser Volk und seine Regierung diese Wahrheiten im Wesentlichen verstanden und auf Spannungen und Bedrohungen angemessen reagiert haben. Aber Bedrohungen neuer Art und neuen Ausmaßes treten ständig auf. Ich erwähne nur zwei.

Ein lebenswichtiges Element zur Erhaltung des Friedens ist unser Militärapparat. Unsere Bewaffnung muss machtvoll und bereit für rasche Einsätze sein, damit kein potenzieller Aggressor versucht ist, seine eigene Zerstörung zu riskieren. Die Organisation unseres Militärs ist kaum mehr mit jener vergleichbar, die meine Vorgänger in Friedenszeiten kannten, oder gar mit derjenigen, mit der es die Soldaten im Zweiten Weltkrieg oder in Korea zu tun hatten. Bis zu den letzten unserer weltweiten Konflikte besaßen die Vereinigten Staaten keine Rüstungsindustrie.

Amerikanische Hersteller von Pflugscharen könnten mit der Zeit und nach Bedarf auch Schwerter produzieren. Doch wir können uns keine improvisierte Produktion für die nationale Verteidigung mehr erlauben; wir waren gezwungen, eine permanente Rüstungsindustrie von gewaltigem Ausmaß aufzubauen. Obendrein sind jetzt 3,5 Millionen Männer und Frauen direkt im Verteidigungssektor beschäftigt. Wir geben für unsere militärische Sicherheit jährlich mehr aus, als alle amerikanischen Unternehmen zusammen netto einnehmen.

Die Verbindung eines gewaltigen Militärapparats mit einer großen Rüstungsindustrie stellt eine neue Erfahrung für Amerika dar. Der gesamte Einfluss – wirtschaftlich, politisch und sogar spirituell – ist in jeder Stadt, jedem Parlamentsgebäude und jeder Behörde der Bundesregierung spürbar. Wir erkennen die zwingende Notwendigkeit dieser Entwicklung an. Andererseits dürfen wir auch ihre schwerwiegenden Folgen nicht übersehen. Sie betrifft unsere Arbeit, unsere Ressourcen und unseren Lebensunterhalt, aber auch die Struktur unserer Gesellschaft selbst.

In den Gremien der Regierung müssen wir uns davor verwahren, dass der militärisch-industrielle Komplex unberechtigten Einfluss erhält, sei dieser nun gewollt oder ungewollt. Das Potenzial für den verhängnisvollen Aufstieg einer deplatzierten Macht besteht und wird weiter bestehen bleiben.

Wir dürfen nie zulassen, dass die Bedeutung dieser Kombination unsere Freiheiten oder demokratischen Prozesse gefährdet. Wir sollten nichts als selbstverständlich betrachten. Nur eine wache und kluge Bürgerschaft kann das richtige Zusammenwirken der riesigen industriellen und militärischen Rüstungsmaschinerie mit unseren friedlichen Methoden und Zielen erzwingen, sodass Sicherheit und Freiheit miteinander gedeihen mögen.

Die technische Revolution der vergangenen Jahrzehnte ist in ähnlicher Weise und weitgehend für die Umwälzungen in unserer industriell-militärischen Haltung verantwortlich.

In dieser Revolution ist die Forschung in den Mittelpunkt gerückt; sie wurde formalisierter, komplexer und kostspieliger. Ein stetig wachsender Anteil wird heute für, von oder im Auftrag der Bundesregierung durchgeführt. Der einsame Erfinder, der in seiner Werkstatt herumbastelt, wurde von Arbeitsgruppen aus Wissenschaftlern in Labors und auf Testgeländen verdrängt. In gleicher Weise erlebten freie Universitäten, die historisch gesehen die Quelle freier Ideen und wissenschaftlicher Entdeckungen waren, eine Revolution bei der Durchführung ihrer Forschungstätigkeit. Zum Teil wegen der enormen damit verbundenen Kosten tritt ein Regierungsauftrag praktisch an die Stelle der wissenschaftlichen Neugier. Anstelle der guten alten Schultafel treten heute Hunderte elektronische Computer.

Die Perspektive, dass die Gelehrten unseres Landes von staatlichen Aufträgen, Projektzuweisungen und der Macht des Geldes abhängig sein werden, ist allgegenwärtig und muss ernsthaft bedacht werden. Indem wir die wissenschaftliche Forschung hochhalten, wie es sich gehört, müssen wir aber auch wachsam sein gegenüber der gleichfalls vorhandenen und entgegengesetzten Gefahr, dass die öffentliche Politik selbst zum Gefangenen einer wissenschaftlich-technischen Elite wird.

Es ist die Aufgabe der Staatskunst, diese und andere Kräfte, neue und alte, im Rahmen der Prinzipien unseres demokratischen Systems zu formen, auszubalancieren und zu integrieren – immer im Hinblick auf die höchsten Ziele einer freien Gesellschaft.

Ein weiterer Faktor, bei dem das Gleichgewicht gewahrt werden muss, beinhaltet das Element der Zeit. Wenn wir in die Zukunft der Gesellschaft blicken, dürfen wir – Sie und ich und unsere Regierung – nicht dem Impuls nachgeben, nur für das Heute zu leben, indem wir die wertvollen Ressourcen von morgen schon jetzt für unsere eigene Bequemlichkeit und Annehmlichkeit plündern. Wir können die materiellen Werte unserer Enkelkinder nicht verpfänden, ohne damit auch den Verlust ihres politischen und spirituellen Erbes zu riskieren. Wir wollen, dass die Demokratie für alle nachfolgenden Generationen bestehen bleibt und nicht zum bankrotten Phantom von morgen wird.

Auf dem langen Weg der noch ungeschriebenen Geschichte weiß Amerika, dass unsere Welt immer kleiner wird und nicht zu einer Gemeinschaft der schrecklichen Angst und des Hasses werden darf, sondern stattdessen ein stolzer Bund gegenseitigen Vertrauens und Respekts werden muss.

Ein solcher Bund muss ein Bund zwischen Gleichen sein. Der Schwächste muss mit demselben Vertrauen an den Verhandlungstisch kommen können wie wir, ebenso geschützt durch unsere moralische, wirtschaftliche und militärische Stärke. Dieser Verhandlungstisch darf, auch wenn er von vielen früheren Enttäuschungen gezeichnet ist, nicht zugunsten der sicheren Qualen des Schlachtfelds aufgegeben werden.

Die Abrüstung in gegenseitigem Respekt und Vertrauen ist ein ständiges Gebot. Zusammen müssen wir lernen, Unterschiede zu überwinden, nicht mit Waffen, sondern mit Verstand und in ehrlicher Absicht. Da diese Notwendigkeit so deutlich und offensichtlich ist, muss ich gestehen, dass ich meine offizielle Verantwortung in diesem Bereich mit einem eindeutigen Gefühl der Enttäuschung niederlege. Als jemand, der den Schrecken und die nachklingende Traurigkeit des Krieges miterlebt hat – als jemand, der genau weiß, dass ein weiterer Krieg diese Zivilisation, die so langsam und schmerzhaft über Tausende von Jahren aufgebaut wurde, völlig zerstören würde –, würde ich heute Abend gern sagen können, dass ein dauerhafter Frieden in greifbarer Nähe ist.

Zum Glück kann ich sagen, dass ein Krieg vermieden wurde. Es wurden stetige Fortschritte auf dem Weg zu unserem endgültigen Ziel gemacht. Aber es bleibt noch so viel zu tun. Als Privatmann werde ich nie aufhören, im kleinen Rahmen das mir Menschenmögliche zu tun, um die Welt auf diesem Weg voranzubringen.

In meinem letzten Gutenachtgruß als Präsident an Sie danke ich Ihnen für die vielen Gelegenheiten, die Sie mir in Zeiten von Krieg und Frieden für den Dienst an der Allgemeinheit geboten haben. Ich vertraue darauf, dass Sie in diesem meinem Dienst Wertvolles finden; im Übrigen weiß ich, dass Sie Wege finden werden, die Leistung in Zukunft zu verbessern.

Sie – meine Mitbürger – und ich müssen stark sein in unserem Vertrauen darauf, dass alle Nationen mit Gottes Hilfe das Ziel des Friedens in Gerechtigkeit erreichen werden. Mögen wir immer unerschütterlich sein in unserer Hingabe an Prinzipien, zuversichtlich, aber demütig in unserer Kraft, fleißig in der Verfolgung der großen Ziele unserer Nation.

Allen Völkern der Welt bringe ich einmal mehr die andächtige und fortwährende Sehnsucht Amerikas zum Ausdruck:

Wir beten dafür, dass die Völker aller Glaubensrichtungen, aller Rassen, aller Nationen ihre großen menschlichen Bedürfnisse befriedigt bekommen; dass diejenigen, denen heute Chancen vorenthalten werden, diese bald in vollen Zügen genießen können; dass alle, die sich nach Freiheit sehnen, ihre spirituellen Segnungen erhalten mögen; dass jene, die Freiheit haben, ebenso ihre schwerwiegende Verantwortung begreifen; dass alle, die den Bedürfnissen anderer gegenüber gleichgültig sind, Barmherzigkeit lernen; dass die Geißeln der Armut, der Krankheit und der Unwissenheit von der Erde verschwinden werden, und dass die Zeit so gütig sein möge, alle Völker in einem Frieden zusammenleben zu lassen, der durch die verbindende Kraft gegenseitiger Achtung und Liebe gewährleistet wird.[36]

Sehnen Sie sich nicht auch nach einer Zeit, in der ein amerikanischer Präsident mit so viel Intelligenz, Demut und Mitgefühl sprach? Eisenhower war nie für seine rhetorischen Qualitäten bekannt, aber in seiner Abschiedsrede konnte man direkt in die Seele dieses Mannes blicken. Ich habe keinen Zweifel daran, dass man jemanden, der sich heute in einer prominenten Position befindet – wie Tulsi Gabbard, Tucker Carlson oder ich – und etwas Ähnliches sagen würde (und das haben wir), als »Putin-Marionette« bezeichnen würde (was jedem von uns passiert ist).

Eisenhower sprach in vollkommener Klarheit über die Gefahren, die er für das Land sah und die sich nun leider alle bewahrheitet haben.

In der Außenpolitik sah er den Kommunismus als »eine feindselige Ideologie – global in ihrem Ausmaß, atheistisch in ihrer Prägung, skrupellos in der Durchsetzung ihrer Ziele und heimtückisch in ihrem Vorgehen«. Versteht jeder diese Gefahr? Gut. 63 Jahre später gibt es die Sowjetunion nicht mehr, doch China hält immer noch an dieser unmenschlichen Ideologie fest, die den Geist des Menschen vernichtet. Kommen wir aber nun von den Gefahren im Ausland zu den zwei Gefahren, die er in unserem Land sah – der Art und Weise, wie wir von innen zerstört werden könnten.

Eisenhower fürchtete den »militärisch-industriellen Komplex«, der durch die Veränderungen in der Weltlage die Möglichkeit hatte, uns als Volk zu verändern.

Als zweite Gefahr sah Eisenhower, dass das Land »zum Gefangenen einer wissenschaftlich-technischen Elite« werden könnte. Angesichts dessen, was Eisenhower als Präsident gesehen hat, müssen wir uns fragen, was er wohl von der Handlungsweise eines Dr. Anthony Fauci und der Covid-19-Taskforce während der Coronakrise gehalten hätte.

Wir werden wohl nie erfahren, wie Präsident Eisenhower über die Maßnahmen eines Dr. Fauci gedacht hätte, aber wahrscheinlich hätte seine Meinung der scharfen Kritik geähnelt, die Richter Neil Gorsuch, einer der eher konservativen Richter am Obersten Gerichtshof der USA, an diesen Maßnahmen geübt hat. In dem Fall, in dem er seine Meinung äußerte, ging es um die republikanischen Bundesstaaten, die Title 42, die während der Covid-19-Krise angewandte öffentliche Gesundheitspolitik zur Abweisung von Asylbewerbern, beibehalten wollten. Die *Daily Mail* berichtete:

> In einer Stellungnahme, die als Teil eines Falls vor dem Obersten Gerichtshof über Title 42 verfasst wurde, schrieb Gorsuch, dass solche Notverordnungen während der Pandemie »in einem atemberaubenden Ausmaß« verfasst worden seien.
>
> »Gouverneure und Lokalpolitiker verhängten Lockdown-Verordnungen, die die Menschen zwangen, in ihren Häusern und Wohnungen zu bleiben. Sie schlossen Geschäfte und sowohl öffentliche als auch private Schulen«, hieß es weiter.
>
> »Sie schlossen Kirchen, ließen aber Casinos und andere bevorzugte Betriebe weiterhin geöffnet. Zuwiderhandelnde wurden nicht nur mit zivilrechtlichen, sondern auch mit strafrechtlichen Sanktionen bedroht.«[37]

Man fragt sich, wo all die angeblichen Bürgerrechtler waren, als diese Verstöße stattfanden. Sie zeigten ihr wahres Gesicht, wie der körperlich starke, aber moralisch schwache Schauspieler und kalifornische Ex-Gouverneur Arnold Schwarzenegger, der bekanntlich allen Leuten, die sich gegen die Lockdown-Politik stellten, ausrichten ließ: »Scheiß auf eure Freiheit.«[38]

Ich finde ja, dass wir alle Persönlichkeiten des öffentlichen Lebens, die sich nicht gegen die Lockdowns ausgesprochen haben, noch 2 Jahre unter Hausarrest stellen sollten – oder so lange, bis sie einen einfachen Test in Staatsbürgerkunde über die verfassungsmäßig garantierten Rechte bestehen. In dem *Daily-Mail*-Artikel über Gorsuchs Tirade hieß es weiter:

> Der Richter, der 2017 von Donald Trump für den Obersten Gerichtshof nominiert wurde, nannte Beispiele dafür, wie die Behörden »Kirchenparkplätze überwachten, Autokennzeichen notierten und Bekanntmachungen herausgaben, in denen davor gewarnt wurde, dass selbst die Teilnahme an Freiluftgottesdiensten, die alle staatlichen Social-Distancing- und Hygiene-Vorschriften erfüllten, als kriminelles Verhalten eingestuft werden könnte«.
>
> Er erläuterte, wie »Bundesbeamte der Exekutive ebenfalls in das Geschehen eingriffen«, und zwar durch Impfvorschriften, die Entlassungsdrohungen für Angestellte und Militärangehörige enthielten, die eine Impfung verweigerten.
>
> »Nebenbei könnten Bundesbeamte auch Druck auf Social-Media-Unternehmen ausgeübt haben, sämtliche Informationen über die Pandemiepolitik zu unterdrücken, mit denen sie nicht einverstanden waren«, fügte Gorsuch hinzu.
>
> Notstandsverordnungen wurden »in rasendem Tempo« erlassen, während Kongress und Legislative der Bundesstaaten »zu oft dazu schwiegen«.[39]

Hier geht es nicht um Geschichte, nicht um Ereignisse aus den 1840er-Jahren, als sich die Gerichte mit der Frage der Sklaverei auseinandersetzten, oder aus den 1940er-Jahren, als der Oberste Gerichtshof den schändlichen Beschluss fasste, dass man japanisch-amerikanische Bürger in Internierungslager sperren und auch italienisch-amerikanische sowie deutsch-amerikanische Bürger strengeren Kontrollen unterziehen dürfe. Die relativ aktuellen Covid-19-Maßnahmen wurden vielmehr von den angeblich liberalsten Mitgliedern unserer politischen Gemeinschaft erlassen, von den Leuten, die »geschützte Räume« statt gründlicher Debatten fordern, die Diversität, Gleichstellung und Inklusion [engl: diversity, equity and inclusion; abgekürzt: DEI; Anm. d. Übers.] für wichtiger halten als Kompetenz und die dafür eintreten, die Genitalien von Minderjährigen abzuschneiden, die rechtlich noch gar nicht entscheidungsbefugt sind und sogar für ein kleines Blumentattoo am Knöchel eine elterliche Erlaubnis brauchen.

Aber die Daten sprechen selbst gegen diejenigen, die behaupten, im Zuge der Pandemie die Freiheit im Namen der Sicherheit abgeschafft zu haben:

> Eine Untersuchung durch ein internationales Team von Wirtschaftswissenschaftlern ergab, dass drakonische Schließungen die Covid-Sterblichkeit in Großbritannien, den USA und Europa im Jahr 2020 nur um 3 Prozent gesenkt haben.
>
> Laut den Experten der Johns Hopkins University in den USA, der schwedischen Universität Lund und der dänischen Denkfabrik Center for Political Studies [Zentrum für politische Studien; Anm. d. Übers.] entspreche dies einer Reduktion von 6000 Todesfällen in Europa und 4000 in den USA.
>
> Offizielle Daten in den USA zeigen jedoch, dass das Land in den mehr als 2 Jahren der Pandemie eine Übersterblichkeit von beinahe 300 000 Personen zu beklagen hatte, die nicht auf Covid zurückgeführt werden konnte.[40]

Lassen wir kurz die Fragen nach der völkermörderischen Kampagne gegen den frühen Einsatz von Medikamenten wie Hydroxychloroquin und Ivermectin, nach den Lockdowns, die durch den damit einhergehenden Bewegungsmangel die Immunabwehr schwächten, nach dem Fehlen der spirituellen Gelassenheit, die Kirchenbesuche mit sich bringen, nach den Folgen verbotener sozialer Kontakte, nach dem Vitamin-D-Mangel durch zu wenig Sonne und nach der Gewichtszunahme durch den Hausarrest beiseite. Wissen Sie, was am stärksten mit Tod durch Covid-19 korrelierte? Ob man übergewichtig war oder nicht.

Ich spreche diese Fragen ausdrücklich nicht an, sondern weise lediglich darauf hin, dass selbst nach der zitierten, höchst konservativen Expertenanalyse die Lockdowns in den Vereinigten Staaten für mindestens 296 000 Todesfälle verantwortlich sind.

Trotz Eisenhowers Warnung wurden wir zu »Gefangenen einer wissenschaftlich-technischen Elite« – und infolgedessen kamen fast 300 000 Amerikaner ums Leben.

Kapitel 7

Der Tiefe Staat macht seinen Zug

Präsident John F. Kennedy trat sein Amt am 20. Januar 1960 an, 3 Tage nach Eisenhowers Rede. 2 Tage nachdem er den Eid abgelegt hatte, das Land »gegen alle Feinde, von außen wie von innen« zu verteidigen, standen die CIA und ranghohe Militärs in seinem Büro und überzeugten ihn, einem Plan zuzustimmen, der ursprünglich von der Regierung Eisenhower als viel kleineres Unternehmen konzipiert worden war: Durch eine Invasion in der Schweinebucht wollten die Amerikaner in Kuba einen Aufstand anzetteln.

Die Invasion im April 1960 war allerdings ein totaler Reinfall und zudem ein direkter Verstoß gegen das Völkerrecht.

Präsident Kennedy war so wütend über die Lügen, die man ihm erzählt hatte, dass er zu einem seiner wichtigsten Berater gesagt haben soll: »Am liebsten würde ich die CIA in tausend Stücke zerschlagen und in alle Winde zerstreuen.«[1]

Wie hat diese Erfahrung Kennedy verändert? Eine angesehene historische Website beantwortet diese Frage folgendermaßen:

> Als Folge des Desasters beschloss Kennedy, den Entscheidungsprozess innerhalb der Regierung umzugestalten. Er führte eine kollegialere Atmosphäre ein, in der man offen über das Für und Wider einer Frage diskutieren konnte. Er legte Wert darauf, Verbündete zu konsultieren und die Auswirkungen des internationalen Rechts auf wichtige außenpolitische Entscheidungen zu berücksichtigen. Vor allem aber verlagerte

er den Schwerpunkt der Entscheidungsfindung von der CIA zu Beratern, denen er vertraute, darunter sein Bruder, der Justizminister Robert Kennedy, und sein alter Freund Theodore Sorensen. Die CIA und der Nationale Sicherheitsrat wurden zwar konsultiert, hatten aber nicht mehr so viel Einfluss in der neuen Regierung.[2]

Wenn jemand Sie anlügt, sollte das für Sie eine Rolle spielen und Ihr Verhalten dieser Person gegenüber ändern. Unabhängig von Kennedys persönlichen Schwächen nahm er seine Pflichten als Präsident mit größter Ernsthaftigkeit wahr. Er wollte keinen Krieg mit einer anderen Atommacht beginnen und richtete alles auf dieses Ziel aus. Kennedy hatte einen Fehler begangen, indem er auf seine geheimdienstlichen und militärischen Ratgeber gehört hatte.

Aber er lernte aus diesem Fehler und konnte infolgedessen wahrscheinlich einen Atomkrieg mit den Sowjets abwenden, wie es in dem Artikel weiter heißt.

In Kennedy weckte das Schweinebucht-Desaster ein starkes Misstrauen gegenüber den bisher ständig mit der Außenpolitik befassten Institutionen. Diese Vorsicht wirkte sich bei der Bewältigung der folgenden, noch schwerwiegenderen Krise entscheidend aus.

Sandman [Autor eines Buches über Kennedy und die Schweinebucht-Katastrophe] behauptet, dass die Änderungen möglicherweise die Welt gerettet haben. Zum Zeitpunkt der Kubakrise im Oktober 1962, die sich laut Sandman direkt aus dem Schweinebucht-Desaster entwickelte, hatte Kennedy einen funktionierenden Beratungsprozess eingerichtet. Er hatte nicht nur seine Berater ausgetauscht, sondern auch die Verfahren zur Entscheidungsfindung bei außenpolitischen Krisen geändert. Das ständige außenpolitische Establishment wurde zwar konsultiert, hatte aber nicht mehr das letzte Wort. Ein kollegialer Entscheidungsprozess hielt Optionen offen und verhinderte vorschnelle Entscheidungen, die zu einem Atomkrieg hätten führen können.[3]

Kennedy soll seinem guten Freund Ben Bradley gegenüber gesagt haben, dass auf seinem Grabstein der Spruch »Er bewahrte den Frieden« stehen sollte.[4] Wir kennen die Wahrheit über das Attentat auf Präsident Kennedy zwar bis heute nicht, weil unsere Regierung auch fast 60 Jahre nach seinem Tod noch wichtige Dokumente zurückhält, aber wir wissen, dass Kennedy sich seinen größten Wunsch erfüllt hat und die Grabinschrift »Er bewahrte den Frieden« verdient hätte.

Aber wie erging es anderen Präsidenten, wenn unser Militär und unsere Geheimdienste Unruhe im Ausland stiften wollten?

★★★

Welche Ereignisse haben uns seit dem Kennedy-Attentat deutlich gezeigt, dass unsere Regierung uns zum Thema Krieg und Frieden sogar in den wesentlichsten Punkten belügt?

Schauen wir uns zunächst an, was weniger als ein Jahr nach Kennedys Ermordung im Golf von Tonkin passierte – und dazu führte, dass die USA in den Vietnamkrieg eintraten. Ich zitiere aus dem *Naval History Magazine* (der offiziellen Zeitschrift des US-Marineinstituts), Ausgabe Februar 2008:

In den ersten Monaten des Jahres 1964 begann Südvietnam mit der Durchführung mehrerer von den USA unterstützter Kommandounternehmen und Aufklärungsmissionen an der nordvietnamesischen Küste. Diese Aktivitäten liefen unter dem Decknamen Operation 34A (OPLAN 34A) und wurden vom Verteidigungsministerium mit Unterstützung der Central Intelligence Agency geplant und überwacht; für die Durchführung war die südvietnamesische Marine zuständig. Die anfänglichen Erfolge waren jedoch begrenzt: Zahlreiche südvietnamesische Angreifer wurden gefangen genommen, und die OPLAN-34A-Einheiten erlitten schwere Verluste. Im Juli 1964 änderte Generalleutnant William C. Westmoreland, der Befehlshaber des Military Assistance Command, Vietnam, seine Taktik von Kommandotruppenangriffen an Land zu Küstenbombardierungen mit Mörsern, Raketen und rückstoßfreien Gewehren, die von südvietnamesischen Patrouillenbooten abgefeuert wurden.[5]

Das heißt, dass die Vereinigten Staaten aktiv einen verdeckten Krieg in einem anderen Land unterstützten, gegen das der US-Kongress nie eine Kriegserklärung ausgesprochen hatte. Was Generalleutnant William C. Westmoreland dort unternahm, war demnach verfassungswidrig, ebenso wie die Aktionen des US-Militärs und der CIA. Und wie schon in Kuba waren diese Aktionen nicht nur verfassungswidrig, sondern wurden auch noch stümperhaft durchgeführt.

Immer mehr Angreifer wurden gefangen genommen.

Was tut man, wenn die eigenen Angreifer immer wieder geschnappt werden?

Man lässt sie auf dem Wasser bleiben, wo sie ihre Waffen vom Boot aus abfeuern können. Wenn die Nordvietnamesen dann ihre Patrouillenboote ausschickten, rasten die südvietnamesischen Boote wie wild los, um ihnen zu entkommen, und fuhren vielleicht sogar an den befreundeten amerikanischen Schiffen vorbei, um die nordvietnamesischen Boote dazu zu bringen, die Verfolgungsjagd abzubrechen.

Die damaligen Einsätze der Vereinigten Staaten in Vietnam ähnelten den kleinen Überfällen auf Kuba, wie sie vor der Kubakrise unternommen wurden. Der Artikel ging näher auf die Aktionen der US Navy ein:

> Die US Navy hatte in der Zwischenzeit gelegentliche Aufklärungs- und SIGINT[Signal Intelligence = Fernmelde- und elektronische Aufklärung; Anm. d. Übers.]-Manöver weiter draußen im Golf von Tonkin durchgeführt. Diese Einsätze wurden Operation Desoto genannt und von Zerstörern erledigt. Nach Missionen im Dezember 1962 und im April des folgenden Jahres wurden im Jahr 1964 Patrouillen in der Nähe von OPLAN-34A-Überfällen geplant. Eine der Hauptaufgaben dieser Patrouillen bestand sogar darin, Informationen zu sammeln, die für die Angreifer nützlich sein könnten. Ein streng geheimes Dokument, das erst 2005 freigegeben wurde, deckte die Dienstanweisungen an die Desoto-Patrouillen auf: »Lokalisieren und identifizieren Sie alle

Radarsender, verzeichnen Sie alle Navigationshilfen an der Küste der DRV [Demokratische Republik Vietnam] und überwachen Sie die vietnamesische Dschunkenflotte auf eine mögliche Verbindung zu den maritimen Versorgungs- und Infiltrationsrouten der DRV/Vietkong.
   Die Vereinigten Staaten spielten ein gefährliches Spiel. Die von den Südvietnamesen durchgeführten OPLAN-34A-Attacken und die Desoto-Patrouillen der US Navy konnten als gemeinsame Bestrebungen gegen nordvietnamesische Ziele betrachtet werden. In Wahrheit gab es jedoch keine Koordination zwischen den Streitkräften, die diese Unternehmen durchführten.[6]

Ich rechne dem Autor dieser Zeilen hoch an, dass er sich an die wahrscheinlichen Tatsachen gehalten hat. Wenn Sie wissen wollen, warum ich trotzdem misstrauisch bin, lassen Sie uns einfach die bisher eingestandenen Fakten mit dem kombinieren, was man uns glauben machen will – und dann verraten Sie mir, was Ihr innerer Lügendetektor dazu sagt.

Die offiziellen Stellen geben zu, dass das US-Verteidigungsministerium und die CIA die Überfälle der südvietnamesischen Marine auf die nordvietnamesische Küste geplant und überwacht haben.

Sie geben zu, dass Zerstörer der US Navy dazu eingesetzt wurden, Informationen über nordvietnamesische Einrichtungen zu erhalten, und dass diese Informationen dann an die südvietnamesische Marine weitergegeben wurden, die ihre Überfälle unter der Aufsicht der Vereinigten Staaten durchführte.

Die südvietnamesischen Angreifer unter der Kontrolle des US-Verteidigungsministeriums sowie die amerikanischen Zerstörer, die ebenfalls unter Kontrolle des US-Verteidigungsministeriums standen, befanden sich in der Nacht eines Überfalls in denselben Gewässern.

Vielleicht war das ja alles nur Zufall, ein unglückliches Zusammentreffen.

Aber wenn dem so wäre – warum hat sich dann niemand dazu geäußert?

Die einzig vernünftige Schlussfolgerung ist meiner Ansicht nach, dass die Verantwortlichen (Verteidigungsministerium, CIA?) einen Zwischenfall provozieren wollten, der als Vorwand für einen Kriegseintritt dienen könnte.

Und das ist ihnen auch gelungen.

Der Zerstörer USS Maddox lief am 28. Juli 1964 in Taiwan aus und war zufällig gerade in der Nähe der Insel Hòn Mê, als ein südvietnamesischer Trupp genau diese Insel angriff.

> In der Nacht vom 30. auf den 31. Juli war der Zerstörer im Golf von Tonkin stationiert, als ein 34A-Überfall auf die Insel Hòn Mê gestartet wurde. Südvietnamesische Kommandotruppen feuerten von zwei Booten aus Maschinengewehre und kleine Kanonen auf die Radar- und Militäreinrichtungen der Insel ab. Zur selben Zeit führten zwei andere südvietnamesische Kommandoboote einen ähnlichen Angriff auf die mehr als 40 Kilometer südlich gelegene Insel Hòn Ngư durch.
>
> Nachdem die Maddox beobachtet hatte, dass nordvietnamesische Torpedoboote die Boote verfolgten, die Hòn Mê angegriffen hatten, zog sie sich aus dem Gebiet zurück. Auf eine spätere Anfrage aus der NSA-Zentrale gab der Zerstörer jedoch an, nichts von dem OPLAN-Überfall auf die Insel gewusst zu haben. Diese Unkenntnis bereitete den Boden für ein Kräftemessen zwischen nordvietnamesischen Streitkräften und der Abhörplattform der US Navy.[7]

Ist es überraschend, dass die Nordvietnamesen in irgendeiner Form auf die Überfälle reagierten? Glauben Sie wirklich, dass bloße »Unkenntnis« dahintersteckte? Mir scheint es eher so, als hätten die Militär- und Geheimdienstverantwortlichen das Leben der unter ihrem Befehl stehenden jungen Männer aufs Spiel gesetzt – und das finde ich unverzeihlich. Am 1. August 1964 geschah dann Folgendes:

> Um 14:40 Uhr spürte der Zerstörer drei nordvietnamesische Patrouillenboote auf, die sich seiner Position von Westen her näherten. Kapitän Herrick, der aufgrund der früheren SIGINT-Meldung über die nordvietnamesischen Absichten Bescheid wusste, befahl den Geschützbesatzungen, das Feuer zu eröffnen, sobald sich die schnell herankommenden

drei Boote dem Zerstörer auf 9 Kilometer näherten. Um etwa 15:05 Uhr wurden drei 5-Zoll-Schüsse vor den Bug des am nächsten herangekommenen Boots abgefeuert. Das führende Boot feuerte im Gegenzug einen Torpedo ab und drehte ab. Ein zweites Boot feuerte daraufhin zwei »Fische« ab, wurde aber vom Geschützfeuer des Zerstörers getroffen. Das erste PT-Schnellboot griff dann wieder ein, feuerte einen zweiten Torpedo ab und eröffnete das Feuer mit seinen 14,5-mm-Geschützen, bevor Granatfeuer von der Maddox das Boot schwer beschädigte.[8]

Von den drei Booten, die die Maddox verfolgten, konnte eines brennend und manövrierunfähig abgehängt werden, die anderen zwei waren schwer beschädigt.

Die Hintergründe dieses Angriffs waren zwar recht undurchsichtig, aber es handelte sich nichtsdestotrotz um einen echten Angriff. Normalerweise hätte er jedoch nicht ausgereicht, um den US-Kongress zu einer Kriegserklärung zu veranlassen. Wenn er auf einen Fehler unserer Soldaten zurückzuführen war – warum verstärkte die Navy dann ihre Angriffe auf Nordvietnam immer weiter?

Am folgenden Tag nahm die Maddox ihre Desoto-Patrouille wieder auf. Da Präsident Lyndon B. Johnson die Entschlossenheit der Amerikaner und ihr Recht, in internationalen Gewässern zu navigieren, demonstrieren wollte, erteilte er der USS Turner Joy (DD-951) den Befehl, sich dem ersten Zerstörer auf seiner Patrouille vor der nordvietnamesischen Küste anzuschließen. In dieser Nacht führten die Südvietnamesen weitere OPLAN-34A-Überfälle durch. Drei Patrouillenboote griffen eine Sicherheitsgarnison in Cửa Ròn (an der Mündung des Flusses Sông Ròn) und eine Radaranlage in Vĩnh Sơn an, wobei sie 770 Schuss hochexplosive Munition auf die Ziele abfeuerten. Somit waren nordvietnamesische Einrichtungen vier Mal innerhalb von 5 Tagen angegriffen worden.[9]

Manchmal ist es emotional schwierig für mich, solche Berichte über einen Krieg zu lesen, der vor 59 Jahren begonnen hat. Nicht, weil ich in dieser Zeit schon am

Leben war, sondern weil ich später viele Vietnamveteranen kennengelernt habe. Im Großen und Ganzen handelt es sich bei ihnen um jene guten, patriotischen Männer, die unser Land schon immer hervorgebracht hat und die so furchtbar verraten und in vielen Fällen irreparabel geschädigt wurden. Leute wie General William Westmoreland, Verteidigungsminister Bob McNamara und andere drückten sich vor der Verantwortung für ihre Verbrechen – und ich finde nur Trost im Gedanken, dass letztendlich Gott denen, die Böses getan haben, Gerechtigkeit widerfahren lassen wird.

Soldaten und Seeleute, die an vorderster Front kämpfen, können Fehler begehen und dennoch ehrenhaft bleiben. Dies trifft nirgends mehr zu als beim Tonkin-Zwischenfall. In der Nacht des 4. August 1964 herrschte nämlich enorme Verwirrung, wie der Artikel des US-Marineinstituts weiter ausführt:

Wo 2 Tage zuvor noch klares Wetter geherrscht hatte, verringerten nun Gewitter und Regenböen die Sicht und erzeugten fast 2 Meter hohe Wellen. Zu diesen erschwerten Beobachtungsbedingungen kam noch die Tatsache, dass sowohl das SPS-40-Luftraumsuchradar mit großer Reichweite der Maddox als auch das SPG-53-Feuerleitradar der Turner Joy nicht funktionierten. In dieser Nacht ließ Herrick die beiden Schiffe aufs Meer hinausfahren, um sich im Fall eines Angriffs Manövrierraum zu verschaffen.

Dennoch meldete die Maddox um 20:40 Uhr, dass sie unidentifizierte Boote verfolgte. Obwohl die US-Zerstörer mehr als 160 Kilometer vor der nordvietnamesischen Küste operierten, schienen die sich nähernden Schiffe aus mehreren Richtungen zugleich zu kommen, einige aus Nordosten, andere aus Südwesten. Von Osten her tauchten wieder andere Ziele auf, die den Angriffsprofilen von Torpedobooten glichen. Ziele verschwanden, und neue Ziele tauchten aus entgegengesetzten Himmelsrichtungen auf.[10]

Sehen Sie die Szene klar vor sich? Alles war in höchster Alarmbereitschaft. Die Stimmung war gereizt, weil es erst wenige Tage zuvor einen Angriff gegeben hatte. Das Wetter wurde ungemütlich, ein paar wichtige Geräte funktionierten nicht, und die eintreffenden Daten ergaben keinen Sinn.

Stellten sich die Besatzungen der Maddox und der Turner Joy vor, kurz vor einer bösen Überraschung à la Pearl Harbor zu stehen? Das ergab zwar keinen Sinn, aber die Anzeigen ihrer Instrumente deuteten trotzdem darauf hin.

Im Laufe der nächsten 3 Stunden manövrierten die beiden Schiffe wiederholt mit hoher Geschwindigkeit, um den vermeintlichen Angriffen feindlicher Boote auszuweichen. Die Zerstörer meldeten einen Beschuss mit automatischen Waffen, mehr als 20 Torpedoangriffe, Sichtungen von Torpedo-Heckwellen, feindliche Cockpitbeleuchtungen und die Beleuchtung durch Suchscheinwerfer sowie zahlreiche Radar- und Oberflächenkontakte. Als die Zerstörer ihren »Gegenangriff« abbrachen, hatten sie 249 5-Zoll-Geschosse, 123 3-Zoll-Geschosse und 4 oder 5 Wasserbomben abgefeuert.[11]

Die Seeleute der Maddox und der Turner Joy glaubten, sie würden angegriffen. In Wahrheit dürfte es sich jedoch um eine Fehlfunktion der Geräte und eine Massenhysterie gehandelt haben. Der einzige Pilot, dem es gelang, sein Flugzeug in die Luft zu bringen (James Stockdale, der später im Hanoi Hilton gefangen gehalten wurde und dann an der Seite des Reform-Party-Kandidaten Ross Perot für das Amt des Vizepräsidenten kandidierte), berichtete später: »Ich hatte einen Logenplatz, um den Vorfall zu beobachten – und unsere Zerstörer schossen nur auf Phantomziele. Da waren keine PT-Schnellboote … es gab dort nichts als schwarzes Wasser und amerikanische Feuerkraft.«[12]

Stockdale erkannte als Erster, dass es sich um falschen Alarm handelte; bald zog aber auch der Kapitän der Maddox diesen Schluss.

Kapitän Herrick begann ebenfalls, an dem Angriff zu zweifeln. Im Verlauf der Schlacht erkannte er, dass die »Angriffe« in Wahrheit auf »übereifrige Sonarbediener« und eine schlechte Geräteleistung zurückzuführen waren. Die Turner Joy hatte während des gesamten

Gefechts keine Torpedos entdeckt, und Herrick stellte fest, dass das Maddox-Sonarpersonal wahrscheinlich nur die Schiffsschrauben hörte, die bei scharfen Wendemanövern vom Steuerruder des Schiffs reflektiert wurden. Die Hauptkanone des Zerstörers konnte nie ein Ziel erfassen, weil das Radar, wie der Bediener vermutete, nur die Wellenberge der stürmischen See anzeigte.

Um 1:27 Uhr am 5. August, Stunden nach den »Angriffen«, hatte Herrick seine Besatzung befragt und die Ereignisse der vergangenen Stunden Revue passieren lassen. Er schickte eine Eilmeldung höchster Priorität nach Honolulu, die am 4. August [Vietnam war Washington, D. C., um einen Tag voraus, weil es jenseits der Datumsgrenze liegt] um 13:27 Uhr in Washington eintraf und in der er seine Zweifel zum Ausdruck brachte. »Eine Überprüfung des Einsatzes lässt viele gemeldete Kontakte und abgefeuerte Torpedos als zweifelhaft erscheinen. Die Auswirkung von Wetterkapriolen auf das Radar sowie übereifrige Sonarbediener könnten für viele Berichte verantwortlich sein. Keine tatsächliche visuelle Sichtung durch die Maddox. Schlage vollständige Auswertung vor, bevor weitere Maßnahmen ergriffen werden.«[13]

Wir sollten uns stets vor Augen halten, dass Menschen, die an vorderster Front mit einem Problem zu tun haben, sei es auf dem Schlachtfeld, in einem Krankenhaus oder in einem Klassenzimmer, in den meisten Fällen versuchen, das Richtige zu tun. Das Problem scheint weiter oben in der Befehlskette zu liegen, wenn Autoritätspersonen (die vielleicht nicht immer eine ethische Einstellung haben) die Informationen für ihre eigenen Zwecke zu manipulieren versuchen. Der Tonkin-Zwischenfall könnte eine Ausnahme von dieser allgemeinen Regel sein, weil es so aussieht, als hätten die Verantwortlichen die Situation (südvietnamesische Angriffsboote, die in der Nähe amerikanischer Zerstörer agieren) manipuliert, ohne die zwei betroffenen Gruppen darüber zu informieren – eben, um eine Konfrontation herbeizuführen. Ich verstehe, dass manche Leute sagen: »Ja, die Koordination zwischen den beiden Gruppen dürfte wirklich mangelhaft gewesen sein, aber eine böswillige Absicht wurde bisher nicht nachgewiesen.«

Doch genau wie bei einem Mordfall wird der Versuch, die Leiche zu verstecken, anstatt sie der Polizei zu melden, meistens als Beweis dafür gewertet, dass ein Verbrechen begangen wurde und die Person nicht an einem Herzinfarkt gestorben ist. Die Art und Weise, wie sich jemand *nachträglich* verhält, kann mit Sicherheit Hinweise auf seine *Absichten* liefern.

Die vorgelegten Beweise über die Handlungen des Piloten Commander James Stockdale und des Kapitäns Herrick zeigen, dass sie ihre Pflichten auf vernünftige und ethische Weise erfüllt haben. Als sie glaubten, attackiert zu werden, griffen sie zu allen nur möglichen Ausweichmaßnahmen, einschließlich des Feuerns auf den vermeintlichen Feind. Nach Ende des Alarmzustands untersuchten sie, ob ihre Vermutung zugetroffen hatte, stellten dabei fest, dass sie einen Angriff nicht belegen konnten, und informierten ihre Vorgesetzten, dass die früheren Berichte wahrscheinlich falsch gewesen waren.

Die Leute, die weiter oben in der Befehlskette standen, handelten jedoch nicht so ehrenhaft.

Als Commander Stockdale wieder an Bord der Ticonderoga war, erhielt er den Befehl, wegen der »Angriffe« am Vorabend einen Luftschlag gegen nordvietnamesische Ziele vorzubereiten. Anders als Kapitän Herrick war Stockdale nicht im Zweifel darüber, was passiert war: »Wir standen kurz davor, einen Krieg unter falschem Vorwand zu beginnen, obwohl der militärische Befehlshaber vor Ort gegenteilige Beweise geliefert hatte.« Trotz seiner Vorbehalte leitete Stockdale einen Angriff von 18 Flugzeugen auf ein Öllager in Vinh, das sich im Landesinneren befand, unweit der Stelle, wo die angeblichen Attacken auf die Maddox und die Turner Joy stattgefunden hatten. Obwohl der Angriff erfolgreich war (das Öllager wurde komplett zerstört, und 33 von 35 Schiffen wurden getroffen), wurden dabei zwei amerikanische Flugzeuge abgeschossen, wobei ein Pilot ums Leben kam und der andere in Gefangenschaft geriet.[14]

An dieser Stelle beginnt die Geschichte für mich problematisch zu werden. Ich glaube an die Kommandostruktur und den Respekt vor der Autorität – aber was tut ein getreuer Amerikaner, wenn er einen unethischen Befehl erhält? Ein Mensch kann keine schwerwiegendere Entscheidung treffen als die, in den Kampf zu ziehen und wahrscheinlich andere Menschen töten zu müssen. Die Entschuldigung, dass man »nur Befehle befolgt« habe, wurde bei den Nürnberger Prozessen nicht akzeptiert, wenn deutsche Soldaten oder hohe Beamte sie vorbrachten. Es gibt ein höheres Gesetz, das alle von weltlichen Behörden erlassenen außer Kraft setzt.

Es ist mir egal, ob ich vor ein Kriegsgericht gestellt und ins Gefängnis geworfen worden wäre. Ich hätte diese Kampftruppe nicht angeführt und wäre auch so wie Kapitän Herrick nicht der »militärische Befehlshaber vor Ort« geblieben.

Wenn sich diese beiden Männer einfach hingestellt und gesagt hätten »Das ist falsch, da mache ich nicht mit«, wenn sie vielleicht die *Washington Post* oder die *New York Times* angerufen hätten, dann wären uns eventuell die mehr als 50 000 amerikanischen Soldaten und die mehr als 1 Million Vietnamesen, die in unserem Krieg gestorben sind, erspart geblieben.

Mir wäre gleichgültig, wer mir den Befehl gegeben hat – ich würde nicht gegen mein Gewissen handeln und unter einem Vorwand, den ich als falsch erkannt habe, in den Krieg ziehen. Meine unsterbliche Seele bedeutet mir viel mehr als alles, was die Militärs mir antun können. Wegen der Feigheit dieser beiden Männer steht heute dies in den Geschichtsbüchern:

Am 7. August beschloss der Kongress nahezu einstimmig die Tonkin-Resolution, der Präsident Johnson 3 Tage später Gesetzeskraft verlieh. Die von Johnson beantragte Resolution bevollmächtigte den Präsidenten, »alle notwendigen Maßnahmen zu ergreifen, um jeden bewaffneten Angriff gegen die Streitkräfte der Vereinigten Staaten abzuwehren und weitere Aggressionen zu verhindern«. Eine Genehmigung oder Überwachung der militärischen Maßnahmen durch den Kongress war nicht erforderlich, womit das in der US-Verfassung verankerte System der gegenseitigen Kontrolle praktisch aufgehoben wurde. Als der Präsident von der Verabschiedung der Resolution durch beide Häuser des Kongresses erfuhr, bemerkte er erfreut, die Resolution sei »wie Großmutters Nachthemd. Sie deckt alles ab.«[15]

Und so verschwand die amerikanische Demokratie vorübergehend unter den Wellen des militärisch-industriellen Komplexes, und wir begannen unseren verheerendsten Krieg vor Präsident George W. Bushs Krieg gegen den Terror. Wie konnte man es jemals für eine gute Idee halten, das System der gegenseitigen Kontrolle abzuschaffen, das Amerika durch frühere Kriege geleitet hatte?

Wie anders hätte das Ergebnis ausfallen können, wenn der Kongress und die amerikanische Öffentlichkeit darüber informiert worden wären, wie die CIA und das Verteidigungsministerium die Angriffe der südvietnamesischen Marine auf Nordvietnam gesteuert haben?

Es kann kein Zweifel daran bestehen, dass die Hauptquelle für falsche Informationen Verteidigungsminister Robert McNamara selbst war. Hier noch ein Zitat aus der Zeitschrift des US-Marineinstituts:

> In der Folge täuschte Minister McNamara den Kongress und die Allgemeinheit absichtlich, was sein Wissen über die 34A-Operationen und deren Art betraf, weil diese Überfälle ansonsten mit Sicherheit als die eigentliche Ursache für den Angriff auf die Maddox am 2. August und den scheinbaren Angriff am 4. August angesehen worden wären. Als McNamara am 6. August in einer gemeinsamen Sitzung vor den Senatsausschüssen für auswärtige Beziehungen und für die Streitkräfte zu dem Vorfall aussagen sollte, wich er der Fragestellung durch Senator Wayne Morse (Demokrat – Oregon) aus, der konkret wissen wollte, ob die 34A-Operationen die nordvietnamesische Reaktion provoziert haben könnten. McNamara erklärte stattdessen, dass »unsere Navy bei den südvietnamesischen Aktionen, sollte es diese überhaupt gegeben haben, absolut keine Rolle gespielt hat, nicht damit in Verbindung stand und nichts davon wusste.«[16]

Wenn ich eine solche Textstelle lese, muss ich an einen normalen Arbeitnehmer und die Konsequenzen denken, die ihm schon bei der kleinsten Lüge – zum Beispiel, ob er Büromaterial für seinen persönlichen Gebrauch mitgenommen hat – drohen. Das erinnert mich an die Gesetze der Römischen Republik, in der ein wegen Bestechung verurteilter Beamter von einer Klippe gestürzt oder in einen Sack mit Giftschlangen eingenäht und in den nächsten Fluss geworfen werden konnte. Korruption im öffentlichen Dienst ist nicht nur eine Frage der persönlichen Bereicherung, sondern lässt auch das gesamte Regierungssystem verfaulen.

Verteidigungsminister McNamara log, und unsere Soldaten mussten sterben. Wurde er dafür je öffentlich gedemütigt und in den Ruin getrieben? Nein – statt ihn von einer Klippe zu stürzen, machte man ihn vom Verteidigungsminister zum Präsidenten der Weltbank. Diese Position hatte er von April 1968 bis Juni 1981 inne.[17]

Doch die Lügen von militärisch-industriellem Komplex/Tiefem Staat/CIA beschränkten sich keineswegs auf den Vietnamkrieg.

$$***$$

Der Irakkrieg war wie der Vietnamkrieg ein Krieg der Wahl.

Am 20. März 2003 gab Präsident George W. Bush bekannt, dass die US-Streitkräfte eine Militäraktion zum Einmarsch in den Irak begonnen hatten, nicht nur wegen dessen Verstoßes gegen diverse UN-Resolutionen, sondern auch wegen der amerikanischen Behauptung, der Irak besitze Massenvernichtungswaffen.[18] Ohne die angebliche Existenz dieser Massenvernichtungswaffen hätte die Invasion nach Ansicht vieler Kommentatoren nie die notwendige Unterstützung durch die Amerikaner und den Kongress erhalten.

Im Jahr 2005 erstellte der Geheimdienstausschuss des Senats jedoch einen Bericht über die geheimdienstlichen Fehler, die zum Einmarsch in den Irak führten. 2019 hieß es in einem Artikel der *Washington Post* über die Untersuchungsergebnisse des Ausschusses:

> Man darf nicht vergessen, dass die Regierung Bush offenbar fest entschlossen war, den Irak aus einer ganzen Reihe von Gründen anzugreifen, die weit über den Verdacht auf Besitz von Massenvernichtungswaffen hinausgingen; auf Letztere konzentrierten sich die Politiker, weil sie darin das stärkste Argument für einen Einmarsch sahen. »Aus bürokratischen

Gründen einigten wir uns auf ein Thema, nämlich die Massenvernichtungswaffen, weil dies der einzige Grund war, auf den sich alle einigen
konnten«, gab der damalige stellvertretende Verteidigungsminister Paul
Wolfowitz 2003 in einem Interview mit *Vanity Fair* preis.

Scott McClellan, der zu dieser Zeit Fleischers Stellvertreter war, drückte
es in seinen Memoiren, die unter dem Titel *What Happened* erschienen,
so aus: »Im Herbst 2002 führten Bush und das Weiße Haus eine sorgfältig
inszenierte Kampagne durch, mit der Quellen der öffentlichen Zustimmung zu unseren Gunsten geformt und manipuliert werden sollten. [...]
Unsere fehlende Offenheit und Ehrlichkeit bei der Argumentation für
den Krieg führte später zu einer voreingenommenen Reaktion unserer
politischen Gegner, die auf ihre Weise eine wesentlich differenziertere
Realität weiter verzerrte und verschleierte.«[19]

Es ist schon ziemlich erbärmlich, wenn die Lüge, die man erzählt hat, den Tod
Tausender amerikanischer Soldaten und Hunderttausender Iraker verursacht
hat – und das Beste, was einem dazu einfällt, ist die Ausrede, dass man die
»wesentlich differenziertere Realität« nicht bekannt geben wollte, sondern lieber
auf »fehlende Offenheit und Ehrlichkeit« gesetzt hat.

Hat außer den Funktionären der Regierung Bush auch der Kongress seine
Aufgabe nicht erfüllt? Sind all der Tod und die Zerstörung durch die Invasion
des Irak im Jahr 2003 darauf zurückzuführen, dass unsere Kongressabgeordneten nicht in der Lage waren, weitere 71 Seiten über die Argumente für und wider
ein militärisches Einschreiten zu lesen?

Ja, ich weiß, das klingt schon wieder wie eine der typischen Alex-Jones-
Verschwörungstheorien.

Aber es gab tatsächlich zwei Berichte, zwischen denen die Kongressabgeordneten wählen konnten: eine 25 Seiten umfassende »bereinigte« Version, die man
der Allgemeinheit zugänglich machte, und ein 96 Seiten langes, umfassenderes
NIE(National Intelligence Estimate)-Dossier über die wahrscheinlichen militärischen Kapazitäten des Irak. In der *Washington Post* hieß es dazu:

Das Problem ist, dass nur wenige Kongressabgeordnete das als geheim eingestufte NIE-Dossier tatsächlich gelesen haben. Sie verließen sich stattdessen auf eine bereinigte, für die Öffentlichkeit bestimmte Version, aus der alle abweichenden Meinungen gestrichen worden waren. (Wie sich später herausstellte, war die Informationsschrift für die Allgemeinheit lange vor der Anforderung des NIE-Dossiers durch den Kongress verfasst worden, obwohl die Informationsschrift öffentlich als Zusammenfassung des Dossiers präsentiert wurde. Dies kann als eine weitere Manipulation der öffentlichen Meinung gelten.)

Einer der wenigen Gesetzgeber, die den geheimen Bericht gelesen haben, war Senator Bob Graham (Demokrat – Florida), der gegen den Beschluss des Kongresses stimmte, einen Angriff auf den Irak zu autorisieren. Er schrieb später, dass die als geheim eingestufte Version »energische Einwände gegen wichtige Teile der präsentierten Informationen enthielt, unter anderem vom Außen- und vom Energieministerium. Besonders skeptisch stand man den erwähnten Aluminiumröhren gegenüber, die als Beweis für die Wiederaufnahme des irakischen Atomprogramms dienen sollten.« [...]

Graham sagte, dass die Lücke zwischen dem 96-seitigen Geheimdokument und der 25-seitigen veröffentlichten Version ihn daran »zweifeln lasse, ob das Weiße Haus die Wahrheit sagt – oder überhaupt ein Interesse daran hat, die Wahrheit zu erfahren«.[20]

Ich finde es zugegebenermaßen höchst verblüffend, dass die Entscheidung über Krieg und Frieden davon abhängt, ob Politiker 71 Seiten eines Berichts lesen oder sich mit einer 25 Seiten umfassenden »Kurzfassung« zufriedengeben.

Spielen wir also wieder einmal das Spiel: »Sind die dumm oder böse?«

Wenn solche Stories in die Zeitung kommen, fällt den Mainstream-Medien meist nichts Besseres ein, als irgendeine Art Charakterschwäche bei Politikern zu diagnostizieren. So geschehen in diesem Kommentar aus dem Onlinemagazin *Slate*, der als wahren Grund für die Kriegserklärung gegen den Irak ein »Ego-Problem« vermutet.

Nachdem ich nun ein ganzes Jahr damit verbracht habe, über den Krieg zu lesen und mit Leuten darüber zu sprechen, bin ich zu der Überzeugung gelangt, dass ein Versagen dieser Größenordnung vor allem auf das Ego zurückzuführen ist – und zwar auf persönlicher, institutioneller und nationaler Ebene. Es ist das Ego, das beispielsweise zum Ausdruck kommt, wenn man nicht anerkennen will, dass auch Kritiker einer Idee nicht ganz unrecht haben könnten oder dass die Fakten eventuell nicht die eigenen Absichten unterstützen. Vor allem aber manifestiert es sich in der Vorstellung, dass ein Land einfach beschließen kann, ein anderes mit Gewalt zu verändern, und damit Erfolg hat.[21]

Na, so was! Wir bräuchten also nur ein paar Abgeordnete mit weniger Ego und mehr Lesekompetenz im Kongress, dann könnten wir diese unglückseligen Kriege verhindern. Auf diese Position ziehen sich wenigstens die Mainstream-Medien immer zurück, wenn die Wahrheit über das totale Desaster Irakkrieg ans Licht kommt. Wir müssen jedoch einräumen, dass wenigstens das Außenministerium und das Energieministerium der USA im Vorfeld des Irakkriegs Berichte vorgelegt haben, die eindeutige Argumente gegen eine Invasion lieferten.

Doch sie wurden ignoriert.

War daran etwa das »Ego« schuld?

Oder gab es vielleicht finanzielle Anreize? Der Karikaturist und Politkommentator Scott Adams hat festgestellt, dass es aus irgendeinem Grund stets ein gutes Analyseinstrument ist, »dem Geld zu folgen«, wenn man erklären will, warum gewisse Dinge geschehen.

Diesen Filter über die Nachrichten zu legen, funktioniert immer, auch wenn es eigentlich nicht funktionieren sollte.

Wir wissen nicht, ob bestimmte Leute gezielt bestochen wurden (ich würde auch nicht darauf wetten, dass dies in großem Umfang passierte), doch Geld scheint eine Macht auf Menschen auszuüben, die Entscheidungen im Sinne von Konzernen beeinflusst. Wenn wir das glauben, müssen wir auch die Frage stellen, ob der Irakkrieg ein Erfolg für den militärisch-industriellen Komplex war, auch wenn er kein Erfolg für die USA oder die Iraker war, in deren Namen er angeblich geführt wurde. Das folgende Zitat stammt aus einem CNN-Artikel vom März 2013, in dem die 10 Jahre des Irakkriegs behandelt wurden:

> Die USA haben die Hauptlast sowohl der militärischen als auch der Wiederaufbaukosten getragen und mindestens 138 Milliarden Dollar für private Sicherheits-, Logistik- und Wiederaufbauunternehmen ausgegeben, die alles von den Sicherheitsvorkehrungen für Diplomaten über Kraftwerke bis hin zum Toilettenpapier geliefert haben.
>
> Eine Analyse der *Financial Times* offenbart das Ausmaß, in dem sowohl amerikanische als auch ausländische Unternehmen von dem Konflikt profitiert haben: Die zehn größten Vertragsfirmen konnten sich Aufträge im Wert von insgesamt mindestens 72 Milliarden Dollar sichern.
>
> Keines dieser Unternehmen profitierte mehr als KBR, das früher unter dem Namen Kellogg, Brown & Root firmierte. Die umstrittene ehemalige Tochtergesellschaft von Halliburton, das einst von Dick Cheney, dem Vizepräsidenten George W. Bushs, geleitet wurde, erhielt in den vergangenen 10 Jahren Bundesaufträge in Höhe von mindestens 39 Milliarden Dollar im Zusammenhang mit dem Irakkrieg.[22]

Folgen Sie dem Geld.

Das funktioniert immer, auch wenn es eigentlich nicht funktionieren sollte.

Der militärisch-industrielle Komplex ist nicht an amerikanischen Siegen interessiert.

Er ist nur daran interessiert, Produkte für amerikanische Kriege zu liefern.

Nach dem Schweinebucht-Desaster gelangte Präsident Kennedy zu der Überzeugung, dass seine Militär- und Geheimdienstberater ausschließlich darauf bedacht waren, ihm eine schier endlose Abfolge von Krisen zu präsentieren, die ein militärisches Eingreifen erforderlich machen sollten. Und dies sollte jeweils mithilfe des militärisch-industriellen Komplexes möglich sein, vor dem Eisenhower gewarnt hatte.

Diese raffgierigen Aktivitäten halten bis heute an und bringen uns alle in Gefahr.

★★★

Wer trägt einen großen Teil der Schuld am russischen Einmarsch in die Ukraine?

Ich bin davon überzeugt, dass es die Neocons sind – die spirituellen Nachfahren der Außenpolitikbeamten, die schon Kennedy zu einer Invasion Kubas bewegen wollten, uns erfolgreich in den Vietnamkrieg verwickelten und mit dem Irakkrieg beinahe den gesamten Nahen Osten zerstört hätten. Sie tragen auch die Hauptverantwortung für die Ukrainekrise.

Und wie schlimm ist der Ukrainekrieg sowohl für die Ukrainer als auch für die Russen? Dazu möchte ich aus einem Artikel zitieren, der 2023 in der *Washington Post* erschien:

> Eindeutige Opferzahlen sind schwer zu ermitteln, weil sowohl Kiew als auch Moskau nur Zahlen veröffentlichen, die weit unter den Schätzungen der meisten Analysten liegen. Der Kreml wies die jüngste Schätzung der Vereinigten Staaten über seine Verluste zurück und hat die vergangenen 15 Monate damit verbracht, der russischen Öffentlichkeit das Ausmaß seiner Verluste weitgehend zu verschweigen. Wenn die westlichen Schätzungen – 200 000 russische Verluste, davon mehr als 40 000 Tote seit Beginn der Invasion vergangenes Jahr – auch nur annähernd stimmen, dann wären die Opferzahlen etwa dreimal so hoch wie die Anzahl der Soldaten, die die Sowjetunion während des 10-jährigen Krieges in Afghanistan verloren hat.[23]

Afghanistan war ein Desaster für die Russen, ebenso wie für die USA und genauso wie für die Briten im 19. Jahrhundert. Erweckt das nicht den Eindruck, dass es vielleicht eine gute Idee wäre, sich aus Afghanistan herauszuhalten (wenn man nicht gerade eine Menge Waffen und militärische Güter verkaufen will)?

Und wie viele ukrainische Soldaten sind in diesem Krieg gestorben – Söhne und Ehemänner, die nie mehr zu ihren Familien zurückkehren werden? Das sagte Robert F. Kennedy Jr. zu diesem Thema, als er am 20. April 2023 bei Tucker Carlson zu Gast war:

Viele Ukrainer sterben in einem Stellvertreterkrieg der USA gegen Russland, sagte Robert F. Kennedy Jr. kurz nach seiner Ankündigung, für die Demokratische Partei als Präsidentschaftskandidat gegen Präsident Joe Biden antreten zu wollen.

»Wir töten eine Menge Ukrainer als Schachfiguren in einem Stellvertreterkrieg zwischen zwei Großmächten«, sagte Kennedy am Donnerstagabend in der Fox-News-Sendung *Tucker Carlson Tonight*. »Darüber spricht niemand. Bisher sind 14 000 ukrainische Zivilisten und 300 000 Soldaten gestorben. Die Russen bringen Ukrainer in einem Verhältnis von 7:1 bis 8:1 um. Das können die Ukrainer nicht durchhalten. Was man uns über diesen Krieg erzählt, stimmt einfach nicht.«[24]

Ist es nicht ein schrecklicher Zustand, wenn wir nicht einmal genaue Informationen über einen Krieg bekommen können, zu dem wir mehr als 100 Milliarden Dollar beigetragen haben?[25] Sind Tucker Carlson und Robert F. Kennedy die zwei einzigen ehrlichen Persönlichkeiten des öffentlichen Lebens, die es in Amerika noch gibt? Würden Sie Kennedys Darstellung des Ukrainekriegs als einem »Stellvertreterkrieg« zustimmen? Wie wäre es, wenn wir die Worte von Jeffrey Sachs, Professor an der Columbia University und Berater von drei ehemaligen Generalsekretären der Vereinten Nationen, aus einem vor Kurzem erschienenen Artikel zitieren? Es gibt neben Kennedy eben doch noch ein paar ehrliche Liberale unter uns.

George Orwell schrieb in seinem Roman *1984*: »Wer die Vergangenheit kontrolliert, kontrolliert die Zukunft. Wer die Gegenwart kontrolliert, kontrolliert die Vergangenheit.« Regierungen arbeiten unermüdlich daran, die öffentliche Wahrnehmung der Vergangenheit zu verzerren. Was den Ukrainekrieg angeht, hat die Regierung Biden wiederholt und fälschlicherweise behauptet, dass dieser Krieg mit einem unprovozierten Angriff Russlands auf die Ukraine am 24. Februar 2022 begonnen habe. Tatsächlich aber wurde der Krieg von den USA auf eine Art und Weise provoziert, dass führende US-Diplomaten ihn schon jahrzehntelang vorausgesehen hatten. Das bedeutet im Umkehrschluss, dass der Krieg hätte vermieden werden können und nun am Verhandlungstisch beendet werden sollte.[26]

Es ist wirklich verblüffend, was für einen umfassenden Gedächtnisschwund uns unsere Medien in Bezug auf erst vor wenigen Jahren stattgefundene Ereignisse aufzwingen wollen. Wenn ich auf solche Fehler hinwies, sagten die Leute jahrelang zu mir: »Na ja, Alex, die haben es einfach vergessen. Sie passen eben nicht so gut auf wie du. Aber ich glaube nicht, dass sie es mit Absicht tun.« Ich musste mir bei solchen Bemerkungen immer die Haare raufen, und heute (abgesehen davon, dass ich mittlerweile keine Haare mehr zum Raufen habe) sage ich ganz direkt und offen, dass das alles nicht unabsichtlich passiert.

Sie lügen vorsätzlich, sowohl bei dem, was sie Ihnen erzählen, als auch bei dem, was sie weglassen.

Kehren wir damit zu der exzellenten Analyse von Professor Sachs über das Versagen des Westens in der Ukraine zurück:

> Im Grunde genommen gab es zwei Hauptprovokationen der USA. Die erste war die Absicht der Amerikaner, die NATO um die Ukraine und Georgien zu erweitern, um Russland in der Schwarzmeerregion mit NATO-Ländern (entgegen dem Uhrzeigersinn die Ukraine, Rumänien, Bulgarien, Türkei und Georgien) einzukreisen. Die zweite war die Rolle der USA bei der Einsetzung eines russophoben Regimes in der Ukraine durch den gewaltsamen Sturz des prorussischen Präsidenten Wiktor Janukowytsch im Februar 2014. Der offene Krieg begann mit Janukowytschs Absetzung vor 9 Jahren, nicht im Februar 2022, wie uns die US-Regierung, die NATO und die G7-Führer weismachen wollen.[27]

Mit alledem forderte man Russland direkt heraus. He, Russland, wir werden dein Land mit NATO-Streitkräften umzingeln, und dann werden wir einen Umsturz in einem großen Land herbeiführen, das früher Teil der Sowjetunion war und dreimal – im Krimkrieg, im Ersten und im Zweiten Weltkrieg – als Aufmarschgebiet für den Einmarsch in dein Land genutzt wurde! Was würden wir tun, wenn China die Macht in Mexiko übernähme?

Der Artikel behandelte auch das doppelte Spiel eines Joe Biden:

> Biden und sein außenpolitisches Team weigern sich, die wahren Kriegsursachen zu diskutieren. Ihre Offenlegung würde der Regierung auf dreifache Art schaden: Erstens würde sie die Tatsache entlarven, dass der Krieg hätte vermieden oder früh beendet werden können, wodurch der Ukraine ihre aktuelle Verheerung und den USA Ausgaben in Höhe von bislang mehr als 100 Milliarden Dollar erspart geblieben wären. Zweitens würde sie die persönliche Rolle von Präsident Biden in diesem Krieg aufdecken, da er am Sturz Janukowytschs beteiligt war, sich davor als wichtiger Unterstützer des militärisch-industriellen Komplexes auszeichnete und ein sehr früher Befürworter der NATO-Erweiterung war. Und drittens hätte sie Biden an den Verhandlungstisch gedrängt und somit den anhaltenden Druck der Regierung nach einer NATO-Erweiterung untergraben.[28]

Und wer könnte je vergessen, dass Joes Sohn Hunter Biden vom ukrainischen Energieunternehmen Burisma 1 Million Dollar jährlich erhielt?[29] Joe Biden ist in Sachen Ukraine in derart viele Interessenkonflikte verwickelt, dass ich mich wundere, dass er überhaupt noch Präsident ist. Aber Gott hat wahrscheinlich seine Pläne.

Und es gab weiß Gott etliche Warnungen von Diplomatieexperten wie dem legendären George Kennan, aber auch von William Perry, Verteidigungsminister unter Präsident Bill Clinton, und dem derzeitigen CIA-Direktor William Burns, der im Jahr 2008 US-Botschafter in Russland war.

> 2008 schickte der damalige US-Botschafter in Russland und heutige CIA-Direktor Williams Burns ein Telegramm nach Washington, in dem er ausführlich vor den gravierenden Risiken einer NATO-Erweiterung warnte: »Die NATO-Bestrebungen der Ukraine und Georgiens treffen

nicht nur einen wunden Punkt in Russland, sondern geben auch Anlass zu ernsten Bedenken hinsichtlich der Folgen für die Stabilität in der Region. Russland fühlt sich nicht nur eingekreist und als Opfer von Bestrebungen, seinen Einfluss in der Region zu schwächen, sondern befürchtet auch unvorhersehbare und unkontrollierte Folgen, die russische Sicherheitsinteressen schwer beeinträchtigen würden. Fachleuten zufolge ist Russland besonders besorgt darüber, dass die starken Meinungsverschiedenheiten bezüglich einer NATO-Mitgliedschaft innerhalb der Ukraine – wo ein Großteil der russischstämmigen Bevölkerung gegen eine Mitgliedschaft ist – zu einer größeren Spaltung führen könnten, die mit Gewaltakten oder schlimmstenfalls einem Bürgerkrieg einhergeht. In einem solchen Fall müsste Russland entscheiden, ob es eingreift – eine Entscheidung, die es nicht treffen will.[30]

Und genau das ist dann auch passiert. Vor dem Einmarsch Russlands wurden in einigen Regionen der Ukraine wie im Donbass russischstämmige Bürger aktiv verfolgt. Selenskyj hatte sich im Wahlkampf 2018 noch für den Frieden eingesetzt und versprochen, das mit Russland ausgehandelte Minsker Abkommen – das keinen NATO-Beitritt der Ukraine vorsah und damit die Unabhängigkeit des Landes garantiert hätte – zu unterzeichnen. Kaum war er gewählt und unter den Einfluss der USA geraten, beschloss er jedoch, das Abkommen nicht zu unterzeichnen.

Und wieder können wir das nun schon bekannte Spiel spielen: »Sind die dumm oder böse?«

Kein vernünftiger Mensch, der sich überlegt hat, wie Russland auf diese Provokationen des Westens und der NATO reagieren würde, hätte gesagt: »Machen wir weiter wie bisher!« Was wir mit unserer Intervention in der Ukraine angerichtet haben, dreht mir den Magen um.

Jeder Amerikaner sollte wissen, was dort passiert ist.

In den Jahren 2010 bis 2013 setzte sich Janukowytsch für Neutralität ein und befand sich damit im Einklang mit der öffentlichen Meinung in der

Ukraine. Die USA arbeiteten heimlich am Sturz Janukowytschs, wie die Aufzeichnung eines Gesprächs zwischen Victoria Nuland, damals Unterabteilungsleiterin im US-Außenministerium, und dem US-Botschafter Geoffrey Pyatt, die gemeinsam Wochen vor der gewaltsamen Absetzung Janukowytschs schon die Nachfolgeregierung planten, anschaulich belegt. Nuland machte in dem Telefonat deutlich, dass sie in enger Abstimmung mit dem damaligen Vizepräsidenten Biden und seinem Nationalen Sicherheitsberater Jake Sullivan agierte. Dasselbe Team aus Biden, Nuland und Sullivan steht heute im Mittelpunkt der US-Politik gegenüber der Ukraine.

Nach dem Sturz Janukowytschs brach der Krieg im Donbass aus, und Russland annektierte die Krim. Die neue ukrainische Regierung beantragte die NATO-Mitgliedschaft, und die USA bewaffneten das ukrainische Militär und halfen bei dessen Umstrukturierung, um es NATO-kompatibel zu machen. 2021 sprachen sich die NATO und die Regierung Biden nachdrücklich für eine Zukunft der Ukraine als Teil der NATO aus.[31]

So verwandelt man ein friedliches (wenn auch ziemlich korruptes) osteuropäisches Land in ein Kriegsgebiet, das der militärisch-industrielle Komplex mit seinen Erzeugnissen überschwemmen kann – mit freundlicher Genehmigung der Vereinigten Staaten und anderer westlicher Regierungen, die behaupten, nur die »Demokratie« zu schützen.

Und als wäre das noch nicht genug, um ein atomar bewaffnetes Russland zu provozieren, hatten die Regierung Biden und ihr korrumpiertes Militär noch einen Trick auf Lager.

In jedem anderen Fall würde man die Vorgehensweise der Regierung Biden als »Kriegshandlung« betrachten, aber weil die Mainstream-Medien das anders darstellen, macht die Welt einfach so weiter, als wäre alles normal.

Angesichts dieser unsicheren Lage bekomme ich Gänsehaut.

***

Was tun die Globalisten, wenn sie so viel Geld ausgeben können, wie sie wollen, wenn sie ihre Lügen unwidersprochen über die Mainstream-Medien verbreiten können, alle Waffensysteme kaufen können, die ihr Herz begehrt, in beliebigen Ländern einen Umsturz inszenieren können – und dann läuft trotzdem nicht alles so, wie sie es sich vorstellen?

Das muss Joe Biden sich gefragt haben, nachdem es ihm gelungen war, die Social-Media-Firmen dazu zu bringen, einen Großteil der murrenden Bevölkerung zu zensieren, nachdem er sich die Präsidentschaft erschlichen, den Kongress gefügig gemacht und Russland dazu provoziert hatte, in der Ukraine einzumarschieren, wie die Globalisten das schon lange geplant hatten – und die 100 Milliarden Dollar, die unsere Regierung in die Ukraine geschickt hat, die Verhältnisse vor Ort trotzdem nicht zu ändern vermochten.

Die Globalisten werden immer wieder von der Realität eingeholt, zum Beispiel von der Tatsache, dass Männer Männer und Frauen Frauen sind, dass Menschen unterschiedlicher Rassen und Kulturen einander wirklich mögen können, und dass die Menschheit im Großen und Ganzen nicht gegeneinander Krieg führen will. Wir wollen in Frieden und Freundschaft mit anderen menschlichen Wesen leben, unsere Religion ausüben und so sprechen, wie es uns beliebt, unsere Kindererziehung nach eigenem Ermessen gestalten und die Welt für die nächste Generation ein wenig besser machen.

Dies ist die Kraft und die Herrlichkeit der Menschheit – und das begreifen die Globalisten einfach nicht. Sie halten diese Tugenden für unsere Schwäche und nicht unsere Stärke.

Man muss nicht alle Feinheiten der globalistischen Agenda im Gedächtnis behalten; es genügt, wenn man der anständige Mensch bleibt, als den Gott einen geschaffen hat. Wenn Sie mit den menschenfeindlichen Plänen der Globalisten konfrontiert werden, hören Sie einfach auf Ihr Gewissen, das Sie auf den rechten Weg führen wird.

Seymour Hersh erhielt 1970 den Pulitzerpreis für seine Berichterstattung über das Massaker von Mỹ Lai in Vietnam. Es wurde von amerikanischen Soldaten unter der Führung von Leutnant William Calley verübt – und zum Prüfstein für die öffentliche Wahrnehmung des Vietnamkriegs. Hersh führt seine furchtlose

Berichterstattung bis heute fort und veröffentlichte im Februar 2023 seinen vielleicht wichtigsten Exklusivbericht: den über die Sprengung der Nord-Stream-Pipeline. Diese in russischem Besitz befindliche Pipeline wurde laut Hershs Recherchen von den Vereinigten Staaten gesprengt, was nach internationalem Recht als »Kriegshandlung« gelten würde. Es folgt eine Passage aus Hershs Artikel:

Im vergangenen Juni brachten Navy-Taucher unter dem Deckmantel einer weithin bekannten NATO-Sommerübung namens BALTOPS 22 die Fernzündungssprengsätze an, die 3 Monate später drei der vier Nord-Stream-Pipelines zerstören sollten. Das berichtet eine Quelle mit direkter Kenntnis der Einsatzplanung.

Zwei der Pipelines, die gemeinsam unter dem Namen Nord Stream 1 geführt werden, hatten Deutschland und weite Teile Westeuropas seit mehr als einem Jahrzehnt mit billigem russischem Erdgas versorgt. Ein zweites Paar Pipelines, bekannt als Nord Stream 2, war bereits fertig, aber noch nicht in Betrieb. Da aber nun russische Truppen an der ukrainischen Grenze aufmarschieren und Europa der blutigste Krieg seit 1945 droht, sah Präsident Joe Biden in den Pipelines ein Mittel für Wladimir Putin, das Erdgas als Waffe für seine politischen und territorialen Ziele einzusetzen.

Adrienne Watson, eine Sprecherin des Weißen Hauses, reagierte in einer Stellungnahme per E-Mail wie folgt auf die Vorwürfe: »Das ist falsch und frei erfunden.« Tammy Thorpe, eine Sprecherin der Central Intelligence Agency, antwortete in ähnlicher Weise: »Diese Behauptung ist total und absolut falsch.«[32]

Ich schätze, mit diesen Dementis vom Weißen Haus und der CIA können wir uns beruhigt im Wissen zurücklehnen, dass die Wahrheit sich nie ändern wird.

Natürlich wissen wir genau, dass unsere Politiker ebenso wie die Geheimdienste uns hemmungslos anlügen und sich in dieser Hinsicht verhalten wie ein Alkoholiker, der seine nächste Kneipentour gar nicht mehr abwarten kann.

Aber zumindest haben wir eine Grundinformation darüber erlangt, warum Biden und Co. gegen die Pipeline vorgehen wollten. Hersh ging näher auf die Planung und das beteiligte Personal ein:

> Präsident Biden und sein Außenpolitik-Team – der Nationale Sicherheitsberater Jake Sullivan, Außenminister Tony Blinken und Victoria Nuland, die Staatssekretärin für politische Angelegenheiten – waren lautstark und konsequent gegen die beiden Pipelines aufgetreten, die von zwei verschiedenen Häfen im Nordosten Russlands, nahe der estnischen Grenze, nebeneinander 1200 Kilometer unter der Ostsee verlaufen und dabei knapp an der dänischen Insel Bornholm vorbeiführen, bevor sie in Norddeutschland enden.
>
> Die direkte Route, die eine Durchquerung der Ukraine nicht notwendig machte, war ein Segen für die deutsche Wirtschaft, die so in den Genuss von billigem russischem Erdgas kam – genug, um ihre Fabriken zu betreiben und ihre Häuser zu heizen, während die deutschen Verteilerunternehmen überschüssiges Gas mit Gewinn in ganz Westeuropa verkaufen konnten. Jede Aktion, die man auf die US-Regierung zurückführen könnte, wäre ein Verstoß gegen das amerikanische Versprechen, einen direkten Konflikt mit Russland möglichst kleinzuhalten. Geheimhaltung war unerlässlich.[33]

Da spielten also die Neocon-Kriegstreiber Jake Sullivan, Tony Blinken und Victoria Nuland im selben Team. Ehrliche Patrioten, ob links oder rechts, verachten diese Leute – und das sollten Sie auch tun, wenn Sie sie bisher nicht gekannt haben.

Sehen wir uns einige der Probleme an, die mit einer Sprengung der Nord-Stream-Pipeline zu tun haben.

Erstens: Die Sprengung der Energieinfrastruktur eines Landes ist eine Kriegshandlung. Schlicht und einfach. Da können Sie jeden Experten für internationale Angelegenheiten fragen.

Zweitens spielten wir mit der deutschen Wirtschaft das Spiel »Wer zuerst kneift ...« und hofften, dass die Menschen in Deutschland in einem kalten

Winter nicht erfrieren würden. Zum Glück war der Winter mild, sodass das Ausbleiben der russischen Gaslieferungen keine übertriebenen Probleme verursachte. Die Möglichkeit dazu bestand jedenfalls.

Drittens war die Zerstörung der Nord-Stream-Pipeline für eine Regierung, die immer wieder ihre Sorge um die Umwelt betont, eine ökologische Katastrophe, bei der eine beispiellose Menge Methan in die Luft freigesetzt wurde. In einem Artikel von *Reuters* hieß es über die Explosion:

> Eine riesige Wolke aus hochkonzentriertem Methan, einem Treibhausgas, das weitaus potenter, aber kurzlebiger als Kohlendioxid ist, wurde diese Woche bei der Analyse von Satellitenbildern durch Forscher entdeckt, die im Auftrag des International Methane Emission Observatory [IMEO; Internationale Beobachtungsstelle für Methanemissionen; Anm. d. Übers.] des UNEP [United Nations Environmental Program; Umweltprogramm der Vereinten Nationen; Anm. d. Übers.] tätig sind, wie die Organisation verlautbarte.
>
> »Das ist wirklich schlimm, höchstwahrscheinlich das größte je gemessene Methanemissionsereignis«, sagte Manfredi Caltagirone, Leiter der IMEO für das UNEP. »In einer Zeit, in der wir die Emissionen unbedingt reduzieren müssen, ist das alles andere als hilfreich.«
>
> Die Forscher von GHGSat [Greenhouse Gas Emissions Monitoring Service; Beobachtungsdienst für Treibhausgase; Anm. d. Übers.] schätzten die Leckrate an einer der vier Bruchstellen auf 22 920 Kilogramm pro Stunde. Das entspricht der Verbrennung von 286 000 Kilogramm Kohle pro Stunde, wie GHGSat in einer Erklärung bekannt gab.[34]

Die Sprengung der Nord-Stream-Pipeline war eine ökologische Katastrophe, doch keiner der üblichen Verdächtigen schien sich darüber aufzuregen. Wo waren denn Al Gore, um über die noch schneller schmelzenden Eiskappen zu referieren, oder Greta Thunberg, um uns wieder einmal einzuhämmern, dass wir »Angst« vor der Zukunft haben sollten, oder die Kongressabgeordnete Alexandria Ocasio-Cortez, um davor zu warnen, dass uns nur noch 12 Jahre bleiben, um die Energiewende zu schaffen?

In Hershs Artikel wurde auch erwähnt, dass bereits im Dezember 2021, also vor dem Einmarsch in die Ukraine, über eine Art Gegenschlag gegen die russische Aggression diskutiert wurde.

> In den folgenden Sitzungen erörterten die Teilnehmer Optionen für einen Angriff. Die Navy schlug vor, ein neu in Dienst gestelltes U-Boot einzusetzen, um die Pipeline direkt anzugreifen. Die Air Force sprach über den Abwurf von Bomben mit zeitverzögerten Zündern, die man aus der Ferne aktivieren könnte. Die CIA vertrat die Ansicht, dass die Aktion auf jeden Fall verdeckt durchgeführt werden müsse. Allen Beteiligten war klar, was auf dem Spiel stand. »Das ist kein Kinderkram«, sagte die Quelle. Sollte man den Angriff auf die Vereinigten Staaten zurückführen können, dann »wäre das eine Kriegshandlung«.
>
> Zu dieser Zeit war William Burns CIA-Direktor – ein sanftmütiger ehemaliger Botschafter in Russland, der in der Regierung Obama stellvertretender Außenminister gewesen war. Burns autorisierte schnell eine Arbeitsgruppe des Geheimdiensts, zu deren Ad-hoc-Mitgliedern – zufällig – jemand gehörte, der über die Fähigkeiten der Navy-Tiefseetaucher in Panama City Bescheid wusste. In den nächsten paar Wochen begannen die Mitglieder der CIA-Arbeitsgruppe einen Plan für eine verdeckte Operation auszuarbeiten, bei der Tiefseetaucher eine Explosion entlang der Pipeline auslösen sollten.[35]

So werden die dümmsten Pläne entwickelt, die sich Menschen überhaupt ausdenken können – in einem Ausschuss.

Der Nord-Stream-Plan war fast so geistesgestört wie die Operation Northwoods, die von den Vereinigten Stabschefs unter der Regierung Kennedy ausgeheckt wurde, um einen Krieg mit Kuba zu provozieren, wie ABC News im Jahr 2001 ausführlich berichtete:

Die ranghöchsten Militärvertreter Amerikas erwogen sogar, Bürger der USA zu opfern. Sie schrieben:

»Wir könnten ein US-Schiff in der Bucht von Guantánamo in die Luft jagen und Kuba die Schuld geben.« Und: »Verlustlisten in US-Zeitungen würden eine hilfreiche Welle der nationalen Empörung auslösen.« [...]

»Dies waren Dokumente der Stabschefs. Sie wurden deshalb so lang geheim gehalten, weil sie den Vereinigten Staatschefs so peinlich waren, dass sie sie nie herausgeben wollten«, sagte Bamford gegenüber ABC News.com. [...]

Die Stabschefs schlugen sogar vor, den möglichen Tod des Astronauten John Glenn beim ersten Versuch, einen Amerikaner in eine Erdumlaufbahn zu bringen, als falschen Vorwand für einen Krieg mit Kuba zu benutzen, wie aus den Dokumenten hervorgeht.

Sollte die Rakete explodieren und Glenn dabei umkommen, schrieben sie, »ist das Ziel, einen unwiderlegbaren Beweis dafür zu liefern, [...] dass die Schuld bei den Kommunisten et ganz Kuba [sic] liegt.«[36]

Wann immer mir jemand einreden will, dass unsere führenden Militärangehörigen und Geheimdienstler ein strenges Auswahlsystem durchlaufen, bei dem die Verrückten, Unfähigen und Gefährlichen ausgesondert werden, verweise ich auf die Operation Northwoods. Viele der daran Beteiligten waren Veteranen des Zweiten Weltkriegs und offensichtlich unzurechnungsfähig. Amerikanische Soldaten ermorden – ehrlich?!

Die vorgeschobene Erklärung über die Nord-Stream-Sprengung wäre ohne Beihilfe der Norweger nicht möglich gewesen, wie Hersh erklärte:

Die Norweger waren ein entscheidender Faktor zur Überwindung anderer Hürden. Man wusste, dass die russische Marine über eine Überwachungstechnologie verfügte, mit der sie Unterwasserminen aufspüren und auslösen konnte. Die amerikanischen Sprengsätze mussten daher so getarnt werden, dass sie sich für das russische

System in den natürlichen Hintergrund einfügten. Das erforderte eine Anpassung an den spezifischen Salzgehalt des Wassers.

Die Norweger hatten auch eine Antwort auf die entscheidende Frage, wann das Unternehmen stattfinden sollte. Seit 21 Jahren veranstaltet die amerikanische Sechste Flotte, deren Flaggschiff im italienischen Gaeta südlich von Rom stationiert ist, immer im Juni ein groß angelegtes NATO-Manöver in der Ostsee, an dem zahlreiche alliierte Schiffe aus der ganzen Region teilnehmen. Das diesjährige Manöver sollte ebenfalls im Juni unter der Bezeichnung Baltic Operations 22 oder BALTOPS 22 stattfinden. Die Norweger hatten die Idee, dass es die ideale Tarnung für das Anbringen der Minen wäre.[37]

Wer außer Seymour Hersh behauptet denn noch, dass die Vereinigten Staaten die Hauptverdächtigen bei der Sprengung der Nord-Stream-Pipeline sind? Wie wär's mit dem pensionierten Vier-Sterne-General Stanley McChrystal, der im aktiven Dienst das Joint Special Operations Command (JSOC; eine Kommandoeinrichtung der US-Streitkräfte, die Einsätze diverser Spezialeinheiten organisiert; Anm. d. Übers.] im Irak leitete und unsere Truppen in Afghanistan führte?

Auf die Frage, wer seiner Meinung nach hinter der Sprengung der Nord-Stream-Pipeline stecke, erklärt McChrystal, dass er und sein Sohn, der in der Defense Intelligence Agency (DIA; Verteidigungsnachrichtendienst; Anm. d. Übers.] tätig ist, nicht glauben, dass Russland oder die Ukraine dahinterstecken.

»Mein Sohn ist Leiter des Energieteams der DIA«, sagte McChrystal. »Er glaubt nicht, dass es die Russen getan haben. […] Er glaubt auch nicht, dass es die Ukrainer waren.« McChrystal erläutert, warum die USA das einzige Land seien, das von einer Sprengung der Pipeline profitieren würde.

»Es gibt Leute, die davon profitiert haben, nämlich die Produzenten von Erdgas auf der ganzen Welt«, sagt McChrystal. »Wenn man also wirklich von Verschwörungen reden will, dann sollte man bedenken, dass die Vereinigten Staaten mehr an diesem Geschäft verdienten als alle anderen.«[38]

Wir legten die Minen also im Juni 2022, und 3 Monate später, am 6. September 2022, traf Präsident Biden die Entscheidung, die Pipeline zu sprengen. Dabei handelte es sich sogar nach Ansicht seiner eigenen Beamten um eine eindeutige Kriegshandlung.

Der militärisch-industriell-geheimdienstliche Komplex hat seinen Willen bekommen. Im Ukrainekrieg kamen viel mehr Menschen ums Leben als nötig, und die bösen Jungs konnten viel mehr Waffen verkaufen. Und wie sieht es für die armen Ukrainer aus? Nicht besonders, wie eine Nachrichtenmeldung von Ende Juli 2023 zeigt:

Das *Wall Street Journal* berichtete am Samstag, dass westliche Regierungsbeamte sehr wohl über die mangelnde Ausbildung und Ausrüstung der ukrainischen Streitkräfte für eine Gegenoffensive Bescheid wussten, aber dennoch auf einen Durchbruch hofften.

In dem Artikel heißt es: »Als die Ukraine ihre große Gegenoffensive startete, wussten westliche Militärs, dass Kiew nicht über die nötige Ausbildung oder die Waffen – von Granaten bis hin zu Flugzeugen – verfügte, die es gegen die russischen Streitkräfte brauchte. Sie hofften jedoch, dass ukrainischer Mut und Einfallsreichtum den Sieg herbeiführen würden. Das war allerdings nicht der Fall.«[39]

Wer braucht schon Feinde, wenn er Freunde wie die Vereinigten Staaten und deren Verbündete hat? Vielleicht war es von Anfang an keine gute Idee, den russischen Bären aus dem Schlaf zu rütteln; davor haben ja sogar unsere eigenen Diplomaten wie der heutige CIA-Direktor William Burns schon gewarnt.

Dieser Irrsinn muss ein Ende haben.

Aber das kann erst kommen, wenn wir begreifen, wie wir getäuscht wurden.

***

Vielleicht wird die Welt nicht in einem nuklearen Holocaust untergehen.

Die Menschheit lebt seit dem ersten Atombombenabwurf auf Japan in dieser Angst, obwohl seither nirgendwo auf der Welt mehr derartige Waffen eingesetzt wurden. Putin, China und der Iran scheinen zu begreifen, dass sie mit Atomwaffen allein nicht erreichen können, was sie wollen.

Wenn es stimmt, dass Russland etwa 300 000 ukrainische Soldaten und nur 14 000 ukrainische Zivilisten getötet hat, müssen wir der Aussage zustimmen, dass der Kreml in der Ukraine einen ziemlich fokussierten Krieg führt. Man vergleiche diese Opferzahlen mit denen unserer Kriege im Irak, in Afghanistan und Syrien.

Vielleicht wäre es an der Zeit für einen Waffenstillstand.

Sieht man sich an, wie unsere Politiker uns täuschen und welche kleinen Details in der veröffentlichten »Wahrheit« geschickt verschwiegen werden, dann ist es durchaus verständlich, dass drei amerikanische Präsidenten – Truman, Eisenhower und Kennedy – sich so dafür eingesetzt haben, diesen Wahnsinn zu beenden.

Doch der militärisch-industrielle Komplex konnte ungeachtet aller Präsidenten, ob es nun Demokraten oder Republikaner waren, ungehindert weitermachen. Sogar Präsident Trump, der unnötige Kriege eindeutig vermeiden wollte, fütterte die militärisch-industrielle Bestie mit Rekordbudgets.

Das sind die Tatsachen – und wir dürfen nicht davor zurückscheuen, sie auszusprechen.

Das Militär- und Geheimdienstbudget unseres Landes nähert sich schnell der Grenze von 1 Billion Dollar im Jahr, verleiht uns aber keineswegs mehr Sicherheit. Wie Präsident Reagan gern sagte: »Wir misstrauen einander nicht, weil wir Atomwaffen haben. Wir misstrauen einander, und das ist der Grund, warum wir Atomwaffen haben.«

Wir müssen ehrlich sein, was die Geschichte unseres Landes und die Frage angeht, wie wir uns in die inneren Angelegenheiten anderer Länder eingemischt haben. Das ist wie bei Katholiken, die erst zur Beichte gehen müssen, bevor sie Gottes Vergebung empfangen können. Aber die Globalisten wollen, dass Sie nicht wissen, was Ihr eigenes Land angestellt hat, weil sie hinter den Kulissen unsere Politiker stets wie Marionetten an ihren Fäden tanzen ließen.

Wir müssen die Überlegungen anderer Länder respektieren und unseren Militärhaushalt ebenso wie die Zahl unserer Auslandseinsätze reduzieren. Wir müssen unser eigenes Land zu einem Leuchtfeuer für Freiheit und Innovation für den Rest der Welt machen und dürfen uns nicht länger aufführen wie ein Hinterhofschläger mit Militärstützpunkten, die nur dazu dienen, die Interessen globalistischer Konzerne zu fördern.

Kapitel 8

Die Erziehung von Tucker Carlson (und Joe Rogan und noch ein paar anderen)

Es gibt etwas, was Sie über Leute wie mich, die in der Öffentlichkeit stehen, wissen sollten.

Hinter den Kulissen können wir alle miteinander reden, und wir halten diese Gespräche im Großen und Ganzen privat. Manchmal sind wir befreundet, weil wir einander schon kennengelernt haben, als wir viel jünger und erst auf dem Weg zu unserem erfolgreichen Selbst waren. Joe Rogan kenne ich zum Beispiel seit einem Vierteljahrhundert – und wenn man ein guter Mensch ist (so wie Joe Rogan eben), dann hält so eine Freundschaft auch.

Gelegentlich tritt aber auch der Fall ein, dass jemand, den man schon lange bewundert und endlich persönlich kennenlernen darf, sich als Arschloch erweist. Vielleicht schreit er auch die Leute an, die für ihn arbeiten, oder hat sonst irgendeine widerliche Angewohnheit, die einfach nicht zu der Art passt, wie man selbst sein Leben lebt. Wenn Sie je im InfoWars-Studio waren, wissen Sie wahrscheinlich, dass ich die Dinge gern auf eine bestimmte Art und Weise angehe. In den Stunden vor meiner Sendung möchte ich niemanden außer meinen engsten Mitarbeitern um mich haben, weil ich mich vorbereiten und in den mentalen Zustand versetzen will, den ich für eine 3 Stunden lange Moderation brauche. Gäste wollen oft früher kommen und Zeit mit mir verbringen, aber das lehne ich für gewöhnlich ab.

Nach der Sendung hingegen nehme ich mir gern Zeit für meine Gäste, gehe vielleicht mit ihnen essen und unterhalte mich ausführlicher mit ihnen.

Ein Mensch, mit dem ich im Laufe der Jahre viel Zeit verbracht habe, ist Tucker Carlson, der auch viermal in meiner Sendung auftrat. Wenn Sie gut über Tucker Bescheid wissen, dann verstehen Sie, dass er aus einer Journalismusdynastie stammt. Sein Vater war Nachrichtenmoderator und in den letzten 6 Jahren des Kalten Krieges sogar als Direktor des US-Auslandssenders Voice of America tätig.[1] Wer Tucker kennt, der weiß, dass er seit Ewigkeiten im Journalismus tätig ist, für CNN und MSNBC gearbeitet hat und viele Jahre lang kein Star, sondern einfach nur ein Allroundjournalist war, der stets bemüht war, sich handwerklich zu verbessern.

Die wahrscheinlich beste Art, meine Beziehung zu Tucker zu beschreiben, ist ein Vergleich: Wenn ich wie Morpheus im Film *Matrix* bin, dann ist Tucker Neo. Ich war derjenige, der ihn dazu brachte, die rote Pille zu schlucken, um aus der Matrix auszubrechen und die Realität um ihn herum wahrzunehmen. Eine Menge Leute, die in der Matrix leben, wissen nicht einmal, dass es die Matrix gibt. Man muss behutsam mit ihnen umgehen. Deshalb ist es wichtig, auf eine Weise zu kommunizieren, die die Menschen zuhören lässt (anstatt einfach abzuschalten), was ich auch in diesem Buch zu tun versuche. Doch Tucker war bereit, sich der Herausforderung zu stellen, die ich ihm stellte – Sie können selbst sehen, wie sehr sein Einfluss gewachsen ist.

Ich möchte klarstellen, dass ich kein hochmütiger Mensch bin. Ich will nur genau dokumentieren, was ich getan habe. Wenn ich als Kind auf einen Baum kletterte oder auf einem Wanderweg unterwegs war und mich dabei hochmütig fühlte, bin ich unweigerlich gestürzt. Ich möchte also, dass Sie diese Zeilen so verstehen, dass ich mit einem Gefühl der Erfüllung und Zufriedenheit von meinen Taten spreche, aber nicht mit Hochmut.

Was mich motiviert, ist die Tatsache, dass ich mich wirklich im Krieg mit den Globalisten befinde. Ich weiß, dass sie Parasiten und Kontrollfreaks sind, die sich für etwas Besseres halten als wir. Ich glaube, dass sie gesellschaftliche Missstände verstärkt haben, um uns leichter kontrollierbar zu machen. Eine ihrer Methoden dabei ist, Leute, die sich gegen ihre Pläne stellen, zu zensieren und zu dämonisieren. Wie lautete nochmal das berühmte Zitat von Malcolm X? »Die Medien sind die mächtigste Einrichtung auf der Erde. Sie haben die Macht, Unschuldige schuldig und Schuldige unschuldig zu machen – und genau das ist Macht, weil sie den Verstand der Masse kontrollieren.«[2]

Ich liebe die Menschheit. Die Menschheit ist mein Stamm, den ich beschützen will. Wir haben erstaunliche Dinge geschaffen und getan. So sehr ich immer wieder auf die bösen Pläne der Globalisten hinweisen will, so sehr will ich auch unsere früheren Errungenschaften zelebrieren und uns zum Weiterträumen motivieren, damit wir eine erstaunliche Zukunft haben können.

Die wahre Geschichte von Alex Jones und Tucker Carlson ist, dass Tucker mich vor etwa 15 Jahren böse angegriffen hat. Nämlich auf die Frage hin: »Was halten Sie von Alex Jones' Behauptung, dass 9/11 das Werk von Insidern war?«

Und Tucker antwortete mit so etwas wie: »Ich halte den Typen für einen verdammten Schmarotzer. Ich glaube, der Kerl ist eine Bedrohung. Ich finde ihn schrecklich.«

Etwa 5 oder 6 Jahre danach beschlossen die Medienkonzerne, sämtliche Videos vom 11. September der Öffentlichkeit zugänglich zu machen. Ich glaube nicht, dass sie genau wussten, was sie da taten, weil das, was dabei über Gebäude 7 herauskam, sehr aufschlussreich war. Eine der Aufnahmen zeigte Larry Silverstein, den Eigentümer des Gebäudes, der sagte:

Ich erinnere mich an einen Anruf des Feuerwehrkommandanten, der mir mitteilte, dass sie nicht sicher seien, ob sie das Feuer eindämmen konnten. Und ich antwortete: »Wir haben so schreckliche Verluste an Menschenleben zu verzeichnen, da können wir es genauso gut abreißen.« Sie entschieden sich für den Abriss, und wir sahen zu, wie das Gebäude einstürzte.[3]

Als die 9/11-Videos freigegeben wurde und ich auf InfoWars darüber redete, war mir nicht klar, dass ein paar von Tuckers Kindern meine Sendungen hörten. Sie sprachen mit ihrem Vater über mich und die Informationen, die ich verbreitete. Tucker ist ein echter Pfadfinder, puritanisch, Absolvent einer Elitehochschule und ein typischer WASP [White Anglo-Saxon Protestant = weißer angelsächsischer Protestant, also ein Angehöriger der protestantischen Mittel- und Oberschicht der

USA; Anm. d. Übers.], fast so wie Captain America. Als er sich aber näher mit dem Thema befasste, hatte er so was wie einen »Wintersoldaten-Moment« und den starken Verdacht, dass man uns hier nicht die ganze Wahrheit sagte.

Und vor etwa 10 Jahren rief mich Tucker dann an und fragte, ob er mich besuchen dürfe. Ich nahm ihm nicht übel, dass er mich einen Schmarotzer genannt hatte. Seither haben wir oft gemeinsam zu Abend gegessen, er war in meinem Haus zu Gast, wir waren oft zusammen unterwegs, und zu Thanksgiving hat er mich sogar besucht.

Tucker hat sowohl privat als auch öffentlich gesagt, dass ich einen enormen Einfluss auf ihn gehabt habe. Ich beobachtete seine Entwicklung über die Jahre hinweg mit großem Stolz. Er hat sich innerhalb eines Jahrzehnts von einem naiven, konformen Liberalen zu einem Menschen gewandelt, der das alles durchschaut und zu einer einzigartigen Medienpersönlichkeit geworden ist. Er ist unglaublich klug, wortgewandter, als ich es je sein werde, und eine echte Bedrohung für das System. Tucker ist ein Superheld geworden, wie Neo aus *Matrix*, und die Globalisten fürchten ihn wie keinen anderen. Ich sehe Tucker gern als so etwas wie Alex Jones 2.0 und freue mich, dass ich einen großen Teil zu dieser Entwicklung beigetragen habe.

* * *

Joe Rogan kenne ich seit 1998. Wir freundeten uns im Jahr 1999 – also noch vor 9/11 – miteinander an. Und obwohl wir seit fast einem Vierteljahrhundert sehr gute Freunde sind, mussten wir uns in der Vergangenheit eingestehen, dass wir auf unterschiedlichen Wegen unterwegs sind. In letzter Zeit muss aber jedem Zuschauer seiner Sendung aufgefallen sein, dass er offenbar eine ganze Menge roter Pillen geschluckt hat. Als ich vor Kurzem mit ihm beim Abendessen war, fand ich es höchst erstaunlich, wie sehr sich sein Verständnis der aktuellen Lage verändert hat. Die Gesellschaft ist wirklich ins Stadium des großen Erwachens eingetreten.

Joe war immer schon intelligent und ausgebufft, hatte aber – wie Tucker – ein Problem damit, zu glauben, dass die Situation wirklich so schlimm ist, wie ich seit Jahren sage. Im Laufe unserer Bekanntschaft haben wir oft gemeinsam gelacht und einander unterstützt, aber auch häufig gestritten.

Vor etwa 5 oder 6 Jahren, als ich in den Medien verteufelt wurde, aber noch bevor man mir die Plattform nahm, griff ich Joe in einer Sendung auf unfaire Weise an. Der Grund dafür war allerdings, dass er mich auf eine Art kritisiert hatte, die meiner Meinung nach nichts mit der Realität zu tun hatte. Ich hatte ihm eine Menge Material geschickt und hatte nun das Gefühl, er würde mich abwimmeln, weil er sich den düsteren Fakten nicht stellen wollte.

Nun ist Joe garantiert niemand, den man herumkommandieren kann. Aber wenn man ihn auf etwas aufmerksam macht, nimmt er sich die Zeit, es zu verstehen. Kurz nachdem ich ihn in meiner Sendung attackiert hatte, ging er das übersandte Material durch, rief mich an und sagte: »Okay, ich habe mich in manchem geirrt. Es tut mir leid, aber das ist alles schwer zu glauben. Dieser Scheiß ist beängstigend.«

Ich entschuldigte mich dann sofort bei ihm, sowohl persönlich als auch in meiner Sendung, und sagte: »Nein, ich bin zu weit gegangen. Ich ließ es böse und persönlich werden – das hätte ich nicht tun sollen.«

Wir standen diese Phase durch und sind heute bessere Freunde als je zuvor.

Ich glaube, dass Joe auf eine sehr durchdachte und sachliche Art und Weise die Kluft zwischen links und rechts überbrückt, um eine menschenfreundliche Zukunft zu fördern. Seine Sendung ist größer, als es die von Johnny Carson [ein legendärer amerikanischer Showmaster; Anm. d. Übers.] je war, größer als Walter Cronkite [berühmter Nachrichtensprecher; Anm. d. Übers.] oder Rush Limbaugh [rechtskonservativer Radiomoderator mit hohen Einschaltquoten; Anm. d. Übers.]. 100 Millionen Menschen in der Woche hören sich seine Meinung an – und etwa 40 Millionen die ganze Sendung. Dabei bleibt Joe stets ruhig und rational, ohne sich zu verstellen. Er ist einfach nur ein Mensch, der die Wahrheit herausfinden will. Joes Einfluss erstreckt sich nicht nur bis an die Grenzen Amerikas; man hört ihm auf der ganzen Welt zu, in Asien, Afrika, Lateinamerika, überall.

Doch eines möchte ich hier festhalten: Ich kontrolliere weder Joe noch Tucker noch irgendeine andere Medienpersönlichkeit da draußen, selbst wenn sie Themen ansprechen, die ich unter Umständen zuerst gebracht habe. In vielen Fällen verhält es sich so, dass ich als Erster herausfinde, wie man auf dem neuen Fahrrad die Pedale tritt, also gebe ich dieses Wissen an andere weiter. Ich helfe ihnen vielleicht, indem ich ihnen zeige, wie es geht, sie machen ein paar Probefahrten, aber ab dann sind sie ganz allein unterwegs. Und oft kommen sie auf neue Aspekte, an die ich nie gedacht hätte. Die Leute, die ich beeinflusst habe, spielen nicht gemeinsam mit mir in einer durchkomponierten Symphonie, sondern eher wie im Jazz: Ich spiele die ersten paar Noten, und sie übernehmen dann. Russell Brand hat mir ebenfalls erzählt, dass ich ihn vor mehr als einem Jahrzehnt wachgerüttelt habe, und heute spielt er eine wichtige Rolle in den Medien.

Ich verstehe ja, dass sehr viele Leute einfach nicht glauben können, dass viele – wenn nicht alle – Mitglieder der Weltelite korrupt und dekadent sind. Diese Erkenntnis kann für eine Person, die bisher den Mainstream-Medien geglaubt hat, auch wirklich brutal und erschreckend sein. Aber sie ist notwendig, wenn wir jemals eine bessere Zukunft haben wollen. Es gibt einen ewigen Zyklus von Geburt, Wiedererwachen, Absturz in die Korruption, dann Reformation oder Revolution, und wir können diesen Zyklus wieder von vorne beginnen.

Mit Tucker und Joe habe ich direkt darüber geredet, wie ich ihre Weltanschauung beeinflusst habe. Doch ich hatte auch indirekten Kontakt mit Menschen, die anderen Persönlichkeiten des öffentlichen Lebens sehr nahestehen und mir erzählten, dass ich auch einen Einfluss darauf hatte, wie diese Persönlichkeiten die Welt sehen. Der Sohn des Populisten Jair Bolsonaro, der von 2019 bis 2022 Präsident Brasiliens war, berichtete mir, dass ich die Ansichten seines Vaters enorm beeinflusst hätte. Ähnliches habe ich von Leuten gehört, die der ehemaligen Kongressabgeordneten Tulsi Gabbard oder Robert F. Kennedy Jr. nahestehen.

Es gibt viele Personen des öffentlichen und privaten Lebens , die sich heute mit den Themen auseinandersetzen, über die ich seit Jahren spreche. Ich bin stolz darauf, dass ich dazu beigetragen habe, manche dieser Gespräche anzustoßen.

***

Kommen wir aber auf Tuckers Geschichte zurück. Ich glaube nämlich, dass ein Verständnis seines Weges entscheidend dafür ist, effektiv die Art von Veränderung zu bewirken, die meiner Ansicht nach für die nächste große Renaissance der Menschheit notwendig ist.

Tuckers Vertrag bei Fox und die Warnungen des Managements zielten darauf ab, mich nicht in seiner Sendung auftreten zu lassen. Er versuchte jedoch so oft wie möglich, Erwähnungen meiner Person einfließen zu lassen, zum Beispiel, als mein erstes Buch *The Great Reset* erschienen war. Von den Verkaufszahlen her hätte es mindestens Platz zwei der *New-York-Times*-Bestsellerliste erreichen müssen, aber es war nicht einmal auf einem der unteren Ränge zu finden.

Inzwischen kennt jeder die Umstände, unter denen Tucker ohne viel Federlesens von Fox aus dem Programm geworfen wurde, die zähen Verhandlungen, die darauf folgten, und wie Tucker beschloss, mit einer eigenen Sendung auf Twitter einen völlig neuen Weg einzuschlagen. (Hier sei angemerkt, dass ich Tuckers Entlassung bereits am 8. März 2023 vorausgesagt habe.[4]) Im Sinne der unverfälschten Geschichtsschreibung ist es meiner Meinung nach aber wichtig, die Kommentare Tuckers vom 9. Mai 2023, in denen er diesen neuen Abschnitt seines Lebens ankündigte, hier vollständig wiederzugeben. Schließlich könnte es sich um die wichtigste Aussage handeln, die ein Mitglied der Mainstream-Medien zu unseren Lebzeiten getätigt hat.

Hey, hier spricht Tucker Carlson. Man hört oft, dass die Nachrichten voller Lügen sind, aber das ist meistens nicht ganz richtig. Vieles von dem, was Sie im Fernsehen sehen oder in der *New York Times* lesen, ist im wahrsten Sinne des Wortes wahr. Es könnte einem der medieneigenen Faktenchecks standhalten. Anwälte wären bereit, es zu unterschreiben, und haben das vielleicht sogar getan. Aber das macht es nicht wahr. Es ist nicht wahr.

Im Grunde genommen sind die Nachrichten, die Sie konsumieren, eine Lüge der tückischsten und hinterhältigsten Art. Man hat bei ihnen Fakten zurückgehalten, ebenso wie Verhältnismäßigkeit und Perspektive. Man manipuliert Sie.

Wie das funktioniert? Sehen wir es uns einmal näher an. Wenn ich Ihnen erzähle, dass ein Mann zu Unrecht wegen eines bewaffneten Raubüberfalls festgenommen wurde, ist das streng genommen keine Lüge. Vielleicht wurde er reingelegt; aber zu diesem Zeitpunkt hat noch keine Gerichtsverhandlung stattgefunden, also kann das niemand mit Sicherheit sagen.

Aber wenn ich die Tatsache weglasse, dass derselbe Mann bereits sechsmal zuvor für dasselbe Verbrechen festgenommen wurde, informiere ich Sie dann wirklich? Nein, das tue ich nicht. Ich täusche Sie. Und genau das tun die Nachrichtenmedien bei jeder wichtigen Geschichte, an jedem Tag der Woche und in jeder Woche des Jahres.

Wie ist es, in einem solchen System zu arbeiten? Nach mehr als 30 Jahren mittendrin könnten wir Ihnen dazu ein paar Geschichten erzählen. Das Beste, was man sich im Nachrichtengeschäft erhoffen kann, ist die Freiheit, so viel wie möglich von der Wahrheit zu erzählen.

Aber es gibt immer Grenzen, und Sie wissen, dass Sie gefeuert werden, wenn Sie einmal zu oft an diese Grenzen stoßen. Das ist keine Vermutung, sondern passiert garantiert. Jeder Mensch, der in den englischsprachigen Medien arbeitet, wird Ihnen das bestätigen. Die Regeln darüber, was man nicht sagen darf, bestimmen alles. Das ist wirklich ekelhaft und absolut korrumpierend.

Man kann keine freie Gesellschaft haben, wenn die Menschen nicht aussprechen dürfen, was sie für die Wahrheit halten. Redefreiheit ist die Grundvoraussetzung für Demokratie. Deshalb ist sie auch in unserem ersten Verfassungszusatz verankert.

Erstaunlicherweise gibt es heute, in diesem Augenblick heute Abend, nicht mehr so viele Plattformen, die eine freie Meinungsäußerung zulassen. Die letzte große Plattform, die es auf der Welt noch gibt, ist Twitter, wo wir uns jetzt befinden. Twitter ist seit Langem der Ort, wo unsere nationale Konversation entspringt und sich entwickelt. Twitter ist keine parteiische Website. Hier darf jeder mitreden, und das finden wir gut so.

Und trotzdem stammen die Nachrichten, die auf Twitter analysiert werden, von Medienunternehmen, die nichts als kaum getarnte Propagandaorgane sind. Man sieht es in den Nachrichten im Kabelfernsehen und spricht dann auf Twitter darüber. Das Ergebnis mag auf den ersten Blick wirken wie eine echte Diskussion, aber in Wirklichkeit haben die »Gatekeeper« [wörtlich: Schleusenwächter – sinngemäß jene Leute in den Medien, die durch die Auswahl der Nachrichten und die Art ihrer Präsentation den Entscheidungsfindungsprozess der Medienkonsumenten beeinflussen; Anm. d. Übers.] immer noch das Sagen und lenken die Meinung.

Wir halten das für ein schlechtes System. Wir wissen genau, wie es funktioniert, und wir haben es satt. In Kürze werden wir eine neue Version der Sendung, die wir seit nunmehr 6½ Jahren machen, auf Twitter bringen. Wir werden bald auch ein paar andere Sachen bringen, von denen wir Ihnen noch erzählen werden. Aber im Moment sind wir einfach nur dankbar dafür, hier zu sein.

Die Redefreiheit ist das wichtigste Recht, das Sie haben. Ohne sie haben Sie keine anderen Rechte. Wir sehen uns bald wieder.[5]

An diesem Punkt überkam mich Bewunderung für meinen guten Freund Tucker Carlson, der sich wieder einmal als die Art von Mann erwies, den ich kennen und schätzen gelernt hatte. Ich wusste über viele der Dinge Bescheid, die sich hinter den Kulissen von Fox News abspielten, habe aber die Vertraulichkeit gewahrt. Ich überlasse es Tucker, wie viel er jetzt oder in Zukunft darüber erzählen will.

Aber wie sehen die ersten Warnzeichen für das aus, was auf uns zukommt? Ich bin davon überzeugt, dass in der Öffentlichkeit stehende Personen wie wir auf das Vertrauen der Menschen angewiesen sind. Die Allgemeinheit wird einem Fehler verzeihen, wenn sie ohne böse Absicht passiert sind. Bewusste Täuschungen vergibt sie jedoch nie. Die folgenden Zeilen erschienen am 9. Mai 2023 auf Breitbart:

Wie Mediate berichtet, erreichte *Fox News Tonight*, das den Sendeplatz von *Tucker Carlson Tonight* um 20:00 Uhr eingenommen hat, am Freitag nur 90 000 Zuschauer im Alter von 25 bis 54 Jahren. Damit liegt die Einschaltquote noch unter der für die erste Stunde von *Anderson Cooper 360* auf CNN, die 99 000 Zuschauer in dieser Altersgruppe erreichte, und der MSNBC-Sendung *All In with Chris Hayes*, die sich mit 145 000 Zuschauern den Löwenanteil dieser Altersgruppe sichern konnte.

Zum Vergleich: Carlsons letzte Sendung am 21. April hatte 270 000 Zuschauer im Alter von 25 bis 54 Jahren und damit laut Mediate mehr als doppelt so viele wie *All In with Chris Hayes* mit 133 000 Zuschauern. […]

Während *Tucker Carlson Tonight* mit seiner letzten Sendung eine Zuschauerzahl von 2,64 Millionen erreicht hatte, schaffte *Fox News Tonight* in der vergangenen Woche nicht einmal die Hälfte dieser Anzahl auf dem gleichen Sendeplatz und kam nur auf 1,284 Millionen.[6]

Bei Tuckers Wechsel zu Elon Musks X geht es um viel mehr als nur die Frage, was mit Tucker Carlson und seinem Publikum passiert. Ich glaube, dass viele Menschen im Land von Tuckers zunehmend kritischen Kommentaren positiv beeindruckt waren, aber zugleich vielen Konservativen Fox News nicht mehr ganz geheuer war. Es gefiel ihnen nicht, dass Paul Ryan, der frühere Sprecher des Repräsentantenhauses, der jetzt im Vorstand von Fox News saß, Tucker vorwarf, »toxischen Schlamm« und »Fehlinformationen« zu verbreiten,[7] obwohl er in den Augen vieler Zuseher doch nur versuchte, die Wahrheit herauszufinden. Und sie fragten sich, ob Rupert Murdoch den Konservativen wirklich eine Plattform geben oder einfach nur diese Zielgruppe an sich binden wollte. Gemeinhin wirft man den Medien immer vor: »Wenn Blut fließt, steigt die Nachfrage« – das deutet darauf hin, dass die Sender eher vom Streben nach dem allmächtigen Dollar geleitet werden statt vom Bedürfnis, die Öffentlichkeit zu informieren.

Wenn jedoch Sender wie Fox (oder auch CNN) eine Politik verfolgen, in deren Rahmen Stars wie Tucker Carlson entlassen werden (oder man eine schier endlose Flut von Anti-Trump-Meldungen bringt), die mithin also eindeutig gegen den eigenen Erfolg gerichtet ist, muss man davon ausgehen, dass eine andere Agenda im Spiel ist.

Aber um welche Agenda handelt es sich dabei?

Ich werde es Ihnen erklären.

Sie gehen wahrscheinlich von der längst überholten Annahme aus, dass ein Nachrichtennetzwerk ein großes und mächtiges Unternehmen ist.

Das hat noch nie gestimmt.

Fast immer, seit es sie gibt, waren Nachrichtennetzwerke im Besitz einer mächtigen Personengruppe oder Einzelperson, zum Beispiel William Randolph Hearst, die ihre Journalisten aber mehr oder weniger in Ruhe ließen. (Ja, ich weiß, dass das nicht immer der Fall war – man denke nur an die Operation Mockingbird [ein Geheimprojekt des US-Außenministeriums zur Beeinflussung der Medien in den 1970er-Jahren; Anm. d. Übers.][8] –, aber es stimmte weitgehend.)

Mit Ende der 1980er- und in den 1990er-Jahren begann man die Nachrichtennetzwerke jedoch als »Vermögenswerte« zu betrachten, die größere Konzerne aufkaufen konnten, um ihre Portfolios zu diversifizieren. Möglicherweise war diese Entwicklung ja von niemandem beabsichtigt (ich glaube zwar schon, aber darüber wollen wir jetzt nicht diskutieren). Das Ergebnis war jedenfalls, dass wir plötzlich Nachrichtensender hatten, die keine negativen Geschichten über ihre Eigentümer bringen wollten. Dass Großkonzerne mehr und mehr Unternehmen schluckten, führte dann dazu, dass die Nachrichtenmedien nur noch Geschichten brachten, die all die Konzerne oder Branchen, in die ihre Eigentümer investiert hatten, nicht schlecht dastehen ließen.

So wurde die Nachrichtenbranche vom Amerika der Konzerne aufgekauft.

Mehr muss man darüber nicht wissen.

Man muss nicht über Linke in den Redaktionen diskutieren, obwohl die dort mit Sicherheit die Mehrheit stellen. Der Journalismus, der einst als rauflustiger kleiner Kerl den Mächtigen zusetzte und den kleinen Mann beschützte, wurde vom Großkapital eingekauft, das ihn zur PR-Abteilung der Konzerne machte.

Immer mehr Menschen haben diese Tatsache im Laufe der Jahre begriffen – und spätestens mit der Tucker-Carlson-Affäre wurde sie auch für den Großteil der Bevölkerung offensichtlich.

Tucker hat die Fesseln von Fox News abgeworfen. Wenn er heute einen Tweet absetzt, dann wird der 25 bis 30 Millionen Mal aufgerufen und stellt sein Publikum bei Fox mengenmäßig in den Schatten, obwohl er schon dort der beliebteste Kabelfernseh-Nachrichtenmoderator der ganzen Branche war.

Die Dinosaurier bei Fox, die Tucker feuerten, haben sich gründlich verrechnet. Und Tucker ist ja auch kein hilfloser Anfänger mehr. Er weiß genau, dass er sein derzeitiges Publikum nur behalten und neue Fans gewinnen kann, wenn er sich seine Unabhängigkeit bewahrt.

Als Fox News es auf Tucker abgesehen hatte und diesen Mann zum Schweigen bringen wollte, der ein Populist ist, wie er im Buche steht, und nur Freiheit, Frieden und Wohlstand für alle will, öffnete das vielen Leuten die Augen für das Böse, das sich hinter der Fassade verbirgt. Doch Tuckers Sieg über diese Mächte, der Menschen zu verdanken ist, die ihn vielleicht nie auf Fox News gesehen haben, zeigte der Welt auch, dass das Gute eine mächtige Kraft ist.

Ich freue mich sehr für Tucker. Er kann seine Sendungen in seinem Haus in Maine oder seinem Haus in Florida aufnehmen und die Menschen direkt erreichen, wenn er über Themen spricht, an die sich Fox nie gewagt hätte. Über seinen Vertrag mit Fox sollte man vielleicht wissen, dass Tucker völlige schöpferische Freiheit für seine Sendung ausgehandelt hatte. Ursprünglich hatte ihm Fox das Dreifache seines späteren Gehalts geboten, aber dafür hätte er dem Sender die Kontrolle über seine Inhalte überlassen müssen. Schließlich einigte man sich auf einen Kompromiss. Tucker bekam seine Freiheit und musste dafür auf zwei Drittel seines Gehalts verzichten. Mir ist klar, dass viele meiner engagiertesten Freunde jetzt behaupten werden, dass Tucker trotz dieser schöpferischen Freiheit bestimmten Themen ausgewichen ist; wahrscheinlich handelt es sich dabei in manchen Fällen sogar um eine berechtigte Kritik. Ich kann dazu nur sagen, dass Tucker noch dabei ist, sich zu entwickeln und zu verstehen, so wie ich auch.

Tucker hatte vielleicht tatsächlich die völlige schöpferische Freiheit, aber ich glaube, dass die Produzenten und Mitarbeiter in seiner Umgebung nicht so frei waren. Obwohl ich es nicht mit Sicherheit weiß, vermute ich, dass das Fox-Management seine Mitarbeiter dazu benutzt hat, ihn zu kontrollieren, genauso wie der Tiefe Staat Trump dazu manipuliert hatte, viele der Covid-19-Maßnahmen zu akzeptieren, oder ihn davon überzeugt hat, dass die mRNA-Impfungen sicher und wirksam seien.

Tucker wusste, dass seine Tage bei Fox gezählt waren. Es zeugt von seinem Charakter, dass ihm das egal war. Er hatte das Licht gesehen und wollte der Dunkelheit nicht mehr dienen. Er hat sich nicht verkauft. Ich habe mich nicht verkauft, und Sie haben sich auch nicht verkauft. Unsere Freiheiten, unsere Unabhängigkeit und unsere Ideen stehen nicht zum Verkauf. Deshalb ist Tuckers Herangehensweise an die Nachrichtenberichterstattung auch so außergewöhnlich schön und wichtig für die Welt. Und das galt auch schon, bevor er bei Fox ausstieg.

Auch wenn das Folgende wieder eine lange Textpassage ist, möchte ich an dieser Stelle eine von Tuckers letzten Moderationen wiedergeben – und zwar die vom 20. April 2023, aus seiner vorletzten Sendung. Für mich ist sie die klarste Zusammenfassung dessen, was in unserer Medienlandschaft schiefgelaufen ist. Mit diesen Worten stimmte er die Zuschauer auf seinen ersten Gast des Abends, Robert F. Kennedy Jr., ein:

> Guten Abend und willkommen zu *Tucker Carlson Tonight*. Manchmal fragt man sich, wie versaut und unehrlich unsere Nachrichtenmedien sind. Man steht unter der Dusche und denkt: »Sie sind schlecht – aber wie schlecht sind sie wirklich?«
>
> Das Ausmaß ihrer Verderbtheit lässt sich einfach feststellen. Sie können das auch selbst ausprobieren. Fragen Sie sich, ob ein Ihnen bekanntes Nachrichtenunternehmen so korrupt sein kann, dass es bereit ist, Ihnen im Auftrag seiner größten Werbekunden zu schaden.
>
> Wer so etwas tut, ist ganz offensichtlich mindestens so korrupt wie Pablo Escobar [der ehemals größte Drogenbaron Kolumbiens; Anm. d. Übers.] und daher absolut nicht vertrauenswürdig. Wie würde ein solches Ausmaß an Korruption aussehen? Stellen Sie sich beispielsweise vor, die Regierung Trump hätte jeden amerikanischen Bürger dazu verpflichtet, Kopfkissen von MyPillow zu kaufen. MyPillow ist einer der größten Werbekunden von Fox. Stellen Sie sich weiter vor, die Regierung

würde erklären, dass Sie nicht mehr auswärts essen gehen dürfen, falls sie nicht ganz schnell mindestens ein MyPillow-Kissen und dann noch ein weiteres Auffrischungskissen kaufen. Und Sie dürften auch nicht mehr in Ihr eigenes Land einreisen oder einer bezahlten Arbeit nachgehen.

Man hat Ihnen klipp und klar mitgeteilt: »MyPillow ist das Herzstück des Gesundheitssystems dieses Landes.« Und jetzt stellen Sie sich vor, dass Fox als Nachrichtenunternehmen diese Aussage der Regierung nicht nur gebilligt, sondern sogar noch verstärkt hat. Stellen Sie sich vor, Fox News würde jeden, der sich weigert, MyPillows zu kaufen, als Verbündeten Russlands und als Wissenschaftsfeind attackieren. Und stellen Sie sich nun auch vor, dass Fox diese verleumderischen Attacken fortsetzt, obwohl sich die Beweise dafür häufen, dass MyPillow zu Herzinfarkten, Fruchtbarkeitsproblemen und sogar dem Tod führen kann.

Was würden Sie von Fox News halten, wenn es eine solche Politik verfolgte? Würden Sie uns vertrauen? Natürlich würden Sie das nicht. Sie wüssten, dass wir Lügner sind. Gott sei Dank hat Fox so etwas nie getan, aber die anderen Sender sehr wohl. Die anderen Nachrichtenkanäle kassierten Hunderte Dollarmillionen von Pharmakonzernen und bewarben deren zweifelhafte Produkte dann in ihren Sendungen. Und dabei verleumdeten sie jeden, der diesen Produkten gegenüber kritisch eingestellt war.

Das war zumindest ein moralisches Verbrechen. Es war ekelhaft, aber es war überall gleich. Es geschah in allen amerikanischen Nachrichtenmedien. Sie alle haben dabei mitgespielt. An diesem Punkt stellt sich also nicht mehr die Frage, wer im öffentlichen Leben korrupt ist. Es sind so viele, dass man sie gar nicht mehr zählen kann. Die Frage lautet vielmehr: Wer sagt die Wahrheit? Einer dieser wenigen ist Robert F. Kennedy Jr.

Robert Kennedy wusste schon früh, dass die Covid-Impfstoffe sowohl unwirksam als auch potenziell gefährlich sind. Er sagte dies auch in aller Öffentlichkeit, soweit es ihm erlaubt war. Die Wissenschaft hat inzwischen bewiesen, dass Robert F. Kennedy Jr. recht hatte. Und zwar ohne jeden Zweifel. Doch Kennedy wurde dafür nicht belohnt. Man hat ihn diffamiert. Man hat ihn zensiert. Weil er es wagte, ihre Werbekunden zu kritisieren, nannten die Medien Bobby Kennedy einen Nazi und griffen dann auch noch seine Familie an. Aber er blieb konsequent. Er ließ sich nicht einschüchtern, und wir waren froh darüber. Dies ist einer der Momente, in denen man sich darüber freut, dass es jemanden gibt, der die Wahrheit ausspricht.[9]

Als ich diese Anmoderation hörte, war ich verblüfft. Ich wusste ja seit Jahren, dass die Pharmariesen die Mainstream-Medien mit ihren Werbegeldern im Würgegriff haben.

Und da war plötzlich Tucker, der ganz ruhig auf den Pharmadrachen zuging, ein Schwert zückte und es ihm ins Herz stach.

Ich kann mir gut vorstellen, wie die Titanen der Pharmakonzerne an diesem Abend die Telefonleitungen zu den Fox-Managern heiß laufen ließen.

Aber Tucker war noch nicht fertig mit seinem Abfackeln des Medien-Establishments. Nachdem er mit der Kettensäge auf die Pharmakonzerne losgegangen war, befasste er sich mit der bis heute ungeklärten Frage, was unsere Geheimdienste in der Ukraine getan haben, bevor die Russen einmarschierten.

Es ist jetzt ein Jahr her, dass sämtliche Medien der Vereinigten Staaten, von *USA Today* bis zur *New York Times*, uns erklärten, es sei eine gefährliche Verschwörungstheorie, zu glauben, dass die US-Regierung jemals geheime Biolabors in der Ukraine finanziert hat. Schon die bloße Vorstellung sei lächerlich – und in Wahrheit eine Desinformationskampagne der Russen.

Und dann gab Victoria Nuland vom Außenministerium eines Tages in einer eidesstattlichen Erklärung versehentlich zu, dass es doch wahr ist. Sie sagte: »Ja, es gibt viele geheime Biolabors in der Ukraine.« Und ich zitiere weiter: »Wir sind heute durchaus sehr besorgt darüber, dass russische Truppen, russische Streitkräfte versuchen könnten, sie unter ihre Kontrolle zu bekommen.«

»Moment mal!«, werden Sie jetzt vielleicht einwenden. »Warum betreibt die US-Regierung geheime Biolabors in einem Land wie der Ukraine? Warum nicht in Österreich? Warum ausgerechnet in der Ukraine? Und warum haben wir diese geheimen Biolabors nicht demontiert und abgeschafft, als der Krieg mit Russland begann?«

Niemand hat das je erklärt. Diese Sendung wurde attackiert, weil sie es wagte, diese Frage zu stellen. Jetzt haben wir erfahren, dass es in Wirklichkeit um viel Schlimmeres geht als nur Biolabors. Die Regierung Biden hat diese Labors in der Ukraine nicht nur weiterbetrieben, sondern sie hat auch, ich zitiere, »sensible Nukleartechnologie« in der Ukraine. Das haben wir uns nicht ausgedacht. Sie haben es heute zugegeben. Sehen Sie selbst. [Bericht von Nadia Bashir von CNN]

NADIA BASHIR: Nach wie vor ist ukrainisches Personal im Kernkraftwerk Saporischschja tätig, das aber der Kontrolle der russischen Streitkräfte unterliegt und derzeit von Russlands staatlichem Kernenergieunternehmen Rosatom verwaltet wird. Das ist ein erhebliches Problem. In diesem Schreiben des US-Energieministeriums an Rosatom [die russische Atomenergiebehörde; Anm. d. Übers.], das CNN vorliegt, warnte die US-Regierung im Wesentlichen Moskau davor, das Kernkraftwerk Saporischschja anzurühren, da sich in diesem Kraftwerk sensible Nukleartechnologie befinde.[10]

Ist das nicht ein Irrsinn allererster Güte? Wir hatten geheime Biolabors in der Ukraine, gleich an der russischen Grenze. Wie hätten wir denn reagiert, wenn Russland Biolabors in Kanada eingerichtet hätte?

Nicht besonders gut, nehme ich an.

Und als wäre das nicht schon erschreckend genug, haben wir auch noch »sensible Nukleartechnologie« in der Ukraine stationiert. Gehen wir einmal davon aus, dass unsere Geheimdienste einen guten Grund hatten, Biolabors und »sensible Nukleartechnologie« in einem Land zu platzieren, das an Russland grenzt. Wäre das Bekanntwerden der russischen Invasionspläne dann nicht ein idealer Zeitpunkt für unsere Spezialeinheiten gewesen, dieses Material aus der Ukraine herauszuholen, bevor russische Soldaten dort einmarschieren? Jemanden provozieren zu wollen, ist eine Sache. Aber wenn dann noch derart viel Dummheit dazukommt, sieht die Geschichte schon ganz anders aus.

Carlson moderierte weiter, bis er den Zuschauern Robert F. Kennedy vorstellte, indem er einen Ausschnitt aus Kennedys Ankündigung einspielte, bei der Nominierung des demokratischen Präsidentschaftskandidaten gegen Joe Biden antreten zu wollen. Darin ging es um den Ukrainekrieg:

ROBERT F. KENNEDY JR.: Ursprünglich hat man uns gesagt, dass wir humanitäre Ziele verfolgen. Viele der Schritte, die wir in der Ukraine unternommen haben, deuten aber darauf hin, dass wir eher daran interessiert sind, den Krieg zu verlängern, als ihn zu verkürzen. Wenn also die wahren Ziele darin bestehen, einen Regimewechsel herbeizuführen und die Russen auszulaugen, dann ist das völlig konträr zu einer humanitären Mission.

TUCKER CARLSON: So sieht angeblich das Gesicht des Extremismus aus – aber es ist alles andere als extrem. Es ist rational und ruhig und nachdenklich. Bobby Kennedy selbst ist nicht extrem. Er ist zutiefst einfühlsam und vor allem ehrlich, unabhängig davon, was man von seinen Ansichten hält. Hier ist zum Beispiel seine jüngste Analyse der Außenpolitik der Regierung Biden. »Das große Ganze: Der Absturz des US-Einflusses auf Saudi-Arabien und das neue Bündnis des Königreichs mit China und dem Iran sind schmerzliche Sinnbilder für das klägliche Scheitern der Neocon-Strategie, mit aggressiven militärischen Machtprojektionen die amerikanische Hegemonie über die Welt aufrechtzuerhalten. China hat das amerikanische Imperium abgelöst, indem es stattdessen geschickt seine wirtschaftliche Macht nützt. Unser Land hat im vergangenen Jahrzehnt Billionen Dollar für die Bombardierung von Häfen, Brücken und Flughäfen ausgegeben. China hat die gleiche Summe in den Bau von Häfen, Brücken und Flughäfen in den

Entwicklungsländern investiert. Der Ukrainekrieg stellt den endgültigen Zusammenbruch des kurzlebigen ›Amerikanischen Jahrhunderts‹ der Neokonservativen dar.«

Sie können dieser Analyse zustimmen oder auch nicht. So oder so – wenn Sie ein ehrlicher Mensch sind, dann begreifen Sie, dass wir uns genau an dem Moment in unserer Geschichte befinden, in dem wir ernsthafte, erwachsene Gespräche über die Welt um uns herum führen müssen, über eine Welt, die sich zu unserem Nachteil verändert, und darüber, wie wir auf diese Veränderungen reagieren sollen. Bobby Kennedy würde gern diese Gespräche führen. Er kandidiert nicht, um reich zu werden. Er kandidiert, um die Lage zu verbessern, aber man erlaubt ihm nicht, diese Gespräche zu führen. Man hat ihn zensiert. Andere Medien reden nicht einmal mit ihm, weil er Kritik an ihren Werbekunden geübt hat.[11]

Sie fragen sich vielleicht, warum ich mich so lange mit Tucker Carlson, Fox News und Robert F. Kennedy Jr. aufhalte – aber es gibt eine Gemeinsamkeit zwischen ihnen allen, die Sie vielleicht überraschen wird.

Diese Gemeinsamkeit ist Roger Ailes, der Politguru, dem man nachsagt, Richard Nixon, George H. W. Bush und Donald Trump zur Präsidentschaft verholfen zu haben. Außerdem hat er Fox News gegründet und zum Quotenbringer gemacht, bevor der Sender nach dem Rausschmiss von Tucker Carlson Unmengen an Zuschauern einbüßte.

Manche mögen Roger Ailes aufgrund seiner gut dokumentierten Geschichte sexueller Belästigungen von Frauen als Schurken betrachten; andere sehen ihn eventuell als Helden, weil er sich für die konservative Sache einsetzt. An beiden Versionen ist etwas Wahres dran. Doch die Realität ist wie immer vielschichtiger, als Parteigänger auf beiden Seiten uns glauben machen wollen.

Es kann überraschende Verbindungen zwischen Menschen geben, und das gilt auch für Roger Ailes. Obwohl er ein gestandener Konservativer ist, verband ihn eine langjährige Freundschaft mit der Familie Kennedy.[12] Er war eine Art Ersatzvater für Robert F. Kennedy Jr. Als er Fox News leitete, hinderte er Kennedy dennoch daran, über die enormen Risiken von Impfstoffen im Rahmen unseres derzeitigen Impfplans zu sprechen.

Wenn Sie verstehen wollen, was Tucker Carlson passierte, dann müssen Sie die Beziehung zwischen Roger Ailes und Robert F. Kennedy Jr. verstehen.

***

Roger Ailes und Robert F. Kennedy Jr. verbrachten einmal 6 Wochen zusammen in einem Zelt in der afrikanischen Savanne in Kenia.

Ich weiß, das klingt wie der Anfang eines Witzes, aber es ist wahr.

Es ging um die Dreharbeiten zu einem TV-Dokumentarfilm über die Tierwelt und Kultur Afrikas mit dem Titel *The Final Frontier* [»Die letzte Grenze«; Anm. d. Übers.]. Roger Ailes, schon damals als jener politische Berater gefürchtet, der für Richard Nixons Wahlsieg im Jahr 1968 verantwortlich war, führte Regie; der 19-jährige Robert F. Kennedy Jr., bereits in jungen Jahren mit einem leidenschaftlichen Interesse für die Natur ausgestattet, war der Hauptdarsteller und Erzähler.

Man schrieb das Jahr 1973. Wie sich die beiden in einem 1995 geführten Interview für Rogers Sendung *Straight Forward* erinnerten:

ROBERT F. KENNEDY JR.: Roger und ich verbrachten 6 Wochen gemeinsam in einem Zelt.

ROGER AILES: Das ist richtig. Wir waren 6 Wochen zusammen in einem Zelt. Die Leute wissen nicht …

ROBERT F. KENNEDY JR.: Ich versuche seit 30 Jahren, Gras über die Sache wachsen zu lassen.

ROGER AILES: (lacht) Du hast deswegen ganz schön Ärger bekommen, glaube ich.

ROBERT F. KENNEDY JR.: Als die Willie-Horton-Affäre ihr Haupt erhob [ein berüchtigter Bush-Wahlkampf-Spot aus dem Jahr 1992 über einen Mörder, der vom damaligen demokratischen Kandidaten Michael Dukakis einen Wochenendfreigang erhielt und anschließend einen

Mord beging. Der Spot wurde als rassistisch kritisiert, aber die Bush-Wahlkampfleitung bestritt, dass dies seine Absicht war], sagten die Leute …
ROGER AILES: Wie konnte sich Bobby mit diesem Typen einlassen? Dabei hatte ich nie etwas damit zu tun.
ROBERT F. KENNEDY JR.: Du musstest halt den Kopf dafür hinhalten.
ROGER AILES: Das stimmt. Aber es ist wirklich nicht auf meinem Mist gewachsen. Jedenfalls war es interessant, dass wir damals – es war 1973, glaube ich – in Afrika waren, und du hattest diesen Vogel gefangen. Ich weiß nicht, ob es ein Falke war …[13]

Sie redeten weiter über den Vogel, bei dem es sich um einen Augurbussard gehandelt hatte, der dem amerikanischen Rotschwanzbussard ähnlich sieht. Roger erinnerte sich, wie er in ihr Hotelzimmer kam, wo er Robert mit diesem Vogel auf dem Arm vorfand, der ihm direkt in die Augen starrt, während er den Vogel dazu bringen wollte, Futter von ihm anzunehmen. Schließlich ließen die beiden den Vogel wieder frei, und er flog in den afrikanischen Himmel davon.

Das Gespräch wandte sich dann einem anderen Mitglied ihres Teams zu: LeMoyne Billings, der der beste Freund Präsident Kennedys gewesen war und nach Roberts Ermordung zu einer Art Vaterfigur für Robert F. Kennedy Jr. wurde.

ROGER AILES: Er wurde für einige Zeit so etwas wie dein Vormund, nicht wahr? Er hat dich sozusagen aufgezogen, glaube ich.
ROBERT F. KENNEDY JR.: Er war fast wie ein Ersatzvater für mich.
ROGER AILES: Richtig. Ein wunderbarer Mann. Wir hatten ein paar tolle Abende miteinander in Afrika, am Lagerfeuer. Lem und ich tranken ein bisschen Scotch und sprachen über deine große Zukunft. Und da bist du nun, all die Jahre später. Wann hast du dein Leben umgekrempelt und beschlossen: »Okay, ich werde diese Geschichte mit dem Umweltrecht angehen. Und ich werde wirklich etwas bewirken.«? Wann war das?

ROBERT F. KENNEDY JR.: 1984. Gegen Ende 1983 habe ich mein Leben neu bewertet. Ich entschied mich für diesen Beruf, nachdem mein Vater ermordet worden war, als ich vierzehn war. Davor wollte ich immer Tierarzt werden. Aber ich glaube, ich verspürte aus diversen Gründen einen gewissen Druck, meinen Beruf zu wechseln, mehr mit der Art von Dingen zu erreichen, mit denen er zu tun hatte. So kam es, dass ich statt eines Studiums der Tiermedizin ein Jurastudium begann und damit in die Fußstapfen meines Vaters trat. Ich studierte in Harvard und dann an der University of Virginia, so wie er. Danach wurde ich Anwalt und Staatsanwalt, was ungefähr dem entsprach, was mein Vater getan hatte. 1984 musste ich mich mit einer Menge privater Probleme herumschlagen, überdachte mein Leben neu und sagte mir …

ROGER AILES: Das war deine Drogenzeit, von der die Leute mittlerweile wissen. Ich war stolz auf dich, weil ich gesehen habe, wie du das durchgestanden hast, und mir dachte: »Junge, viele Leute schaffen es nicht, ihrem Leben eine neue Richtung zu geben.« Wie hast du das geschafft?

ROBERT F. KENNEDY JR.: Indem ich das tat, was meine Aufgabe war. Und jetzt bin ich seit 12 Jahren nüchtern. Damals habe ich mein Leben neu bewertet und einfach beschlossen, das zu tun, was ich tun wollte, und das war schon immer die Beschäftigung mit der Umwelt. Ich habe viel von dem, was ich an der juristischen Fakultät gelernt habe, in mein ursprüngliches Interesse für die Umwelt integriert.[14]

Wenn man sich das Video anschaut und sieht, wie verletzlich sich Kennedy in diesem Interview zeigt, kann das ziemlich schockierend sein, weil man im Jahr 1995 einfach nicht mit so etwas rechnete. Er sprach weiter über seine Liebe zur Natur sowie die Art und Weise, wie man sowohl die Umwelt als auch die Arbeitsplätze der Menschen in der Gemeinschaft schützen kann. Und er erwähnte auch den spirituellen Frieden, den er stets in der Natur gefunden hat.

Kennedy erzählte von einigen der Kämpfe in Sachen Umweltschutz, die er zu dieser Zeit führte, zum Beispiel dem Versuch, das Trinkwasser für New York zu säubern. Anschließend verlagerte sich das Gespräch auf die Politik.

ROGER AILES: Bobby, wann wirst du für ein Amt kandidieren? Das wollen alle wissen, und ich muss es fragen. Ich kenne dich schon sehr lange. Ehrlich gesagt, hatte ich vor 20 Jahren meine Zweifel an dir, aber du bist seitdem viel erwachsener geworden.
ROBERT F. KENNEDY JR.: Ich hatte auch meine Zweifel an dir, Roger.
ROGER AILES: Ich weiß. Die hast du immer noch.
ROBERT F. KENNEDY JR.: Na ja, ich weiß nicht. Willst du mein Wahlkampfleiter werden?
ROGER AILES: Das habe ich zumindest Lem Billings versprochen. Eines Abends haben Lem und ich uns am Lagerfeuer ein wenig betrunken, und er sagte: »Ich möchte, dass du für mich auf Bobby aufpasst.« Und ich antwortete: »Keine Sorge. Wenn er mich braucht, werde ich da sein.« Also muss ich dir wahrscheinlich helfen.[15]

Man konnte die Zuneigung zwischen den beiden Männern förmlich spüren. Beide betrachteten sich als Patrioten, und obwohl sie nicht in allen Fragen einer Meinung waren, herrschte enorm viel Liebe und gegenseitiger Respekt zwischen ihnen. Später im Interview kam es zum folgenden Dialog:

ROGER AILES: Vertrittst du zu den meisten Themen eine liberale Ansicht oder zu manchen auch eine konservative?
ROBERT F. KENNEDY JR.: Ich möchte mich mit keinem dieser Etiketten schmücken. In manchen Bereichen bin ich eher libertär eingestellt. Ich glaube an die freie Marktwirtschaft. Ich glaube, wenn wir eine wirklich freie Marktwirtschaft hätten, in der wir die Fördermittel für die Leute abschaffen, hätten wir nicht die Art von Umweltverschmutzung, mit der wir es heute zu tun haben. Ich glaube, diesen Standpunkt vertrete ich noch am ehesten. Gleichzeitig glaube ich aber,

dass wir in einer vielfältigen Gesellschaft leben und Diversität in jeder Hinsicht etwas Wunderbares ist. Ich würde sagen, dass dies eher eine Art liberale Sichtweise ist.[16]

Es war vorausschauend, dass Kennedy unsere Wirtschaft bereits 1995 nicht als wirklich frei bezeichnete, sondern sie als eine Art Vetternwirtschaft mit Fördermitteln ansah, die eine Umweltzerstörung möglich machten. Einer der letzten Wortwechsel der beiden Männer in dem Interview war sehr bewegend:

> **ROGER AILES:** Ich habe meinen Vater vor ein paar Jahren verloren und wollte ihm immer ein paar Dinge sagen. Wenn du deinem Vater heute ein paar Dinge sagen könntest, welche wären das dann?
> **ROBERT F. KENNEDY JR.:** Ich würde mich bei ihm für alles bedanken, was er mir gegeben hat, und dafür, dass er bis zum Schluss an seinen Werten festgehalten hat. Er hat seine Prinzipien über den Eigennutz gestellt. Ich glaube, das ist ein wunderbares Beispiel für mich – und es ist auch etwas, was ich meinen eigenen Kindern mitgeben möchte.[17]

Die Zuneigung zwischen Ailes und Kennedy bestand auch dann noch, als Ailes Fox News zu einem Quotenrenner machte. Das belegt dieser Artikel von Liz Smith aus dem Jahr 2006:

> Falls wir die vor den Feiertagen ausgestrahlte Fox-News-Spezialsendung *The Heat is On: The Case of Global Warming* [dt. etwa: »Die Hitze ist da: Der Fall globale Erwärmung«; Anm. d. Übers.] verpasst haben, so Kennedy, ist uns eine faire, korrekte Darstellung entgangen. Er schreibt: »Ich habe 1973 einen Sommer in einem Zelt in Afrika mit Roger Ailes verbracht, um einen Film über die Tierwelt zu drehen. Er ist charmant, umgänglich, sehr intelligent und sehr, sehr witzig. Obwohl wir beide die Politik des anderen für fehlgeleitet halten, sind wir seit 3 Jahrzehnten miteinander befreundet. Vergangenes Jahr bat ich Roger um den

persönlichen Gefallen, Al Gores Veranstaltung über neue Entwicklungen in der Wissenschaft von der globalen Erwärmung in New York City aufzusuchen … er war überzeugt, dass die Debatten eine öffentliche Ausstrahlung verdienten … das Team von Fox News leistete hervorragende Arbeit, indem es sich genau mit der Wissenschaft befasste. Diesen Film sollten alle sehen. Das Endprodukt trägt viel dazu bei, das ›Konservieren‹ in den Konservatismus zurückzubringen.«[18]

Für mich ist die Beziehung zwischen Robert Ailes und Robert F. Kennedy Jr. ein Beispiel dafür, was unsere bürgerliche Kultur zu einer der besten der Welt macht. Nur weil wir in bestimmten Fragen unterschiedlicher Meinung sind, schließt das nicht aus, dass wir die positiven Aspekte eines anderen Menschen würdigen können.

Wir sollten auch stets für die Möglichkeit offen sein, dass unsere Meinung falsch ist und wir etwas lernen können, wenn wir uns die Ansichten eines Andersdenkenden anhören.

Doch beim Thema Impfung blieb Roger Ailes' bewundernswerte Offenheit für die Ideen anderer leider auf der Strecke. Man muss ihm zugutehalten, dass er nicht an der weit verbreiteten Wahnvorstellung litt, alle Menschen mit einer abweichenden Meinung seien »wissenschaftsfeindlich«, wie die Propaganda der Pharmakonzerne uns glauben machen will. Für Ailes ging es um das Geld, das seine Werbekunden Fox News bezahlen. Kennedy berichtete in der *All-In Podcast*-Sendung vom 5. Mai 2023, was Roger Ailes zu ihm sagte, als er ihn darum ersucht hatte, bei Fox News auftreten und über das Thema Impfstoffe und Autismus bei Kindern sprechen zu dürfen: »›Darüber kann ich dich auf Fox News nicht reden lassen, tut mir leid.‹ Es war das erste Mal, dass er das zu mir gesagt hat. Und er sagte: ›Wenn einer meiner Moderatoren dich darüber reden ließe, müsste ich ihn feuern.‹ Und er sagte auch: ›Würde ich ihn nicht feuern, dann hätte ich innerhalb von 10 Minuten Rupert [Murdoch] am Telefon.‹«[19]

Roger Ailes war seit 1973 eng mit Robert F. Kennedy Jr. befreundet. Kennedy begann etwa 2005 mit seiner Impfkritik; das bedeutet, dass die beiden Männer zu dieser Zeit bereits seit mehr als 30 Jahren eine enge Beziehung zueinander hatten. Und dennoch, so Ailes, dürfe kein Moderator von Fox News über die Schädlichkeit von Impfungen für Kinder sprechen. Wenn sie es täten, würden sie ihren Job in etwa 10 Minuten verlieren.

Womit wir wieder bei Tucker Carlson und der vorletzten Folge wären, die er bei Fox News drehen durfte.

Das ist es nämlich, was Sie über Tucker wissen müssen – und warum ich glaube, dass sein Beispiel einer der entscheidenden Momente unserer modernen Zeit ist.

Tucker kannte nämlich die Geschichte, die ich Ihnen gerade über Roger Ailes erzählt habe, weil er sie direkt von Robert F. Kennedy Jr. gehört hatte.

Erst anhand dieser Tatsache kann man sich vorstellen, was Tuckers Kommentar in seiner vorletzten Sendung sowie die Tatsache, dass er Robert F. Kennedy Jr. eingeladen hatte, wirklich bedeuteten. Tucker wusste, dass dieser Schritt wahrscheinlich das Ende seiner millionenschweren Karriere bei Fox News darstellen würde.

Und er hat ihn trotzdem getan, vor den Augen eines ganzen Landes.

Woher nahm er den Mut, das zu tun, was so viele in den Nachrichtenmedien nicht geschafft haben?

Meiner Ansicht nach findet sich die Antwort in der Rede, die Tucker am Freitagabend nach seiner letzten Fox-Sendung bei der Heritage Foundation [einer konservativen amerikanischen Denkfabrik; Anm. d. Übers.] hielt.

***

Wenn man lange genug auf der Welt ist, nimmt man langsam den Bogen seines Lebens wahr und kann sich sagen: »Aha, das ist es, was ich eigentlich tun sollte.«

Ich sage mir zum Beispiel immer öfter: *Vielleicht war es mein Schicksal, eine erfolgreiche Sendung aufzubauen, in einer schwierigen Lebensphase ein paar Fehler zu machen, mich mehrmals dafür zu entschuldigen und dann Jahre später auf mehr Geld verklagt zu werden, als je ein Mensch in der Geschichte der Menschheit verklagt wurde, um danach mit der Verurteilung zu einer Strafsumme von 1,5 Milliarden Dollar konfrontiert zu werden, die ich unmöglich je bezahlen kann.*

Wenn man diese reale Erfahrung macht, fühlt sie sich beinahe wie eine außerkörperliche Erfahrung an, weil ein Teil von einem selbst so weit davon entfernt ist. Ich vermute dann gern, dass es sich dabei um Augenblicke handelt, in denen ich irgendwie in Kontakt mit meiner unsterblichen Seele komme. Es ist ein Moment, in dem Gott den Vorhang ein wenig zur Seite zieht und sagt: »Hier kommt noch ein bisschen mehr, damit du meinen Plan verstehst.« Doch dann lässt Gott den Vorhang wieder fallen, und die Entscheidung liegt bei uns.

Bleiben wir im Glauben, oder geben wir uns der Verzweiflung hin?

Im Alter von 53 Jahren begann Tucker, den roten Faden seines Lebens wahrzunehmen. Obwohl er nie besonders religiös war, sah er sich plötzlich mit der Unfassbarkeit unserer Zeit konfrontiert und spürte Gottes Ruf, ein Krieger zu sein. So beschrieb Tucker bei der Heritage Foundation seinen Lebenslauf, beginnend mit seinem ersten Arbeitsplatz:

In der Woche, als ich bei der *Policy Review* anfing, kam es zum Zusammenbruch der Sowjetunion – eine wirklich erstaunliche Sache. Der Putsch gegen Gorbatschow in der dritten Augustwoche des Jahres 1991 fiel mit der Woche zusammen, als ich bei Heritage zu arbeiten begann. Im Nachhinein kann ich natürlich sagen, dass man die Bedeutung der Dinge, die einem widerfahren, nie richtig einschätzen kann, wenn sie gerade passieren. Man weiß nie, worum es in einem Film wirklich geht, bevor er zu Ende ist.

Aber zu der Zeit waren wir uns zweier Dinge nicht wirklich bewusst: erstens, dass unsere gesamte politische Ausrichtung auf dem Krieg zwischen den Vereinigten Staaten und der Sowjetunion basierte, den man zwar Kalten Krieg nannte, der aber trotzdem ein Krieg war. Und jeder Teil unserer Politik – wie diejenigen unter Ihnen, die in meinem Alter oder älter sind, noch sehr gut wissen werden – drehte sich um diesen zentralen Konflikt.

Wir befanden uns im Konflikt mit einem Land, das sowohl gegen die freie Marktwirtschaft als auch gegen das Christentum war. Dadurch waren unsere eigenen Überzeugungen umso ausgeprägter. Aber was würde passieren, wenn diese Situation nicht mehr bestand und es diesen klaren Kontrast nicht mehr gab? Das war der erste Punkt. Zweitens aber sahen wir in dieser dritten Augustwoche 1991 den Totalitarismus sterben – und konnten natürlich nicht ahnen, dass er einmal zu uns kommen würde. Das konnten wir uns einfach nicht vorstellen.

Wir glaubten, dass Siege von Dauer sind. Doch das sind sie natürlich nicht. Das ist die erste Lektion der Geschichte. Nichts ist von Dauer, abgesehen von unserem Tod und von Gott. Aber das haben wir nicht begriffen.[20]

Als ich diese einleitenden Worte von Tuckers Rede hörte, lief mir ein kalter Schauer über den Rücken. Ja, wir hatten einen jahrzehntelangen Krieg gegen den Kommunismus geführt, und als der offiziell zu existieren aufhörte (am 25. Dezember 1991), so nahe am Tag von Christi Geburt, konnte man nicht anders, als einen göttlichen Einfluss in der Welt zu verspüren.

Und doch war es nicht das Ende der Geschichte, weil Gut und Böse sich in einem ewigen Kampf befinden. Und in jeder Generation haben wir die Wahl, ob wir uns der Finsternis ergeben oder kämpfen.

Tucker fuhr fort und sprach über den enormen Respekt, den er für die Integrität seines Vaters empfand, über das rasante Tempo des Wandels, der nicht immer zum Besseren hin verläuft, und darüber, dass die Menschen sich nicht gegen negative Entwicklungen wehren. Seine Worte waren wie ein Blitz der Wahrheit aus reinem Adrenalin, der in eine sterbende Gesellschaft einschlug.

Aber für diejenigen unter uns, die sich immer noch engagieren und zu verstehen versuchen, was das alles bedeutet, statt sich nur angeekelt abzuwenden, würde ich sagen, dass es zwei Dinge gibt, über die wir nachdenken. Das erste ist, dass man sich umschaut und sieht, wie so viele Menschen unter der Belastung, unter dem Druck dessen, was wir gerade durchmachen, zusammenbrechen. Und man sieht mit Verachtung und Traurigkeit, wie Menschen zu Quislingen werden, wie sie sich als Feiglinge entpuppen.

Man sieht, wie sie beim neuesten Ding mitmachen, das eindeutig ein giftiges und dummes Ding ist, wie sie Sachen sagen, die sie selbst gar nicht glauben, weil sie ihre Jobs nicht verlieren wollen. Wenn sich auch nur eine einzige Person in diesem Raum befindet, die das bei George Floyd und Covid und dem Ukrainekrieg nicht so gesehen hat, dann soll diese Person jetzt bitte die Hand heben. [Anm. d. Autors: Die überwiegende Mehrheit der Hände im Publikum ging hoch.]

Aha, niemand, richtig? Sie wissen alle, wovon ich spreche. Und Sie sind so enttäuscht von den Menschen. Und Sie erkennen, dass der Herdentrieb vielleicht der stärkste Instinkt ist. Ich meine, er ist möglicherweise sogar stärker als Hunger und der Sexualtrieb. Es ist der ebenfalls angeborene Instinkt, so zu sein wie alle anderen und nicht aus der Gruppe ausgestoßen, nicht gemieden zu werden. Das ist ein sehr starker Antrieb, den wir alle von Geburt an haben.

Und leider übernimmt er in Augenblicken wie diesen die Führung. Und er wird in Augenblicken wie diesen von schlechten Menschen ausgenutzt, um Uniformität zu erzeugen. Und wenn man sieht, wie die Leute dabei mitspielen, verliert man den Respekt vor ihnen. Das ist mir in den vergangenen Jahren sicher in großem Umfang passiert.[21]

So redet niemand, der für die Mainstream-Medien arbeitet. So redet auch niemand in unseren öffentlichen Debatten. Es ging dabei nämlich nicht um die neueste glitzernde Ablenkung oder den Skandal des Tages; diese Worte wandten sich an unser tiefstes Inneres, so wie einst die Literatur, bevor sie »modern« wurde – und in diesem Inneren sitzt die menschliche Seele. Früher fragten wir uns leichten Herzens: Wer ist der Mensch, den Gott sieht, wenn er in unser Herz schaut? Wir haben unsere Herzen viel zu lange vor Gott verborgen gehalten, und das kann uns nur auf den Weg des Teufels führen. Die besten Führungspersönlichkeiten unserer Welt zeigen nicht einfach mit dem Finger auf andere, sondern erforschen auch ihre eigene Seele und erzählen uns die Wahrheit darüber, was sie dort gefunden haben. Die besten Führungspersönlichkeiten zeigen uns, dass sie genauso menschlich und zerbrechlich sind, dass sie nur allzu oft keinen Ruhm auf sich häufen.

Man erreicht diesen Ort also und spürt sich. – Das ist auch einer der Gründe, Pater Scalia, warum mich bei Ihrem Gebet tatsächlich die Gefühle ein wenig übermannten. Mir wurde nämlich klar, dass ich über einige Menschen, die ich liebe, in einem Land, das ich verehre und immer verehrt habe, so aufgebracht war, dass ich nicht für das Land gebetet habe.

Das war mein Fehler. Wir alle sollten für unser Land beten.

Aber kehren wir zum Thema zurück. Wir sehen also diese traurige Situation um uns herum, aber zugleich wirkt – wie immer, das ist eine Tatsache der Natur und der Theologie und der beobachtbaren Realität – stets eine ausgleichende Kraft. Es gibt eine Macht, die gegen die Verderbtheit wirkt. Man nennt sie das Gute.

Und man sieht es in den Menschen. Auf zehn Leute, die »er« und »ihn« in ihre elektronischen JP-Morgan-E-Mail-Signaturen einbauen [Pronomen, die laut Gender-Ideologie jedem Leser verraten sollen, wie die betreffende Person angesprochen werden will; Anm. d. Übers.], gibt es einen Menschen, der sagt: »Nein, das mache ich nicht. Tut mir leid. Ich will nicht streiten, aber das mache ich nicht. Es ist ein Verrat an dem, was ich für wahr halte. Es ist ein Verrat an meinem Gewissen, meinem Glauben, meinem Selbstverständnis, meiner Menschenwürde und meiner Autonomie. Ich bin kein Sklave. Ich bin ein freier Bürger und mache da nicht mit. Und es gibt nichts, was Sie mir antun können, um mich dazu zu bringen.«[22]

Wie könnte ich von diesen Worten nicht absolut begeistert sein? Hier sprach nicht einfach nur ein menschliches Wesen, sondern jemand, der von etwas anderem durchdrungen war – etwas Anständigem, Ehrlichem und Mutigem. Er prangerte die Korruption an, verkündete, dass er kein Sklave ist, und bestätigte, dass sie ihm nichts antun könnten, um ihn wieder in Ketten zu legen. Und dabei wärmte er sich gerade erst auf.

Hier stehe ich also, wie einst Paulus vor Gericht. Hier stehe ich. Und man sieht das in den Menschen. Es ist eine völlig unerwartete Auswahl von

Menschen. Ich interessiere mich wirklich für Ursache und Wirkung. Wie ich schon zu Beginn meiner Ausführungen angemerkt habe, arbeite ich zudem an meiner Fähigkeit, die Zukunft vorherzusagen. Aber da ich irgendwie auch dafür bezahlt werde, Dinge vorherzusagen, versuche ich viel darüber nachzudenken, was bestimmte Ergebnisse, die ich hätte vorhersehen müssen, bevor sie passierten, miteinander verbindet.

Und in diesem Fall kann ich keinen roten Faden erkennen, der all die Leute verbindet, die in meinem Leben aufgetaucht sind und sich als die einsame, mutige Person in der Menge erwiesen haben, die »Nein, danke!« sagt. Man hätte nicht vorhersehen können, wer diese Leute sein werden. Sie passen nicht in ein gemeinsames Profil. Manche sind Menschen wie ich, andere wiederum sind mir überhaupt nicht ähnlich.

Manche von ihnen sind Leute, die ich noch vor ein paar Jahren aus politischen Gründen verachtet habe. Ich könnte Ihnen Namen nennen, aber Sie werden ihren Wandel eventuell gar nicht mitbekommen haben. Und ich möchte Ihnen nicht das Abendessen verderben, indem ich Ihnen sage, wer sie sind. Doch in einem Fall gibt es jemanden, über den ich mich im Fernsehen und sicher auch in meinem Privatleben auf ordinäre Weise lustig gemacht habe und der wirklich alles verkörpert, was ich abstoßend fand. Und dann beschloss er mitten in der Covid-Ära: Nein, da mache ich nicht mit.

Und wenn man einmal etwas Wahres sagt und dabei bleibt, dann fallen einem alle möglichen wahren Dinge auf. Die Wahrheit ist ansteckend. Lügen sind es, aber die Wahrheit ist es auch. Und in dem Moment, in dem man sich entscheidet, die Wahrheit über etwas auszusprechen, wird man von dieser – ich will ja hier nicht übernatürlich werden – Kraft von irgendwoher erfüllt.[23]

Ich würde Tuckers Vortrag bei der Heritage Foundation in eine Reihe mit den größten religiösen Bekehrungen der Geschichte stellen. Und in unserem digitalen Zeitalter kann sich eine solche Botschaft schnell an Millionen Menschen verbreiten. Die Avatare der Technologie, die Gott unbedingt aus der modernen

Gesellschaft tilgen wollen, haben uns die Werkzeuge geschenkt, mit denen sich die Frohe Botschaft viel schneller verbreiten lässt als je zuvor.

Und da fragen wir in unserer Arroganz uns noch, ob Gott sich von der Welt abgewandt hat?

Tucker sprach wie ein Mann, der nach einem Leben in Finsternis vor Kurzem das Augenlicht geschenkt bekommen hat. Er freute sich über jeden, der die potenzielle Schönheit dieser Welt zu schätzen weiß. Tucker war jetzt ein Missionar für die Wahrheit – und zwar nicht die vorgefertigte, von Konzernen genehmigte Wahrheit, sondern die echte Wahrheit.

Versuchen Sie es selbst. Sagen Sie die Wahrheit über etwas. Das können Sie jeden Tag spüren: Je öfter Sie die Wahrheit sagen, desto stärker werden Sie. Das ist völlig real. Es ist messbar in der Art, wie Sie sich fühlen. Und natürlich trifft auch das Gegenteil zu: Je mehr man lügt, desto schwächer und angstgeplagter wird man. Wir kennen dieses Gefühl alle. Man lügt über etwas und wird plötzlich zum Gefangenen dieser Lüge. Mit Drogen- und Alkoholkonsum verhält es sich genauso – sie machen einen schwach und ängstlich.

Aber dann blickt man sich um und sieht die Menschen, von denen manche wirklich einen hohen Preis dafür bezahlen mussten, die Wahrheit gesagt zu haben. Sie werden aus diesen Gruppen ausgestoßen, welche Gruppen das auch immer sind, und tun es trotzdem. Und ich bringe diesen Menschen die größtmögliche Bewunderung entgegen. Dafür werde ich bezahlt.

Mir droht keine Strafe. Einmal kam jemand zu mir und sagte: »Sie sind so mutig.« Wirklich? Ich bin ein Talkshow-Moderator, da kann ich jede Meinung haben, die ich will. Das ist mein Beruf, dafür bezahlt man mich. Es ist nicht mutig, in einer Nachrichtensendung im Kabelfernsehen die Wahrheit zu sagen. Wenn man das trotzdem nicht tut, ist man ein richtiger Idiot. Dann ist man wirklich feige. Du lügst im Fernsehen? Warum tust du das? Du verdienst doch dein Geld damit, zu sagen, was du dir denkst, und du schaffst nicht einmal das? Also bitte.

Aber wie wäre es, wenn du leitender Vizepräsident bei der Citibank wärst? Ja, wirklich – bei der Citibank, und du verdienst 4 Millionen Dollar im Jahr und hast drei Kinder in Bedford, zwei davon gehen ins Internat, und das dritte fängt nächstes Jahr an der Wesleyan University zu studieren an. Du brauchst diesen Job also wirklich, und dabei bricht gerade deine ganze Branche ein, und du weißt das. Dann gibt es absolut keinen Anreiz für dich, die Wahrheit über irgendetwas zu sagen.[24]

Tucker sprengte das Lügenimperium von innen – mit der mächtigsten Waffe, über die wir alle verfügen: unsere gottgegebene Stimme dazu zu nutzen, die Wahrheit auszusprechen. Ich konnte nicht anders, als über Tuckers Beispiel eines leitenden Vizepräsidenten bei der Citibank nachzudenken. Das klang so, als würde er über jemanden sprechen, den er kannte, wahrscheinlich ein guter Freund und auch ein guter Mensch, der in einem Netz aus Lügen feststeckte, das andere gesponnen haben. Dieser Mann musste zwischen der Familie, die von ihm abhängig war, und seiner Pflicht, zum Wohle der Gesellschaft die Wahrheit zu sagen, abwägen.

Und sein moralisches Kalkül brachte ihn dazu, seine Familie über die Wahrheit zu stellen.

Wie viele von uns würden die gleiche Entscheidung treffen?

Wie viele von uns können auf eine Handlung zurückblicken, die mehr Mut erfordert, als dieser leitende Vizepräsident bei der Citibank bewies? Tucker malte sich das Leben dieses Mannes weiter aus:

Du gehst also zu irgendwelchen Umerziehungstreffen und sagst dann so was wie: »Ja, Diversität ist unsere Stärke. Stimmt genau. Und wir brauchen Gleichstellung auf den Kapitalmärkten.« Na gut, in Ordnung. Wenn du aber der eine Typ bist, der sich weigert, so etwas zu sagen, dann bist du meiner Meinung nach ein Held. Und ich kenne ein paar dieser Leute. Es ist mein Beruf, sie zu interviewen. Und dann sitze ich da und sehe mir diese Leute an – und ich muss ihnen mehr Anerkennung zollen als Leuten, die Einsatzbereitschaft beweisen, was übrigens oft eine Impulshandlung ist.

Damit will ich die Einsatzbereitschaft nicht schlechtmachen. Ich bewundere sie zutiefst. Aber man interviewt Leute, die unglaubliche Dinge leisten, die sozusagen in das sprichwörtliche brennende Haus stürmen. Jeder Mann ist von Geburt an darauf trainiert, sich vorzustellen, was er tun würde, wenn ein Haus brennt und man von drinnen ein weinendes Baby hört. Und er sagt:»Na, man rennt sofort hinein.«

Aber niemand ist darauf trainiert, mitten in einer DEI-Sitzung bei der Citibank aufzustehen und zu sagen:»Das ist Unsinn.« Wenn jemand das trotzdem tut, ist ihm meine tiefste Bewunderung sicher. Sein Beispiel gibt mir Hoffnung. Es lässt mich erschauern. Ich rede den ganzen Tag mit solchen Leuten. Das ist der erste Punkt. In diesem traurigen Moment der tiefgreifenden und verbreiteten Zerstörung aller Institutionen sollten wir uns vor Augen halten, dass die Menschen früherer Generationen, die diese Institutionen aufgebaut haben, im Wesentlichen mit jedem in diesem Raum übereinstimmen würden. Sie haben diese Institutionen aufgebaut, die jetzt kaputt gemacht werden. Und das ist wirklich deprimierend.

Aber wir können auch sehen, wie in einiger Entfernung neue Dinge entstehen, neue Institutionen, die von Menschen geführt werden, die genauso mutig sind wie unsere Vorfahren. Amen.[25]

Hier spricht Tucker nicht nur zu uns, sondern auch zu sich selbst, indem er die intellektuellen und spirituellen Rahmenbedingungen für Mut skizziert. Es geht um die Art von Mut, die mit dem eigenen Tod (oder wenigstens 1,5 Milliarden Dollar Schadenersatzzahlungen) enden kann. Tuckers Unterscheidung zwischen Zivilcourage und Einsatzbereitschaft erinnert an eine berühmte Aussage von Senator Robert Kennedy aus dem Jahr 1968:»Zivilcourage ist ein selteneres Gut als Tapferkeit im Krieg oder hohe Intelligenz. Er ist jedoch die unerlässliche, grundlegende Eigenschaft derjenigen, welche die Welt verändern wollen, die sich nur unter Schmerzen verändern lässt.«[26]

Es wirkte nicht so, als hätte er seine Worte vorbereitet; sie fielen ihm einfach auf der Bühne ein, weil er sich geöffnet hatte, um als Gefäß für etwas anderes zu fungieren, für die übernatürliche Kraft, von der er sprach.

Im Folgenden redete er noch über seine eher dürftige religiöse Erziehung, die Dummheit der Transgender-Bewegung und darüber, dass Abtreibung für viele mittlerweile fast so etwas wie ein religiöses Sakrament ist. Dann wandte sich Tucker seiner Hauptaussage zu, bei der er sich völlig vom Materialismus wegbewegte und das Reich des Geistes betrat. Dies war ein Mann, der der ganzen Welt offenbarte, dass er sich einer höheren Macht unterwarf.

In konventionellen politischen Begriffen ergibt das alles keinen Sinn; wenn Menschen oder Menschenmassen – oder die größte Menschenmasse von allen, nämlich die Bundesregierung, die größte Organisation der Menschheitsgeschichte – sich auf das Ziel einigen, Dinge zu zerstören, nur um der Zerstörung willen. »Kommt, wir reißen alles nieder!«
Was Sie hier sehen, ist keine politische Bewegung. Es ist böse. Ich werde es in eher unspezifischen theologischen Begriffen ausdrücken, um Ihnen eine Bewertung zu erleichtern. Sagen wir einfach: Wenn Sie wissen wollen, was böse und was gut ist, an welchen Eigenschaften erkennen Sie das dann? Übrigens glaube ich, dass die Athener dem zugestimmt hätten, es ist nicht unbedingt eine christliche Vorstellung. Ich würde sagen, dass es sich eher um ein weitgehendes gemeinsames Verständnis von Gut und Böse handelt.
Was bringen diese beiden Zustände hervor? Was bewirken sie? Nun, ich meine, das Gute zeichnet sich durch Ordnung, Ruhe, Beschaulichkeit, Frieden, wie auch immer man es nennen will, das Fehlen von Konflikten und Sauberkeit aus. Sauberkeit ist das halbe Leben. Das ist wahr, es stimmt. Und das Böse erkennt man an den gegensätzlichen Eigenschaften: Gewalt, Hass, Unordnung, Spaltung, Auflösung und Schmutz. Wenn Sie sich also für die Dinge einsetzen, die zu den letztgenannten Ergebnissen führen, dann befürworten Sie in Wahrheit das Böse. Das ist einfach so.
Ich bin nicht für einen Religionskrieg, ganz im Gegenteil. Ich will nur, dass wir registrieren, was sich vor unseren Augen abspielt. Und ich unterstütze mit Sicherheit nicht die Republikanische Partei. Pfui! Es

geht mir überhaupt nicht um Parteipolitik. Ich stelle nur fest, was total offensichtlich ist.

Diejenigen unter uns im Alter von etwa Mitte fünfzig sind in ihrer Denkweise gefangen. Die eine Seite sagt: »Nein, ich habe diese Idee, und du hast jene Idee, also diskutieren wir unsere Ideen.« Aber sie wollen keine echte Diskussion. Diese Ideen können nicht zu Ergebnissen führen, die sich ein vernünftiger Mensch wünschen könnte. Sie sind Ausprägungen einer höheren Macht, die auf uns einwirkt.[27]

Die Seltsamkeit dieses Lebens, die Dinge, die uns widerfahren, und die Kräfte, die wir in der Welt am Werk sehen, führen uns unweigerlich zu etwas, was größer ist als wir. Tucker unterwarf sich dieser größeren Macht.

Und weil Tucker sich verpflichtet hatte, in großen und kleinen Angelegenheiten die Wahrheit auszusprechen, begann er auch die Lügen zu sehen, die in unserer Gesellschaft so weit verbreitet sind. Die Linke will keine Diskussion mit der Rechten über unsere unterschiedlichen Ideen. Sie wollen vielmehr, dass wir aus dem öffentlichen Diskurs verschwinden; deshalb sind Deplatforming und Shadowbans ihre neuen Bürgerrechte.

Am Ende seines Vortrags beteuerte Tucker, dass er nicht sachkundig genug über religiöse Angelegenheiten sprechen könne, forderte die Zuhörer jedoch auf, wenigstens 10 Minuten am Tag für ihr Land zu beten.

Dies war die vielleicht wichtigste Aussage zur Existenz von Gott im amerikanischen Leben, die eine Persönlichkeit des öffentlichen Lebens je getätigt hat – zumindest, seit Lincoln uns aufgefordert hat, uns von »den besseren Engeln unserer Natur« leiten zu lassen.[28]

Sie würden wahrscheinlich nicht damit rechnen, dass ausgerechnet Alex Jones die Richtigkeit eines Artikels in *Vanity Fair* lobt. Aber soweit ich weiß, war der dort abgedruckte Artikel über Tucker Carlson und die Wirkung, die sein Vortrag bei der Heritage Foundation auf den Fox-Eigentümer Rupert

Murdoch hatte, sogar extrem genau. Gute Arbeit, *Vanity Fair*! So fing der Artikel an:

> 24 Stunden nachdem Fox News seinen Moderator mit den höchsten Einschaltquoten entlassen hat, liegt immer noch keine offizielle Erklärung für einen der schockierendsten Fensterstürze in der Geschichte des Kabelfernsehens vor. »Ich sage nichts, was über unsere Presseaussendung hinausgeht«, antwortete mir eine Sprecherin von Fox News gestern, als ich sie um einen Kommentar ersuchte. In diesem Informationsvakuum kursierten in den Medien mehrere Theorien darüber, warum Fox Carlson gefeuert hat: Es handelte sich um die Nachwehen des 787,5 Millionen Dollar teuren Vergleichs mit [dem Wahlmaschinenhersteller; Anm. d. Übers.] Dominion; um eine Strafe für ordinäre Textnachrichten, die in den Dominion-Gerichtsakten zu lesen waren; oder um eine Folge der Klage der früheren Fox-Produzentin Abby Grossberg, in dem Carlson vorgeworfen wurde, ein feindseliges Arbeitsumfeld geschaffen zu haben.[29]

Den Mainstream-Medien war der Rausschmiss von Tucker Carlson ein Rätsel. Lag es daran, dass er die Pharmawerbekunden von Fox kritisiert und den bekannten Impfskeptiker und jetzigen Präsidentschaftskandidaten Robert F. Kennedy Jr. in seine Sendung eingeladen hat? Oder weil er Diskussionen über Wahlbeeinflussung bei der US-Präsidentschaftswahl des Jahres 2020 zuließ? War es wegen der Dominion-Klage und anderer Klagen, die derzeit gerichtsanhängig sind? Oder lag es daran, dass Tucker zu Gott gefunden hat? Der bekannte Karikaturist und Politkommentator Scott Adams weist gern darauf hin, dass Entscheidungen selten aus nur einem einzigen Grund getroffen werden; in der Regel spielen dabei mehrere Faktoren eine Rolle.

Der Artikel spekulierte weiter und stellte fest, dass einige der angedeuteten Gründe keinen Sinn ergaben. Andere Journalisten wie Maria Bartiromo bei Fox hatten sich viel eingehender mit den Vorwürfen bezüglich Wahlschwindels befasst. Und die Fox-Geschäftsführung hatte zu Protokoll gegeben, dass die Klagen gegen Tucker auf eine »energische« Verteidigung treffen würden.[30]

Die zentrale Behauptung kam aber erst später in dem Artikel: Murdoch hat Carlson entfernen lassen, weil er dessen religiöse Erweckung nicht guthieß.

> Nun ist eine neue Theorie aufgetaucht. Der Quelle zufolge hat Rupert Murdoch, der Vorsitzende der Fox Corporation, Carlson aufgrund von Bemerkungen entlassen, die dieser während einer Rede auf der 50-Jahres-Jubiläumsgala der Heritage Foundation am Freitagabend gemacht hat. Carlson hatte seine Rede mit religiösen Andeutungen versetzt, die sogar Murdoch zu extrem waren. Das behauptete zumindest der Informant, den man über Murdochs Entscheidungsfindung unterrichtet hatte. Carlson hatte vor den Heritage-Zuhörern gesagt, dass die nationale Politik zu einem manichäischen Kampf zwischen »Gut« und »Böse« geworden sei. Außerdem äußerte er seine Ansicht, dass die Befürworter von Transgender-Rechten und DEI-Programmen Amerika zerstören wollen und durch Fakten nicht überzeugt werden können. »Wir sollten das deutlich sagen und aufhören, uns auf diese total verlogenen Diskussionen einzulassen … Ich habe es versucht. Es funktioniert nicht«, sagte er. Die Antwort, so Carlson, liege im Gebet: »Ich bin zu dem Schluss gekommen, dass es sich lohnen könnte, wenn Sie sich trotz Ihres vollen Terminkalenders nur 10 Minuten Zeit nehmen, um ein Gebet für die Zukunft zu sprechen – und ich hoffe, Sie werden das tun«, sagte Carlson. »Bei solchen Sachen rastet Rupert aus«, sagte die Quelle. »Er mag dieses ganze spirituelle Gerede nicht.«[31]

Kann es wirklich sein, dass Tucker aus dem Programm genommen wurde, weil er eine Rede hielt, in der er die Menschen aufforderte, 10 Minuten täglich für ihr Land zu beten? Wenn man in einer historischen Abhandlung über einen Diktator liest, der jemanden ins Gefängnis werfen ließ, weil er andere zum Gebet motivieren wollte, würde man sagen: *Ja, das passt zu einem Diktator.* Aber ist das wirklich so etwas anderes, als eine Stimme zum Schweigen zu bringen?

Medienberichte deuten darauf hin, dass Murdoch Tucker bis nach den Wahlen des Jahres 2024 zum Schweigen verurteilen will.[32]

Eilmeldung an Fox News: Das wird wohl nicht klappen.

Tucker Carlson wird ohne Fox News größer sein, als er es mit Fox News je war.

Und man kann nicht behaupten, dass Tucker nicht wenigstens versucht hat, mitzuspielen. Ich hatte zum Glück nie Chefs, denen ich es recht machen musste, aber ich weiß, dass die meisten Menschen diese Erfahrung nicht machen dürfen. Die meisten Menschen versuchen sich entweder bei ihrem Boss einzuschmeicheln oder verhalten sich wenigstens so, dass sie verstanden werden.

Der *Vanity-Fair*-Artikel enthielt eine faszinierende Geschichte über Tucker, der bei einem Abendessen mit Murdoch und dessen damaliger Verlobter Ann Lesley Smith, die höchst unterschiedliche Ansichten über Religion hatten, in eine schwierige Situation geriet:

> Vielleicht war Rupert Murdoch auch von Carlsons Messianismus entnervt, weil er sich zu sehr an die endzeitliche Weltanschauung seiner Ex-Verlobten Ann Lesley Smith erinnert fühlte, vermutete der Informant. In meiner Titelgeschichte vom Mai hatte ich berichtet, dass Murdoch und Smith ihre 2-wöchige Verlobung wieder aufgelöst hätten, weil Smith den Leuten erzählt hatte, Carlson sei ein »Gottesbote«. Murdoch war Zeuge der Gespräche geworden, die Carlson und Smith über Gott führten. Ende März war Carlson auf Murdochs Weingut in Bel Air eingeladen, wo er laut Quelle mit Murdoch und Smith zu Abend aß. Während des Essens holte Smith eine Bibel hervor und begann – so der Informant – aus dem Exodus vorzulesen. Ein paar Tage nach diesem Abendessen sagten Murdoch und Smith ihre geplante Eheschließung ab. Und mit der Entlassung Carlsons nahm Murdoch seiner Ex auch die Lieblingssendung weg.[33]

So vieles in diesem Absatz zeigt uns deutlich, wie groß die Kluft zwischen den atheistischen Medien und der gläubigen Allgemeinheit ist. Wenn ein religiöser Mensch jemanden einen »Gottesboten« nennt, meint er, dass diese Person das

Werk Gottes verrichtet. Das ist ein Kompliment. Wenn linke Atheisten jemanden sehen, der etwas tut, was der Rest von uns als »Gottes Werk« bezeichnet, dann sehen sie sofort einen verrückten, »messianischen« Sektenführer à la David Koresh [Prophet der Branch Davidians, der bei der Erstürmung des Hauptquartiers dieser Sekte in Waco durch das FBI als einer von vielen ums Leben kam; Anm. d. Übers.].

Die Medien scheinen auch entsetzt darüber zu sein, dass Leute, die auf einem schicken Weingut zu Abend essen, eine Bibel herausziehen und ein paar Passagen daraus vorlesen. In den Augen der Linken kommt dies fast der Einführung der Scharia gleich.

Und sollen wir wirklich glauben, dass Murdoch Tucker nur deswegen entlassen hat, um seine Exverlobte zu bestrafen?

Wo soll das alles hinführen?

Es könnte an einige sehr interessante Orte führen, zum Beispiel zur Kundgebung vor dem Kapitol der Vereinigten Staaten am 6. Januar 2020. Damals ersuchten Unterstützer von Präsident Donald Trump den Kongress um etwas mehr Zeit, damit sie die scheinbaren Unregelmäßigkeiten bei den Wahlen genauer untersuchen konnten. Ja, hier handelt es sich um ein kontroverses Thema, doch vielleicht wird es Tucker sein, der dieses Thema endlich knackt. Dem Podcaster Russell Brand erzählte er am 7. Juli 2023 nämlich eine merkwürdige Geschichte – hier ein Auszug daraus:

> Das waren Leute, die glaubten, man hätte ihnen die Wahl gestohlen – und es gibt auch einige Indizien dafür, dass sie recht hatten. Wir könnten jetzt darüber diskutieren, aber jedenfalls glaubten sie es. Und das ist durchaus bedeutsam. Wenn ein großer Teil der Bevölkerung eines Landes nicht glaubt, dass die Wahlen korrekt ablaufen, muss man einen Weg finden, sie vom Gegenteil zu überzeugen. Sonst kann man keine Demokratie haben, weil die Demokratie ein glaubensbasiertes System ist. Das war das Erste, was mir auffiel: Niemand bemühte sich, diese Menschen zu überzeugen. Es hieß nur: »Die Wahlcomputer sind sicher!« – und das stimmt natürlich nicht. Es handelt sich um eine Lüge,

und jeder Staat, der mit Wahlcomputern arbeitet, geht schon definitionsgemäß das Risiko von betrügerischen, gefälschten Wahlen ein. Von vornherein würde kein Land, dem die Demokratie wichtig ist, mit Wahlcomputern arbeiten, okay? Das haben übrigens auch viele Demokraten gesagt – nicht jetzt, aber vor 10 Jahren.

Niemand bemühte sich, diesen Leuten zu versichern, dass alles mit rechten Dingen zuging. Sie benutzten die Zweifel vielmehr sofort als Keule, um ihre politischen Gegner zum Schweigen zu bringen. In vielen Fällen brachten sie sie sogar ins Gefängnis. Das fiel mir also auf, und ich dachte mir: »Moment mal, hier handelt doch niemand in gutem Glauben.« Sie beginnen einfach sofort mit maximaler Aggression zu lügen. […] Sie schreckten sofort zurück, wenn man irgendwelche Fragen zum 6. Januar stellte, und das war für mich ein Hinweis. Als ich die Ereignisse live im Fernsehen verfolgte, und auch in den Wochen danach, hätte ich nie vermutet, dass die amerikanische Polizei oder das Militär etwas damit zu tun hatten.

Ich hielt es aber nie für eine Operation unter falscher Flagge oder etwas Ähnliches. Ich neige von Natur aus nicht zu Verschwörungstheorien, also glaubte ich auch an so etwas nicht. Und dann sprach ich mit Steven Sund, dem Leiter der Kapitol-Polizei, in einem Interview, das von Fox übrigens nie ausgestrahlt wurde, weil man mich vorher gefeuert hat. Aber ich werde ihn noch einmal interviewen.

Steven Sund war jedenfalls total unpolitisch und arbeitete für Nancy Pelosi [bis 2023 Sprecherin des US-Repräsentantenhauses; Anm. d. Übers.]. Er war alles andere als ein rechter Aktivist, sondern am 6. Januar einfach nur Chef der United States Capitol Police. Und er sagte: »O ja, ja, die Menschenmenge war voller Bundesagenten.« Wie bitte? Ja. Aber er musste das natürlich wissen, weil er für die Sicherheit vor Ort zuständig war. Je mehr Zeit verging, mittlerweile sind es ja bereits 2½ Jahre, desto offensichtlicher wurde es, dass schon die grundsätzlichen Behauptungen, die über den 6. Januar aufgestellt wurden, Lügen waren.[34]

Jeder, der sich ernsthaft mit den Ereignissen vom 6. Januar am Kapitol befasst, wird danach mehr Fragen als Antworten haben. Im Jahr 2023 besitzen die Verschwörungstheoretiker mehr Glaubwürdigkeit als jede Regierungsbehörde oder Mainstream-Medien-Nachrichtenorganisation.

Wir können beliebig aus Verschwörungen auswählen. Wenn Sie zum Beispiel Impfungen nicht mögen, werden Sie eine Menge Informationen finden, die Sie noch mehr beunruhigen. Ähnlich wird es sein, wenn Sie sich genauer mit dem Weltwirtschaftsforum, dem Einfluss Rotchinas auf unser politisches System, dem Geldsystem, den Gefahren der KI, dem Überwachungsstaat oder den Aktionen unserer Geheimdienste im In- und Ausland befassen.

Mit ist völlig klar, dass man sich von den vielen unterschiedlichen Arten, auf die wir getäuscht wurden, überwältigt fühlen kann.

Andererseits halte ich das aber auch für eine gute Sache, weil man das Problem erst klar sehen muss, bevor man es lösen kann.

***

Erste Anzeichen deuten darauf hin, dass die Entlassung von Tucker Carlson durch Rupert Murdoch ein Fehler biblischen Ausmaßes gewesen sein könnte.

Hier ist ein Auszug aus einem Artikel, der am 10. Mai 2023 auf *The Hill* erschien und die Überschrift »Tucker Carlsons Tweet mit der Ankündigung einer neuen Twitter-Sendung wird mehr als 100 Millionen Mal aufgerufen« trug:

> Carlsons Tweet mit der Überschrift »Wir sind wieder da« erreichte in weniger als 24 Stunden mehr als 100 Millionen Aufrufe, und das darin enthaltene 3-minütige Video wurde im selben Zeitraum 21 Millionen Mal angesehen.
>
> In seiner kurzen Botschaft ging Carlson nicht auf seinen Rauswurf bei Fox ein, sondern übte Kritik an den Nachrichtenmedien im Allgemeinen, als er sagte: »Erstaunlicherweise gibt es mit heutigem Datum nicht mehr viele Plattformen, auf denen eine freie Meinungsäußerung

zulässig ist«. Er lobte Twitter als einen Ort, »an dem unsere nationale Konversation seit Langem entspringt und sich entwickelt«.

Der ehemalige Moderator, dessen Sendung zur besten Sendezeit ausgestrahlt wurde, machte keine näheren Angaben zu dem neuen geplanten Projekt.

Eine ähnliche Videobotschaft von Carlson, die nur wenige Tage nach seinem Ausscheiden aus dem Sender erschien, erreichte in weniger als 24 Stunden 57 Millionen Aufrufe.[35]

Wenn Tucker etwas Wichtiges twittert, kann er damit rechnen, dass 50–100 Millionen Menschen seine Äußerungen lesen und rund 20 Millionen Zuschauer sich die Zeit nehmen, seine vollständigen Ausführungen anzuhören.

Man vergleiche die mageren Einschaltquoten von Fox News mit dem, was Tucker mit seinen Sendungen auf Twitter geschafft hat. Der *Hollywood Reporter* schrieb:

Nachdem sich Fox News und Tucker Carlson am Montag überraschend »darauf geeinigt hatten, getrennte Wege zu gehen«, hatte die Stunde von 20:00 bis 21:00 Uhr des Senders am Montagabend deutlich weniger Zuschauer. Das Debüt von *Fox News Tonight*, moderiert von Brian Kilmeade (dem ersten in einer Reihe von wechselnden Moderatoren), erreichte knapp 2,6 Millionen Zuschauer – etwa 21 Prozent weniger als der Durchschnittswert für *Tucker Carlson Tonight* (3,3 Millionen Zuschauer) an den vergangenen acht Montagen.

Fox News Tonight musste auch in der für Nachrichten wichtigen Zielgruppe der 24- bis 54-Jährigen Einbußen hinnehmen: Mit 0,24 lag die Einschaltquote um 37 Prozent niedriger als die 0,38, die Carlson im Durchschnitt an den vorangegangenen acht Montagen erzielt hatte.[36]

Der Kollaps der globalistischen Mainstream-Medien beschleunigt sich immer mehr, was wir dem Mut von Leuten wie Tucker Carlson zu verdanken haben.

Wenn Leute mich fragen, ob ich wirklich glaube, dass wir siegen können, brauche ich mir nur die Zahlen anzuschauen.

Schwache 2,6 Millionen Menschen schauen sich den vertrockneten Leichnam von *Fox News Tonight* an, und mehr als 100 Millionen Menschen nehmen sich die Zeit, zu lesen, was Tucker Carlson auf X postet.

Für mich sieht das aus wie ein Sieg.

***

Ich glaube, dass Gott uns allen die Wahl lässt, entweder ein Schurke oder ein Held zu sein. Und ich glaube, dass uns diese Wahl bis zum Ende unseres Lebens offensteht. Welchen Weg wir auch immer wählen, Gott wird ihn für das Gute nutzen.

Denken Sie nur an Roger Ailes. Er war zweifellos ein talentierter und in vieler Hinsicht – wie seine aufrichtige Sorge um den jungen Robert F. Kennedy Jr. bewies – auch guter Mann.

Doch als Ailes immer mehr Macht erlangte, wurde er vor die Wahl gestellt: Er konnte diese Macht nutzen, um ein Held oder ein Schurke zu sein. Wie es scheint, wählte er in vielen Fällen den Weg des Bösen, und das sollten wir nie vergessen.

Er erwies sich zum Beispiel als Schurke, als er seine zunehmende Macht dazu ausnutzte, Journalistinnen zu belästigen und zu verführen, die bis dahin gute Arbeit geleistet hatten und auf eine Beförderung aus waren. In dem Dokumentarfilm *Divide and Conquer: The Story of Roger Ailes* [dt. etwa: »Teile und herrsche: Die Geschichte von Roger Ailes«; Anm. d. Übers.] kann man sich selbst ein Bild von seinem furchteinflößenden Verhalten machen. Eine Frau sagte, dass Ailes sie mit folgenden Worten angesprochen habe: »Wenn du mit den großen Jungs spielen willst, musst du auch mit den großen Jungs ins Bett gehen.«[37]

Ailes wurde mit zunehmender Macht zum Schurken, weil er sich dafür entschied, verletzliche Frauen auszunutzen. Er erwies sich aber auch als Schurke, als er sich weigerte, Robert F. Kennedy Jr. in einer seiner Fernsehsendungen auf die Risiken von Impfstoffen hinweisen zu lassen, und auch den Eltern impfgeschädigter Kinder keine Möglichkeit gab, ihre Geschichten zu erzählen.

Ailes verriet den Mann, der fast wie ein Sohn für ihn war, und ebenso die Eltern impfgeschädigter Kinder, um seine Werbekunden aus der Pharmaindustrie bei Laune zu halten.

Roger stellte die Werbedollars seiner Pharmakonzern-Sponsoren über das Wohl geschädigter Kinder und seine langjährige Freundschaft mit Robert F. Kennedy Jr. Während dieser Jahre hatte ich auf InfoWars mehrmals Dr. Andrew Wakefield zu Gast, damit er meinen Zuschauern seine Erkenntnisse über einen Zusammenhang zwischen der MMR-Impfung und der Entwicklung der verheerenden Krankheit Autismus vorstellen konnte. Auch mehrere andere Ärzte, die ähnliche Behauptungen aufstellten, waren eingeladen – ebenso wie die Eltern der betroffenen Kinder, die ihre Geschichten erzählen konnten.

Möge die Geschichte Roger Ailes auf ewig als einen Menschen in Erinnerung behalten, dem Werbedollars wichtiger waren als das Leben von Kindern.

Aber ich glaube, dass Gott die Wahl zum Bösen, die Roger Ailes getroffen hat, zu seinem eigenen Vorteil nutzte.

Robert F. Kennedy Jr. hat oft erzählt, wie Roger Ailes ihn gewarnt hat, nicht über Impfungen zu sprechen. Und Tucker Carlson, ein guter Mann, hat das gehört.

Tucker wurde vor die Wahl gestellt.

Kennedy hatte angekündigt, dass er für das Amt des Präsidenten kandidieren würde, und das mit »Warp-Geschwindigkeit« [ein Verweis auf die Serie *Star Trek*; Anm. d. Übers.] durchgezogene Covid-19-Impfprogramm hatte vielen die Augen für die Probleme rund um Impfungen im Allgemeinen geöffnet. Tucker beschloss also, dass es an der Zeit war, Kennedy in seine Sendung einzuladen und seine uneingeschränkte Unterstützung für die von Kennedy aufgeworfenen Fragen zu Impfstoffen zu verkünden.

Gott bot Tucker Carlson die Chance, in den Augen vieler leidgeprüfter Familien mit impfgeschädigten Kindern ein Held zu sein und ihre Sorgen ernst zu nehmen. Und Tucker wählte den Weg der Rechtschaffenheit.

Die Linke möchte uns einreden, dass man Gott umso weniger braucht, je reicher und erfolgreicher man wird – oder dass Gott keinen Kontakt mehr zu einem aufnehmen kann, wenn man sich so weit von ihm entfernt hat. Ich glaube jedoch, dass Gott sogar dem 92-jährigen Rupert Murdoch die Wahl gelassen hat, ein Held zu werden.

Wie sonst wäre es zu erklären, dass Murdoch sich im Alter von 92 Jahren offenbar in eine tiefgläubige Frau verliebte und sie heiraten wollte? Gott gab Rupert Murdoch die Chance, ein Held zu werden.

Aber wir alle haben einen freien Willen, auch Rupert Murdoch. Auch das ist ein Geschenk Gottes. Er kann Ihnen den Weg zeigen, aber Sie müssen ihn selbst wählen. Gott wird Sie nie zu Ihrer Entscheidung zwingen.

Doch sie wird Folgen haben.

Rupert Murdoch wandte sich von Gott ab und wurde zum Schurken.

Tucker entschied sich, seinen Glauben öffentlich zu verkünden, selbst um den Preis, seine Stellung als beliebtester TV-Nachrichtenmoderator zu verlieren.

Aber Gott verlangt nicht, dass wir leiden, wenn wir uns dafür entscheiden, ihm zu folgen. Vielmehr werden wir letztendlich dafür belohnt. Ich sage voraus, dass Tucker zu einer der großen, unersetzlichen Persönlichkeiten unserer Zeit werden wird.

Und Robert F. Kennedy Jr. wird am Ende vielleicht sogar Präsident der Vereinigten Staaten.

Und für diejenigen, die jahrzehntelang darauf gewartet haben: Irgendwann wird jeder die Wahrheit darüber erfahren, was mit Millionen impfgeschädigter Kinder geschehen ist. »Du sollst nicht falsch Zeugnis reden wider deinen Nächsten« ist das achte der Zehn Gebote, die Gott dem Moses offenbarte. Dieses Gebot ist heute noch genauso wichtig wie vor Jahrtausenden.

Roger Ailes und Rupert Murdoch versuchten zu verhindern, dass diese Wahrheit ans Tageslicht kommt.

Doch Gott kann sogar die Pläne von Pharmariesen und milliardenschweren Medienmagnaten durchkreuzen.

Wir werden die Wahrheit erfahren, und Gott wird seinen rechtmäßigen Platz im Zentrum unserer Existenz wieder einnehmen.

Die größte Entscheidung unseres Lebens ist, ob wir, wenn Gott uns aufruft, den Weg des Schurken oder den des Helden wählen.

Kapitel 9

Jeffrey Epstein – der Renfield der globalistischen Draculas (sogar noch schlimmer, weil sie ihre eigenen Kinder ausnutzen)

Ich glaube, die Geschichte um Jeffrey Epstein ist so etwas wie der Stein von Rosetta, durch dessen Entschlüsselung sich begreifen lässt, wie unsere Welt wirklich funktioniert.

Ich könnte damit beginnen, Ihnen genau zu erzählen, was sich meiner Meinung nach in dieser Geschichte abgespielt hat.

Aber ich glaube, dazu sind Sie noch nicht bereit.

Ich werde Ihnen diese Geschichte also erst einmal so erzählen, wie sie in den Mainstream-Medien wiedergegeben wurde, und dann die Ungereimtheiten zerpflücken, damit Sie auch sehen, dass die »offizielle« Version absolut keinen Sinn ergibt. Dann werden Sie wahrscheinlich eher bereit sein, meine Sicht der Dinge anzunehmen.

***

Wo sollen wir mit der Jeffrey-Epstein-Story anfangen?

Vielleicht mit dem Rücktritt von Trumps Arbeitsminister Alex Acosta im Jahr 2019, weil er Jeffrey Epstein 2008 nicht ordnungsgemäß strafrechtlich verfolgt hat? So wurde es in der *New York Times* erzählt:

> Präsident Trumps in Bedrängnis geratener Arbeitsminister R. Alexander Acosta hat am Freitag seinen Rücktritt bekannt gegeben. Er war in letzter Zeit immer wieder mit Fragen über seinen Umgang mit einem Fall von Sexualverbrechen konfrontiert worden, in den der Finanzier Jeffrey Epstein verwickelt war, als Acosta noch als Bundesstaatsanwalt in Florida arbeitete.
>
> Laut Trump, der den Rücktritt offiziell bekannt gab, habe Acosta ihn am Freitagmorgen angerufen, um dem Präsidenten mitzuteilen, dass er zurücktreten wolle. Acostas Entscheidung kam nur 2 Tage nachdem er auf einer Pressekonferenz seine Vorgehensweise bei der strafrechtlichen Verfolgung Epsteins wegen Sexualverbrechen im Jahr 2008 gerechtfertigt hatte. Gleichzeitig hatte er versucht, die Forderungen der Demokratischen Partei nach seinem Rücktritt zurückzuweisen und Trump davon zu überzeugen, dass er stark genug sei, diese Anschuldigungen zu überstehen.[1]

Wäre das alles, was man je über die Geschichte erfahren würde, dann würde man wohl nur die Achseln zucken und sich sagen: *Scheint so, als hätte sich da etwas Seltsames abgespielt, aber ich bin jedenfalls froh darüber, dass der Staatsanwalt, der 2008 seine Pflicht vernachlässigt hat, jetzt endlich die Folgen tragen muss.*

Und dann ginge man zur nächsten Fake-News-Story über.

Doch wir sollten uns nicht so schnell von der Alex-Acosta-Geschichte abwenden. Eine der wenigen investigativen Journalistinnen, die dem Fall Jeffrey Epstein jahrelang nachgingen, war Julie K. Brown, eine preisgekrönte Reporterin des *Miami Herald*. Ursprünglich hatte Detective Joe Recarey den Fall Epstein untersucht – und sehr bald feststellen müssen, dass es sich um den ungewöhnlichsten Fall seiner Laufbahn handelte. Wie Browns Artikel über die frühen Schachzüge im Fall Epstein aufzeigte, dürfte seinerzeit eine beachtliche Armee zur Verteidigung des reichen Pädophilen angerückt sein:

> Epstein engagierte den extravaganten Harvard-Rechtsanwalt Alan Dershowitz, der sich mit Barry Krischer – dem für die strafrechtliche Verfolgung des Falles zuständigen Staatsanwalt von Palm Beach – traf. Schon bald nahmen die Strafverfolger nicht mehr Epstein unter die Lupe, sondern starteten heftige verbale Angriffe auf dessen minderjährige Opfer.
>
> Im Laufe eines Jahres wurde alles, was Recarey bisher über Gerechtigkeit gedacht hatte, auf den Kopf gestellt. Krischer, anscheinend geblendet von Dershowitzs Bekanntheit, ließ die Opfer und die ermittelnden Polizeibeamten links liegen, während Epstein und die von ihm bezahlten Privatdetektive die Mädchen und deren Familien in einem Ausmaß verfolgten und bedrohten, dass ihr ganzes Leben zerstört wurde. Schließlich übernahm dann das FBI die Ermittlungen. Der Mann, der den Fall leiten sollte, war ein junges, hoffnungsvolles Mitglied der Republikanischen Partei und hatte den Ehrgeiz, einmal Richter am Obersten Gerichtshof der USA zu werden. Rene Alexander Acosta (37) wurde im Oktober 2006 in Miami als Staatsanwalt vereidigt – genau dann, als das FBI zu vermuten begann, dass Epsteins Verbrechen weit über Südflorida hinausgingen.[2]

Schauen wir uns also die ersten Szenen in diesem Drama an: Ein ehrlicher Kommissar sammelt Beweise, und gegen Epstein wird Anklage erhoben. Und jetzt tritt Epsteins Verteidigungsmaschinerie in Aktion. Epstein schafft es, den berühmten Harvard-Anwalt Alan Dershowitz auf seine Seite zu ziehen. Dershowitz wiederum gelingt es offenbar, den Staatsanwalt von Palm Beach zu »blenden« und dazu zu veranlassen, sein Ermittlungsteam auf die minderjährigen Opfer anzusetzen statt auf Epstein.

Ich finde Browns Artikel lobenswert, aber mit einem Teil davon bin ich absolut nicht einverstanden.

Brown behauptet, der Staatsanwalt von Palm Beach sei wahrscheinlich von Dershowitz »geblendet« gewesen, und das erkläre sein Handeln.

Kann Brown irgendwelche Beweise für diese Behauptung vorlegen? Oder sagt man so etwas einfach, wenn man keine Hinweise darauf hat, warum sich ein Strafverfolgungsbeamter auf die Seite eines mutmaßlichen Pädophilen stellt?

In diesem Punkt sind Browns Recherchen zwar eher oberflächlich, doch sie deutet im weiteren Verlauf auch an, dass nicht nur die demokratische, sondern auch die republikanische Seite sich in diesem Fall durch eine verachtenswerte Vorgehensweise auszeichnete.

Epstein hatte großzügig für demokratische Kandidaten und Anliegen gespendet, doch er wusste, dass er jemanden mit Einfluss in Washington benötigte, wenn er die damals im Weißen Haus sitzenden Republikaner auf seiner Seite haben wollte. Zu seinem juristischen Traumteam gehörte Kenneth Starr, der ehemalige unabhängige Sonderermittler, der seine Fähigkeit zur moralischen Empörung und seine Eignung als Strafverfolger dazu eingesetzt hatte, 1998 die Amtsenthebung von Bill Clinton anzustreben.

Unter Berufung auf »die feierliche Absicht, Fairness und Integrität in der Rechtspflege zu gewährleisten« ersuchte Starr das Justizministerium, das von den Staatsanwälten in Miami angestrengte Bundesverfahren im Wesentlichen einzustellen.[3]

Wenn die Medien wieder einmal wegen meiner »Verschwörungstheorien« auf mich losgehen, würde ich sie am liebsten stoppen und fragen: »Leute, habt ihr nicht einmal einen Funken Skepsis in eurer Seele? Habt ihr all diese Jahre unter der verlogenen politischen Klasse verbracht und schluckt immer noch den neuesten Müll, als wäre er ein Filet Mignon?!«

Will uns Kenneth Starr wirklich weismachen, dass er 4 Jahre gegen Clinton ermittelt und dabei nur Blowjobs von Monica Lewinsky, einer erwachsenen Praktikantin im Weißen Haus, ausgegraben hat? Und dass Jeffrey Epstein, der Sex mit minderjährigen Mädchen hatte, dann plötzlich ein Vorbild an moralischer Rechtschaffenheit für ihn war, das man unbedingt freilassen sollte?

Es wird Sie vielleicht überraschen, das von mir zu lesen, aber ich neige dazu, den 37-jährigen Alex Acosta, damals frisch vereidigter Staatsanwalt in Miami, teilweise zu entschuldigen. Meiner Erfahrung nach werden hochrangige Beamte in der Regel erst dann korrumpiert, wenn sie recht weit oben auf der Karriereleiter stehen. Erst dann wird der Vorhang zur Seite gezogen, und sie sehen, wie die Show wirklich läuft. Ich vermute, dass der Fall Epstein der Zeitpunkt war, als sich der Vorhang für Acosta ein wenig lüftete. Das erklärt auch diese Anschuldigung, die in *Newsweek* erschien und damals nicht viel Aufsehen erregte, aber für mich ein wichtiges Puzzleteil darstellt:

> Neuen Behauptungen von The Daily Beast und der Journalistin Vicky Ward zufolge soll Acosta der Regierung Trump im Zuge des Auswahlverfahrens für seine derzeitige Position mitgeteilt haben, dass man ihn ersucht habe, einen Deal mit Epstein einzugehen, weil der Finanzier angeblich »zum Geheimdienst gehörte« und das Thema »jenseits seiner Gehaltsklasse« gelegen habe.[4]

Diese Erklärung ergibt für mich sehr viel Sinn und passt auch zu dem, was man mir über die Handlungsweise des Tiefen Staates erzählt hat. Da war dieser 37-jährige Alex Acosta, soeben in Miami zum Staatsanwalt berufen, der plötzlich Alan Dershowitz, Kenneth Starr und den namenlosen Beamten gegenübersteht, die ihm versichern, dass es sich um eine Geheimdienstangelegenheit handle, für die seine Autorität nicht ausreiche.

Was macht man in einem solchen Fall, wenn man weiter zum Richter am Obersten Gerichtshof aufsteigen will? Man gibt nach, wenn einem der unheimliche Mann sagt, dass man nachzugeben hat. Was weiß man denn schon über Geheimdienstangelegenheiten? Man ist nur ein frischgebackener amerikanischer Staatsanwalt, der sich mit solchen Sachen nicht auskennt, und auf einmal bekommt man Besuch von – wie ich annehme – hochrangigen Geheimdienstmitarbeitern, die einem befehlen, den Fall nicht weiter zu verfolgen. Dann tut man das wahrscheinlich auch.

Obwohl Acosta im Fall Epstein seinen Anweisungen folgte, habe ich den Eindruck, dass sich die Geheimdienste nicht gerade darum rissen, weiter mit ihm zusammenzuarbeiten. Er schien Trump treu ergeben zu sein – und als die Epstein-Story zu heiß wurde, machte man ihn einfach zum Sündenbock und opferte ihn.

So geht der Geheimdienst im Allgemeinen nicht mit Leuten um, die er schätzt.

***

Oder sollte die Story vielleicht lieber 2007 beginnen, als Jeffrey Epstein zum ersten Mal in Florida wegen Sexhandels angeklagt wurde und sein Anwalt Alan Dershowitz vor Gericht geltend machte, dass Epstein Teil des ursprünglichen Beraterstabs für die Clinton Global Initiative gewesen sei? Er schrieb:

>»Mr. Epstein gehörte der ursprünglichen Gruppe an, die die Clinton Global Initiative konzipierte. Diese wird als Projekt beschrieben, das ›eine Gemeinschaft globaler Führungskräfte zusammenbringt, um innovative Lösungen für einige der drängendsten Herausforderungen der Welt zu entwickeln und umzusetzen‹«, schrieben die Anwälte Alan Dershowitz und Gerald Lefcourt in dem Brief, über den Fox News erstmals 2016 berichtete und der am Montag im Daily Caller wieder aufgetaucht ist.[5]

Bestand der ganze Plan etwa darin, dem Richter zu sagen »Ja, Euer Ehren, wir wissen, dass er ein Pädophiler ist, aber sehen Sie sich doch die gute Arbeit an, die er für die Welt leistet«?

Möglicherweise sollten wir auch mit den Kameras anfangen, die angeblich in seinen Anwesen in Manhattan, auf der Karibikinsel Little Saint James und der Zorro Ranch in New Mexico installiert waren.

Jeffrey Epstein hatte Überwachungskameras, die jeden Raum seiner Villa in Manhattan und seines Anwesens auf Little St. James filmten, und einen eigenen Angestellten, der die Aufnahmen ständig überwachte.

Die ehemalige Sexsklavin Virginia Roberts beschrieb die Heimatbasis seiner Aktivitäten in New York City in ihren Memoiren, die sie als Beweismittel in ihrem Verleumdungsprozess gegen Ghislaine Maxwell vorlegte.[6]

Die Behauptung, dass es Überwachungskameras und anderes seltsames Zubehör in einem Epstein-Anwesen gab, wurde von Eddy Aragon bestätigt. Aragon ist Besitzer eines lokalen Radiosenders in New Mexico und interviewte Epsteins Architekten sowie einen ehemaligen IT-Unternehmer, der von 1999 bis 2007 an Epsteins Internetsystemen arbeitete.

Wie die *Sun* berichtet, hatte das unterirdische Stockwerk 743 Quadratmeter und umfasste Trainingsräume, Massagezimmer und einen Whirlpool-Bereich, der später durch einen Swimmingpool ersetzt wurde. Auf dem Plan sind auch drei »Technikräume« eingezeichnet. Laut Miss Farmer (51) wurden dort Epsteins und Maxwells Computer- und Videoausrüstung gelagert.

»Der ganze Keller fühlt sich mit diesen nebulösen Technikräumen eher wie ein Kerker an«, sagt Aragon. Ein überdimensionales, 1,80 mal 1,80 Meter großes Porträt von Ghislaine Maxwell, nackt und mit gespreizten Beinen, befand sich genau in der Mitte der Aufzugshalle des Kellers.

»Ich glaube, damit sollten die jungen Frauen eingeschüchtert werden, die dort allein und isoliert waren«, fügt Aragon noch hinzu. »Der Dienstleister, der die Fotos geliefert hat, gab an, das Bild nicht mehr aus dem Kopf zu bekommen – er sagte, dass es eines der bizarrsten Dinge sei, die er je gesehen hat.«[7]

Die Jeffrey-Epstein-Story hat so viele unglaubliche Aspekte, dass es schwierig sein kann, sie alle auf einmal zu betrachten. Über Epstein wurden viele Bücher geschrieben, aber ich weiß nicht, ob auch nur eines davon vollständig erfasst hat, was ich über diesen Mann und sein Netzwerk des Bösen glaube.

Ich werde mein Bestes tun, um meine Ansichten über Jeffrey Epstein und seine Aktivitäten darzustellen, aber solange nicht sämtliche seiner Akten, Bilder und Videos veröffentlicht sind, können wir alle nur raten.

✭✭✭

Man könnte – so wie ein paar Ehemalige der Dalton School – sich zum Witz hinreißen lassen, dass die Schule ein »Epstein-Barr-Problem« hatte.[8]

Dieser Scherz erscheint auf den ersten Blick sinnlos, wenn man nicht weiß, dass Jeffrey Epstein seinen Weg in die bessere Gesellschaft von New York fand, nachdem er von Donald Barr, dem Direktor der Dalton School, als Mathematiklehrer eingestellt worden war. [Außerdem muss man wissen, dass das gefährliche Epstein-Barr-Virus in der Medizin als möglicher Auslöser von Krebs- und psychiatrischen Erkrankungen gilt; Anm. d. Übers.] Und Epstein verließ diese Gesellschaft unter der Schirmherrschaft von Donalds Sohn William Barr auch wieder, weil Barr junior Justizminister unter Trump war und Epsteins Tod während seiner Haft in einem sicheren Bundesgefängnis in New York City offiziell zum Selbstmord erklärte.[9]

In einem Artikel über Jeffrey Epsteins Zeit an der Dalton School schreibt die *New York Times*:

> Die Dalton School ist seit Langem für ihre strenge akademische Ausbildung bekannt und wird immer wieder unter den besten Privatschulen des Landes angeführt. Deshalb zieht sie auch die Söhne und Töchter von Titanen der New Yorker Finanz-, Medien- und Kunstwelt an. Zu ihren Absolventen gehören der CNN-Journalist Anderson Cooper, die Schauspielerin Clare Danes und der Komiker Chevy Chase.
>
> Epsteins Zeit an der Dalton war kurz und endete nach Angaben eines Schulleiters mit einer Entlassung. Obwohl Epstein später in der Finanzwelt den Ruf eines brillanten Mannes erwarb – »Er war ein Typ aus

Brooklyn mit einem Motor als Gehirn«, wie die Zeitschrift *New York* 2002 in einem Porträt über ihn schrieb –, sagte der Schulleiter gegenüber der *Times*, dass er Epstein wegen schlechter Leistungen entlassen habe.

Aussagen wie diese geben uns jedoch einen Einblick in Epsteins frühes Erwachsenenleben, bevor er ein umfangreiches Privatvermögen anhäufte, mit dem er eine 56-Millionen-Dollar-Villa keine 2 Kilometer südlich der Dalton School erwerben konnte. Es war dort, so die Staatsanwaltschaft diese Woche, dass Epstein und seine Angestellten »zahlreiche« minderjährige Mädchen dafür bezahlten, sexuelle Handlungen mit ihm vorzunehmen.[10]

Ich muss diesem Artikel etwas Kontext hinzufügen, damit Sie besser verstehen, was meiner Meinung nach hier geschieht. Wenn Sie die Geschichte des Office of Strategic Services kennen, aus dem später die Central Intelligence Agency hervorging, dann wissen Sie, dass die Geheimdienste im Grunde eine Schöpfung von Ivy-League-Absolventen von der Ostküste waren, die ihre Ehemaligen-Netzwerke nutzten, um jene Leute zu rekrutieren, die vermutlich ihre Weltanschauung teilen würden. Hinzugefügt sei noch, dass es innerhalb der Elite oft eine große Wertschätzung für Exzentriker und Visionäre mit einer etwas anderen Weltsicht gibt. Die meisten Innovationen werden von ungewöhnlichen und exzentrischen Persönlichkeiten vorangetrieben, also von jenen – wie George Bernard Shaw sie nannte – »unvernünftigen Menschen«, die sich der Welt nicht anpassen, sondern versuchen, die Welt so zu verändern, dass sie ihren Vorstellungen entspricht.

Aus diesem Grund könnte der Exzentriker oder Visionär den oberflächlichen Eindruck gewinnen, dass er in Wahrheit diesen Eliten angehört. Unsere Kultur hat immer ein offenes Ohr für jene Leute, die sich im Rest der Welt nicht wohlfühlen. Die Geheimdienstler, die sich in den Eliten verstecken, freuen sich über jeden, der seine »Freak-Flagge« hisst.

Aber das ist eine Falle, so wie ein Bauernhof eine Falle für den wohlgenährten und umsorgten Truthahn ist, der nicht merkt, dass Thanksgiving vor der Tür steht. Die *New York Times* beschreibt Donald Barr wie folgt:

In einer Schule, die für Kreativität bekannt ist, verbot die Verwaltung Jeans sowie »bizarre und exzentrische« Kostüme. Wenn Barr Studenten beim Marihuanarauchen erwischte, mussten sie in vielen Fällen eine Therapie machen, sofern sie in der Schule bleiben wollten. Barr bezeichnete seinen Führungsstil als »auf Ukas«, womit er den kaiserlich-russischen Begriff für einen Erlass des Zaren verwendete.

Das Lehrpersonal schickte gelegentlich vor der ersten Stunde Schüler weg – die Mädchen, weil ihre Röcke zu kurz, und die Jungen, weil ihre Haare zu lang waren.

Manche Schüler sträubten sich gegen diese Zwänge. Trotzdem zog die Schule immer wieder berühmte Familien an. In den Jahren, als Epstein dort unterrichtete, standen unter anderem Prudence Murdoch, die Tochter des Medienmoguls Rupert Murdoch, die Modedesignerin Jill Stuart und mehrere später berühmte Schauspielerinnen wie Jennifer Grey, Tracy Pollan und Maggie Wheeler auf der Schülerliste.

Barr war zwar streng, was die Schulkultur anging, legte aber Wert darauf, Lehrer mit unkonventionellem Hintergrund einzustellen, erinnert sich Susan Semel, die von den 1960er- bis in die 1980er-Jahre an der Dalton Sozialkunde unterrichtete und später ein Buch über die Geschichte der Schule schrieb.

»Barr waren die Zeugnisse egal, solange man interessant war und sein Handwerk verstand«, sagt Semel.[11]

Es ist auffallend, wie sehr Donald Barr dem Steckbrief eines kompetenten Schuldirektors oder eines Geheimdienstanwerbers entspricht. Er wäre in der richtigen Position, die vielversprechendsten neuen Mitglieder der Elite sowie ihre größten potenziellen Feinde zu erkennen.

Hat es den Anschein, als ob ich mit dem lieben Donald Barr, dem Vater William Barrs, zu hart ins Gericht gehe? Nun, man muss eben die Meldungen des Feindes genau studieren, weil er darin oft unfreiwillig wichtige Informationen preisgibt, wie dieser Nachruf auf Barr den Älteren vom Februar 2004 aus der *New York Times*: »Donald Barr wurde am 2. August 1921 in Manhattan geboren, studierte Mathematik und Anthropologie an der Columbia University und machte dort 1941 seinen Abschluss. Er ging zur Armee und diente im Office of Strategic Services in Washington und Europa.«[12]

Man kann also nur sagen, dass Donald Barr bei der CIA war, bevor es die CIA überhaupt gab. Julie K. Brown porträtierte Barr in ihrem Buch über Jeffrey Epstein folgendermaßen:

> 1974 wurde Epstein als Mathematiklehrer an der Dalton School einge-stellt, einer der renommiertesten Privatschulen in New York, die von den Kindern der Reichen besucht wird. Obwohl er kein abgeschlossenes Studium vorweisen konnte, wurde er vom Schuldirektor Donald Barr eingestellt; besagter Barr ist wiederum der Vater von William Barr, der unter den Präsidenten George H. W. Bush und Donald Trump Justiz-minister werden sollte. [...]
>
> Ehemalige Lehrer der Schule bezeichneten Barr als exzentrischen, aber strengen Lehrmeister, der gern unkonventionelle Persönlichkeiten wie Epstein einstellte. Auch Barr selbst passte nicht gerade in das Bild, das man sich vom Direktor einer Spitzenprivatschule macht. 1973 ver-öffentlichte er einen Science-Fiction-Roman mit dem Titel *Space Relations* [dt. etwa: »Weltraum-Verhältnisse«; Anm. d. Übers.], in dem es um einen Planeten wohlhabender Außerirdischer geht, die Men-schen entführen und sie in die Sexsklaverei zwingen.[13]

Gott möge mir verzeihen, aber ich fand die Vorstellung, dass William Barrs Vater einen Zukunftsroman über Menschen geschrieben hat, die entführt werden, um mit Außerirdischen Sex zu haben (vielleicht schreibt man ja wirklich über das, was man kennt ...), so unglaublich absurd, dass ich bei Amazon 112,81 Dollar für eine alte Taschenbuchausgabe dieses Romans bezahlte und dann noch 49,99 Dollar für ein Taschenbuch seines zweiten Science-Fiction-Meisterwerks *A Planet in Arms* [dt. etwa: »Planet unter Waffen«; Anm. d. Übers.].

Sind Sie auch so unreif wie ich und brennen darauf, ein paar Absätze aus Barrs Büchern zu lesen?

Na gut, weil Sie danach gefragt haben: Auf der Buchrückseite seines ersten Werks *Space Relations*, der von Sex zwischen dekadenten, reichen Alien-Sklavenhaltern und deren menschlichen Gefangenen handelt, finden sich diese Zeilen:

Auf einem fernen Planeten in einer fernen Zukunft. Als alle Galaxien kolonisiert sind, wird John Craig, ein junger Weltraumdiplomat, von interplanetaren Piraten gefangen gesetzt und in die Sklaverei verkauft.

Auf Kossar, wo Langeweile und unumschränkte Macht die Herrscher in eine besondere Art von Irrsinn getrieben haben, wird Craig an die exquisite Lady Morgan Sidney versteigert, eine schöne und sinnliche Frau. Schon bald macht er seinen Weg aus den höllischen Sklavenminen in ihr Bett im Turm ihres Schlosses. Und hier, unter dem seltsamen Schloss, entdeckt er das Geheimnis, das das Ende der Menschheit in der Galaxis herbeiführen könnte.[14]

Das hört sich doch nach einem echten Klassiker an, oder? Ein junger Mann wird von Piraten entführt und als Sklave verkauft, um in den Minen zu arbeiten, findet aber doch seinen Platz im Bett einer »schönen, sinnlichen Frau«. Lesen Sie nun eine Szene aus *Space Relations*, in der John Craig und Lady Morgan Sidney ein Liebespaar werden:

Die Tür öffnete sich, und Ihre Ladyschaft trat ein, ganz allein. Sie trug immer noch das Gürtelhalfter über ihrer scharlachroten Tunika. Ihr nach wie vor schmutziges Gesicht wirkte nun ruhig und gelassen. Sie steckte die Hände in die Seitentaschen der Tunika und sah sich im Zimmer um.

»Das war also das Boudoir des Burschen«, sagte sie leise. »Kein netter Mann.«

Dr. Khoory: »Ein verdächtiger Raum.«

Die Lady: »Kein Wunder, dass er ihn uns nicht zeigen wollte, als wir gestern da waren. Eindeutig ein verdächtiger Raum.«

Die Farben hatten einen ungesunden Glanz, und da war noch etwas anderes …

Dr. Khoory: »Vor dem Aussortieren. Die Erektion des Narziss.«

Die Lady ging zum Nachttisch hinüber und öffnete mit spitzen Fingern die Schublade. »Ja.« Sie nahm eine kleine geschnitzte Flasche mit einem winzigen goldenen Kelch heraus. »Hier.« Sie hielt dem Doktor das Fläschchen hin. Ihr Blick war hart. »Gibt's hier drin eine Toilette? Beseitigen Sie das. Jedes einzelne Molekül. Können Sie meine Strahlenpistole für die Flasche verwenden, ohne hier alles in Brand zu stecken?«

Dr. Khoory: »Ich glaube schon.« Er nahm Flasche und Waffe und verschwand.

Craig begann sich aufzurappeln.

Die Lady sagte schroff: »Bleib unten.«

Craig: »Darf ich fragen, was Euer Ladyschaft mit mir zu tun gedenken?«

Sie ignorierte die Frage. Der Doktor kam zurück und hielt ihr die Waffe hin. Sie steckte sie ins Halfter.

Dr. Khoory: »Mit ihrer Erlaubnis werde ich zur Zentrale rübergehen und nachsehen, ob sich mein Einfluss auf eine Küche irgendwo erstreckt. Wird Eure Ladyschaft mich begleiten?«

Die Lady: »Wie Sie wissen, schätze ich das Salz des Hungers.«

Dr. Khoory: »Dann bis irgendwann.« Er verbeugte sich und rollte davon. Ihre Ladyschaft verschloss die Tür.

Craig: »Darf ich nicht erfahren, was Eure Ladyschaft mit mir zu tun gedenken?«

Sie blickte mit Augen in der Farbe von Rauch auf ihn herunter, ließ den Gurt ihrer Tunika und die Tunika selbst die Arme hinabgleiten. Ihre Ausrüstung fiel zu Boden, und dann stand sie vor ihm, zerkratzt, schlammig und glühend durch die Risse in ihrem dünnen schwarzen Anzug. Dann klatschte sie plötzlich in die Hände und lachte fröhlich. »Da fällt mir ein«, sagte sie, »ich habe doch glatt all diese Leutnants im Safe vergessen. Da kann nicht mehr viel Luft drin sein. Na ja, auch egal. Das spart uns Ärger.« Sie stand über ihm, und ihr Gesicht zeugte nun von einem wilderen Vergnügen. Das blassgoldene Haar fiel ihr in die Stirn. Ihr

Flüstern fiel auf seine Haut. »Um deine freche Frage zu beantworten, Sklave ... die Antwort lautet ›Vier Dinge‹.«[15]

Man kann diese Passage durchaus als extrem unheimlich bezeichnen, nicht wahr? Es geht um eine Frau, die darüber lacht, Menschen sterben zu lassen, und es genießt, Sex mit einem hilflosen Sklaven zu haben. Und diese Frau soll eine der Heldinnen dieses Romans sein.

Was ging im verdrehten Verstand des Mannes vor, der Jeffrey Epstein angeheuert und Bill Barr gezeugt hat?

Und wie finden Sie diese sinnliche Vereinigung der jungen Liebenden, wie Donald Barr sie schildert? Dreht sie Ihnen auch den Magen um?

Die Lady: »Du siehst lächerlich aus, wenn du so keuchst und Wasser spuckst.«

Craig: »Wenn es Eurer Ladyschaft gelingt, mich zu ertränken, bin ich nicht mehr von Nutzen.«

Die Lady: »Das ist wahr. Frauen sind im Nachteil, wenn es um Nekrophilie geht. Aber ich bin deiner ohnehin schon müde geworden. Du widerst einen an. Aber du hast Talent. Vielleicht steche ich dir die Augen aus und lasse dich den blinden Will im PPC ersetzen; er wird alt. Dann werden wir schon sehen, wie lange deine Weichheit anhält.«

Craig dachte an die braungebrannten jungen Sklaven, die er gesehen hatte, und an Black Weeden im PPC, der es mit zehn Frauen am Tag »treibt«. »PPC«?

Die Lady: »Planned Parenthood Center. [dt. etwa: Zentrum für Familienplanung; Anm. d. Übers.] Es ist in der Klinik da drüben an der Mauer.«

Craig: »Ich verstehe, glaube ich. Aber warum haben Sie Will die Augen ausgestochen, Euer Ladyschaft?«

Die Lady: »Ach, wir haben sie ihm nicht ausgestochen. Er hat sie verloren, als er eine Maschine reparierte oder so was. Wir hatten den Sklaven, der vor ihm an diesem Posten diente, ... äh ... verloren, und das sah wie eine Arbeit aus, die auch ein Blinder verrichten konnte. Aber ich glaube, es wäre dort gar nicht so schlecht, blind zu sein – die meisten Sklavinnen sind hässlich. [...] Du schließt ja ohnehin die Augen, wenn du etwas küsst; du bist so romantisch. Und jetzt kletterst du auf den Felsen da oben.«

Craig gehorchte.

Die Lady: »Leg dich hin. Schließ die Augen.«

Craig gehorchte. Er hörte das Rauschen, als sich ihr Körper aus dem Wasser bewegte und ihm näherte. Ein Schatten fiel auf seine Augenlider. Er rechnete damit, dass sie sich gleich auf ihn legen würde, doch sie schien über ihm zu verharren. Er öffnete ein Auge. Ihr Gesicht war knapp über seinem. Sie sah mit gerunzelter Stirn auf ihn herunter, wie ein Kind, das in einem Erwachsenenbuch zu lesen versucht.

»Schließ die Augen«, fuhr sie ihn an.

Er machte das Auge zu. Ein paar Tropfen kühles Wasser aus ihrer Mähne fielen auf sein Gesicht. Doch ein Tropfen war warm. Er fiel auf seine Oberlippe. Ungläubig streckte er seine Zungenspitze aus und schmeckte ihn. Es war Salz – das Salz der Erde, nicht das Bitumen des Kossar-Meeres. Er spürte einen raschen, federleichten Kuss auf jedem seiner Augenlider.

Dann: »Verdammt!«, und sie war wieder ganz die Alte.[16]

Nein, ich kann nicht behaupten, dass diese Zeilen ein Beweis dafür sind, dass Donald Barr je in außerirdische oder menschliche Sexsklaverei verwickelt war.

Man könnte aber durchaus behaupten, dass er eine ungesunde Faszination dafür hatte.

Das große Geheimnis unter dem Schloss wird daran gehindert, das Universum zu zerstören. Die Erde und Kossar beschließen, ein Abkommen zu unterzeichnen, die Sklaverei abzuschaffen und eine Art Liga der Planeten zu gründen (obwohl das Buch andeutet, dass Kossar eine Kolonie der Erde sein wird. Es geht doch nichts über ein wenig westlichen Weltraumimperialismus, oder?). Wie eine der kossarischen Hauptfiguren erklärt:

»Ich mag Imperien. Eine Nation verhält sich zu einem Imperium wie ein Wort zu einem Satz. Ihr könnt das in euren eigenen Reden verwenden, ich brauche es nicht mehr.

Wir werden als terranische Kolonie gut zurechtkommen. Etliche der Umstände, die normalerweise die Arbeitsbeziehungen zwischen einem Mutterland und einer Kolonie stören, sind nicht vorhanden. Nur ein Beispiel: Imperien führen oft höchst lästige Restriktionen ein, was die Brutalität der Kolonisten gegenüber der einheimischen Bevölkerung angeht. Hätten wir auf Kossar eine autochthone Bevölkerung, dann müssten wir natürlich sehr brutal gegen sie vorgehen; aber wir haben keine, und unsere importierten Ersatzleute hat man uns wohlweislich schon im Voraus weggenommen. Außerdem sind wir für die Erde nicht aus wirtschaftlichen, sondern aus militärischen Gründen von Nutzen, und die Geschichte zeigt, dass solche Kolonien in der Regel am besten behandelt werden. [...] Es ist völlig sinnlos, dass der Botschafter der Erde jetzt missbilligend die Lippen schürzt und die Ehrenwerten Delegierten ihre Gesichtszüge zu überraschten Grimassen verziehen. So stellt sich die Lage eben dar.

Ich komme zum Schluss: Ein Imperium ist eine gute Sache, wenn es weise genutzt wird. Aber wie man Weisheit erlangt, kann ich Ihnen aus Zeitgründen jetzt nicht sagen. Wir müssen zum zweiten und letzten Punkt der Tagesordnung unserer gemeinsamen Sitzung übergehen.«[17]

Für diejenigen, die es nicht mehr erwarten können, dass ihr Exemplar von *Space Relations* mit der Post eintrifft: Der »zweite und letzte Punkt der Tagesordnung« ist eine romantische Unterzeichnung des Ehevertrags – Formular B/Monogame Beziehungen – zwischen John Craig und Lady Morgan Sidney.[18]

Möchte nicht jeder Mann einen Sklavenplaneten unterwerfen und dann seine frühere Peinigerin heiraten?

In wen sollte man sich denn sonst verlieben, wenn nicht in seine ehemalige Herrin aus der Zeit als Sexsklave?

Das liest sich wie die Jeffrey-Epstein-Story, nur mit einem Happy End. Er und Ghislaine Maxwell heiraten und leben an der französischen Riviera.

***

Und das war auf der hinteren Umschlagseite von Donald Barrs zweitem Roman *A Planet in Arms* zu lesen:

> Ein blutiger Sternenkrieg hat den kleinen Planeten Rohan ins Chaos gestürzt. Überall sind gewalttätige Banden unterwegs, die Regierung ist in Aufruhr. Und ein Mann, Carl ap Rys, schreckt vor nichts zurück, um die Verwirrung zu nutzen und die Macht an sich zu reißen.
> Nur zwei Menschen könnten ihn aufhalten: Citizen S. Wells, die Frau, die man »die kleine Schlampe« nannte. Und ihr treuer Agent Conrader, der brutale Mann, der sie liebte.
> Die Revolution begann in der gewalttätigen Strafkolonie Laing's Land. Es war ein schrecklicher und mörderischer Bürgerkrieg, der dem gebeutelten Planeten den endgültigen Frieden bringen könnte – oder den totalen Ruin.[19]

Liest sich das für Sie genauso unerträglich schlecht wie für mich, fast so wie ein frauenfeindliches *Star Wars* letzter Güte? In dem Buch geht es ausschließlich um Macht, was ich angesichts der Tatsache, dass Barr ein Pädagoge war, ziemlich interessant finde.

Sollte es einem Pädagogen nicht eher um die Wahrheit gehen als um Macht?

Das Cover des 1981 erschienenen Romans zeigt einen grünen, kraterübersäten Mond und eine Figur à la Luke Skywalker, an deren Schulter sich eine schöne Frau klammert. Im Hintergrund sieht man eine schwarz gekleidete Gestalt, die mit ihren militärischen Anführern vor einem halbkreisförmigen Tisch steht. Das alles erinnert eindeutig an *Star Wars*. Mal sehen, ob sich Barrs Schreibstil in den 8 Jahren seit seinem Buch über außerirdische und menschliche Sexsklaverei verbessert hat.

General Holcott R. McGifford war aus dem Stab abberufen worden, um als Heeres- und Marineminister zu fungieren. Er mochte seine Kabinettskollegen nicht, vertraute ihnen nicht und wollte nur noch wenig mit ihnen zu tun haben. Aber in der Zwischenzeit hatte man ihn beauftragt, einen Bericht über die hohe Desertionsrate in den Streitkräften anzufertigen, für den er gerade die Fakten zusammentrug. Er hatte einen Mathematiker zur Analyse der Daten angefordert – und man hatte ihm diesen Gnom geschickt. Das war alles sehr anstrengend.

Der Gnom, ein gewisser Professor Smeal, hatte eine Präsentation mit einer Unmenge Tabellen und Gleichungen vorbereitet. Zu allem Überfluss war der General eine Zeit lang verwirrt gewesen, bis ihm klar wurde, dass Professor Smeal, wenn er von »dem Modell« sprach, die reale Welt meinte, die er als eines von vielen überraschenden Beispielen für das, was er »die Beziehungsaxiome« nannte, zu betrachten schien.

»Wenn ich Sie richtig verstanden habe«, sagte der General, »dann desertieren desto mehr Männer, je weiter eine Militäreinheit von New Nome entfernt ist?«

Professor Smeal: »In dem Modell, um das es Ihnen geht, wäre das der Fall, ja.«

General McGifford: »Der Fall. O ja, ich verstehe. Der Fall. Sie sind sich also sicher, dass es immer schlimmer wird, je weiter sich die Verbände von der Hauptstadt entfernen, und *nicht*, je weiter sie sich dem Feind annähern?«

Professor Smeal: »Feind? Ach so, ja, ja, ja. Das, was wir den Gimel-Raum genannt haben. Es ist kein Kraushofer-Raum, müssen Sie wissen. Ganz anders. Ganz-ganz-ganz.«[20]

Nein. Ganz offensichtlich ist Barrs Schreibtalent in den 8 Jahren zwischen seinem Alien-Menschen-Sexbuch und seinem So-regiert-man-einen-Planeten-Buch nicht größer geworden.

Auffällig ist jedoch, dass Barr der Ältere sich mit seltsamen Themen beschäftigt.

Wie hat sich das auf Barr den Jüngeren ausgewirkt? Das folgende Zitat stammt aus einem Porträt von William Barr, das im Oktober 2019 in *Vanity Fair* erschien:

> Einmal sagte der junge Barr sogar zu seinem Studienberater an der Horace Mann School [einer New Yorker Privatschule; Anm. d. Übers.], dass er einmal Chef der CIA werden wolle. [...]
>
> Bald nach seinem Schulabschluss trat Barr als China-Analyst in die CIA ein, während er abends an der George Washington University Jura studierte und darüber hinaus die Bibliothekarin Christine Moynihan heiratete. [...]
>
> Laut James Zirin, dem Rechtskommentator und ehemaligen Bundesstaatsanwalt, »entstammt Barr der Schule des *L'État, c'est moi* – ›Der Staat bin ich‹.«[21]

Darin ähnelt er ja dann doch sehr seinem Vater.

Ich muss Sie trotzdem warnen: Trennen Sie die Spreu vom Weizen. Die Berufslügner wollen Liberale mit dem großen, bösen, konservativen Feindbild Bill Barr in Angst und Schrecken versetzen, aber das ist alles nur ein Trick.

Barr steht auf der Seite der Globalisten und tarnt sich nur etwas anders.

Doch wir werden später auf Bill Barr zurückkommen.

In der Zwischenzeit sehen wir uns den unwahrscheinlichen Aufstieg des Jeffrey Epstein an.

✳✳✳

Und wieder einmal wenden wir uns an das »Leitmedium« *New York Times*, die oft dazu gezwungen ist, gerade so viele Informationen zu liefern, dass sie dadurch mehr Fragen aufwirft, als sie je beantworten will.

Er tauchte in den Klatschspalten auf, lebte aber »ein Leben voller Fragezeichen«, wie das *New York Magazine* 2002 formulierte. Mehr als ein

Autor verglich Epstein mit Jay Gatsby, der auf ewig undurchschaubaren Romanfigur von F. Scott Fitzgerald. Angeblich soll er auch dem Designer Ralph Lauren, der in der Bronx geboren wurde, ein wenig ähnlich gesehen haben.

Doch Epstein stammte aus Brooklyn. Sein Vater war ein Angestellter der städtischen Parkverwaltung. Mitte der 1970er-Jahre belegte Epstein Physikkurse an der Cooper Union [einem privat geführten College in New York; Anm. d. Übers.]; später besuchte er die New York University, machte aber an keiner der beiden Hochschulen einen Abschluss.

Seine Laufbahn als Mathematiklehrer begann er an der Dalton School, einer Eliteprivatschule in Manhattan, zu deren Absolventen der Kabel-TV-Nachrichtensprecher Anderson Cooper, der Komiker Chevy Chase und die Schauspielerin Claire Danes zählen.

»Den meisten Aussagen zufolge war er so ähnlich wie Robin Williams in *Der Club der toten Dichter* und begeisterte seine Highschool-Klassen mit leidenschaftlich vorgetragenen mathematischen Riffs«, heißt es in dem Artikel des *New York Magazine*.[22]

Und auch hier wieder eine Warnung an meine Leser: Solche verführerischen Texte sind mit Vorsicht zu genießen! Wenn Sie eher der literarische Typ sind, erwartet man von Ihnen, dass Sie beim Vergleich mit Jay Gatsby ins Schwärmen geraten und sich vielleicht an Robert Redford oder Leonardo DiCaprio in einer der beiden Verfilmungen des berühmten Romans erinnern. Sind Sie ein Modefan, dann haben Sie die markanten Gesichtszüge eines älter gewordenen Ralph Lauren vor Augen. Und wenn Sie Pädagoge oder Universitätslehrkraft sind, war die schauspielerische Leistung von Robin Williams in *Der Club der toten Dichter* möglicherweise einer der Gründe, warum Sie den Lehrberuf ergreifen wollten.

Die Lügner wollen, dass Epstein als leere Leinwand erscheint, auf die jeder seine eigene persönliche Fantasie vom geheimnisvollen New Yorker Finanzier projizieren kann. Wenn Sie beispielsweise ein Geldmensch sind, dann bringt man Sie auf diese Art dazu, sich in Epstein zu verlieben:

Von dort [Dalton] nahm er seine mathematischen Fähigkeiten zur damals mächtigen Wall-Street-Investmentbank Bear Sterns mit.

Sowohl *New York* als auch *Vanity Fair* berichteten, dass er an der Dalton Verbindungen geknüpft hatte, die ihn zu Alan C. Greenberg – dem unerschrockenen damaligen Geschäftsführer der Wall-Street-Firma Bear Sterns – führten. Greenberg wurde später Vorstands- und Aufsichtsratsvorsitzender des Unternehmens.

Unter Greenberg und James Cayne, einem weiteren Topmanager, war Epstein »gut genug, um Kommanditist zu werden – eine Stufe unter dem voll haftenden Teilhaber«, wie es in *Vanity Fair* heißt.

In den frühen 1980er-Jahren verließ er die Firma und gründete eine Beratungsfirma namens International Assets Group, die er laut *Vanity Fair* von seiner Wohnung aus betrieb. Später gründete er die Vermögensverwaltungsfirma J. Epstein & Co., aus der schließlich die Financial Trust Company mit Hauptsitz auf den Jungferninseln wurde.[23]

An diesem Punkt muss ich die *New York Times* leider unterbrechen und rufen: Das ist Schwachsinn! Wirkt das nicht alles so, als könnte Epstein zwischen Regentropfen hindurchspazieren und dabei nicht nass werden? Wer hätte denn in den 1980er-Jahren ein Beratungsunternehmen in seiner Wohnung gegründet und mit Erfolg gerechnet?

Ganz einfach: niemand.

Es gibt jedoch eine Erklärung, die mir logisch nachvollziehbar erscheint.

Alles an Epsteins Aufstieg riecht danach, dass er von einem Geheimdienst rekrutiert wurde.

***

Wer außer Alex Acosta, der ehemalige Arbeitsminister in der Regierung Trump, erhebt den Vorwurf, dass Jeffrey Epstein für den Geheimdienst tätig war?

Es ist sein ehemaliger Geschäftspartner Steven Hoffenberg.

Die Anschuldigung tauchte in einem *Rolling-Stone*-Artikel von Vicky Ward auf, der am 15. Juli 2021 erschien. Ward führte das Interview mit Hoffenberg, als dieser gerade in einem Bundesgefängnis einsaß. Sie schilderte die Situation:

Wir saßen in einem kleinen Raum in der Nähe eines Freizeitbereichs. Hoffenberg trug den obligatorischen orangefarbenen Overall, während ich – mehrere Monate schwanger mit Zwillingen – gemäß den Gefängnisvorschriften gekleidet war: so wenig figurbetont wie möglich.

Es war eine absolute faszinierende Begegnung.

Hoffenberg saß eine Gefängnisstrafe von 18 Jahren ab, weil er mit einem Schneeballsystem Anleger um 450 Millionen Dollar betrogen hatte. Er hatte in den 1980er-Jahren das Inkasso- und Rückversicherungsunternehmen Towers Financial geleitet, in dem Epstein als bezahlter Berater beschäftigt war. Hoffenberg erzählte mir, dass Epstein geplant hätte, Towers zu einem global agierenden Firmenriesen zu machen – mit illegalen Methoden.[24]

Setzen wir die Puzzleteile zusammen: Verbringen Spione ihre Zeit gern mit braven, gesetzestreuen Bürgern? Nein, sie treiben sich lieber unter Kriminellen herum, die im Zwielicht agieren und sich zwischen den Korridoren der Macht und der kriminellen Unterwelt hin und her bewegen können. Hoffenberg muss Epstein wie das perfekte Opfer vorgekommen sein.

Und glauben wir dem Kriminellen, vor allem, nachdem er geschnappt wurde? In den meisten Fällen tun wir das nicht.

Wir sollten es aber tun – und Hoffenberg dient als Paradebeispiel dafür, warum wir hier genau zuhören müssen. Wenn wir uns nicht wieder täuschen lassen wollen, sollten wir uns von einem Kriminellen im Gefängnis erzählen lassen, wie die Welt wirklich funktioniert.

Laut Hoffenberg hatte Epstein einen Begriff für die perfekte Umsetzung der Betrugsmethode. Er nannte sie »playing the box« – das heiß, dass er dafür sorgte, dass die Opfer selbst nach der Aufdeckung seines

Verbrechens nichts gegen ihn tun konnten, weil sie sonst entweder blamiert wären oder das Geld an einem Ort versteckt war, wo sie es weder finden noch an es herankommen konnten.

(Allerdings hatte Hoffenberg, wie er mir sagte, nicht bemerkt, dass Epstein *ihn* betrügen würde. Er schnappte sich 100 Millionen Dollar des Towers-Vermögens, verschob sie ins Ausland und kooperierte zur selben Zeit mit amerikanischen Strafverfolgern gegen Hoffenberg, der nichts dagegen unternehmen konnte, weil er sich schuldig bekannt hatte, was bedeutete, dass es kein Gerichtsverfahren – und damit auch keine Offenlegung – gab.)[25]

Hier erhalten wir ein paar weitere Informationen darüber, wie Epstein seine dunkle Magie ausübte. Und doch ist es ein unvollständiges Bild. Als kriminelle Methode ist es nicht schlecht, aber da fehlt noch ein Teil.

Wie geht man mit den Behörden um?

Epstein war nicht der erste Kriminelle, der auf die Idee kam, verletzliche Opfer auszuwählen, die sich nicht trauen, zur Polizei zu gehen. Viele Gauner haben eine ähnliche Strategie verfolgt, und die Strafverfolgungsbehörden haben Gegenmaßnahmen für solche Situationen erarbeitet.

Die Mafia konnte in Amerika so lange florieren, weil sie einen Schweigekodex hatte, aber sie bestach auch Polizei, Richter und Politiker. Und wie wir alle wissen, arbeitete die US-Regierung im Zweiten Weltkrieg mit der Mafia zusammen, die sie beim Einmarsch in Sizilien unterstützte – ebenso wie in den 1960er-Jahren, als die Politik gegen Kuba vorgehen wollte.

Es lohnt sich für einen Kriminellen also, sämtliche Behörden oder wenigstens einen Teil davon auf seine Seite zu ziehen. Genau das scheint Epstein gelungen zu sein, wie der *Rolling-Stone*-Artikel berichtet: »Hoffenberg wusste noch etwas anderes, das Epstein – so Hoffenberg – verborgen halten wollte: Er behauptete, dass Epstein sich in Geheimdienstkreisen bewegt habe …«[26]

Die im *Rolling Stone* erzählte Geschichte beginnt mit einem britischen Waffenlieferanten namens Douglas Leese, der unter Verdacht stand, auch illegal mit Waffen zu handeln.

Ich weiß noch genau, dass Hoffenberg mir bei unserer ersten Begegnung erzählte, Leese sei entscheidend, um Jeffreys Vorgehensweise zu verstehen, weil Leese ihn nicht nur europäischen Aristokraten vorgestellt hatte (die Epstein später abzockte), sondern auch allen möglichen Leuten aus dem Waffengeschäft – darunter auch dem mittlerweile verstorbenen türkischstämmigen Adnan Kashoggi – und angeblich auch dem ebenfalls verstorbenen Medienmogul Robert Maxwell [dem Vater von Ghislaine Maxwell; Anm. d. Autors].[27]

Als ein Reporter Jeffrey Epstein mit den Namen Douglas Leese und Robert Maxwell konfrontierte, leugnete Epstein, die beiden je gekannt zu haben. Doch Hoffenberg erzählte etwas anderes:

Hoffenberg berichtete mir, dass Epstein laut eigener Aussage mit Robert Maxwell an mehreren Projekten gearbeitet habe, darunter auch an der Lösung von Maxwells »Schuldenproblemen«. (Maxwell starb 1991 unter merkwürdigen Umständen, nachdem er anscheinend mitten in der Nacht von seiner Jacht, der *Lady Ghislaine*, gestürzt war. Später fand man heraus, dass er Hunderte Millionen Dollar von den Rentengeldern seiner Angestellten gestohlen hatte.)

Epstein hatte Hoffenberg auch erzählt, dass er über Maxwell und Leese mit Dingen zu tun gehabt habe, die Hoffenberg als »Fragen der nationalen Sicherheit« bezeichnete. Seiner Aussage nach ging es dabei um »Erpressung, Vorteilsgewährung und den Handel mit Informationen auf einem sehr ernsten und gefährlichen Niveau«.[28]

Lernte Epstein bei dieser Gelegenheit seine langjährige Geliebte Ghislaine Maxwell kennen, die junge Frauen für ihn beschaffte und jetzt eine Gefängnisstrafe für diese Delikte verbüßt? Finden Sie es nicht auch seltsam, dass Ghislaine im Gefängnis sitzt, weil sie junge Frauen für Sex mit mächtigen Männern vermittelt hat, aber kein Mann je angeklagt wurde, weil er einer der Kunden war?

Die minderjährige Virginia Giuffre erzählte in Julie Browns Buch *Perversion of Justice* [dt. etwa: »Rechtsbeugung«, aber auch »Perversion der Justiz«; Anm. d. Übers.] über die Begegnungen mit Jeffrey Epstein und Ghislaine Maxwell, kurz nach der ersten »Massage«, bei der es zu sexuellen Handlungen gekommen war:

> Die Massage war dieselbe wie am Tag zuvor, wobei Epstein und Maxwell die Sitzung inszenierten. Virginia folgte ihren Befehlen wie ein Soldat. Sie und Maxwell streichelten einander, und dann hatten die drei Sex miteinander.
>
> Virginia erkannte bald, dass Epstein eine unstillbare Krankheit hatte, der kein einzelner Mensch, nicht einmal Maxwell, gerecht werden konnte.
>
> »Jeffrey behandelte uns Mädchen wie ein Kleidungsstück, das er einen Tag lang trug und am nächsten Tag wegwarf«, schrieb sie später in ihrem Manuskript.[29]

Ich zitiere diese Berichte über Jeffrey Epsteins sexuelle Lasterhaftigkeit, damit Sie wissen, was er für ein Monster war, aber auch, damit sie verstehen, dass dies noch lange nicht alles war. Epstein war viel mehr als nur ein reicher Mann, der sein Geld zur Befriedigung seiner sexuellen Begierden einsetzte.

> Für Virginia stand fest, dass Maxwell in Epstein verliebt war. Doch Epstein und Maxwell schliefen nur selten zusammen oder teilten intime Momente wie Händchenhalten oder Küssen. Laut Virginia lag das daran, dass Maxwell nie imstande war, Epsteins unersättlichen Hunger nach Mädchen zu befriedigen. Maxwell akzeptierte diese Besessenheit, solange diese Begegnungen rein sexuell blieben.
>
> Virginia sagte, dass die beiden sich einer Art Hedonismus hingaben.
>
> »Es war ein Arrangement, bei dem sie ihm die Mädchen zuführte und er Ghislaine dafür das ausschweifende Leben ermöglichte, das sie seit ihrer Kindheit gewöhnt war.«[30]

Es ist klar, dass Ghislaine für Jeffrey Epstein so etwas wie eine Sklavin war. Aber war Epstein nur für sich selbst aktiv oder für jemand anderen?

Um diese Frage zu beantworten, müssen wir den verschlungenen Lebensweg von Ghislaine Maxwell, der jüngsten Tochter des Medienmoguls Robert Maxwell, etwas besser kennen.

***

Irgendwann in der Nacht des 4. November 1991, als er auf seiner Jacht zur Kanareninsel Teneriffa segelte, verschwand Robert Maxwell spurlos.

Seine vom Wasser aufgedunsene Leiche wurde bald entdeckt, und im ursprünglichen Obduktionsbericht stand, dass er »eines natürlichen Todes durch Herz- und Lungenversagen« starb.[31]

Obwohl seine Familie den Befund anzweifelte und eine zusätzliche Autopsie anordnete, fand eine große Beerdigung mit vielen interessanten Gästen statt.

Sechs amtierende und ehemalige Leiter der israelischen Geheimdienste waren bei Maxwells Begräbnis. Der ehemalige israelische Ministerpräsident Jitzchak Schamir hielt die Grabrede, in der er Maxwell als Menschen beschrieb, »der sich sehr für die israelische Wirtschaft interessierte, Geld in Israel investierte und anbot, seine umfangreichen Kontakte auf der internationalen Bühne in den Dienst Israels zu stellen«.

Maxwell hatte tatsächlich umfangreiche finanzielle Transaktionen in Israel betrieben; so hatte er zum Beispiel eine Mehrheitsbeteiligung an der israelischen Tageszeitung *Maariw*.

Man lobte ihn dafür, Fabriken aufgebaut zu haben, die Arbeitsplätze schufen, und für seinen Beitrag dazu, israelischen Interessen in der ganzen Welt den Weg zu ebnen, indem er Beziehungen zu mächtigen Personen in Politik und Wirtschaft von Moskau bis London pflegte. Er war persönlich mit dem ehemaligen US-Außenminister Henry Kissinger und dem früheren russischen Staatspräsidenten Michail Gorbatschow befreundet.[32]

Doch schon zum Zeitpunkt seines Todes gab es Gerüchte, dass ihn der israelische Mossad ermordet habe, weil er zur Belastung für den Geheimdienst geworden war.

> In ihrem Buch *The Assassination of Robert Maxwell* [dt. etwa: »Die Ermordung des Robert Maxwell«; Anm. d. Übers.] präsentierten die Autoren Gordon Thomas und Martin Dillon Beweise dafür, dass Maxwell 2 Jahrzehnte lang als Spion für den Mossad gearbeitet hatte. Der Geheimdienst ließ israelische Software, die nachrichtendienstliche Daten sammelte, in Russland, den USA, Großbritannien und anderen Ländern verbreiten. Die Programme waren mit einem Mechanismus ausgestattet, durch den der Mossad heimlich vertrauliche Informationen anzapfen konnte, die von den besten Geheimdiensten der Welt zusammengetragen worden waren, Die Autoren vermuteten, dass Maxwell ermordet wurde, weil der Verlegermagnat im verzweifelten Versuch, sein Vermögen zu retten, den Mossad erpresst und ihm gedroht hatte, seine Spionageaktivitäten zu enthüllen, sollten die Geheimdienstchefs ihn nicht vor dem finanziellen Ruin bewahren.[33]

Damit habe ich wohl deutlich genug gezeigt, dass es mehrere Berührungspunkte gibt, die darauf hindeuten, dass Epstein für irgendjemanden geheimdienstlich aktiv war. Maxwell ist ein perfektes Beispiel für großes Geld, Einfluss durch die Medien und Geheimdienstkontakte.

Bei wessen Begräbnis würden sonst sechs amtierende und ehemalige Leiter des israelischen Mossad auftauchen?

Man könnte ihren Auftritt als Würdigung von Maxwells früheren Diensten für den Mossad betrachten, aber auch als Warnung davor, was mit jemandem passiert, der sie verraten will.

Laut der investigativen Reporterin Julie K. Brown steckte Maxwells Familie nach seinem Tod in finanziellen Schwierigkeiten. Doch dann tauchte ein Wohltäter auf, den Maxwells Witwe Elisabeth als »Freund« und »Retter in der Not« bezeichnete.[34] Sie weigerte sich zwar, den Namen dieser Person zu nennen, doch für viele Leute war die Sache klar.

Doch keine 2 Wochen nach dem Tod ihres Mannes veranstaltete das YIVO-Institut für jüdische Forschung eine Ehrung für Robert Maxwell. Diese Veranstaltung war bereits vor seinem Tod geplant worden, um ihm und seiner Frau für ihre karitative Tätigkeit zu danken.

Elisabeth beschloss, an der Veranstaltung teilzunehmen, die am 24. November im New Yorker Plaza Hotel stattfand.

Bei der Ehrung saß neben Elisabeth und Ghislaine ein Mann mit gelockten Haaren, den zu diesem Zeitpunkt noch niemand kannte.

Sein Name war Jeffrey Epstein.[35]

Damit schließt sich der Kreis, was Robert Maxwell, Jeffrey Epstein und Ghislaine Maxwell angeht. Viele vermuten, dass Robert Maxwell lange Zeit als Mossad-Agent tätig war (siehe auch die sechs amtierenden und ehemaligen Mossad-Chefs, die bei seinem Begräbnis waren, sowie der Ministerpräsident, der die Grabrede hielt). Dazu kommen sein mysteriöser Tod, der möglicherweise auf das Konto von Mossad-Agenten geht, die Finanzprobleme der Familie und das plötzliche Auftauchen eines »Retters in der Not« (alias Jeffrey Epstein).

Wie geht es nun weiter? Welches Bild machen wir uns vom mysteriösen Jeffrey Epstein, der zum Teil Robin Williams in *Der Club der toten Dichter*, zum Teil Ralph Lauren, zum Teil sexueller Manipulator und zum Teil Jay Gatsby ist? Versuchen wir dieser rätselhaften Gestalt etwas näherzukommen – wie das beispielsweise der Bestsellerautor James Patterson in seinem Epstein-Buch *Filthy Rich* [dt. etwa: »Stinkreich«] getan hat, in dem er Vicky Ward zitiert.

»Epstein ist charmant, aber er lässt diesen Charme nicht bis zu seinen Augen vordringen«, schrieb sie. »Sein Blick ist stählern und berechnend und lässt das ständige Surren der Maschinerie dahinter erahnen. ›Spielen wir eine Partie Schach‹, sagt er zu mir, nachdem er sich geweigert hat, mir ein Interview für diesen Artikel zu geben. ›Sie sind Weiß und machen den ersten Zug.‹ Das ist ein passendes Gleichnis für einen Mann, der anscheinend glaubt, dass er auf jeden Fall gewinnen wird, auch wenn die andere Seite im Vorteil ist. *Sein* Vorteil ist, dass niemand ihn oder seine Geschichte vollständig zu kennen scheint oder weiß, welche Waffen ihm zur Verfügung stehen. Er hat gründlich dafür gesorgt, eines der wenigen wirklich unergründlichen Geheimnisse in der Welt des New Yorker Geldes zu bleiben. Die Leute kennen einzelne Bruchstücke, aber nur wenige kennen das Ganze.«

[…] Ein mächtiger Investmentmanager wunderte sich über Epsteins eigentümliche Abwesenheit vom New Yorker Börsenparkett. »Auf den Handelsplattformen kennt ihn offenbar niemand«, sagt er. »Es ist ungewöhnlich, dass ein *so* großes Tier keine Fußspuren im Schnee hinterlässt.«[36]

Jetzt wird das Bild schon vollständiger. Epstein war auch eine Art Raubtier, und doch versteht niemand das Ökosystem, in dem er aktiv ist. Bei seinem Spiel scheint es um mehr zu gehen als nur um Geld oder Sex, aber man schafft es kaum, einen Blick hinter seine Tarnung zu werfen.

Wenn man genauer verstehen will, was da passiert ist, muss man meiner Meinung nach erkennen, dass hier verschiedene Teile der Regierung miteinander im Streit lagen. Da waren einerseits die wirklich aufrichtigen Vertreter der Strafverfolgungsbehörden, die versuchten, einen reichen Sexualstraftäter aus dem Verkehr zu ziehen; in einem anderen Teil der Regierung bemühten sich wahrscheinlich Geheimdienstmitarbeiter, einen der ihren zu schützen. Die strafrechtliche Verfolgung von Epstein schien dem gesunden Menschenverstand zu widersprechen, weil sie eben tatsächlich keinen Sinn ergab. Manche Behörden wollten ihn im Gefängnis sehen, andere wiederum vor dem Gefängnis bewahren. Da Epstein aber mittlerweile einen gewissen Bekanntheitsgrad erlangt hatte, konnte der Tiefe Staat ihn nicht einfach laufen lassen.

Das hätte die Allgemeinheit nämlich nicht geschluckt.

Wie konnte man also der Allgemeinheit den Eindruck vermitteln, dass er seine gerechte Strafe erhalten hatte, obwohl das gar nicht zutraf? Epsteins Zeit im Gefängnis wurde in dem Buch *Epstein: Dead Men Tell No Tales* [dt. etwa: »Epstein: Tote reden nicht«] wie folgt beschrieben:

In Wahrheit sollte Epsteins Zeit hinter Gittern eher Erholung als Strafe sein. Das begann schon damit, dass man ihn – im Gegensatz zu den meisten Sexualstraftätern in diesem Bundesstaat – nicht in ein Bundesgefängnis sperrte. Stattdessen wies man ihm einen privaten Flügel im County-Gefängnis von Palm Beach zu, wo er von seinem eigenen Sicherheitspersonal betreut wurde.

Selbst dann musste er nur erstaunlich wenig Zeit hinter den Gefängnismauern verbringen. Nach etwas mehr als 3 Monaten Haft als Freigänger durfte er außerhalb der Haftanstalt arbeiten, und das an bis zu 7 Tagen pro Woche für jeweils bis zu 16 Stunden. In dieser Zeit durfte er sogar bis zu 2 Stunden in seiner Sexhöhle in Palm Beach verbringen. [...]

Aus offiziellen Unterlagen, die den Verfassern vorliegen, geht hervor, dass eine seiner gemeinnützigen Organisationen 128 000 Dollar an das Sheriffbüro von Palm Beach County zahlte, um die Kosten für seinen privaten Sicherheitstrupp zu decken. Die Beamten sollen ihn sogar als »den Kunden« statt »den Täter« bezeichnet haben.

Letztendlich saß Epstein – einer der kränksten Sittenstrolche, die es je auf diesem Planeten gab – nur 13 Monate ab, bevor er wegen »guter Führung« vorzeitig entlassen wurde.[37]

Wir müssen im Fall Epstein unbedingt darauf achten, eine stimmige und zusammenhängende Geschichte im Hinterkopf zu behalten, weil die Mainstream-Medien vor allem auf Verwirrung abzielen. Ich sehe es als meine Aufgabe, die Fakten möglichst klar zu präsentieren.

Wir sollen glauben, dass man sich in Amerika mit Geld und Macht die Unschuld erkaufen kann, auch wenn man schuldig ist.

Aber Epstein hat sich schuldig bekannt.

Selbst wenn man über die Korruption unseres Justizsystems vor der Urteilsverkündung Bescheid weiß, steht doch fest, dass es einen Schuldspruch gab. Kein Anwalt der Welt konnte Epstein davon abhalten, sich schuldig zu bekennen.

Und dann übernimmt das Justizwesen die Verantwortung, richtig? Wir können uns nicht vorstellen, dass man sich aus dem Gefängnis freikaufen kann, oder?

Dazu bräuchte man mehr als Geld. Irgendwie gelang es Epstein trotzdem, nur 13 äußerst angenehme Monate hinter Gittern zu verbringen, in denen er von seinem eigenen Sicherheitsdienst betreut wurde, untertags hingehen konnte, wo er wollte, und vom Sheriffbüro wie ein »Kunde« und nicht wie ein »Täter« behandelt wurde.

Das klingt verdächtig danach, als hätten ein paar sehr mächtige Leute hinter den Kulissen dem verurteilten Pädophilen das Leben mehr als erträglich gemacht.

Behalten wir diesen Verdacht in Erinnerung und machen nun einen kurzen Abstecher zu einer besorgniserregenden Anschuldigung gegen William Barr, der zweimal – unter den Präsidenten George H. W. Bush und Donald Trump – Justizminister der Vereinigten Staaten war.

***

Im Jahr 1994 erschien das höchst umstrittene Buch *Compromised: Clinton, Bush and the CIA* [dt. etwa: »Kompromittiert: Clinton, Bush und die CIA«; Anm. d. Übers.] von Terry Reed und John Cummings.

Terry Reed behauptete, ein ehemaliger Geheimdienstmitarbeiter der Air Force gewesen zu sein, der später für das FBI und die CIA bei der aus Mena in Arkansas betriebenen Waffen- und Drogenhandelsoperation mitwirkte, die im Rahmen der Iran-Contra-Affäre aufgedeckt wurde. Die Iran-Contra-Untersuchung begann im Dezember 1986 und endete am 4. August 1993 mit einem Abschlussbericht. John Cummings war ein ehemaliger preisgekrönter Rechercheur für die Zeitung *N. Y. Newsday*, der sich lange Zeit mit Geheimdienstarbeit, Geldwäsche und Drogenhandel beschäftigt hatte.

Das Buch ist mit 556 Seiten in winziger Schrift sehr umfangreich und daher keine einfache Lektüre. Ich habe die Erfahrung gemacht, dass Autoren bei ihrem ersten Buch oft so ausführlich sind, weil sie wollen, dass die Leser ihnen glauben, und daher alles einbauen, was sie herausgefunden haben. Ich würde ihnen gern sagen, dass es darauf nicht ankommt. Wenn sie die offizielle Geschichte in Zweifel ziehen, werden die Hüter der Wahrheit alles in ihrer Macht Stehende tun, um sie kleinzuhalten. Daher ist es viel besser, ein kürzeres und leichter lesbares Buch zu schreiben, als den langen Weg zu gehen.

Über weite Strecken ihres Werks verwenden die Autoren die Codenamen, die ihnen bei der Recherche genannt wurden, und geben erst später preis, um wen es sich wirklich handelt. Ich sage es Ihnen einfach direkt: John Cathey ist Oliver North, und Robert Johnson ist Bill Barr. Wenn man bedenkt, dass dieses Buch 1994 erschienen ist und wie Barrs Karriere nach diesem Jahr weiterging, landeten die beiden Verfasser entweder den größten Glücksstreffer aller Zeiten – oder Bill Barr ist in Wahrheit ganz anders, als er sich der Öffentlichkeit präsentiert.

Das Zitat aus dem Buch gibt ein angebliches Gespräch vom März 1986 zwischen Oliver North, William Barr und Bill Clinton über die Waffenlieferungen an die Contras wieder. Der Gesprächstermin war von William Casey, dem CIA-Direktor unter Präsident Reagan, organisiert worden.

> Dann meldete sich Johnson [Bill Barr] zu Wort. Er war der einzige Teilnehmer des Treffens, den Terry nicht kannte. Bis jetzt war er für ihn nur eine Stimme am Telefon gewesen. Das jugendliche Aussehen des bebrillten, unschuldig wirkenden Mannes verblüffte ihn. Von der Stimme her hätte Terry ihn älter geschätzt. Seine jungenhafte und absolut ernsthafte Erscheinung erinnerte Terry an junge Offiziere auf der Überholspur, wie er sie bei der Air Force kennengelernt hatte. Andererseits musste Terry bei seinem distanzierten Yuppie-Auftreten an die Anleihenverkäufer denken, die in Little Rock den Spitznamen »bond daddies« trugen. Wahrscheinlich war er nicht viel mehr als ein Nachrichtenübermittler für die wirklich mächtigen Männer in Washington. Selbst seine bevorstehende Einführung konnte Terry nicht davon überzeugen, dass dies wirklich der Mann war, dem man bei diesem schwerwiegenden Projekt eine Entscheidungsbefugnis anvertraut hatte.
>
> Cathey [Oliver North] sagte, dass Johnson [Bill Barr] der persönliche Vertreter von CIA-Direktor William Casey sei, der in dessen Auftrag die Sitzung leiten sollte. Terry ging davon aus, dass Casey zu wichtig war, um sich hier blicken zu lassen. Er fühlte sich jedoch geehrt und war überrascht, dass er es mit einer Person zu tun hatte, die in einem so engem Verhältnis zum CIA-Direktor – der Spitze der Geheimdienstpyramide – stand.[38]

Ist diese Verbindung den meisten Leuten bisher entgangen? Bill Barr im Zentrum des Iran-Contra-Skandals? Wir wissen, dass William Casey im Zweiten Weltkrieg für die CIA-Vorgängerorganisation Office of Strategic Services tätig war – ebenso wie Donald Barr, Bill Barrs Vater und der Mann, der Jeffrey Epstein an der Dalton School einstellte.

Und aus keiner geringeren Autorität als der Zeitschrift *Vanity Fair* haben wir erfahren, dass Bill Barr einmal CIA-Chef werden wollte und einer seiner ersten Jobs der eines Rechtsanalysten für die CIA war. Bewarb er sich nach seinem Ausscheiden aus der CIA immer wieder für »inoffizielle Jobs« im Auftrag des Geheimdiensts? Da George H. W. Bushs größte Schwachstelle wahrscheinlich die Konsequenzen der Iran-Contra-Affäre waren, wäre es durchaus sinnvoll gewesen, Bill Barr zum Justizminister zu ernennen, um sicherzugehen, dass gewisse Informationen geheim blieben. (Außerdem war George H. W. Bush ja auch einmal CIA-Direktor.)

Man kann sich des Verdachts nicht erwehren, dass Bill Barr im Laufe der Jahre als »Fixer« [Mittelsmann für illegale Geschäfte; Anm. d. Übers.] tätig war. Der weitere Verlauf des Gesprächs wurde im Buch so beschrieben:

>»Danke«, sagte Johnson [Bill Barr]. »Wie Mr. Cathey [Oliver North] erwähnt hat, bin ich der Abgesandte von Mr. Casey, der aus offensichtlichen Sicherheitsgründen nicht hier sein kann. Wir befinden uns an einem wichtigen Punkt unserer zentralamerikanischen Unterstützungsmission, und ich bin hier, um ein paar offene Fragen zu klären. Sie wissen ja, mit welchen schwerwiegenden Anklagen wir konfrontiert werden könnten, wenn diese Operation bekannt wird. [...] Ich brauche Sie wohl nicht daran zu erinnern, was Benjamin Franklin sagte, als er und unsere Gründerväter die Unabhängigkeitserklärung formulierten.
>
>An dieser Stelle unterbrach Cathey [Oliver North]. »Ja, aber Hängen ist eine viel humanere Methode als das, was der Kongress uns antun wird, wenn etwas davon durchsickert.« Dies war das einzige Mal während der Besprechung, dass ein Lachen zu vernehmen war.

»Das ist wahr«, antwortete Johnson [Bill Barr]. »Und deshalb, Gouverneur Clinton, halte ich es für erforderlich, die Sitzung in Gruppen aufzuteilen, damit wir nicht unnötigerweise geheime Daten an Personen weitergeben, die sie nicht unbedingt kennen müssen. Wir können zunächst alle alten Angelegenheiten besprechen, die ›Centaur Rose‹ oder ‹Jade Bridge› betreffen. Aber ich glaube, Sie werden mir zustimmen, dass Sie und Mr. Nash [Clintons Berater] sich danach empfehlen sollten ...«[39]

Hier wird ein Bild von Barr als einem Menschen gezeichnet, der die Aufmerksamkeit auf sich ziehen kann, so wie er es auch tat, als Trump ihn nach dem Rücktritt seines ersten Justizministers, des glücklosen Jeff Sessions, als dessen Nachfolger ernannte.

Barr ist zweifelsohne ein kluger Kerl, aber ist er auch ein guter Kerl? Ich halte ihn für einen ausgesprochen schlechten Menschen.

Wenn ich Bill Barr sprechen höre, dann höre ich die besonnene und beruhigende Stimme von Big Brother und dem Tiefen Staat, die mir einreden will, dass ich ruhig schlafen gehen kann, weil das Land in den Händen echter Patrioten sicher ist. Glauben Sie das keine Sekunde lang.

Es ist irgendwie witzig, in dieser Darstellung zu lesen, wie der damalige Gouverneur Bill Clinton darauf reagierte, dass er wie ein braver kleiner Junge bei alledem mitspielen sollte.

Clinton war sichtbar indigniert und machte den zornigen Eindruck eines Menschen, der es nicht gewohnt ist, auf so herablassende Weise behandelt zu werden.

»Ich habe den Eindruck, dass irgendjemand in Washington Entscheidungen getroffen hat, ohne sich mit mir oder meinem Assistenten Mr. Nash abzusprechen. Deshalb möchte ich meine Besorgnis über die mögliche Gefährdung meines Bundesstaats ausdrücken, wenn Sie alle hier nach Mexiko abhauen. Ich fühle mich irgendwie nackt und *kompromittiert*. Sie haben recht – es gibt definitiv ein paar offene Fragen!«

Nach seiner Bemerkung über Mexiko zu schließen, wusste Clinton bereits über den CIA-Plan Bescheid, sich aus Arkansas zurückzuziehen. Und er war nicht froh darüber, dass man ihn bei der Entscheidungsfindung außen vor lassen wollte.[40]

Ich kann mich zwar nicht für die Richtigkeit dieser Darstellung verbürgen, doch sie stimmt jedenfalls mit dem überein, was ich über den Ablauf solcher Operationen gehört habe. Wenn man Insiderberichte über derartige geheimdienstliche Unternehmen liest, erwartet man vielleicht, dass in deren Mittelpunkt ein weltmännischer James-Bond-Typ steht, aber in Wahrheit sind es eher Szenen aus *The Three Stooges* [eine amerikanische Slapstick-Komikertruppe, die sich in ihren Filmen durch wenig niveauvollen oder subtilen Humor auszeichnete; Anm. d. Übers.].

Doch Barr war anders. Er war ein ausgezeichneter Anführer. Barr und Clinton debattierten ein paar Minuten, wobei jeder auf die Fehler und Misserfolge der anderen Seite hinwies. Bald stellte sich heraus, dass Clinton eine erhebliche Anzahl schwerer Fehler gemacht hatte.

Die CIA war dabei, die von Barry Seal (der vor Kurzem ermordet worden war, angeblich von Auftragskillern Pablo Escobars – aber wer kein kompletter Idiot war, hatte natürlich die CIA unter Verdacht) begonnene Drogen- und Waffenschmuggeloperation in Mena, Arkansas, zu beenden und das Programm wenn möglich nach Mexiko zu übersiedeln.

Johnson [Bill Barr] hatte den Balsam aufgetragen, und nun begann die Massage: »Bill, Sie sind Mr. Caseys Liebling. Aber Sie haben Konkurrenten für den Posten, um den Sie sich bewerben. Wir würden nie alles auf eine Karte setzen. Sie und Ihr Staat waren unsere größte Stärke. Das Schöne daran ist, wie Sie wissen, dass Sie ein Demokrat sind – und mit unserer Fähigkeit, beide Parteien zu beeinflussen, kann dieses Land den parteipolitischen Stillstand überwinden. Mr. Casey will Sie durch mich wissen lassen, dass Sie, wenn Sie keine Dummheit begehen, die Nummer eins auf der Kandidatenliste für den Job sind, den Sie schon immer haben wollten.

Das ist alles ziemlich aufregend, Bill. Warum helfen Sie uns also nicht dabei, auf der Sache den Deckel draufzuhalten, damit wir dann alle zusammen befördert werden? Sie und Leute wie wir *sind* die Väter der neuen Regierung. Ach, zum Teufel, wir sind der neue Bund.«

Clinton war besänftigt und schien zufrieden damit, dass die Vertuschung nun zumindest auch auf das Anleihegeschäft ausgeweitet werden sollte. Er hatte wie einst Lyndon Johnson gelernt, dass Politik die »Kunst des Möglichen« ist. Zwar hatte er nicht alles bekommen, was er wollte, aber er konnte sich immerhin ohne Verluste verabschieden.

Terry hatte den Eindruck. dass Johnson [Bill Barr] als Sieger aus der Debatte hervorgegangen war. Clinton und seine Regierung hatten keine Grundlage für eine Beschwerde, dass die CIA ihre Operation in Arkansas einstellte. Zu viele Fehler waren begangen worden. Der junge Gouverneur schien zu begreifen, dass er vorerst verloren hatte, und wollte den Streit nicht vor den anderen weiterführen.[41]

Diese Version vom Tanz mit dem Teufel, der immer stattfindet, wenn man es mit Geheimdiensten zu tun hat, kenne ich aus so vielen Berichten prominenter Persönlichkeiten. Die Spione finden heraus, wie sie jemanden kompromittieren können. Es hat ein paar Versuche gegeben, mich mit einem »Honeypot« [einer »honigsüßen« Ablenkung, manchmal auch sexueller Natur, die später zur Erpressung verwendet werden kann; Anm. d. Übers.] herumzukriegen. Daran waren Leute beteiligt, die – wie sich später herausstellte – Geheimdienstverbindungen (mit dem FBI) hatten. Viele andere Prominente, die Behördenverlautbarungen ganz offen skeptisch gegenüberstehen, haben mir ähnliche Geschichten erzählt.

Der Grund dafür ist nicht schwer zu verstehen.

Die Mächtigen klammern sich an ihre Macht. Deshalb ist es eine ihrer Aufgaben, mögliche Bedrohungen ihrer Macht zu erkennen und dann präventiv zu handeln, um diese zu neutralisieren. Die Machtstruktur glaubt nicht an die Demokratie. Wie oft haben Sie in den Mainstream-Medien schon gehört, dass wir »Stabilität« brauchen?

Das ist ein Codewort für die Ausschaltung der Opposition. Die Mächtigen werden eben alles tun, um ihre Macht zu erhalten.

Kann ich mit Bestimmtheit sagen, dass Bill Barr für die Geheimdienste tätig ist? Nein, das kann ich nicht. Aber wenn man bedenkt, dass sein Vater einer der Leute ist, die am Aufbau der heutigen Geheimdienststruktur beteiligt waren, dass er als junger Mann Leiter der CIA werden wollte und in seinem ersten Job für die CIA arbeitete, sollte man diese Möglichkeit zumindest in Betracht ziehen.

Wie konnte Barr zu Trumps Justizminister werden? Wahrscheinlich haben manche Leute, denen der Präsident irrtümlich vertraute, ihm eingeredet, dass Barr einer von den Guten sei. Betrachtet man Barrs Handlungsweise als Minister aber näher – angefangen damit, dass er keine Untersuchungen über Hunter Bidens Laptop anstellen ließ, bis hin zu seinen aktuellen Auftritten, bei denen er sämtlichen Mainstream-Medien erzählt, dass man Trump unter Hausarrest stellen sollte –, dann stellt man sich zumindest die Frage, ob er ein ehrlicher Rechtspfleger ist oder ganz etwas anderes.

***

Nachdem sich Epstein 2008 in zwei Bundesstaaten der Zuhälterei mit Prostituierten unter 18 Jahren schuldig bekannt und seine 13 Monate »schwerer Haft« abgesessen hatte, wollte er sich in einem neuen Tätigkeitsfeld bewähren: der Wissenschaft. So wurde seine Affäre mit der Wissenschaft im Buch *Epstein: Dead Men Tell No Tales* beschrieben:

> Für Epstein war klar, dass die Zeit, in der er gesellschaftlich mit Gesetzgebern und Adeligen verkehren konnte, vorbei war. Zum Glück gab es eine ganz neue Klasse von Machern, die er ausnutzen konnte: brillante Wissenschaftler und Techgurus, die die Zukunft gestalteten – und seine kühnsten Träume von absoluter Macht wahr machen konnten.
>
> Epstein hatte bereits früher Interesse daran gezeigt, solche Kreise zu kultivieren.

2006 hatte er eine Konferenz im Hotel Ritz-Carlton auf der Jungfern-insel St. Thomas veranstaltet, an der unter anderem Stephen Hawking teilnahm. In der Nacht der Konferenz wurden die Gäste zu einer Grill-party und einer U-Boot-Tour auf Epsteins Insel Little Saint James gebracht. Angeblich wurde das U-Boot damals speziell für Hawkings Rollstuhl umgerüstet. Ein Foto von der Veranstaltung zeigt, wie der berühmte Wissenschaftler von einer jungen Blondine mit Pferde-schwanz persönlich betreut wird.[42]

Woher rührte Epsteins Interesse an Wissenschaftlern? Um dieses Beeinflus-sungsprogramm zu verstehen, muss man wissen, dass die Globalisten die Wis-senschaft als ihren Gott verehren. Um die Wissenschaft zu kapern und ihr den Willen der Globalisten aufzuzwingen, muss man die führenden Wissenschaftler für sich gewinnen. Und wer hätte die Fantasie der Allgemeinheit in den ersten Jahren des 21. Jahrhunderts mehr beflügelt als der Physiker Stephen Hawking? Epstein wollte interessante Menschen nicht nur »sammeln«, sondern sie einset-zen wie Schachfiguren oder Armeen im beliebten Strategiespiel *Risiko*, bei dem man die Welt zu erobern versucht.

Die Wissenschaft und die Wissenschaftler hatten gegenüber Prominenten und Politikern auch den Vorteil, dass sie in der Regel nicht so im Fokus der Medien stehen wollen. Eines der schmutzigen kleinen Geheimnisse der Wissenschaft ist nämlich, dass Wissenschaftler so knapp bei Kasse sind, dass sie auch gern schmut-ziges Geld annehmen, solange sie glauben, damit ihre Karriere voranzubringen.

Epstein erkannte diese Schwachstelle und machte sie sich zunutze. Im Jahr 2011 erzielte er mit seinem Vorhaben enorme Fortschritte. Er kam daher wie der Weihnachtsmann und der mythische Mr. Roarke aus der Fernsehserie *Fantasy Island* in einer Person, als er diverse Wissenschaftler mit Geld und Aufmerksam-keit überschüttete. In Julie K. Browns Buch *Perversion of Justice* heißt es dazu:

Im Dezember 2011 brachte Jeffrey Epstein einige der brillantesten wissen-schaftlichen Köpfe des Landes auf der entlegenen Insel zusammen, die seine Freunde als »Little St. Jeff's« kannten. Der Zweck der Veranstaltung wurde von der luxuriösen naturbelassenen Umgebung und den extravaganten Speisen überschattet, die man den aus dem ganzen Land eingeflogenen Gästen vorsetzte. Nach dem Erdbeben und dem Tsunami im japanischen Tōhoku stand das Treffen unter dem Motto »Wie wir künftige Katastrophen bewältigen«.

Im Wesentlichen handelte es sich also um eine globale Weltuntergangskonferenz.

Die Teilnehmer sollten die größten Bedrohungen für die Erde bestimmen und dabei über Phänomene wie Bioterrorismus, Atomkrieg, nukleare Katastrophen, Überbevölkerung, Asteroiden- und Meteoritenkollisionen, Supervulkane, den Aufstand der Maschinen und Computer nachdenken – und über das, was in einer Presseaussendung als »Hochenergie-Kettenreaktionen, die die Struktur des Weltraums zerstören könnten«, bezeichnet wurde.[43]

Es ist schon komisch, dass diese reichen Leute gar nicht aufhören können, über globale Katastrophen nachzudenken, wie? Ich frage mich, ob sie in ihren Villen herumsitzen und sich fragen: »Was hasst das gemeine Volk noch mehr als reiche Leute wie mich? Seuchen? Einen Atomkrieg? Asteroiden? Supervulkane? Den Aufstand der Roboter?«

Auch wenn sie mehr Geld haben, als sie je ausgeben können, muss für die globalen Eliten die Feststellung, dass sie ungefähr so beliebt sind wie Hämorrhoiden, recht ernüchternd sein.

Jeffrey Epstein war um sein öffentliches Image offenbar so besorgt, dass er sich sagte: »Ich habe doch nur in zwei Fällen gestanden, für eine Prostituierte unter achtzehn bezahlt zu haben. Jetzt haltet mal die Luft an! Wie viel Geld muss ich denn ausgeben, damit man mich mag?«

Die Antwort lautet: anscheinend sehr viel.

Epstein stiftete unter anderem ein Stipendium am International Peace Institute, einer gemeinnützigen internationalen Organisation, die sich für den Frieden auf der ganzen Welt einsetzt; er sicherte zu, die größte

Schule im vom Erdbeben verwüsteten Haiti bauen zu lassen; er kündigte an, Charter Schools [Privatschulen, deren Bau und Betrieb vom Staat finanziert werden; Anm. d. Übers.] in innerstädtischen, sozial benachteiligten Bezirken finanzieren zu wollen; unterstützte die Musiktherapieforschung für frühgeborene Babys; half bei der Entwicklung von Computersoftware für Neugeborene und rief ein Online-Lernprogramm über Gehirnforschung namens Neuro TV ins Leben.

Fast täglich gab es Pressemitteilungen zu Epsteins Aktivitäten, in denen Spenden von dem »Wissenschaftsphilanthropen Jeffrey Epstein«, dem »Bildungsaktivisten Jeffrey Epstein«, dem »Evolutionsforscher Jeffrey Epstein«, dem »Wissenschaftsförderer Jeffrey Epstein« und dem »unorthodoxen Hedgefonds-Profi Jeffrey Epstein« angekündigt wurden.

Es gab Spenden für Universitäten, Forschungsinstitute und gemeinnützige Organisationen zur Forschung über Heilmittel gegen Melanome, Eierstockkrebs, Multiple Sklerose, Alzheimer, Morbus Crohn und Kolitis, die Parkinsonkrankheit, Diabetes, Brustkrebs und Aids.[44]

Falls es Ihnen nicht aufgefallen ist, möchte ich an dieser Stelle auf etwas hinweisen: Wie es aussieht, war Epstein ausschließlich damit beschäftigt, Geld zu verschenken.

Musste er nicht wenigstens einen Teil des Tages damit verbringen, Geld zu verdienen? Immerhin hatte er sich ja bereits in ein paar Fällen, in denen Frauen ihm sexuellen Missbrauch vorgeworfen hatten, außergerichtlich geeinigt (allerdings nicht Summen wie die 1,5 Milliarden Schadenersatz, die man mir aufgebrummt hat). Sollten sich da nicht irgendwann Geldsorgen einstellen? Abgesehen davon, dass er sich von minderjährigen Teeniemädchen »Massagen« verabreichen und sich einen runterholen ließ, und neben seinen Treffen mit reichen Leuten und Prominenten – wie viel Zeit seines Tages widmete er dem Geldverdienen? Man hat den Eindruck, er hätte eine magische Geldmaschine im Keller gehabt, die ihm solche Sorgen ersparte.

Normalerweise würde man den erwähnten Institutionen und guten Zwecken ja großen Respekt entgegenbringen, doch in Anbetracht dessen, wie leicht sich

Epstein bei diesen Leuten einschleimen und ihren Beifall ernten konnte, ist das alles einfach nur widerlich.

Aber ging es ihm wirklich nur darum, seinen Ruf zu retten? Oder hatte er ein tiefgründigeres und ominöseres Motiv? Wie weit warf er das Netz für seine Pläne aus? Man muss sich nur die ehrgeizigen Pläne Epsteins vor Augen halten, um zu erkennen, was er alles unter seinen Einfluss bringen wollte.

Würden Sie mir glauben, dass Epstein sich auch nach seiner Verurteilung im Jahr 2008 noch Einfluss an der Harvard University und dem Massachusetts Institute of Technology kaufen konnte? Das geht aus einem Artikel hervor, der am 1. Mai 2020 in der *New York Times* erschien:

> Obwohl Jeffrey Epstein in keiner offiziellen Verbindung zu Harvard stand, hatte er dort sein eigenes Büro, eine Schlüsselkarte und einen Harvard-Telefonanschluss. Er kam oft am Wochenende vorbei, um mit Akademikern essen zu gehen, die er kennenlernen wollte.
>
> Einem am Freitag veröffentlichten Bericht der Universität zufolge hat Epstein, der in Ungnade gefallene Finanzier, der vergangenes Jahr im Gefängnis Selbstmord beging, Harvard nach seiner Verurteilung wegen Sexualdelikten an Minderjährigen mehr als vierzig Mal besucht.[45]

Mit solchen Artikeln will man erreichen, dass Sie sagen: »Reiche Leute! Die kommen doch wirklich mit allem durch!« Doch das erklärt nicht alles – vor allem, weil die Harvard-Präsidentin Drew Faust 2008 Spenden von Epstein an die Universität ausdrücklich untersagte, obwohl er in den Jahren von 1998 bis 2008 insgesamt 9,1 Millionen Dollar gespendet hatte.[46] Wahrscheinlich glaubte die Harvard-Leitung, Epstein würde den Schwanz einziehen und verschämt davonschleichen.

Doch das geschah nicht, und er wurde sogar von Harvard-Mitarbeitern unterstützt, an der Uni zu bleiben. Hier können Sie noch ein wenig mehr über Epstein und Harvard nachlesen:

Epstein kam häufig ins Büro Nr. 610, auch als »Jeffreys Büro« bekannt, und traf sich mit Wissenschaftlern, um sich über deren Arbeit zu informieren, so der Bericht. Er brachte seinen eigenen Teppich in das Büro mit und hängte seine eigenen Fotos auf. Nowak behauptete laut Bericht, das Büro gehöre Epstein nur dem Namen nach, doch andere im Gebäude gaben an, es sei allgemein bekannt, dass es für den Finanzier reserviert war. [...]

Außer Nowak scheinen noch ein paar andere Professoren eine enge Beziehung zu Epstein gehabt zu haben. In dem Bericht heißt es, dass »eine Reihe« von Fakultätsmitgliedern Epstein in seinen Häusern in New York, Florida, New Mexico und auf den Jungferninseln besucht haben soll. Manche sagten auch, dass sie ihn im Gefängnis besucht hätten oder mit seinen Flugzeugen geflogen seien. Die Besuche waren jedoch alle privater Natur, so der Bericht, und dürften nicht gegen Harvard-Regeln verstoßen haben. [...]

Obwohl er nach 2008 nichts mehr spenden durfte, geht aus dem Bericht hervor, dass Harvard zwischen Epsteins Festnahme und seiner Verurteilung weitere 736 000 Dollar von ihm annahm. Der Großteil des Geldes ging an die medizinische Fakultät von Harvard, 150 000 Dollar aber an die geistes- und sozialwissenschaftliche Fakultät.[47]

Anscheinend suchten die Harvard-Wissenschaftler Epsteins Nähe, ähnlich wie Teeniegroupies sich um den Sänger einer Rockband scharen. Sie waren ihm so ergeben, dass sie ihn sogar im Gefängnis besuchten. Das alles deutet meines Erachtens darauf hin, dass die Harvard-Wissenschaftler überzeugt waren, der Umgang mit einem spendablen Pädophilen hätte keine Konsequenzen für sie.

Die für mich wahrscheinlichste Erklärung dafür ist die, dass jemand Wichtiges in Harvard gewusst haben muss, dass Epstein Verbindungen zum Geheimdienst hatte, und allen anderen versicherte, der Kontakt zu dem Finanzier und verurteilten Pädophilen sei kein Problem.

Der mit dem Pulitzerpreis ausgezeichnete Journalist Ronan Farrow, der den grässlichen Hollywoodmogul Harvey Weinstein (den Meryl Streep einmal als

»Gott« bezeichnete[48]) zu Fall brachte, nahm Epsteins Beziehung zum MIT ins Visier. So beginnt sein Artikel über Epstein und das MIT, der im September 2019 im *New Yorker* erschien:

Das MIT Media Lab, das in einen Skandal um die Annahme von Spenden des Finanziers und verurteilten Sexualstraftäters Jeffrey Epstein verwickelt ist, hatte in Sachen Mittelbeschaffung eine tiefere Beziehung zu Epstein, als es bisher eingestanden hat, und versuchte seine Kontakte mit ihm zu verheimlichen. Dutzende dem *New Yorker* vorliegende Seiten mit E-Mails und anderen Dokumenten zeigen, dass Epstein in der offiziellen Spenderdatenbank des MIT zwar als »ausgeschlossen« geführt wurde, das Media Lab aber dennoch Spenden von ihm annahm, ihn bei Beratungen über die Verwendung der Gelder hinzuzog und durch die Kennzeichnung seiner finanziellen Beiträge als anonym ihren vollen Umfang verschleierte, und zwar sowohl öffentlich als auch innerhalb der Universität. Am auffälligsten ist vielleicht, dass Epstein als Vermittler zwischen dem Media Lab und anderen wohlhabenderen Spendern auftrat und Millionen Dollar von Einzelpersonen und Organisationen einwarb, darunter der Technologe und Philanthrop Bill Gates und der Investor Leon Black. Nach den Aufzeichnungen, die dem *New Yorker* vorliegen, sowie Aussagen gegenwärtiger und früherer Fakultätsmitglieder und Mitarbeiter des Media Lab schrieb man Epstein zu, mindestens 7,5 Millionen Dollar an Spenden für das Institut beschafft zu haben, wobei 2 Millionen von Gates und 5,5 Millionen von Black stammten. Diese Spenden werden in den E-Mails als von Epstein »gesteuerte« oder auf seine Veranlassung hin getätigte finanzielle Zuwendungen geführt. Die Bemühungen, den Kontakt des Media Lab mit Epstein zu verheimlichen, waren so bekannt, dass manche Mitarbeiter im Büro des Media-Lab-Direktors Joi Ito dazu übergegangen waren, Epstein als Voldemort oder »er, dessen Name nicht genannt werden darf« zu bezeichnen.[49]

Was ist in diesem einzelnen Absatz alles falsch? Bemühen wir uns, alle Fehler herauszufinden.

Erstens gab es eine Anweisung des MIT, dass Epstein aufgrund seiner Verurteilung wegen Pädophilie als Spender »ausgeschlossen« sei.

Zweitens gab es den Versuch der Mitarbeiter und des Direktors des MIT Media Lab, die Herkunft dieser Spenden zu verschleiern, indem man sie entweder als anonym führte oder Leon Black zuordnete.

Drittens verkehrten Bill Gates und viele andere reiche Leute trotz Epsteins Verurteilung wegen Pädophilie weiterhin gern mit ihm.

Viertens wiesen Mitarbeiter des MIT Media Lab in ihren E-Mails deutlich darauf hin, dass Epstein die Spenden »gesteuert« hatte oder sie auf seine Veranlassung hin getätigt wurden.

Fünftens waren sich die Mitarbeiter der Tatsache bewusst, dass sie nicht richtig handelten, was sich daran zeigt, dass sie Epstein als »Voldemort« oder »er, dessen Name nicht genannt werden darf« bezeichneten.

Außerdem gab es auch Mitglieder der Fakultät, die gegen dieses Vorgehen protestierten, insbesondere der außerordentliche Professor Ethan Zuckerman, der den Media-Lab-Direktor Joi Ito eines Tages beiseitenahm und sagte: »Ich habe gehört, dass du dich mit Epstein triffst. Ich glaube, das ist keine gute Idee.«[50]

Angeblich soll Ito darauf gesagt haben: »Ach, weißt du, ich halte ihn für wirklich faszinierend. Würdest du ihn gern kennenlernen?«[51]

Da muss man sich doch die Frage stellen, ob diese Wissenschaftler nicht einfach nur raffgierige Typen sind.

Soll man annehmen, dass Menschen im Allgemeinen keinen echten moralischen Kompass haben und alles tun, womit sie durchzukommen glauben?

Oder gab es eine andere Macht, wie ein unsichtbares Schwarzes Loch, die hier ihren Einfluss ausübte, um Epstein in der besseren Gesellschaft hochzuhalten, wo jeder Normalsterbliche einfach abstürzen würde?

Lässt sich das alles mit Geldgier erklären? Viele Leute vertreten diesen Standpunkt, und ich verstehe ihre zynische Weltsicht sogar. Aber für mich gibt es da doch etwas Tiefergehendes, fast so wie beim berühmten Sherlock-Holmes-Fall des Hundes, der nicht bellte. Ich will wie die Heldin von *Alice im Wunderland* ins Kaninchenloch steigen und selbst sehen, wie weit es in die Tiefe führt. Farrow berichtete weiter über Epsteins Beziehung zum MIT:

> Im Sommer 2015, als man im Media Lab darüber beriet, wofür man die mit Epsteins Hilfe erhaltenen Mittel ausgeben sollte, informierte Cohen die Mitarbeiter, dass Epstein zu Besuch kommen würde. Der Finanzier wollte Fakultätsmitglieder treffen, die ihm offenbar die Möglichkeit geben sollten, sich zu Projekten zu äußern, und ihn hoffentlich zu weiteren Spenden motivieren würden. Swenson, die frühere Entwicklungsmitarbeiterin und Ehemaligen-Koordinatorin, erinnert sich daran, über Epstein gesagt zu haben: »Ich bin der Ansicht, dass er auf dem Campus nichts verloren hat.« Später sagte sie zu mir: »In diesem Augenblick wurde mir klar: Dieser Pädophile wird in unser Büro kommen.« Swenson zufolge stimmte Cohen ihr zu, dass Epstein »widerlich« sei, sagte aber: »Wir werden es trotzdem durchziehen – das war Jois Projekt.« Die Mitarbeiter trugen den Termin in Jois Kalender ein, ohne Epsteins Namen zu erwähnen. »Es wurde jedenfalls ausdrücklich darüber gesprochen, nichts schriftlich festzuhalten, weil Jois Kalender für jeden sichtbar ist«, sagte Swenson. »Man schrieb einfach ›VIP-Besuch‹ dazu.«[52]

Oft sagen Bekannte zu mir: »Alex, wenn wirklich alles so korrupt wäre, wie du behauptest, dann würden doch garantiert viele Leute darüber berichten. Es können ja nicht alle böse Globalisten sein.«

Meine Antwort darauf lautet in der Regel: Ja, die meisten Menschen sind gut, aber die große Mehrheit will nichts tun, was ihren Arbeitsplatz gefährden könnte. Es geht nicht darum, dass sie das Falsche tun wollen, sondern vielmehr darum, dass sie verstehen, dass sie bestraft werden können, wenn sie das Richtige tun, zum Beispiel wenn sie einen Pädophilen vom Schulgelände fernhalten.

Warum verhielt sich Epstein so, als wäre er unverwundbar? Vielleicht lag es ja daran, dass er wusste, wer in Wahrheit das Sagen hatte – und das war mit Sicherheit nicht Präsident Donald Trump.

Der Journalist Michael Wolff behauptet in seinem umstrittenen neuen Buch, dass der pädophile Jeffrey Epstein damit geprahlt habe, dass in Wahrheit Bill Barr während Trumps Amtszeit das Sagen hatte und dass der Präsident »jemand anderem so lange die Verantwortung überlässt, bis andere erkennen, dass nicht er das Sagen hat. Wenn das passiert, hat man plötzlich nichts mehr zu sagen.«[53]

Bill Barr? Etwa der Bill Barr, der als Zehntklässler an der Horace Mann School zu seinem Studienberater sagte, er wolle einmal CIA-Chef werden, doch stattdessen zweimal zum Justizminister ernannt wurde – einmal, damit sich Bush der Ältere aus der Iran-Contra-Affäre heraushalten konnte, und einmal in der Regierung Trump, wo er die Geschichte über die geheimen Absprachen mit Russland und andere Falschmeldungen am Leben erhielt?

In Michael Wolffs Buch *Too Famous: The Rich, the Powerful, the Wishful, the Damned, the Notorious* [dt. etwa: »Zu berühmt: Die Reichen, die Mächtigen, die Sehnsüchtigen, die Verdammten, die Berüchtigten«; Anm. d. Übers.] gibt es ein Kapitel, in dem der ehemalige israelische Ministerpräsident Ehud Barak Epstein fragt, wer im Weißen Haus wirklich das Sagen hatte.

Wolff behauptet, Epstein habe den Ex-Politiker unterbrochen und Trump – seinen ehemaligen Playboy-Partykumpel – einen »Idioten« genannt. Dann soll er Barak anvertraut haben: »Im Moment hat Bill Barr das Sagen.« Der pädophile Finanzier verriet noch mehr: »Das ist Donalds Verhaltensmuster [...] er überlässt jemand anderem so lange die Verantwortung, bis andere erkennen, dass nicht er das Sagen hat. Wenn das passiert, hat man plötzlich nichts mehr zu sagen.«

Angeblich soll Barak nachgefragt haben: »Aber warum, glauben Sie, hat Barr diese Aufgabe übernommen, wenn er das doch alles weiß?«

»Seine Motivation war einfach Geld«, antwortete Epstein. »Barr glaubt, dass dabei viel für ihn herausspringen wird. [...] Wenn er es schafft, Donald im Amt zu lassen, das Justizministerium zusammenzuhalten und der Republikanischen Partei dabei zu helfen, Donald zu

Kapitel 9

überleben, dann erhofft er sich davon eine Menge Geld. Ich spreche aus direkter Kenntnis. Sehr direkt. Vertrauen Sie mir.«[54]

Wie können manche Leute so überaus zuversichtlich sein, nie wirklich für ihre Verbrechen belangt zu werden? Natürlich kann man es als Gegeifer einer rechtsradikalen Figur abqualifizieren, wenn Typen wie ich über eine gewaltige Verschwörung reden – aber wie geht man damit um, dass dieser Artikel auf der linken Website The Daily Beast erschienen ist?

Laut Wolff war Barak nur »einer in einem permanenten Strom von Freunden, Bekannten, Experten, internationalen Würdenträgern und Despoten, Bittstellern um Spenden und Investitionen, Anwälten und ungeheuer reichen Leuten – ein Netzwerk mit weitreichendem Einfluss und globalen Interessen, das mit jedem anderen in New York mithalten kann. Diese Menschen saßen alle an Epsteins Ess- und Konferenztisch und nahmen an etwas teil, was Seminar, Gerüchteküche, Kaffeeklatsch und elitäre Verschwörung zugleich war.«
An anderer Stelle behauptet Wolff, Barak habe gescherzt: »Wir haben nichts zu befürchten. Die Geheimnisse sind sicher.«[55]

Viele von uns versuchen sich zurückzuhalten. Wir wollen nicht schon wieder sagen, dass die Elite in eine geheime Verschwörung verwickelt ist, von der man uns nichts erzählt. Doch dann stoßen wir auf solche Artikel wie den von Michael Wolff, einem Mann, den die Mainstream-Medien uns bei anderen Gelegenheiten als glaubwürdig empfohlen haben. Ich meine, dieser Artikel stammt aus The Daily Beast, also angeblich der Avantgarde der Linken.
Und was sind die »Geheimnisse«, die sie eventuell vor uns verstecken müssen?
Die Antwort auf diese Frage finden wir wahrscheinlich in New Mexico.

***

Epsteins Insel und seine Häuser in New York und Florida haben wir bereits kennengelernt – aber nur wenige wissen über sein als Zorro Ranch bekanntes Anwesen in New Mexico Bescheid.

Am 31. Juli 2019, nachdem Epstein ein zweites Mal wegen Sexhandels angeklagt worden war, diesmal von den Bundesbehörden, erschien in der *New York Times* ein Artikel mit der wohl seltsamsten Geschichte, die je über eine Person des öffentlichen Lebens geschrieben wurde. Und doch glaube ich, dass sie nur an der Oberfläche von Epsteins unseligen Ambitionen kratzt. In der Kunstwelt ist oft vom »negativen Raum« die Rede, also den Teilen eines Gemäldes, in denen dem Anschein nach nichts passiert.

> Jeffrey E. Epstein, der reiche, des Sexhandels beschuldigte Finanzier, hatte einen ungewöhnlichen Traum: Er wollte die menschliche Rasse mit seiner DNA befruchten, indem er auf seiner riesigen Ranch in New Mexico Frauen schwängerte.
>
> Vier der mit seinen Ideen vertrauten Personen berichten, dass Epstein im Laufe der Jahre Wissenschaftlern und anderen von seinem Plan erzählte, obwohl es keine Beweise dafür gibt, dass er jemals verwirklicht wurde.
>
> Epsteins Vision spiegelt seine langjährige Faszination für das wider, was als Transhumanismus bekannt geworden ist – die Wissenschaft von der Verbesserung der menschlichen Bevölkerung durch Technologien wie Genmanipulation und künstliche Intelligenz. Kritiker haben den Transhumanismus mit einer modernen Version der Eugenik verglichen, also der heute verrufenen Idee, die menschliche Rasse durch kontrollierte Fortpflanzung zu verbessern.[56]

Diese Informationen lasen sich zwar recht seltsam, doch ich hielt einige davon dennoch für zutreffend. Heißt das jetzt etwa, dass ich der *New York Times* nun plötzlich zu vertrauen begann?

Nicht im Geringsten.

Ich glaube vielmehr, dass Geheimdienste, wenn sie die Öffentlichkeit belügen wollen, zu einer Lüge greifen, die nicht allzu weit von der Wahrheit entfernt ist und den heutzutage allgegenwärtigen »Faktenchecks« standhalten kann.

Irgendwo in dem Artikel werden sich schon ein paar Fakten verbergen. Aber Sie als Leser sollen mit ihren Augen dem glitzernden Gegenstand folgen, um Sie davon abzulenken, was die Lügner im Schatten verborgen halten wollen. Wer mit Geheimdienstmechanismen vertraut ist, wird diese Vorgehensweise als »Limited Hangout« kennen [man gibt die Dinge zu, die sich nicht mehr verbergen lassen, und lenkt damit die Aufmerksamkeit vom Rest der Geschichte ab; Anm. d. Übers.].

Nach der Lektüre des zitierten *New-York-Times*-Artikels glaube ich Folgendes.

Epstein wollte viele Frauen mit seiner DNA schwängern (aber nicht, um Kinder zu zeugen).

Epstein sprach im Laufe der Jahre mit vielen Leuten über seine Pläne – und diese Leute kamen nie auf den Gedanken, diese Pläne in der Öffentlichkeit zu thematisieren.

Epstein war Transhumanist und wollte Genmanipulation, künstliche Intelligenz und kontrollierte Fortpflanzung einsetzen, um seine perfekte Gesellschaft zu schaffen.

Die *New York Times* spann ihr Epstein-Märchen weiter:

> Epstein zog ein schillerndes Aufgebot brillanter Wissenschaftler an. Zu ihnen gehörten etwa der Physik-Nobelpreisträger Murray Gell-Mann, der das Quark entdeckte; der theoretische Physiker und Bestsellerautor Stephen Hawking; der Paläontologe und Evolutionsbiologe Stephen Jay Gould; der Neurologe und ebenfalls Bestsellerautor Oliver Sacks; der Molekularbiologe George M. Church, der nach Genen suchte, die sich verändern lassen, um Übermenschen zu erschaffen; und der theoretische Physiker Frank Wilczek vom MIT, der 2004 Nobelpreisträger für Physik war.
>
> Einige dieser Wissenschaftler fühlten sich von Epsteins Geld angezogen, da er sie mit einer Finanzierung ihrer Lieblingsprojekte lockte. Manche von ihnen sagten aus, dass die Hoffnung auf finanzielle Zuwendungen

sie für die Schwere seiner sexuellen Vergehen blind gemacht und sogar so weit gebracht habe, dass sie einigen von Epsteins halbgaren wissenschaftlichen Träumereien Glauben schenkten.

Wissenschaftler trafen sich zu Abendgesellschaften in Epsteins Villa in Manhattan, wo Dom Perignon und teure Weine in Strömen flossen, obwohl der Gastgeber selbst keinen Alkohol trank. Epstein richtete auch Mittagsbuffets für das Harvard-Programm für evolutionäre Dynamik aus, das er mit einer Spende in Höhe von 6,5 Millionen Dollar ins Leben gerufen hatte.[57]

An dieser Stelle fängt die Story an, lächerlich zu werden. Es ist offensichtlich, dass die *New York Times* uns von der Fährte abbringen will. Schauen wir uns einige der Lügen näher an. Man will uns glauben machen, dass zwei Nobelpreisträger – Murray Gell-Mann und Frank Wilczek – von der Aussicht auf eine Finanzierung durch Epstein so geblendet waren, dass sie verdrängten, es mit einem verurteilten Pädophilen zu tun zu haben. Wer sich in der Wissenschaft gut auskennt, wird auch wissen, dass Oliver Sacks und Stephen Jay Gould Giganten auf ihren Forschungsgebieten, der Neurologie und der Paläontologie, waren. Und George Church? Der leitet das Team an der Harvard University, das das Wollhaarmammut zurückbringen will.

Dass Epstein ein Freak war, konnte jeder mit einem Funken gesundem Menschenverstand sehen. Wie schon gesagt, bei ihm spielte irgendein X-Faktor mit – und ich glaube nicht, dass ihm seine Rolle als Geheimdienstarbeiter ermöglichte, ein so extravagantes Leben zu führen.

Einmal, bei einem Abendessen in Epsteins Stadtvilla in der Upper East Side von Manhattan, will Lanier mit einer Wissenschaftlerin gesprochen haben, die ihm erzählte, Epsteins Ziel bestehe darin, auf seiner 3000 Quadratmeter großen Zorro Ranch in einer Kleinstadt außerhalb von Santa Fe zwanzig Frauen auf einmal zu schwängern. Lanier sagt, die Wissenschaftlerin habe bei der NASA gearbeitet, aber er könne sich nicht mehr an ihren Namen erinnern.

Laut Lanier habe die NASA-Wissenschaftlerin gesagt, dass Epsteins Idee für eine Baby-Ranch von Berichten über das Repository for Germinal Choice [dt. etwa: Archiv für freie Keimwahl; Anm. d. Übers.] inspiriert gewesen sei – eine Samenbank, in der das Sperma von Nobelpreisträgern archiviert werden sollte, die zur Stärkung des menschlichen Genpools beitragen wollten. (Nur ein Nobelpreisträger hat je zugegeben, sein Sperma dafür zur Verfügung gestellt zu haben. Das Archiv stellte 1999 den Betrieb ein.)

Der Virtual-Reality-Schöpfer und Autor Lanier gab an, den Eindruck gehabt zu haben, dass Epstein die Abendgesellschaften – zu deren Gästen auch attraktive Frauen mit beeindruckenden akademischen Qualifikationen zählten – nutzte, um Kandidatinnen zu finden, die seine Kinder austragen sollten.[58]

Zwanzig Frauen auf einmal? Klingt das so, als wollte er der Vater einer neuen, verbesserten menschlichen Rasse werden? Kommt Ihnen Jeffrey Epstein wie ein Mann vor, der unbedingt Vater werden wollte?

Ich kann ja hinnehmen, dass er zwanzig Frauen auf einmal schwängern wollte – aber sicher nicht, weil er sich Kinder wünschte.

Wahrscheinlich ist auch wahr, dass Epstein manche der weiblichen Gäste seiner Abendgesellschaften als mögliche Kandidatinnen für eine Schwängerung betrachtete. Was den nächsten Schritt angeht, ist die Sache jedoch etwas komplizierter.

Der letzte Abschnitt, den ich aus dem Artikel der *New York Times* zitieren möchte, gibt meiner Meinung nach einen Hinweis auf Epsteins wahre Absichten.

Ein Anhänger des Transhumanismus sagte, dass er mit Epstein über das Interesse des Finanziers an Kryonik gesprochen habe. Dabei handelt es sich um eine bisher unerprobte Wissenschaft, bei der man die Körper von Menschen einfriert, um sie in Zukunft wiederzubeleben. Epstein sagte dieser Person, dass er seinen Kopf und seinen Penis einfrieren lassen wolle.

Die Southern Trust Company, Epsteins auf den Jungferninseln ansässiges Unternehmen, gab in einer lokalen Firmenanmeldung bekannt, sich mit DNA-Analysen zu befassen. Anrufe bei Southern Trust, das 2014 auf den Jungferninseln eine Wissenschafts- und Mathematikmesse für Schüler gesponsert hat, wurden allerdings nicht beantwortet.

2022 spendete eine von Mr. Epstein gegründete Wohltätigkeitsorganisation 20 000 Dollar an die World Transhumanist Association, die mittlerweile unter dem Namen Humanity Plus firmiert. Auf der Website der Organisation heißt es, dass ihr Ziel »die nachhaltige Beeinflussung einer neuen Generation von Denkern sei, die es wagen, sich die nächsten Schritte der Menschheit vorzustellen«.[59]

War Jeffrey Epstein also ein Transhumanist? Woher kenne ich bloß diesen Ausdruck? Ach ja, genau – von Yuval Noah Harari und dem gesamten von Klaus Schwab angeführten Weltwirtschaftsforum.

Immer wenn von Transhumanismus die Rede ist und Leute behaupten, dass der Mensch endlich gottähnliche Kräfte erlangt hat, kann ich über so viel Selbstüberschätzung nur den Kopf schütteln. Mir fällt dabei ein Zitat des französischen Philosophen Blaise Pascal ein, das oft mit den Worten »Im Herzen jedes Menschen gibt es eine gottförmige Leere, die nie durch etwas Geschaffenes ausgefüllt werden kann« falsch wiedergegeben wird. Das vollständige und genaue Zitat ist viel tiefgründiger, da es viel über das eitle physische und emotionale Streben aussagt, das wir in dieser Welt betreiben, statt anderswo nach der Erfüllung unserer emotionalen Bedürfnisse zu suchen.

Was rufen uns denn diese Gier und diese Unfähigkeit zu, wenn nicht dies, dass es einst im Menschen ein wahres Glück gegeben hat, von dem ihm jetzt nur das Zeichen und die ganz wesenlose Spur geblieben sind und die er nun vergebens mit allem auszufüllen trachtet, was ihn umgibt, wobei er von den fernen Dingen die Hilfe erwartet, die er von den gegenwärtigen nicht erhält, doch sie alle sind nicht dazu fähig, weil

dieser unendliche Abgrund nur durch etwas Unendliches und Unwan-
delbares ausgefüllt werden kann, das heißt durch Gott selbst.[60]

Wenn man nicht an Gott glaubt, nicht an ein Leben nach dem Tode, nicht daran,
dass es ein reiches Universum gibt, in dem der Mensch gedeihen soll – dann ist
die Überlegung, den eigenen Kopf und Penis einfrieren und irgendwann wieder
auftauen zu lassen, vielleicht sinnvoll.

Doch in einer Welt, wo Gott existiert, ist man ein Freak und Dämon ersten
Ranges, wenn man über solche Dinge nachdenkt.

Abgesehen davon, dass Jeffrey Epstein seinen Kopf und seinen Penis einfrieren
lassen wollte – welche Schritte hat er noch unternommen, um in dieser Welt, die
er für die einzige hielt, die er je kennen würde, möglichst lange zu leben?

***

Um diese Frage zu beantworten, müssen wir uns in den Norden begeben, nach
Kanada, wo Peter Nygård, den viele als den kanadischen Jeffrey Epstein
bezeichnen, im Dezember 2020 wegen Sexhandels verhaftet wurde. Nygård ist
ein Modemogul mit einem geschätzten Vermögen von 700 Millionen Dollar.
Die *New York Times* schrieb Folgendes über seine Verhaftung:

Der kanadische Modeunternehmer Peter Nygård wurde des Sexhandels,
der Verschwörung zur organisierten Kriminalität und anderer Verbrechen angeklagt, denen Dutzende von Frauen und Mädchen in den
Vereinigten Staaten, auf den Bahamas und in Kanada zum Opfer fielen.
Dies gab die Bundesstaatsanwaltschaft in Manhattan am Dienstag
bekannt.

Nygård (79) nutzte den Einfluss, das Vermögen und die Mitarbeiter
seines Unternehmens, um über einen Zeitraum von 25 Jahren Frauen
und »minderjährige weibliche Opfer« für die sexuelle Befriedigung
seiner eigenen Person und seiner Mitarbeiter zu rekrutieren, heißt es in
einer neun Punkte umfassenden Anklageschrift. Er wurde am Montag

auf Ersuchen der Vereinigten Staaten im Rahmen eines Auslieferungs-
abkommens in Winnipeg, Manitoba, festgenommen, teilte die US-
Staatsanwaltschaft in Manhattan mit. Er befindet sich nun in einem
Gefängnis in Manitoba in Haft.

In der Anklageschrift wird Nygård vorgeworfen, gezielt Opfer aus
ärmeren Verhältnissen und in manchen Fällen mit Missbrauchs-
erfahrungen gesucht zu haben. Nygård habe einige von ihnen sexuell
missbraucht, andere wurden von seinen Mitarbeitern missbraucht oder
unter Drogen gesetzt, »um sicherzustellen, dass sie Mr. Nygårds sexuellen Forderungen nachkamen«.[61]

Ich kann wirklich verstehen, dass gute Menschen, die einfach ihr Leben leben
und ihrer Arbeit nachgehen, angesichts meiner Klagen über Eliten und Verschwörungen den Kopf schütteln, weil sie mich für zu misstrauisch halten.
Meine Reaktion: Vielleicht wäre es hilfreich, mehr zu lesen oder auch nur zu
begreifen, dass das, was man am Arbeitsplatz und im Freundeskreis sieht,
nicht überall auf der Welt so ist. Ein Großteil der Geschichte setzt sich aus
einer ganzen Liste von Gräueltaten zusammen, die von wirklich bösen Menschen und den schwachen Menschen, die bereit waren, deren Drecksarbeit zu
machen, begangen wurden. Es gibt wirklich ein paar echt böse Menschen da
draußen.

Noch erschreckender ist, dass Typen wie Nygård und Epstein sich jahrzehntelang so verhalten können und ihre Angestellten sogar dazu bringen, gegen ihre
Opfer tätlich zu werden oder sie unter Drogen zu setzen. Die Haupttäter sind
keine einsamen Wölfe, sondern eher so etwas wie die Alphamännchen eines
Dämonentrupps. In der nächsten Passage aus der *New York Times* kommen wir
dem Endziel dieser Teufel ein wenig näher.

Die Bundesbehörden ermittelten bereits von 2015 bis 2017 wegen des
Verdachts auf Sexhandel gegen Nygård, erhoben aber keine Anklage
gegen ihn. Das FBI führte zwei kurze Ermittlungen durch, das Heimat-
schutzministerium ermittelte 9 Monate gegen ihn.

Nygård gab sich jahrzehntelang als Playboy und bezeichnete die jungen Frauen und weiblichen Teenager, mit denen er sich umgab, als »die Quelle der Jugend«, wie es in einem Video über seine Versuche, gegen das Altwerden zu kämpfen, heißt. Er ging mit Prominenten wie Anna Nicole Smith aus und hatte mindestens zehn Kinder mit acht Frauen. Der in Finnland geboren Unternehmer wuchs in Kanada auf und gründete vor mehr als 50 Jahren in Winnipeg seine multinationale Modefirma Nygård International.

Er teilte seine Zeit zwischen Kanada, den Vereinigten Staaten und den Bahamas auf, wo er eine weitläufige Anlage im Maya-Stil mit Skulpturen von Raubtieren und nackten Frauen bauen ließ, die er als »achtes Weltwunder« bezeichnete.[62]

Diese Story hat eine starke Ähnlichkeit zur Epstein-Geschichte, bis hin zum Inselschlupfwinkel in der Karibik. Ich fand den vorangegangenen Absatz am erhellendsten. Ich schaue mir immer an, mit welchen Worten sich ein Mensch äußert, um seinen Geisteszustand zu begreifen.

Er spricht von den »jungen Frauen und weiblichen Teenagern« als der »Quelle der Jugend«.

Das ist eine interessante Wortkombination.

Was könnte er damit meinen?

Das 2020 erschienene Buch *Predator King: Peter Nygard's Dark Life of Rape, Drugs, and Blackmail* [dt. etwa: »König der Raubtiere: Peter Nygårds dunkles Leben mit Vergewaltigung, Drogen und Erpressung«; Anm. d. Übers.] von Melissa Cronin enthält meiner Meinung nach die Antwort auf die Frage, die ich zu Beginn dieses Kapitels gestellt habe – die nach der wahren Motivation des hedonistischen und atheistischen Jeffrey Epstein. Es scheint um Stammzellen zu gehen, allerdings nicht auf die Art und Weise, von der man oft in den Nachrichten hört. Dem Buch zufolge versuchte Nygård, die Karibik zum Weltzentrum für Stammzellenbehandlungen zu machen, allerdings mit Methoden, die selbst einen Dr. Frankenstein entsetzt hätten.

In St. Kitts tauften lokale Blätter das Debakel den »Stammzellenskandal« und berichteten aufgeregt über das große Rätsel, was Nygård hinter verschlossenen Türen getrieben hatte. Die Nachrichtenwebsite »In St. Kitts & Nevis«, die sich selbst als »das führende Informationsportal für St. Kitts und Nevis« bezeichnet, vermutete sogar, dass Nygård die Plazentas frischgebackener Mütter im Krankenhaus ohne deren Wissen für seine Behandlungen verwendet habe.

Sie waren aber nicht die Einzigen, die diese ungeheuerliche Behauptung aufstellten. Nygårds ehemalige Hauswirtschafterin Richette Ross sagte in einem für dieses Buch aufgezeichneten Interview, dass Nygård »mir selbst von seiner Stammzellengewinnung erzählt hat«.[63]

Man verdächtigte Nygård, die Plazentas von Frauen zu stehlen, die gerade entbunden haben. Aber das war noch nicht das ganze Ausmaß seiner Verbrechen. Nygårds ehemalige Wirtschafterin sagte aus, dass ihr Chef noch Übleres vorhatte: Angeblich hatte er mit Stammzellen aus der Nabelschnur begonnen, arbeitete dann jedoch daran, eine seiner Ansicht nach bessere Lösung zu perfektionieren.

Laut Ross behauptete Nygård, eine Methode gefunden zu haben, dieses Material noch weiter zu verbessern. Sie behauptete, er habe Nabelschnüre von Babys geerntet, die er gezeugt hatte. Wenn er eine Freundin geschwängert hatte, so Ross, »erzählte er mir, dass er sie mitnimmt, um [...] die Föten abzutreiben«. (Nabelschnüre bilden sich bereits in der fünften Schwangerschaftswoche.) Nygård habe behauptet, dass es eine bessere »Übereinstimmung« gebe, weil im Nabelschnurblut seine eigene DNA enthalten sei.

Ein Mädchen, so Ross, wurde sogar nach China geschickt, damit man ihrem Fötus Stammzellen entnehmen konnte. Sie behauptete, von anderen Mädchen ähnliche Geschichten gehört zu haben. »Sie sagten mir, sie seien gerade von den Abtreibungen zurückgekommen«, erzählte sie.[64]

Diese Anschuldigung übersteigt das Vorstellungsvermögen. Eine Frau allein zu dem Zweck zu schwängern, einen Fötus zu erzeugen, den man zur Gewinnung seiner Stammzellen abtreiben will – das muss wohl zu den abscheulichsten Verbrechen gegen die Natur gehören. Es kommt mir so vor, als sei dies der unvermeidliche Endpunkt, wenn man den Glauben an Gott oder zumindest die Vorstellung, dass es eine höhere Bestimmung im Universum geben muss, abgelegt hat.

Ohne den Glauben an eine höhere Bestimmung bleibt uns nur unser eigenes Leben. Wenn es einem Menschen nur um sich geht, dann ist alles erlaubt, selbst das Erzeugen von Kindern, die man zum eigenen Nutzen vernichtet.

Die Anschuldigung gegen Nygård kam nicht nur von seiner Hauswirtschafterin, sondern wurde auch von einer seiner Ex-Freundinnen, dem Supermodel (was sonst?) Suelyn Medeiros, bestätigt. Hier ist ihr Bericht:

Suelyn Medeiros behauptet, beinahe Nygårds Stammzellenspenderin geworden zu sein. In ihren 2014 erschienenen Memoiren erzählt sie eine ebenso bizarre wie erschreckende Geschichte. Sie begann völlig unerwartet während einer Reise nach Kiew in der Ukraine. [Warum war Kiew vor der russischen Invasion offenbar das Zentrum für so viele üble globalistische Machenschaften?] Nygård ließ Stammzellenforschung betreiben, und Medeiros interessierte sich für Biotechnologie, weil ihre Mutter an Lupus litt.

»Als er fertig war, sagte er, dass er mit mir über etwas reden müsse«, schreibt sie. »Er führte mich in eine Art Konferenzraum mit einem großen Tisch, um den etwa dreißig Stühle herumstanden. Als wir uns hingesetzt hatten, fragte er mich: ›Suelyn, weißt du, was die besten Stammzellen sind?‹«

Sie wusste es: Embryonen.

»Richtig«, soll Nygård freudig erregt geantwortet haben. »Und weißt du was? Wenn du schwanger würdest und abtreiben ließest, könnten wir diese embryonalen Zellen nehmen und hätten einen lebenslangen Vorrat für uns alle: für dich, deine Mutter und mich. Das machen viele Leute.«[65]

Volltreffer! Sehen Sie, wie sich die Puzzleteile an ihren Platz schieben? InfoWars liegt ein Video von Peter Nygård vor, in dem er mit seinem Geschäftspartner und ein paar schwarzen Frauen, die damals in ihren Zwanzigern gewesen sein dürften, um einen Tisch herumsitzt und den Frauen ihre Eizellen abzukaufen versucht, damit er diese Gräueltaten begehen kann. Hier ist eine teilweise Abschrift dieses verstörenden Videos:

STEVE POWERS: Die Stammzellentechnologie, in die Peter und ich investieren, heißt SCNT. Dabei werden die Eizellen einer jungen, perfekten Frau entnommen, daraus der Zellkern extrahiert und unsere DNA in den Zellkern eingefügt. Die nehmen die Eizellen einfach raus.
FRAU NR. 1: Bezahlen sie dafür?
STEVE POWERS: Ja.
FRAU NR. 2: Du lieber Gott!
STEVE POWERS: Und dies ist ein Teil der genetischen Größe, die wir bei keiner anderen Rasse auf dem Planeten sehen – diese kurvenreichen, sexy schwarzen Frauen aus Afrika. Ihr Mädels habt eine Art Monopol auf diese genetische Perfektion. Und davon wollen wir auch etwas haben. Also, Mädels, wir bezahlen euch 100 Dollar für eure Eizellen.
FRAU NR. 1: Ist das Ihr Ernst?
FRAU NR. 2: 100 Dollar? Da müsst ihr aber schon viel mehr zahlen!
STEVE POWERS: Na gut, wie viel wollt ihr dafür? Versteigern wir sie.
FRAU NR. 2: Nein, es geht nicht …
STEVE POWERS: Ich biete 500 Dollar.
PETER NYGÅRD: Ich bin bereit, höher zu gehen.
STEVE POWERS: Egal, was ich biete, er wird mich überbieten.
PETER NYGÅRD: Ich bin bereit, 60 000 Dollar für die Eizellen zu bieten. Wenn ihr eine Abtreibung vornehmen lasst, ist das sehr wertvoll. Die Nabelschnur, die Plazenta, sogar euer Regelblut sind so reich an Stammzellen. Wir behandeln sie wie Abfall, aber das ist falsch; man sollte sie sammeln und wiederverwerten. Wir dürfen sie nicht vergeuden. Sie sind Leben für jemand anderen, Leben für die Menschheit. Die

besten Eizellen stammen von 16- bis 18-Jährigen. Das sind die besten. Je älter man wird, desto schwächer werden die Eizellen. Ihr seid also vielleicht gar nicht unsere Wunschkandidatinnen.[66]

Um zu verstehen, was ein reicher Mensch tut, muss man manchmal zu einem anderen reichen Menschen gehen und begreifen, dass sie alle zusammenarbeiten. Die Ultrareichen sind ein kleiner Klub, in dem praktisch jeder jeden kennt.

Die Mainstream-Medien konstruierten über Epsteins Zorro Ranch die Tarngeschichte, dass er eine »Herrenrasse« auf Grundlage seines eigenen genetischen Codes erschaffen wollte. Man rechnet damit, dass Sie dies lesen, den Kopf schütteln, den Mann für einen Widerling halten und dann versuchen, die ganze Sache wieder aus ihrem Gedächtnis zu löschen.

Sie sollen keinesfalls glauben, dass er »zwanzig Frauen auf einmal schwängern« wollte, weil er diese Kinder abtreiben und ihre Stammzellen ernten wollte, um sein eigenes Leben und das seiner guten Freunde zu verlängern.

Das wäre nämlich die Geschichte des Jahrhunderts.

***

Sehen wir uns nun Epsteins mysteriösen Tod in einem Bundesgefängnis und dessen Aufarbeitung in den Medien näher an. Interessant ist auch die Rolle, die Trumps Justizminister Bill Barr dabei spielte, dem ganzen Land eine aktualisierte Version der Warren-Kommission [die in den 1960er-Jahren für die offizielle Untersuchung des Attentats auf John F. Kennedy zuständig war; Anm. d. Übers.] zu liefern.

War es Zufall, dass die *New York Times* ausgerechnet am 22. November 2019, dem 56. Jahrestag der Kennedy-Ermordung, über Barrs abschließende Erklärung zum Tod Jeffrey Epsteins berichtete? Oder wollte der Tiefe Staat damit den anderen Mitgliedern der Kabale auf makabre Art zuzwinkern – oder vielleicht allen, die sich eventuell genauer mit Epsteins Ableben befassen könnten, diskret davon abraten? Der Tiefe Staat inszenierte die Untersuchung so, dass das gemeine Volk, die Misstrauischen und die Verschwörungstheoretiker zwar wussten, dass es einen Grund zu Sorge gab, aber jetzt hatte sich ohnehin Papa Bill Barr der Sache angenommen, also konnten alle beruhigt sein. Schuld an allem war die übliche Inkompetenz, aber etwas Böses steckte sicher nicht dahinter.   :)

Epsteins Tod im August in einem Bundesgefängnis in Manhattan löste in den sozialen Medien eine Flut haltloser Verschwörungstheorien aus, die von prominenten Persönlichkeiten wie Bürgermeister Bill de Blasio und Ex-Bürgermeister Rudolph W. Giuliani aufgegriffen und öffentlich wiedergegeben wurden. Unabhängig von der Ideologie war der Tenor der Theorien immer derselbe: Irgendetwas stimmte da nicht.

Selbst als der oberste Gerichtsmediziner von New York einen Selbstmord durch Erhängen diagnostiziert hatte, schwirrten die Verschwörungstheorien weiterhin durchs Internet, nachdem Anwälte von Epsteins Familie gegen diese Erkenntnis Einspruch erhoben hatten. Anschließend beauftragte Epsteins Familie selbst einen Gerichtsmediziner, der behauptete, dass die gebrochenen Knochen und Knorpel in Epsteins Hals »auf einen Mord hindeuten«.

Barr gab an, zunächst auch misstrauisch gewesen zu sein. Wie konnte sich jemand, der wegen Selbstmordgefahr unter Beobachtung stand, in einem der sichersten Gefängnisse Amerikas umbringen?[67]

Ich würde die Mitglieder der Tiefer-Staat-Kabale ja gern mehr respektieren, weil sie ja immerhin der »Brennpunkt des Bösen« in der modernen Welt und so weiter sind. Sie kommen mir nur leider nicht besonders intelligent vor. Die Autorin dieses *New-York-Times*-Artikels schafft es nicht einmal, ihre Version der Geschichte drei Absätze lang durchzuhalten, ohne sich dabei zu widersprechen. Wie Dr. Evil in den *Austin-Powers*-Filmen immer wieder beklagt: Es kann so schwierig sein, gute böse Handlanger (und Handlangerinnen) zu finden.

Im ersten Absatz heißt es, dass die ursprüngliche Meldung über Epsteins Tod »eine Flut haltloser Verschwörungstheorien« ausgelöst habe.

Gut, daran sieht man wenigstens, worauf sie hinauswill.

Man soll keine voreiligen Schlüsse ziehen, bevor alle Beweise vorliegen.

Ich bin zwar nicht damit einverstanden (vor allem angesichts der Tatsache, dass Epstein sich jahrelang der Strafverfolgung entziehen konnte und der Staatsanwalt, der die Anklage vertrat, ihn nach eigener Aussage schonend behandeln sollte, weil er mit dem »Geheimdienst« in Verbindung stehe), aber ich verstehe, dass dies für die *New York Times* verantwortungsbewusster Journalismus ist.

Zwei Absätze später erzählt man uns aber, dass Barr »zunächst auch misstrauisch« gewesen sei, als er von Epsteins Tod erfuhr. Hängt Barr etwa »haltlosen Verschwörungstheorien« nach, oder versucht er die Öffentlichkeit davon zu überzeugen, dass er ein »ganz normaler Typ« ist, so wie wir alle?

Man will aber, dass Sie über solche Ungereimtheiten hinwegsehen und sich darauf konzentrieren, wie der »zunächst misstrauische« Bill Barr einsah, dass es bei Epsteins Tod keinen Verdacht auf Fremdeinwirkung geben könne.

> Justizminister Bill Barr sagte in einem am Freitag veröffentlichten Interview, dass der Tod des Finanziers Jeffrey Epstein, der des Menschenhandels zur sexuellen Ausbeutung beschuldigt wurde, in einem sicheren Gefängnis auf eine »unglückliche Verkettung« von Fehlern und menschlichem Versagen, jedoch nicht auf eine strafbare Aktivität zurückzuführen sei.
>
> Barr wies damit die Vermutungen von Familienmitgliedern zurück, dass Epstein ermordet worden sein könnte. Er äußerte sich in derselben Woche zu dem Fall, in der zwei Gefängniswärter angeklagt wurden, weil sie es verabsäumt hatten, Epstein alle 30 Minuten zu kontrollieren, wie es ihre Pflicht gewesen wäre, und daraufhin die Gefängnisprotokolle dahin gehend gefälscht hatten.
>
> »Ich kann die Leute verstehen, die sofort an das schlimmste Szenario dachten, weil es sich wirklich um eine unglückliche Verkettung von Pannen handelte«, sagte Barr in einem Interview mit der Agentur Associated Press, als er am Donnerstagabend nach Montana abflog.[68]

Beachten Sie, wie leicht diesen Leuten ihre Lügen über die Lippen kommen – mit Phrasen wie »eine unglückliche Verkettung von Pannen«, die sich wie ein

Marketing-Slogan in Ihrem Gehirn festsetzen und alle Widersprüche weg-
erklären sollen.

Sie sind da vielleicht anderer Meinung als ich, aber ich habe es satt, dass
Inkompetenz immer als Erklärung für das Böse herhalten muss.

Das zieht bei mir einfach nicht.

Die Einmischungen von Bill Barr begannen übrigens nicht mit Epstein –
und hörten mit ihm auch nicht auf. Barr hielt als Trumps Justizminister die
verlogene Russland-»Sonderermittlung zur Beeinflussung des Wahlkampfs in
den Vereinigten Staaten 2016« am Laufen und zeigte nach Ende seiner Amtszeit mit permanenten Angriffen auf Trump sein wahres Gesicht. Außerdem
demonstrierte er damit, dass er nach der Pfeife unserer Geheimdienste tanzt.

> Der ehemalige US-Justizminister Bill Barr ist der Meinung, dass Ex-
> Präsident Donald Trump »weder das Temperament noch das Durch-
> setzungsvermögen« einer echten Führungspersönlichkeit hat. Das geht
> aus Auszügen seines demnächst erscheinenden Buches hervor, die der
> *Washington Post* vorliegen.
>
> »Wir brauchen Führungspersönlichkeiten, die nicht nur kämpfen
> und ›zuschlagen‹, sondern auch überzeugen und anziehen können –
> Persönlichkeiten, die eine erbauliche Vision dessen vermitteln können,
> was es bedeutet, Teil der amerikanischen Bürgerschaft zu sein«, schreibt
> Barr, der Trumps zweiter Justizminister war, in seinem Buch *One Damn
> Thing After Another*, so die *Post*. [...]
>
> Der *Post* zufolge äußert sich Barr in dem Buch dahin gehend, dass die
> Aussicht einer erneuen Präsidentschaftskandidatur Trumps »erschre-
> ckend« sei.[69]

Normalerweise zählt es nicht zu den Aufgaben eines ehemaligen Justizministers der Vereinigten Staaten, über den Präsidenten herzuziehen, unter dem er
gedient hat. Angesichts der Geheimdienstverbindungen seines Vaters, seines
Berufswunsches (CIA-Direktor) schon in jungen Jahren, seines Jobs bei der
CIA und der Anschuldigung, dass er während der Regierung Reagan für die

CIA gearbeitet haben soll, um die Iran-Contra-Affäre zu vertuschen, kann man sich nur wundern, dass Barr nicht mehr Fragen nach seinen wahren Loyalitäten gestellt wurden.

Jeffrey Epstein war der prominenteste Häftling im Metropolitan Corrections Center, wenn nicht im ganzen Land – und trotzdem wurde er nicht überwacht? Tucker Carlson wies darauf hin, dass wir bis heute die Namen der anderen Insassen nicht kennen, die außer Epstein in dem Gefängnis untergebracht waren. Viele haben behauptet, dass die etwa sechzehn Gefangenen miteinander interagieren konnten. Es könnte also durchaus sein, dass zur fraglichen Zeit niemand den Zellentrakt betreten hat, aber was ist mit den anderen Häftlingen?

Mir scheint, dass Bill Barr als Aufräumer für die Geheimdienste fungiert, der das »Epstein-Barr«-Problem, das an der Dalton School unter der Leitung seines Vaters Donald Barr begonnen hat, aus der Welt schaffen sollte – und natürlich auch andere Aufträge übernimmt.

∗∗∗

In Bram Stokers Horrorklassiker *Dracula* gibt es eine Nebenfigur namens Renfield. Er ist der menschliche Helfer des Vampirs, der seinen Meister tagsüber beschützt und des Nachts Dracula dabei hilft, Opfer zu finden.

Die Mainstream-Medien wollen uns glauben machen, dass Epstein das Monster war. Die Wahrheit ist aber, dass Epstein die Monster, die sich bis heute verborgen halten, voneinander trennte.

Welche Darstellung kommt für mich der Wahrheit am nächsten?

Donald Barr war in seiner Rolle als Direktor der Dalton School ein Anwerber für die Geheimdienste, der potenzielle Rekruten ausfindig machte, als er Jeffrey Epstein kennenlernte.

Nachdem er Epstein eingestellt und dessen Neigungen erkannt hatte, beschloss man, ihn in die Finanzwelt einzuschleusen, womit er auch eine Erklärung für den massiven Reichtum hatte, den er erwerben würde.

Als Robert Maxwell vom israelischen Mossad ermordet worden war, wählte man Epstein aus, um über Ghislaine den Kontakt zur Familie wiederherzustellen und Maxwells Erpressungs- und Informationssammelnetzwerk am Leben zu erhalten.

Bevor wir fortfahren, muss ich aber meine Sicht der Geheimdienste etwas klarer darlegen.

Falschinformationen sollen uns davon überzeugen, dass westliche Geheimdienste unabhängig voneinander agieren. So haben zum Beispiel manche Leute gefragt: Arbeitete Epstein für den israelischen, den amerikanischen oder den britischen Geheimdienst? Man könnte Indizien für jede der drei Versionen anführen. Doch das offenbart eine grundlegende Fehleinschätzung der Frage, wie eng westliche Geheimdienste zusammenarbeiten. Ganz an der Spitze sind die amerikanischen, britischen und israelischen Geheimdienste ein einziger, eng kooperierender Dienst. Hin und wieder kann es zwar interne Streitereien und Meinungsverschiedenheiten geben, aber sie funktionieren als eine Einheit.

Diese Information sickert sogar manchmal durch, wie dieser Artikel aus der *New York Post* demonstriert:

> Die Liste der möglichen Kontakte von Jeffrey Epstein umfasst nun Amerikas Spionagechef, einen College-Präsidenten und einen ehemaligen Berater des Weißen Hauses unter Obama, wie aus einer Sammlung zuvor unveröffentlichter Dokumente hervorgeht, die den Terminkalender des Sexualstraftäters enthält.
>
> Die Dokumente, die dem *Wall Street Journal* vorliegen, offenbaren Treffen von Epstein mit diversen prominenten Personen, darunter drei mit dem CIA-Direktor William Burns, als dieser 2014 stellvertretender Außenminister war.[70]

Sehen Sie darin auch die Beweise, die ich sehe – nämlich Beweise dafür, dass nicht nur die Geheimdienste beteiligt waren, sondern auch das Außenministerium und Anwälte wie der ehemalige Berater des Weißen Hauses unter Obama, die wie Bill Barr den Geheimdiensten anscheinend sehr nahestehen? Es passt alles zusammen. Die Geheimdienste sind nicht vom Rest der Regierung abgeschottet, sondern kontrollieren vielmehr die Regierung. Und genau das ist es, was Sie nicht verstehen sollen.

Doch Leute wie Joe Rogan und andere fangen an, das zu bemerken und zu kommentieren.

> Joe Rogan glaubt, dass der verurteilte Pädophile Jeffrey Epstein ein Agent der CIA oder des israelischen Mossad gewesen sein könnte, der an einem Komplott beteiligt war, sensible Informationen über die Reichen und Mächtigen zu sammeln. [...]
>
> »Nun, er hat auf jeden Fall etwas Geld an die Wissenschaft gespendet«, sagte Rogan. »Wissen Sie, ich hatte ein Gespräch mit einem Wissenschaftler, der dieses Epstein-Zeug nicht geglaubt hat und auch nicht zu Treffen und dergleichen gehen wollte. Er war wirklich schockiert darüber, wie wenig Geld Epstein tatsächlich gespendet hat.
>
> ›So viel Geld war es gar nicht‹, sagte er. In Wahrheit war laut dem Wissenschaftler ›mehr daran‹«, erzählte Rogan. »Epstein brachte sie auf Partys mit, als wäre es eine Geheimdienstoperation. Wer immer dahintersteckte, ob es der Mossad oder die CIA oder eine Kombination aus beiden war – es war auf alle Fälle eine geheimdienstliche Operation. Sie brachten Leute mit und kompromittierten sie.«[71]

Aus meiner Sicht waren die Leute, die Jeffrey Epsteins Partys besuchten und kompromittiert wurden, davon keineswegs überrascht. Sie wussten ja, was gespielt wurde. Ist das der Grund, warum Bill Gates sich so oft mit Epstein getroffen hat, was er heute angeblich bedauert?[72] Könnte das auch erklären, warum Gates – wie Epstein – sich anscheinend so für die »Unterstützung« von Wissenschaftlern interessiert?[73] Bill Gates bezahlte den Preis vielleicht sogar gern.

Als Gegenleistung für den Sex mit minderjährigen Mädchen akzeptieren mächtige Persönlichkeiten, dass die Geheimdienste Erpressungsmaterial gegen sie in der Hand haben.

Vielleicht ist das der Preis dafür, Zugang zu den Schalthebeln der Macht zu erlangen.

Wenn Leute wie Jeffrey Epsteins ehemaliger Pilot die Namen einiger bekannter Passagiere nennen, die in Epsteins Privatmaschine mitflogen, beispielsweise die Hollywoodstars Kevin Spacey und Chris Tucker oder Prinz Andrew, ein Mitglied der britischen Königsfamilie,[74] dann sehe ich diese Leute nicht als Opfer. Sie haben sich entschieden, dem Klub beizutreten.

Die Vergewaltigung eines minderjährigen Mädchens war es wert, Zugang zur Macht zu erlangen. Rogan ging sogar noch weiter und deutete an, dass Epstein auch den ehemaligen Präsidenten Clinton im Auftrag der Geheimdienste kontrollierte.

Sie haben vielleicht schon von dem Bild in Epsteins Stadtvilla gehört oder es gesehen, das Clinton in einem blauen Kleid zeigt.

Rogan hat eine Erklärung dafür, warum dieses Bild so prominent in Epsteins Haus zu sehen war. Es sollte allen zeigen, dass er Dinge über Clinton wusste, so Rogan.

»Dieses Bild drückt aus: ›Du gehörst mir, du Schlampe‹«, sagte Rogan. »So kriegt man mit, dass er alles über den Typen weiß.

Stellen Sie sich vor, ich wüsste ein paar schreckliche, dunkle Geheimnisse über Sie, und Sie würden mich in meinem Haus besuchen, wo ein riesiges Bild von Ihnen hängt. Es lacht Ihnen gleich beim Eingang entgegen – und Sie haben auf dem Bild ein Kleid an. Und dann sage ich nur: ›He, Kumpel!‹«

Auch der Gastkomiker Duncan Trussell, der das Bild ursprünglich als Beweis für Epsteins miesen Kunstgeschmack gewertet hatte, stimmte schnell zu, dass es als Machtdemonstration dort aufgehängt worden war.[75]

Aber wir wollen unparteiisch bleiben. Wer könnte je ein anderes Kunstwerk vergessen, das in Epsteins Stadtvilla in Manhattan zu sehen war und den Ex-Präsidenten George W. Bush zeigt, wie er im Oval Office auf dem Boden sitzt wie ein pubertierender Schuljunge, mit einem Papierflieger in der Hand und zwei zerstörten Türmen vor sich?[76]

Zur Frage von Epsteins angeblichen Mossad-Verbindungen hatte Dylan Howard, der das Buch *Dead Men Tell No Tales* über Epstein schrieb, in einem Interview in einer australischen Nachrichtensendung Folgendes zu sagen:

»Man könnte sich fragen, warum jemand in jedem Raum Kameras installiert hat. Im Zuge unserer Recherchen stellten wir fest, dass Epstein neben dem Raum, in den all diese Kameras ihre Bilder schickten, ein weiteres Zimmer hatte, in dem Kopiergeräte in Unternehmensqualität standen.

Was auch immer in seinen vier Wänden passierte, er nahm es auf, druckte es aus und fertigte DVDs davon an. [...]

Wir sprachen bei der Recherche auch mit Ari Ben-Menashe, einem früheren israelischen Spion«, sagt Howard. »Er bestätigte uns unmissverständlich, dass Jeffrey Epstein für den israelischen Geheimdienst Mossad tätig war und eine klassische Honeytrap-Operation durchführte: Er lockte Menschen in sein Haus, nahm ihre Aktivitäten auf und erpresste sie mit diesen Aufnahmen.

Der israelische Ex-Spion war außerdem der Führungsoffizier von Epsteins Vertrauter und ehemaligen Freundin Ghislaine Maxwell.«[77]

Wie gesagt, ich glaube, dass die Mossad-Verbindung nur ein Teil der ganzen Geschichte ist. Oder ist wirklich jemand so naiv zu glauben, dass unsere Geheimdienste eine so offensichtliche Operation auf amerikanischem Boden zulassen würden, ohne irgendwie davon zu profitieren?

Ich schließe mich dem Twitter/X-Kommentar von Jim Ferguson aus Großbritannien an, der im Laufe des 24. Juli 2023 von mehr als 3 Millionen Menschen aufgerufen wurde:

Ghislaine Maxwell wurde des sexuellen Menschenhandels mit Kindern für schuldig befunden. Der Richter weigert sich, die Liste der Leute zu veröffentlichen, an die sie die Kinder verkauft hat. Bis zur Veröffentlichung dieser Liste gibt es nur eine Schlussfolgerung: Sie stecken alle mit drin. Jeder einzelne Milliardär, Prinz und Politiker. Jeder Medienmogul, Bankier und jede Person von öffentlichem Interesse.[78]

Es gibt recht überzeugende Beweise dafür, dass Jeffrey Epstein und Ghislaine Maxwell ihre Zusammenarbeit mit dem Aufbau eines Spionage- und

Erpressungsnetzwerks begannen und daneben eine enge persönliche Beziehung eingingen.

Aus der Sicht des amerikanischen/britischen/israelischen Geheimdienstnetzwerks dürfte das Problem mit Epstein darin bestanden haben, dass er berühmt sein wollte.

Er wollte nicht der »mysteriöse Mann im Schatten« sein. Epstein wollte, dass wir ihn in all seiner perversen Herrlichkeit sehen und begreifen, dass wir ihn nicht aufhalten können.

Das ist es, worüber alle Geheimgesellschaften, die die höchste Macht anstreben, im Endeffekt stolpern: Menschen, sogar die teuflischen unter uns, weigern sich, Sklaven zu sein.

Epsteins sexuelle Neigungen dienten zwei Zwecken. Zum einen rekrutierte man damit junge, minderjährige Frauen, mit denen sich Prominente und Politiker kompromittieren ließen; zum anderen aber schuf man damit einen »Stall« von Frauen, die von der Elite geschwängert werden sollten, damit man aus den daraus resultierenden Abtreibungen einen stetigen Fluss von Stammzellenbehandlungen gewinnen konnte, um diese reichen Atheisten so lange am Leben zu erhalten wie möglich.

Die Geheimdienste versuchten 2008, Epstein die Flügel zu stutzen, indem sie ihn mit dem Acosta-Vergleich und einer lächerlichen Gefängnisstrafe eine Verwarnung zukommen ließen. Doch Epstein wollte weiterhin berühmt sein. Whistleblower aus der wissenschaftlichen Gemeinschaft und der akademischen Welt lenkten zusätzliche Aufmerksamkeit auf ihn, und ein paar ehrliche Journalisten gingen der Story nach.

Dennoch benahm er sich weiterhin so, dass er eine Belastung für den Tiefen Staat darstellte.

Also wurde Epstein verhaftet und landete im Gefängnis, wo die Geheimdienste ihn umbrachten.

Ghislaine Maxwell wurde verhaftet, verurteilt und landete ebenfalls im Gefängnis, weil sie junge, minderjährige Frauen zur Prostitution besorgt hatte.

Bis heute wurde keiner der Männer, die mit den minderjährigen, von Ghislaine Maxwell in die Prostitution gelockten Mädchen Sex hatten, verurteilt oder auch nur angeklagt. Ebenso wurde keines der Bilder oder Videos von den Hunderten Kameras, die Epstein in seinen Häusern installiert hatte, freigegeben.

Für mich sieht das nicht wie eine »unglückliche Verkettung von Pannen« aus.

Es sieht vielmehr so aus, als würde der Tiefe Staat verzweifelt versuchen, die Geschichte nicht auffliegen zu lassen.

Ich weiß, dass es gute Menschen gibt, die Zugang zur ganzen oder zu Teilen der Wahrheit über Jeffrey Epstein und seine Meister haben und diese Informationen an die Öffentlichkeit bringen könnten.

Wenn Sie einer dieser guten Menschen sind, die die Namen der Leute hinter dem Schleier kennen, dann ersuche ich Sie: Erforschen Sie Ihr Gewissen und tun Sie das Richtige, indem Sie diese Monster namentlich nennen und uns die Beweise für ihre Verbrechen aushändigen.

Bringen Sie die Monster ans Tageslicht, damit wir sie so sehen können, wie Gott sie sieht.

In ihrem tiefsten Herzen wissen sogar solche Dämonen, dass Gott das Universum regiert, und sehnen sich danach, vor Gericht gestellt zu werden.

Geben Sie ihnen, was sie wollen.

Kapitel 10

Covid-19: Lüge und Betrug

Für viele Menschen war die Covid-19-Krise ein Weckruf, die rote Pille, die sie dazu brachte, mehr Fragen zu stellen – vor allem, wenn sie sahen, wie jene Leute, die diese Fragen stellten, von den Mainstream-Medien niedergebrüllt oder von Techplattformen wie Youtube, Facebook oder Instagram einfach entfernt wurden.

Ich habe jedoch schon 2009 vom Covid-19-Drehbuch erfahren, und zwar von Dr. Rima Laibow. Ich war von ihrem Hintergrund und dem, was sie mir erzählte, so beeindruckt, dass ich Jesse Ventura, den ehemaligen Gouverneur von Minnesota, dazu motivieren konnte, sie für seine Sendung *Conspiracy Theory* zu interviewen. Im folgenden Gesprächsprotokoll unterhalte ich mich auf einem Privatflughafen mit Ventura, kurz bevor Dr. Laibow zu ihrem Interview einfliegt:

JESSE VENTURA: Alex, Sie klangen so, als wäre es dringend.

ALEX JONES: Es ist ein umfassender Plan im Gange, um die Bevölkerung zu zwingen, sich verschiedenen medizinischen Behandlungen – nämlich Impfungen – zu unterziehen. Wir können beobachten, wie eine medizinische Tyrannei eingerichtet wird, nicht nur in den Vereinigten Staaten, sondern weltweit, unter Leitung der UN und der Weltgesundheitsorganisation WHO.

JESSE VENTURA: Wer steckt hinter diesem Plan?

ALEX JONES: Die Bilderberg-Gruppe. Sie will eine planetenumspannende Diktatur, damit sie ihre Entvölkerungsagenda durchziehen kann. Und das will sie über das medizinische System erreichen. Genau aus diesem Grund sind Impfungen so wichtig. Wir wissen, dass viele dieser Impfstoffe schwerwiegende Nebenwirkungen haben, und die sind absichtlich eingebaut. Sie bringen einen im Laufe der Zeit langsam um. Deshalb nennt man sie auch Softkill-Maßnahmen.[1]

Bedenken Sie, dass diese Sendung 2009 ausgestrahlt wurde und die Pandemie erst im Jahr 2020 begann. Manche von Dr. Laibows konkreten Kommentaren zum geplanten Ablauf der Pandemie waren nicht ganz richtig, aber im Kern war das, was sie erzählte, verblüffend exakt und prophetisch.

DR. RIMA LAIBOW: Sie werden mithilfe des Nasenspray-Impfstoffs, der ein abgeschwächtes Lebendvirus ist, eine Pandemie auslösen. Das heißt, wenn ich es nehme, kann ich Sie infizieren. Dann werden Sie die Grippe bekommen und alle um uns herum ebenfalls.

Dann wird die Regierung der Vereinigten Staaten, wenn man sich ihre bereits getätigten Äußerungen ansieht, sagen: »Oje, wir haben eine Pandemie. Und meine Güte, wir haben ja gar nicht genug Impfdosen! Also werden wir in den 90 000 Impfzentren, an die das Gesundheitsministerium die Impfstoffe liefern will, den Impfungen Squalen hinzufügen.« […] Das bedeutet, dass es zu einem Holocaust kommen wird, einer völkermörderischen Massenvernichtung. Männer und Frauen werden erkranken und sterben. Und diejenigen, die überleben, werden unfruchtbar sein. […]

Im Jahr 2003 hatte ich eine Patientin in meiner medikamentenfreien Praxis, die ein Staatsoberhaupt war. Eines Tages sagte sie zu mir: »Wissen Sie, es ist fast an der Zeit, dass die große Ausmerzung beginnt.«
JESSE VENTURA: Die was?
DR. RIMA LAIBOW: Genau das habe ich auch gesagt: »Die was?« Und sie antwortete: »Die große Ausmerzung.« Das Ausdünnen der Herde.

»Wovon reden Sie?« fragte ich. Und sie sagte: »Es ist fast an der Zeit, dass die nutzlosen Esser ausgemerzt werden. Das sind Leute, die unsere nicht erneuerbaren natürlichen Ressourcen verbrauchen.« Ich fragte: »Wer sind die Leute, die diese Entscheidung treffen?«

JESSE VENTURA: Die wenigen Auserwählten?

DR. RIMA LAIBOW: Sie sagte: »Wir, die Aristokraten.«[2]

Die Globalisten hatten 11 Jahre Zeit, ihre Pläne anzupassen – und genau das haben sie meiner Meinung nach auch getan. Als Dr. Laibow das Interview gab, glaubte sie noch, die Bedrohung würde wahrscheinlich von einer Schweinegrippeepidemie ausgehen, aber vielleicht konnten die Globalisten dieses Szenario nicht realisieren. Dr. Laibow glaubte auch, dass es wahrscheinlich einen stärkeren Widerstand der Allgemeinheit gegen die Impfungen geben würde, als es letztendlich der Fall war. Ich glaube, das liegt daran, dass sie sich die Zeit genommen haben, ihre psychologischen Kriegsspiele gegen die Allgemeinheit vorzubereiten.

Für mich war Dr. Laibow eine der prophetischsten Stimmen gegen die Covid-19-Impfhysterie und das Softkill-Szenario, das gegen einen großen Teil unserer Bevölkerung eingesetzt wurde. Wir müssen jetzt unseren gesamten Verstand und unsere Intelligenz einsetzen, um denen zu helfen, die sich diese Giftimpfungen verabreichen ließen, und so viele wie möglich von ihnen retten.

Führen wir uns aber zunächst einmal vor Augen, was während der Covid-19-Krise geschah, welche Lügen man uns erzählt hat und wie viele Leute darauf hereinfielen, weil sie glaubten, dass der Große Bruder sie beschützen würde, wenn sie nur ihre Freiheit und Skepsis aufgäben.

Wir müssen unsere jüngste Vergangenheit verstehen, damit man uns nicht wieder täuschen kann.

✱✱✱

Der Beginn der Covid-19-Lockdowns im März 2020 liegt mittlerweile 3 Jahre hinter uns.[3] Viele mögen die falschen Behauptungen, die während des »Kriegsnebels« aufgestellt wurden, geglaubt haben; doch jetzt ist es höchste Zeit, die getroffenen Entscheidungen und Behauptungen zu überprüfen, damit wir objektiv feststellen können, was wahr und was falsch war.

Die erste Frage, die beantwortet werden muss: Woher stammt SARS-CoV-2, das Virus, das Covid-19 verursacht?

Meines Erachtens kam die beste Antwort auf diese Frage von Project Veritas, als es noch vom unvergleichlichen, unbestechlichen James O'Keefe geleitet wurde. Am 10. Januar 2022 berichtete die Plattform:

> Project Veritas ist in den Besitz verblüffender, bisher unveröffentlichter Dokumente über den Ursprung von Covid-19, die Gain-of-Function-Forschung [absichtliche Erhöhung der Übertragbarkeit oder Virulenz von Krankheitserregern zu Forschungszwecken; Anm. d. Übers.], Impfstoffe, potenzielle Behandlungsmethoden, die unterdrückt wurden, und die Bemühungen der Regierungen, alle diese Informationen zu verheimlichen, gelangt.
>
> Die fraglichen Dokumente stammen aus einem Bericht der Defense Advanced Research Projects Agency, auch als DARPA bekannt, und waren auf einer streng geheimen gemeinsam genutzten Festplatte versteckt.
>
> DARPA ist eine dem US-Verteidigungsministerium unterstellte Behörde, die für die Erforschung von Technologien mit möglichem militärischem Nutzen zuständig ist.[4]

Für jene Leser, die DARPA nicht kennen, sei erwähnt, dass es sich um eine Gruppe verrückter Wissenschaftler handelt, die im Auftrag unseres militärisch-geheimdienstlichen Komplexes tätig sind und für einige erstaunliche Fortschritte, aber auch für Pläne verantwortlich sind, die man nur als völlig irre bezeichnen kann.

Das folgende Zitat stammt aus einem *Mother-Jones*-Artikel über die Gründung von DARPA:

> Als die UdSSR im Oktober 1957 den ersten von Menschenhand geschaffenen Satelliten, den basketballgroßen Sputnik, in den Weltraum brachte,

traf das die Vereinigten Staaten völlig unvorbereitet und versetzte die Regierung in Aufruhr. Die Sowjets hatten nicht nur Jahre vor der Prognose der Amerikaner eine Atombombe gezündet, sondern führten nun auch im »Wettlauf ins All«.

Als Reaktion darauf genehmigte das US-Verteidigungsministerium die Geldmittel für ein neues US-Satellitenprojekt, das vom früheren Nazi und SS-Offizier Wernher von Braun geleitet wurde, und gründete zudem 1968 die Defense Advanced Research Projects Agency (DARPA), um sicherzustellen, dass die Vereinigten Staaten für immer »einen Vorsprung bei der Anwendung modernster Technik für militärische Kapazitäten behalten, und um technische Überraschungen durch ihre Gegner zu verhindern«.[5]

Halten wir einmal die historische Tatsache fest, dass ursprünglich geplant war, einen ehemaligen Nazi und SS-Offizier als ersten Leiter von DARPA einzusetzen. Na gut, werden Sie jetzt vielleicht sagen, er war ja kein wirklich böser Nazi und SS-Offizier, sondern eher ein Wissenschaftler, den man einfach rekrutiert hatte.

Dazu möchte ich hier einen Auszug aus einem Interview präsentieren, das das *Smithsonian Magazine* mit Michael J. Neufeld, dem ehemaligen Vorsitzenden der Abteilung für Weltraumgeschichte an unserem National Air and Space Museum [Nationales Luft- und Raumfahrtmuseum; Anm. d. Übers.] zur Frage der Nazivergangenheit von Brauns führte. Neufeld ist übrigens der Autor des weithin gelobten Buches *Wernher von Braun: Visionär des Weltraums – Ingenieur des Krieges.*

Neufeld: So wurde er im Allgemeinen verteidigt: Man hatte ihn in die Enge getrieben, und er konnte nichts dagegen tun. Das Problem dabei ist, dass ihn dieses Argument wie jemanden wirken lässt, der wirklich kein Teil des Dritten Reichs sein wollte – jemand, der die Nazis nicht mochte. Alle Beweise, die ich gesammelt habe, zeigen jedoch deutlich, dass er sich fast bis zum Kriegsende mit den Nazis und dem Dritten Reich sehr wohl fühlte. Erst in den letzten 1 oder 2 Jahren – aufgrund einer Kombination aus seiner letzten Begegnung mit Hitler, der Tatsache, dass er selbst Zeuge der Zwangsarbeit in den Konzentrationslagern wurde, aber vor allem seiner Verhaftung durch die Gestapo – war er enttäuscht von dem Regime, für das er arbeitete. Bis dahin war er zwar nicht begeistert, dass er der Partei und der SS beitreten musste, stand dem Dritten Reich aber einigermaßen loyal gegenüber und war in gewisser Weise ein Nazi, wenn auch kein ideologisch motivierter oder einer, der sich sehr für die Rassentheorie interessierte.[6]

Laut Neufeld ließ sich von Braun also im Wesentlichen schlafwandlerisch auf einen faustischen Pakt mit Hitler und den Nazis ein. Es ist wahrscheinlich am zutreffendsten, ihn als einen Mann mit »flexibler Moral« zu bezeichnen, der bereit war, auch mit den widerwärtigsten Figuren zu kooperieren, solange sie ihn in Ruhe seine Experimente durchführen ließen. Damit steht von Braun für mich in einer Linie mit den meisten Wissenschaftlern – er tut bereitwillig alles, was seine Zahlmeister von ihm verlangen.

Mit anderen Worten: Die meisten Wissenschaftler erhalten eben keine Schulungen in Charakterstärke.

Deshalb ist auch die Reaktion der DARPA auf einen Vorschlag der von Dr. Peter Daszak geleiteten Nichtregierungsorganisation EcoHealth Alliance so bemerkenswert. Bei aller Kritik, die man wegen diverser Teile ihrer Geschichte an der DARPA üben könnte, scheint sie bei der Frage, ob Dr. Daszak die von ihm vorgeschlagenen Experimente sicher durchführen könne, außerordentlich viel gesunden Menschenverstand und Skepsis an den Tag gelegt zu haben.

Daszak schickte am 24. März 2018 einen Brief von EcoHealth Alliance an das DARPA-Programm »Preventing Emerging Pathogenic Threats« (PREEMPT) [dt. etwa: »Vorbeugung gegen neu auftretende pathogene Bedrohungen«, wobei die Abkürzung »preempt« für »etwas zuvorkommen« steht; Anm. d. Übers.]. In dem Schreiben legte er detailliert dar, was er für die von der DARPA geforderten 14 209 245 Dollar anzubieten hatte. Hier ein Auszug aus der von Daszak erstellten Zusammenfassung:

Technischer Ansatz: Unser Ziel ist es, das Potenzial für ein Übergreifen (Spillover) neuartiger, von Fledermäusen stammender, mit SARS verwandter Coronaviren [SARSr = SARS related coronavirus; Anm. d. Übers.] mit hohem zoonotischem Risiko in Asien zu entschärfen. Im Rahmen von TA1 werden wir an den Standorten, wo wir SARSr-CoVs mit hohem Spillover-Potenzial gefunden haben, intensiv Fledermäuse beproben. Wir werden ihre Spikeproteine sequenzieren, diese rückentwickeln, um Bindungstests durchzuführen, und sie in Fledermaus-SARSr-CoV(WIV1, SHC014)-Grundgerüste einsetzen (die mit Fledermaus-SARSr-CoV-Grundgerüsten, nicht mit SARS-CoV arbeiten und daher von Dual-Use- und Gain-of-Function-Risiken ausgenommen sind), um damit humanisierte Mäuse zu infizieren und ihre Fähigkeit zu bewerten, eine SARS-ähnliche Krankheit zu verursachen.

Unser Modellierungsteam wird diese Daten nutzen, um **mithilfe von maschinellem Lernen Genotyp-Phänotyp-Modelle** der viralen Evolution und des Spillover-Risikos zu erstellen. Wir werden diese Modelle mit Serologie aus zuvor gesammelten menschlichen Proben spezifisch mittels LIP-Tests validieren, um festzustellen, welche Spikeproteine ein Übergreifen auf den Menschen ermöglichen.

Wir werden **räumliche Wirt-Pathogen-Modelle** erstellen, um die Zusammensetzung der Fledermausarten in Höhlen in Südostasien vorherzusagen. Diese Modelle werden mit einem vollständigen Inventar der Wirt-Virus-Verteilung an unseren Feldversuchsstandorten – drei Höhlen in der chinesischen Provinz Yunnan – und einer Reihe einzigartiger globaler Datensätze zu Fledermaus-Wirt-Virus-Beziehungen parametrisiert. Bis zum Ende des ersten Jahres werden wir den Prototyp einer App für den Kampfeinsatz herstellen, die für jeden beliebigen Ort in Asien die Wahrscheinlichkeit von Fledermäusen als Träger gefährlicher viraler Erreger ermittelt.[7]

Das Beste, was man diesem Forschungsprojekt noch nachsagen kann, ist die versuchte Klärung der Frage, ob Fledermaus-Coronaviren auf den Menschen übergreifen können. Ansonsten wollten die Wissenschaftler an den Viren herumpfuschen, die in drei Höhlen in der Provinz Yunnan gesammelt werden sollten und »ihre Spikeproteine sequenzieren, diese rückentwickeln, um Bindungstests durchzuführen, und sie in Fledermaus-SARSr-CoV(WIV1, SHC014)-Grundgerüste einsetzen«. Dabei handelt es sich eindeutig um Gain-of-Function-Forschung, die zu dieser Zeit in den Vereinigten Staaten verboten war.

Sie wollten »mithilfe von maschinellem Lernen« herausfinden, welche Richtung die virale Evolution nehmen könnte – und all diese Forschung dazu einsetzen, den »Prototyp einer App für den Kampfeinsatz« zu entwickeln, die erkennen sollte, auf welche Fledermausviren ein Soldat bei einem Einsatz in Asien stoßen könnte. Ist es nicht seltsam, dass Amerikaner mit chinesischen Wissenschaftlern aus dem Institut für Virologie Wuhan zusammenarbeiteten, um zu ermitteln, mit welchen Viren unsere Truppen in Berührung kommen könnten, wenn man sie irgendwo in Asien, zum Beispiel in China, einsetzen würde? Wären wir froh darüber, wenn chinesische Wissenschaftler an Viren forschten, die im amerikanischen Südwesten endemisch sind, vielleicht in Arizona, New Mexico oder Texas? In der Zusammenfassung hieß es weiter:

In TA2 werden wir zwei Ansätze zur Verringerung der SARSr-CoV-Ausscheidung bei Höhlenfledermäusen evaluieren: (1) breit angelegte Immunverstärkung, bei der wir Mäuse mit Immunmodulatoren impfen werden, um ihre angeborene Immunreaktion zu erhöhen und die Virusreplikation herunterzuregulieren; (2) gezielte Immunverstärkung, bei der wir Fledermäuse mit neuartigen chimären polyvalenten rekombinanten Spikeproteinen und dem Immunmodulator impfen werden, um die angeborene Immunität gegen bestimmte Hochrisikoviren zu verstärken.

Wir werden Methoden zur Verabreichung des Impfstoffs an Fledermäusen in Gefangenschaft erproben, darunter ein neuartiges automatisches Aerosolisierungssystem, die transdermale Verabreichung von Nanopartikeln und verzehrbare Haftgels. Mithilfe von stochastischen Simulationsmodellen, die auf Feld- und experimentellen Daten basieren, werden wir die Virusdynamik in unseren Höhlentestgebieten

347

charakterisieren und Timing, Impfprotokoll, Verabreichungsmethode sowie die Wirksamkeit der Virussuppression optimieren. Die wirksamsten Biologika werden wir in unseren Testhöhlen in der Provinz Yunnan erproben, wobei die Verringerung der Virenausscheidung als Wirksamkeitsnachweis gelten soll.[8]

Betont sei hier, dass die DARPA diesen Plan wegen seiner potenziellen Gefahr als nicht unterstützenswert einstufte. Die Forscher wollten das Immunsystem der Fledermäuse stärken und »neuartige chimäre polyvalente rekombinante Spikeproteine« zusätzlich zu ihrem »Immunmodulator« einsetzen, um alle Viren zu supprimieren. Aber bezeichnen wir ein »neuartiges chimäres polyvalentes rekombinantes Spikeprotein« doch einfach als das, was es ist: ein zusammengeflicktes Virus, das eher dem Frankenstein-Monster gleicht als irgendetwas, was man in der Natur finden könnte.

Sie wollten echte Monster erschaffen, um sich gegen potenzielle Monster zu verteidigen, die ihrer Ansicht nach irgendwann in der Zukunft entstehen könnten.

Man könnte auch sagen, dass sie genau das ins Leben rufen wollten, was sie am meisten fürchteten.

Noch schlimmer war ihr »Management-Ansatz«, bei dem das Institut für Virologie Wuhan zum Einsatz kommen sollte, das über mangelhafte Sicherheitskontrollen verfügte, wie unser eigenes Außenministerium festgestellt hat.[9]

Management-Ansatz: Die Mitglieder unserer Kooperationsgruppe erforschen seit mehr als 15 Jahren gemeinsam Fledermäuse und deren Viren. Die federführende Organisation EcoHealth Alliance wird die gesamte Forschungsarbeit beaufsichtigen. Die EHA-Mitarbeiter werden Modelle zur Wahrscheinlichkeit einer spezifischen, mit SARS zusammenhängenden CoV-Übertragung erstellen und die effektivste Strategie für die Verabreichung sowohl immunstärkender als auch direkt das Immunsystem ansprechender Impfstoffe ermitteln. Bestimmte Arbeiten werden an die folgenden Organisationen untervergeben:

- Prof. Baric von der University of North Carolina wird die Forschung an der gezielten Immunverstärkung leiten und dabei auf seiner 2 Jahrzehnte umfassenden Erfahrung mit dem Reverse Engineering von CoV- und anderen Viren-Spikeproteinen aufbauen.
- Prof. Wang von der Duke-NUS Medical School, National University of Singapore, wird die Forschung an der breit angelegten Immunverstärkung leiten und dabei auf den bahnbrechenden Arbeiten seiner Forschungsgruppe zur Fledermausimmunität aufbauen.
- Dr. Shi vom Institut für Virologie Wuhan wird Virustests an allen gesammelten Proben, Bindungsarbeiten und einige Forschungen an humanisierten Mäusen durchführen.
- Dr. Rocke vom USGS National Wildlife Health Center wird die Verabreichung von immunmodulierenden Biologika optimieren und dabei auf ihrer Forschung über die Verabreichung von Impfstoffen an Wildtiere, einschließlich Fledermäuse, aufbauen.
- Dr. Unidad vom Palo Alto Research Center wird die Entwicklung eines neuartigen automatischen Aerosolisierungsmechanismus für immunstärkende Moleküle leiten.[10]

Liest man dieses von Project Veritas veröffentlichte Dokument, dessen Echtheit meines Wissens bisher noch niemand angezweifelt hat, dann wird das globale Ausmaß dieser Katastrophe deutlich.

Kann ich der Kommunistischen Partei Chinas die tatsächliche Freisetzung des Virus vorwerfen?

Ja, das kann ich.

Aber das wäre etwa so, als würde man dem Fluchtwagenfahrer eines Banküberfalls vorwerfen, dass er eine alte Dame überfahren hat. Technisch gesehen stimmt das zwar, aber das Problem hat wesentlich mehr Facetten.

Folgendes berichtete die *Washington Post* im April 2020 über die Bedenken der USA hinsichtlich des Instituts für Virologie Wuhan (WIV):

2 Jahre bevor die Coronapandemie die Welt erschütterte, besuchten US-Botschaftsangehörige mehrmals eine chinesische Forschungseinrichtung in der Stadt Wuhan und schickten daraufhin zwei offizielle Warnungen über die unzureichende Sicherheit des Labors, in dem riskante Studien über Coronaviren an Fledermäusen durchgeführt werden, nach Washington. Die diplomatischen Depeschen heizten innerhalb der US-Regierung Diskussionen darüber an, ob dieses oder ein anderes Labor in Wuhan der Ursprung des Virus war. Ein schlüssiger Beweis steht allerdings noch aus.[11]

Deutlicher kann man es wohl nicht ausdrücken. Schon 2 Jahre vor der Pandemie zeigte sich unsere eigene Regierung über dieses Labor besorgt. Man könnte sogar sagen, dass diese Depeschen von der US-Botschaft in Peking den Covid-19-Ausbruch vorhersagten. So schreibt etwa die *Washington Post*:

Was die US-Beamten bei ihren Besuchen erfuhren, beunruhigte sie so sehr, dass sie zwei diplomatische Depeschen mit der Einstufung »Sensibel, aber nicht geheim« nach Washington schickten. Darin war von Sicherheits- und Managementmängeln im WIV die Rede; empfohlen wurden höhere Aufmerksamkeit und mehr Hilfestellung. In der ersten Depesche, die mir vorliegt, wurde auch davor gewarnt, dass die Forschung des Labors an Fledermaus-Coronaviren und deren potenzielle Übertragbarkeit auf den Menschen das Risiko einer neuen SARS-ähnlichen Pandemie darstelle.

»Bei den Gesprächen mit Wissenschaftlern des WIV-Labors stellten sie fest, dass das Labor einen gravierenden Mangel an angemessen ausgebildeten Technikern und Forschern habe, die für den sicheren Betrieb dieses Hochsicherheitslabors erforderlich sind«, heißt es in der Depesche vom 19. Januar 2018, die von zwei Beamten der Abteilung Umwelt, Wissenschaft und Gesundheit der US-Botschaft nach deren Treffen mit den WIV-Wissenschaftlern formuliert wurde. (Das Außenministerium lehnte es ab, sich zu diesem und anderen Details der Geschichte zu äußern.)[12]

Meiner Meinung nach sollten wir nie vergessen, dass die Regierung und sogar die Geheimdienste, die wir mit Recht kritisieren, keine monolithischen Organisationen sind. Es genügen relativ wenige Leute in hohen Positionen, um enormes Unheil anzurichten, während der Rest der betreffenden Organisation keine Ahnung hat, was sich hinter den Kulissen abspielt.

Wenn wir als zutreffend anerkennen, dass unsere eigenen Botschaftsangestellten in China den Vereinigten Staaten eine Warnung über die Sicherheitsprobleme im Institut für Virologie Wuhan zukommen ließen, dann wirft dies die Frage auf: Warum wurde nichts unternommen?

Ich halte es für wichtig, zum Ursprung des ganzen Problems zurückzukehren, nämlich Peter Daszak und der EcoHealth Alliance. Im Jahr 2022 erschien Dr. Andrew G. Huffs Bestseller *The Truth about Wuhan: How I Uncovered the Biggest Lie in History* [dt. etwa: »Die Wahrheit über Wuhan: Wie ich die größte Lüge der Geschichte aufdeckte«; Anm. d. Übers.], in dem ein paar aufrüttelnde Behauptungen über die Geldgeber der EcoHealth Alliance aufgestellt wurden. Dr. Huff schreibt Folgendes:

> Dr. Peter Daszak erzählte mir gegen Ende des Jahres 2015, dass jemand von der Central Intelligence Agency (CIA) an ihn herangetreten sei und sich für die Orte, an denen wir arbeiteten, die Leute, mit denen wir zusammenarbeiteten, und die von uns gesammelten Daten interessiert hätte. Peter fragte mich nach meinem Rat und wollte vor allem wissen, ob wir mit der CIA kooperieren sollten. Ich war schockiert, dass er mich das überhaupt fragte, und zugleich begeistert über diese Gelegenheit. Ich sagte zu Peter: »Es schadet nichts, mit ihnen zu reden. Da könnte Geld drin sein.« Im Laufe der nächsten 2 Monate bestätigte Peter dann zwischen unseren wöchentlichen Sitzungen, dass die Beziehung zur CIA vorankomme.[13]

Man muss stets daran denken, dass die Machenschaften der Globalisten eine Mischung aus Bösartigkeit und Dummheit darstellen. Sie streben die Weltherrschaft an, sind aber gleichzeitig ausgesprochen schlecht darin, dieses Ziel zu erreichen. Sie machen dauernd Fehler – und wir dürfen nicht davor zurückscheuen, auf sie hinzuweisen.

Was den Ursprung von SARS-CoV-2 angeht, tappen wir wohl alle im Dunkeln. Doch das heißt nicht, dass wir nicht auf einschlägige Experten wie Dr. Huff hören sollten. In vielerlei Hinsicht ist er genauso ratlos wie wir alle. In seinem Versuch, zu erklären, was da passiert ist, schrieb er:

> Die Vertuschung von SARS-CoV-2 begann im September 2019 von chinesischer Seite aus. Das sollte eigentlich niemanden überraschen.
>
> Wenn kommunistische Supermächte existieren, dann bietet man den Menschen, die in diesen politischen Systemen leben und arbeiten, einen Anreiz, die Partei um jeden Preis zu schützen. Das Auftreten von SARS-CoV-2 war das zweite Mal in der Geschichte [das erste Mal war die sowjetische Atomkatastrophe in Tschernobyl], dass eine massive Vertuschungsaktion durchgeführt wurde, um die wahre Natur und das Ausmaß eines Desasters zu verschleiern.
>
> Die amerikanische Vertuschung von SARS-CoV-2, die wahrscheinlich auch von manchen der engsten US-Verbündeten unterstützt wurde, begann vermutlich im Oktober 2019. Dies war nämlich der Zeitpunkt, an dem die DARPA versuchte, mich um jeden Preis für einen Posten zu rekrutieren, an dem ich damals nicht einmal annähernd interessiert war.
>
> Ich vermute, dass die Geheimdienste und das Verteidigungsministerium hofften, die Krankheit würde sich von selbst verausgaben und verschwinden, wie das bei neu auftretenden Infektionskrankheiten häufig der Fall ist. Sie waren sich wahrscheinlich nicht bewusst, wie sehr sich SARS-CoV-2 bereits weltweit verbreitet hatte.[14]

Die meiste Zeit sehe ich keine Verschwörung des Bösen in der Welt, sondern eine Verschwörung der Idioten. (Obwohl ich glaube, dass es dem Teufel leichter fällt, dumme Menschen zu beeinflussen als intelligente Menschen mit einem Gewissen.) Suchen Sie es sich selbst aus: böse oder dumm.

Für mich spielt das nicht wirklich eine Rolle, weil man in beiden Fällen daran krepieren kann. Listen wir ein paar der möglichen Lügen im Zentrum der Covid-19-Lüge auf.

Die CIA steckte hinter der EcoHealth Alliance.

Das Institut für Virologie Wuhan verfügte über unzureichende Sicherheitsvorkehrungen.

Sowohl die Amerikaner als auch die Chinesen, die an der Erforschung von Fledermaus-Coronaviren mitwirkten, hatten begriffen, dass ihre Forschung aus dem Labor entkommen und eine Pandemie auslösen könnte.

Obwohl die chinesischen und amerikanischen Wissenschaftler zusammenarbeiteten, belogen sie einander über einige wichtige Tatsachen.

Es heißt oft, dass eine erste Lüge dazu führt, dass man immer weiterlügen muss und das Netz der Täuschung dadurch weiter anwächst – wie auch Huff erklärt:

Im Januar 2020 hatte Dr. Kristian Andersen von der Forschungseinrichtung Scripps Research Institute die genetischen Merkmale von SARS-CoV-2 untersucht. Als ich noch bei EcoHealth arbeitete, hatten Dr. Andersen und ich nach Möglichkeiten für eine Zusammenarbeit gesucht. In einem E-Mail-Briefwechsel mit Anthony Fauci und Jeremy Farrar (Wellcome Trust) schrieb Andersen:

Das Problem ist, dass wir mit unseren phylogenetischen Analysen nicht die Frage beantworten können, ob die Sequenzen an einzelnen Rückständen ungewöhnlich sind, es sei denn, sie weichen völlig ab. Die ungewöhnlichen Eigenschaften des Virus machen nur einen sehr kleinen Teil (< 0,1 Prozent) des Genoms aus, sodass man sich alle Sequenzen sehr genau ansehen muss, um zu erkennen, dass einige der Sequenzen (potenziell) manipuliert aussehen. [...] Alle halten das Genom für unvereinbar mit den Erwartungen, die man aufgrund der Evolutionstheorie haben würde. [...] Es müssen noch weitere Analysen durchgeführt werden, sodass sich diese Meinungen entsprechend ändern könnten.

Nur 4 Tage später gab Andersen ein Vorab-Feedback zu einem Schreiben der National Academies of Sciences, Engineering, and

Medicine, das in der angesehenen medizinischen Fachzeitschrift *The Lancet* erscheinen sollte, um gegen die Idee zu argumentieren, dass das Virus gentechnisch manipuliert worden sei; er bezeichnete diese Idee als Verschwörungstheorie.[15]

Huff scheint Andersen nicht für einen schlechten Kerl zu halten (immerhin wollte er ja vorher mit ihm zusammenarbeiten), aber so was passiert halt, wenn in der Wissenschaft alle dem Geld nachrennen und man das Gewissen eines Menschen mit diesem Geld kaufen kann. Ich glaube, dass man genau deshalb Gott oder eine höhere Macht im Zentrum seines Lebens haben muss, weil man sonst leicht in Versuchung geraten könnte, sich an den Meistbietenden zu verkaufen. Aber seine Seele kann man nicht verkaufen. Huff setzte sich weiter mit Andersens Handlungsweise auseinander:

Dr. Andersen bezeichnete die Idee, dass das Virus manipuliert sein könnte, als »verrückte Theorien« und erklärte, dass »Manipulation viel bedeuten kann. Man kann sie zur Grundlagenforschung oder aus schändlichen Gründen anwenden; aber in diesem Fall zeigen die Daten schlüssig, dass beides nicht der Fall war.«

Ich beschloss also, die gesamte Finanzierung Dr. Andersens durch die NIH [National Institutes of Health; dt.: Nationale Gesundheitsinstitute; Anm. d. Übers.] zu untersuchen – und raten Sie einmal, was ich dabei herausgefunden habe.

Dr. Andersens Finanzierung durch NIH und NIAID [National Institute of Allergy and Infectious Diseases; dt.: Nationales Institut für Allergien und Infektionskrankheiten; Anm. d. Übers.] stieg drastisch an, nachdem er seine Position revidiert hatte, dass SARS-CoV-2 alle Anzeichen einer genetischen Manipulation aufweise.

Tatsächlich stiegen die Geldmittel, die er im Jahr 2020 erhielt, in einem Maße an, wie ich es auf dem Gebiet der Forschung über neu auftretende Infektionskrankheiten noch nie gehört oder gesehen habe. Seine »kontinuierliche Finanzierung« – eine statistische Angabe von

Behörden, die Förderungsmittel für die Forschung vergeben – hat sich von 7 141 011 auf 23 724 681 Dollar mehr als verdreifacht.[16]

Möglicherweise haben wir jetzt endlich herausgefunden, wie viel Dr. Kristian Andersens Seele wert ist: 16 583 670 Dollar.

***

Die chinesische Regierung behauptet zwar, dass der erste Patient mit Covid-19 am 1. Dezember 2019 erkrankt sei,[17] doch andere glaubwürdige Quellen weisen auf einen viel früheren möglichen Kontakt mit dem Virus hin, nämlich die Militärweltspiele im Oktober 2019, die in Wuhan stattfanden.

Ein Artikel vom Juni 2021 in der *Washington Post* befasste sich mit dieser Behauptung:

Im Oktober 2019 reisten mehr als 9000 internationale Sportler aus mehr als 100 Ländern ins chinesische Wuhan – und viele von ihnen erkrankten später mit Covid-19-ähnlichen Symptomen. Es wurde jedoch nie wirklich untersucht, ob sich das Virus, das Covid-19 verursacht, bereits bei den Militärweltspielen in Wuhan verbreitet hatte. Nun fordern mehrere US-Abgeordnete, dass die amerikanische Regierung eine solche Untersuchung einleiten soll.

Die alle 4 Jahre abgehaltenen Militärweltspiele sind so etwas wie die Olympischen Spiele für Militärsportler. Die Spiele in Wuhan waren die größten in der Geschichte der Veranstaltung, und die chinesische Regierung ließ sie sich einiges kosten. Die US-Delegation reiste mit 280 Sportlern und Mitarbeitern an, die in 17 Sportarten von Ringen bis Golf antraten. (Das amerikanische Team errang im letztgenannten Wettbewerb die Bronzemedaille.) Während der 2 wöchigen Veranstaltung bemerkten jedoch viele der internationalen Sportler, dass in der Stadt Wuhan etwas nicht stimmte. Einige von ihnen beschrieben sie später als »Geisterstadt«.[18]

Haben wir es hier wieder einmal mit einem unglücklichen Zufall zu tun? Waren die besten Militärsportler der Welt ausgerechnet dann in Wuhan, als ein tödliches, genmanipuliertes Virus aus dem Labor entkam? Wäre ich ein misstrauischer Mensch, dann könnte ich mir durchaus auch das folgende plausible Szenario vorstellen:

Wenn die chinesischen Behörden wussten, dass die Wahrscheinlichkeit, durch das Virus ernsthaft zu erkranken oder daran zu sterben, bei gesunden Menschen geringer ist, dann hätten sie mit den Spielen das perfekte Mittel für einen hinterhältigen Angriff an der Hand.

Die Militärsportler wären die perfekten Überträger, die das Virus zuerst in den Streitkräften ihrer jeweiligen Länder und dann in der Allgemeinbevölkerung verbreiten würden. Der Artikel in der *Washington Post* führte weiter aus:

> Als die Covid-19-Pandemie Anfang 2020 weiter um sich griff, erklärten Sportler aus mehreren Ländern – darunter Frankreich, Deutschland, Italien und Luxemburg – öffentlich, dass sie sich bei den Spielen in Wuhan mit etwas angesteckt hätten, das sie aufgrund ihrer Symptome sowie der Übertragung der Krankheit auf ihre Angehörigen für Covid-19 hielten. Die Vertreter der militärischen Führung in Washington taten diese Idee entweder pauschal ab oder hatten noch nie davon gehört. Unterdessen führte niemand Antikörpertests oder eine Ansteckungsverfolgung bei diesen Tausenden Sportlern durch. Man versuchte nicht einmal herauszufinden, ob die Spiele in Wuhan in Wahrheit das erste internationale Superverbreitungsereignis der Pandemie waren.
>
> Sollten weitere Beweise gefunden werden, dann würde dies zu der wachsenden Zahl an Beweisen beitragen, dass sich das Virus bereits im Oktober 2019 – Monate bevor die chinesische Regierung es dem Rest der Welt offiziell bestätigte – verbreitet hat. Laut amerikanischen Geheimdienstberichten wurden Forscher am Institut für Virologie Wuhan im November 2019 mit Covid-19-artigen Symptomen ins Krankenhaus eingeliefert. US-Beamte haben jedoch erklärt, dass ihnen andere Informationen vorliegen, denen zufolge der Ausbruch noch früher begann.[19]

Lassen Sie mich hier die offensichtliche Frage stellen: Warum sieht es so aus, als seien unser Militär und unsere Geheimdienste merkwürdig uninteressiert an der Frage, ob China einen Angriff mit Biowaffen beziehungsweise einen zeitlich verdächtigen »Laborunfall« auf die ganze Welt losgelassen hat?

Wir bezahlen diese Leute dafür, uns in den Vereinigten Staaten zu schützen. Sollte es also nicht oberste Priorität genießen, dieser Frage auf den Grund zu gehen?

Eines der renommiertesten Bücher über Covid-19 ist *What Really Happened in Wuhan: The Cover-ups, the Conspiracies and the Classified Research* [dt. etwa: »Was in Wuhan wirklich geschah: die Vertuschungen, Verschwörungen und geheimen Forschungen«; Anm. d. Übers.] der Journalistin Sharri Markson, die zweimal mit dem Walkley Award ausgezeichnet wurde. Ein bedeutender Teil ihres Buches befasst sich mit den Vorwürfen von Wei Jingsheng, einem hochrangigen chinesischen Überläufer, der seit 1997 in den Vereinigten Staaten lebt, aber nach wie vor Kontakte zu unzufriedenen chinesischen Staatsbürgern unterhielt.

Zu der Frage, ob Covid-19 absichtlich freigesetzt wurde, scheint Wei hin- und hergerissen zu sein. Er hat zwar keine konkreten Beweise, ist aber aufgrund seiner eigenen Kenntnisse über die chinesische Führung, unter der er lange gedient hat, und deren Methoden durchaus misstrauisch. Markson beginnt diesen Abschnitt ihres Buches mit den Worten:

> Niemand, der aktuell für die Regierung oder die Geheimdienste tätig ist und den ich für dieses Buch interviewt habe, geht davon aus, dass das Coronavirus absichtlich freigesetzt wurde. Keine einzige Person. Wei hingegen ist der Ansicht, dass der Kommunistischen Partei Chinas die Freisetzung des Virus durchaus zuzutrauen wäre, obwohl er keine Beweise für diese Theorie hat.
>
> Laut Wei gab es bereits vor dem Ausbruch von Covid-19 Gerüchte darüber, dass Terroristen einen biologischen Angriff auf China verüben wollten und dass es für diesen Fall einschlägige Übungen geben müsse. »Im September 2019 hielt die chinesische Regierung eine groß angelegte ›Anti-Coronavirus-Übung‹ auf dem Flughafen und in den

Krankenhäusern von Wuhan ab, die einem militärischen Manöver gleichkam«, sagt er. »Der Grund dafür war, dass die bevorstehenden Militärweltspiele eine SARS- und MERS-ähnliche Epidemie mit sich bringen könnten. Eine derart groß angelegte Übung ging weit über die Norm hinaus und weckte meine Wachsamkeit. [...] Geht man von den Gepflogenheiten der Kommunistischen Partei Chinas aus, dann fand dieses Ereignis als Vorbereitung der öffentlichen Meinung für eine bestimmte Aktion statt – Vorausplanung ist ihre übliche Methode.«[20]

In Anbetracht des abgeschotteten Charakters der chinesischen Gesellschaft und dessen, was ich bereits über das Wesen der Kommunistischen Partei Chinas erklärt habe, steht fest, dass das menschliche Leben dort nicht so wertgeschätzt wird wie in den meisten Ländern des Westens. Doch das ist bestenfalls ein Indiz. »Weil sie es können« ist kein Beweis dafür, dass sie es wirklich getan haben. Andererseits stimmt auch die Aussage nicht, dass es keine Beweise gibt. Es gibt ein paar Beweise, aber die sind bei Weitem nicht vollständig. Markson schreibt weiter über Weis Mutmaßungen:

Es gibt keine Beweise dafür, dass China einen Angriff plante oder dass Covid-19 absichtlich freigesetzt wurde; es gibt auch keine Experten, die diese Theorie unterstützen. Es ist allerdings wahr, dass am 18. September 2019 eine Coronavirus-Übung am Flughafen von Wuhan stattfand. Das Exekutivkomitee der Militärweltspiele in Wuhan hielt eine Notfallübung ab, bei der die Reaktionen auf eine neue, am Flughafen entdeckte Coronavirus-Infektion und einen Fall von radioaktiver Strahlung, die von einem Gepäckstück ausging, simuliert wurden. »Die Übung umfasste eine epidemiologische Untersuchung, medizinische Untersuchungen und eine vorübergehende Quarantäne. Es gibt mehrere Verknüpfungen, zum Beispiel die regionale Umgebung, die Quarantäne, die Übertragung von Fällen und die sanitäre Behandlung«, heißt es in einem chinesischsprachigen Artikel auf der Seite der Nachrichtenagentur *Xinhua* über die Übung. Es ist ein bizarrer Zufall, dass ausgerechnet im September 2019, kurz vor dem Ausbruch des Coronavirus in Wuhan, am Flughafen eine Testübung für genau diese Situation stattfand.[21]

Man kann durchaus sagen, dass es hier Rauch gibt, wir aber vielleicht das Feuer noch nicht erkennen können. Natürlich ließe sich all dies auch als eine kolossale Reihe von Fehlleistungen und den daraus resultierenden Versuch erklären, diese Fehler zu vertuschen. Ich kann verstehen, warum das in den Augen vieler Leute die logischste Erklärung ist.

Wenn jedoch die beste Rechtfertigung jene ist, dass die mächtigsten Führungspersönlichkeiten eines Landes einfach nur dumm und inkompetent sein sollen, dann habe ich meine Probleme damit, diese Prämisse zu akzeptieren. Ich gestehe meinen Feinden ein gewisses Maß an Intelligenz und Planungsvermögen zu, wenn auch nicht unbedingt ein Gewissen. Lassen wir Wei das letzte Wort:

Ich wies Wei ausdrücklich darauf hin, dass keiner meiner Interviewpartner glaubte, dass das Virus absichtlich freigesetzt wurde. Wie kommt er auf die Idee, dass das möglich ist? »Die Freundlichkeit der westlichen Wissenschaftler verdient Respekt«, antwortete er. »Aus diesem Grund können sie aber die böse Denkweise nicht verstehen und auch nicht nachvollziehen, wie sehr chinesische Wissenschaftler ihre Leistungen übertreiben. Die Fähigkeit der Kommunistischen Partei Chinas zur Abkapselung von Informationen in den vergangenen Jahrzehnten ist für euch Westler schwer zu begreifen. Es gibt Dinge, die jeder in einem kleinen Kreis weiß, doch die Außenwelt erfährt selbst nach Jahrzehnten nichts davon. Das liegt daran, dass jeder, der Informationen nach außen dringen lässt, und sei es auch nur außerhalb dieses kleinen Kreises, bald mit schweren Strafen zu rechnen hätte.«[22]

Manchmal sind die Dinge, die man nicht sieht, einfach Dinge, die man nicht sehen kann. Das soll nicht heißen, dass man blind ist, sondern dass die einzelnen Teile sich nicht zu einem erkennbaren Bild zusammenfügen. Viele haben nach dem japanischen Angriff auf Pearl Harbor behauptet, dass ohnehin klar war, was die Japaner vorhatten. Doch das heißt, dass man über die nötige Vorstellungskraft verfügen musste, um zu glauben, dass sie etwas unternehmen würden, was noch nie zuvor jemand unternommen hatte: eine Flotte heimlich Tausende Kilometer weit von ihrem Heimatstandort abrücken lassen und einen Luftangriff auf Kriegsschiffe starten, die in einer seichten Bucht vor Anker lagen. Dieses Vorhaben war kühn und gewagt, vor allem, weil so etwas noch nie zuvor gemacht worden war.

Hier versagte also in erster Linie die Vorstellungskraft.

Vielleicht sind wir also auch den Chinesen – oder unserer eigenen Regierung – gegenüber nicht misstrauisch genug.

Möglicherweise hat sich das Böse einfach unsichtbar gemacht und lauert im Schoß beider Seiten.

★★★

Wie kann ich so sicher sein, dass die wissenschaftliche Gemeinschaft die Risiken manipulierter Fledermaus-Coronaviren schon vor der Covid-19-Krise kannte?

Weil sie es in ihren Publikationen selbst zugegeben hat.

Wie Sie ja wissen, gebe ich mich der gefährlichen Aktivität hin, die heutzutage »eigene Recherchen durchführen« heißt und früher, als ich noch ein Kind war, schlicht »lesen« genannt wurde. (Ich überlasse mein Hirn doch nicht irgendwelchen kommerziellen »Faktencheckern« …)

Die zwei folgenden Absätze stammen aus dem Fachjournal *Nature Medicine* und erschienen am 12. November 2015, also 5 Jahre bevor die Welt je von Covid-19 gehört hat.

Ein Experiment, bei dem eine Hybridversion eines Fledermaus-Coronavirus erzeugt wurde – und zwar eines, welches mit dem Virus verwandt ist, das SARS (severe acute respiratory syndrome; dt. schweres akutes Atemwegssyndrom) hervorruft – hat neuerlich Diskussionen darüber ausgelöst, ob die künstliche Erzeugung von Laborvarianten von Viren mit einem möglichen pandemischen Potenzial die damit einhergehenden Risiken wert ist.

In einem Artikel, der am 9. November in *Nature Medicine* publiziert wurde, geht es um Wissenschaftler, die ein Virus namens SHC014 untersuchten, das bei Hufeisenfledermäusen in China vorkommt. Die Forscher schufen ein chimäres Virus, das aus einem Oberflächenprotein von SHC014 und dem Grundgerüst eines SARS-Virus bestand, das so angepasst worden war, dass es in Mäusen wuchs und die menschliche Erkrankung nachahmte. Die Chimäre infizierte menschliche Atemwegszellen, was ein Beweis dafür war, dass das Oberflächenprotein von SHC014 die notwendige Struktur hat, um an einen wichtigen Rezeptor auf den Zellen zu binden und sie zu infizieren. Es ließ auch Mäuse erkranken, brachte sie aber nicht um.[23]

Im folgenden Zitat wird beschrieben, wie dieses Oberflächenprotein in wenigstens einer anderen Fledermauspopulation in freier Wildbahn gefunden wurde. Das warf die gerechtfertigte Frage auf, ob diese Übertragung von Fledermäusen auf Menschen schon früher stattgefunden hat. Wahrscheinlich muss ich mich ein wenig damit aufhalten zu erklären, was ein »Spikeprotein« ist, damit Sie dessen Bedeutung verstehen. Wie mir Wissenschaftler wie Dr. Judy Mikovits erklärt haben, kann man sich das Spikeprotein wohl am besten wie einen Enterhaken vorstellen, den ein Pirat auf ein Schiff wirft, das er plündern will, damit seine mörderischen Kameraden an Bord klettern können.

Judy hat mir auch gesagt, dass das Spikeprotein der Zelle selbst viel Schaden zufügen und zudem Krankheiten herbeiführen kann. In dem Vergleich mit dem Piraten ist der Enterhaken einfach nur ein Werkzeug. Er fügt dem Schiff keinen Schaden zu. Das Spikeprotein hingegen kann in manchen Fällen der gefährlichste Teil des Virus sein.

Bei den nächsten drei Absätzen des *Nature-Medicine*-Artikels kam mir die Gänsehaut:

Andere Virologen bezweifeln jedoch, dass die aus dem Experiment gewonnenen Informationen das potenzielle Risiko rechtfertigen. Das Ausmaß eines Risikos ist zwar immer schwer einzuschätzen, doch Simon Wain-Hobson, ein Virologe aus dem Pariser Institut Pasteur, weist darauf hin, dass die Forscher ein neuartiges Virus geschaffen haben, dass in menschlichen Zellen »bemerkenswert gut gedeiht«. Er sagt: »Wenn dieses Virus entkäme, könnte niemand seine Verlaufskurve vorhersagen.«

Diese Diskussion ist im Grunde eine Wiederholung der Debatte über die Frage, ob man Laborforschungen zulassen soll, mit denen die Virulenz, die Ausbreitungsfähigkeit oder das Wirtsspektrum gefährlicher Krankheitserreger erhöht werden – die sogenannte Gain-of-Function-Forschung. Im Oktober 2014 verhängte die US-Regierung ein Moratorium für die staatliche Finanzierung dieser Art Forschung an den Viren, die SARS, Influenza und MERS (Middle Eastern Respiratory Syndrome, eine tödliche Krankheit, die durch ein Virus verursacht wird, das sporadisch von Kamelen auf Menschen überspringt) verursachen.

Die jüngste Studie war bereits im Gange, bevor das US-Moratorium in Kraft trat. Die amerikanischen National Institutes of Health (NIH) gestatteten ihre Fortsetzung, während sie von der Behörde geprüft wurde, sagt Ralph Baric, ein Forscher für Infektionskrankheiten an der University of North Carolina in Chapel Hill, der Mitautor der Studie ist. Die NIH beschlossen laut Baric schließlich, dass die Studie nicht riskant genug sei, um unter das Moratorium zu fallen.[24]

Die Story schreibt sich von selbst, ohne dass ich etwas dazu tun muss. Man hat also ein Fledermausvirus gentechnisch manipuliert, sodass es Menschen bemerkenswert gut infizieren kann, und sogar die klügsten Köpfe auf dem Gebiet sagten: »O du heilige Fledermaus! Wenn das aus dem Labor entkommt, könnte das für die menschliche Rasse höchst unerfreulich werden.«

Aber sie wollen ja, dass wir uns sicher fühlen, nicht wahr? Es handelt sich um kluge Leute, die über große und wichtige Themen diskutieren. Die werden sich natürlich für den richtigen Weg entscheiden.

Doch im Dezember 2017 hoben die National Institutes of Health (alias die Francis-Collins/Anthony-Fauci-Kabale) die Anordnung zum Verbot der Gain-of-Function-Forschung auf.[25] Und schon wurde ein neues Behördeninstrumentarium eingerichtet: der »Leitfaden für Finanzierungsentscheidungen über Forschungsvorhaben, die verstärkte potenzielle Pandemieerreger betreffen«.

Klingt doch überhaupt nicht gefährlich, oder? »Verstärkte potenzielle Pandemieerreger«. Der Leitfaden beginnt folgendermaßen:

Abschnitt I. Zweck und Grundlagen

Die Forschung an potenziellen Pandemieerregern (potential pandemic pathogens; PPPs) ist für den Schutz der globalen Gesundheit und Sicherheit unerlässlich. Mit der Durchführung solcher Forschungen sind jedoch Risiken im Hinblick auf biologische Sicherheit und Unbedenklichkeit verbunden, die angemessen berücksichtigt und entschärft werden müssen, damit der potenzielle Nutzen sicher ausgeschöpft werden kann. Der HHS-Leitfaden für Finanzierungsentscheidungen über Forschungsvorhaben, die verstärkte potenzielle Pandemieerreger betreffen (HHS P3CO Framework), soll dem HHS [US-Ministerium für Gesundheitspflege und Soziale Dienste; Anm. d. Übers.] als Entscheidungshilfe für die Finanzierung einzelner Forschungsvorhaben dienen, bei denen die Erschaffung, Übertragung oder Verwendung verstärkter PPPs zu erwarten ist.

Das HHS P3CO Framework entspricht der vom OSTP [Office of Science and Technology Policy; dt. etwa: Büro für Wissenschafts- und Technologiepolitik; Anm. d. Übers.] am 9. Januar 2017 erlassenen Empfehlung »Leitlinien für die abteilungsspezifische Entwicklung von Überprüfungsmechanismen für die Behandlung und Überwachung potenzieller Pandemieerreger« und ersetzt den bisherigen »Leitfaden für Finanzierungsentscheidungen des US-Gesundheitsministeriums zu vorgeschlagenen Forschungsprojekten, die potenziell hochpathogene Vogelgrippeviren des Typs H5N1 erzeugen können, die durch Tröpfcheninhalation auf Säugetiere übertragbar sind«.

Das HHS P3CO Framework stellt eine multidisziplinäre Vorprüfung und Bewertung von Forschungsvorhaben auf Abteilungsebene sicher, die dem hier beschriebenen Ziel entsprechen, um die Entscheidungsfindung der Förderorganisationen zu unterstützen. Auf diese Weise versucht das HHS P3CO Framework, die Vorteile der biowissenschaftlichen Forschung mit verstärkten PPPs zu bewahren und gleichzeitig potenzielle Risiken für die biologische Sicherheit und Unbedenklichkeit zu minimieren.[26]

Das ist keine Science Fiction, sondern purer Wissenschaftsterror, der in langweiliger Bürokratensprache präsentiert wird. Sie geben zu: »Aber hallo – wir erschaffen da vielleicht neue Vogelgrippeviren, die sich durch ›Tröpfcheninhalation‹ (für uns einfache Menschen aus der Provinz ›Niesen oder Husten‹) auf den Menschen übertragen können.«

Und wenn Sie jetzt vielleicht fragen: »Alex, warum regst du dich denn über einen ›potenziellen Pandemieerreger‹ so auf? Ich weiß schon, das klingt ein bisschen beängstigend, aber ich bin sicher, wenn du mehr recherchierst, jagt es dir nicht mehr solche Angst ein.« – dann verweise ich auf Abschnitt II, der eine hilfreiche Definition eines »potenziellen Pandemieerregers« liefert:

Abschnitt II. Anwendungsbereich und Definitionen
Im Rahmen dieses HHS P3CO Frameworks gilt:
  A. Ein potenzieller Pandemieerreger (PPP) ist ein Erreger, der beide der folgenden Voraussetzungen erfüllt: Er ist wahrscheinlich hochgradig übertragbar und wahrscheinlich zu einer weiten und unkontrollierten Verbreitung in menschlichen Populationen imstande; und:
  Er ist wahrscheinlich hochvirulent und kann beim Menschen eine erhebliche Erkrankungsrate und/oder Sterblichkeit verursachen.
  B. Ein verstärkter PPP ist definiert als ein PPP, der aus der Verstärkung der Übertragbarkeit und/oder Virulenz eines Pathogens resultiert. Verstärkte PPPs umfassen keine natürlich vorkommenden Pathogene, die in der Natur zirkulieren oder aus der Natur gewonnen wurden, unabhängig von deren pandemischem Potenzial.[27]

Manchmal hat man das Gefühl, ein Anwalt sein zu müssen, um diese Art Sprache zu verstehen; deswegen habe ich die offiziellen Passagen auch eher kurz gehalten.

Die zentralen Punkte sind: Ein »potenzieller Pandemieerreger« muss »hochgradig übertragbar«, zu einer »weiten und unkontrollierten Verbreitung in menschlichen Populationen« imstande sowie virulent sein und kann »beim Menschen eine erhebliche Erkrankungsrate und/oder Sterblichkeit« verursachen. Mit anderen Worten: Ein »potenzieller Pandemieerreger« ist wie eine biologische Atombombe.

Wenn man den »potenziellen Pandemieerreger« dann noch verstärkt, ist das vergleichbar damit, diese Atombombe zu einer Wasserstoffbombe oder vielleicht sogar der mythischen »Kobaltbombe« (wie sie vom Kernphysiker Leo Szilard vorgeschlagen wurde) umzubauen. Letztere hat mir im Kindesalter ziemliche Angst eingejagt, weil sie stark genug sein sollte, die ganze Welt zu zerstören. Wer an Viren herumbastelt, könnte ihre Übertragbarkeit verstärken, vielleicht aber auch die durch sie verursachte Sterblichkeitsrate – oder erschütternderweise sogar beides! Ist Wissenschaft nicht etwas Wunderbare?

Folgendes ist meiner Meinung nach eindeutig:

Wissenschaftler erschufen ein verstärktes Fledermaus-Coronavirus, das auch auf Menschen übergreifen und vor allem deren Atemwege beeinträchtigen konnte. Die Labormäuse, an denen sie es getestet haben, zeigten Anzeichen einer Infektion, waren aber wahrscheinlich im Durchschnitt gesünder als der typische Amerikaner. Das heißt, sie waren weder deutlich übergewichtig noch alt und nahmen auch nicht durchschnittlich vier verschreibungspflichtige Medikamente ein.

Wahrscheinlich haben wir zu China gesagt: »He, warum nehmt ihr nicht einfach dieses Virus und stellt eure eigenen Experimente damit an?«

China könnte seine eigenen schändlichen Pläne gehabt haben (das vermute ich jedenfalls); vielleicht waren aber auch die Sicherheitsvorkehrungen im chinesischen Labor unzureichend, und das Virus entkam zufällig ausgerechnet während der Militärweltspiele oder kurz danach.

Die chinesische Regierung hatte Informationen über uns, die wir nicht an die Öffentlichkeit gelangen lassen wollten, und umgekehrt. So hatten beide Seiten ein Interesse daran, zu verkünden: »Bitte, wir haben keine Ahnung, woher es gekommen ist! Vielleicht haben sich ja ein Schuppentier und eine Fledermaus ineinander verliebt, und eines der beiden Tiere landete in einer chinesischen Suppe.«

Die Medien beider Länder stürzten sich auf diese Erklärung, ebenso die meisten Wissenschaftler wie Dr. Fauci und Dr. Collins. Sie alle wurden nicht müde, die Idee eines Laborlecks als verrückte Verschwörungstheorie zu bezeichnen, die sich nur jemand wie Alex Jones ausgedacht haben konnte.

***

Keine Angst – ich habe die verrückten Wissenschaftler von der DARPA, die diesen irrwitzigen Antrag ursprünglich erhalten hat, nicht vergessen.

Gründe für die Ablehnung

Das Biological Technologies Office der DARPA hat den DEFUSE-Antrag der EcoHealth Alliance samt Evaluierungsberichten geprüft und entschieden, dass er »**in die engere Wahl**« kommt. Dabei hielten zwei von drei Gutachtern das Ziel, zoonotische Übertragungen durch die Verringerung der Virenausscheidung in den Fledermaushöhlen« zu verhindern, für die DARPA von Interesse. Diese Gutachter bewerteten das Team von EHA und seinen Mitarbeitern und kamen zu dem Schluss, dass:

- sie über reichliche Vorerfahrungen verfügen.
- sie Zugang zu Höhlen in Yunnan haben, in denen Fledermäuse mit SARSr-Viren infiziert sind.
- sie schon früher Überwachungsarbeiten durchgeführt haben.
- sie geobasierte Risiken von Zoonose-Hotspots erstellt haben.
- die von ihnen vorgeschlagenen experimentellen Tätigkeiten logisch sind und molekulare sowie evolutionäre Modelle validieren können.
- die von ihnen vorgeschlagenen Präventionsansätze anhand von Fledermaus- und »fledermausisierten« Maus-Modellen rasch validiert werden können.

Das Biological Technologies Office hat jedoch davon abgeraten, das Projekt **zu diesem Zeitpunkt** zu fördern, weil es erhebliche Schwächen aufwies:

1. Es wird davon ausgegangen, dass der Vorschlag möglicherweise GoF/DURC[Gain of Function/bedenkliche Dual-Use]-Forschung beinhaltet, da die Antragsteller vorschlagen, Spike-Glykoproteine zu synthetisieren, die an menschliche Zellrezeptoren binden, und diese in SARSr-CoV-Grundgerüste einzufügen, um zu prüfen, ob sie eine SARS-ähnliche Krankheit verursachen können.
2. In dem Vorschlag werden jedoch die potenziellen Risiken der Gain-of-Function(GoF)-Forschung weder erwähnt noch bewertet.
3. Der Vorschlag erwähnt oder bewertet auch nicht die Problematik der bedenklichen Dual-Use-Forschung und legt keinen Plan zur Minimierung ihrer Risiken vor.
4. In dem Vorschlag werden ethische, rechtliche oder soziale Fragen kaum angesprochen oder erörtert.
5. Der Vorschlag verabsäumt es, Probleme mit den vorgeschlagenen Impf-stoffverabreichungssystemen zu erörtern, die durch die bekannten Probleme der Variabilität der Impfstoffdosierung verursacht werden.
6. Der Vorschlag enthält keine ausreichenden Informationen darüber, wie die EHA die gewonnenen Daten zu verwenden und die Entwick-lung von Modellen oder die notwendigen statistischen Analysen durchzuführen beabsichtigt.
7. In dem Vorschlag wurde nicht klar erläutert, wie die EHA ihre frühere Forschungsarbeit zu nutzen und diese fortzusetzen beabsichtigt.
8. In dem Vorschlag wurde nicht klar festgelegt, wie die »TA2-Vorkeh-rungsmethoden« in der freien Natur eingesetzt und validiert werden sollen. Dies bezieht sich auf die Durchführung von Experimenten mit wirksamen immunstärkenden Molekülen und Verabreichungsmetho-den mittels FEA-Aerolisierungsmechanismen in einer Test- und zwei Kontroll-Fledermaushöhlen in Yunnan, China (PARC, EHA, WIV).

9. Der Vorschlag geht nicht auf Bedenken ein, dass diese Impfstoffe aufgrund einer unzureichenden Epitopabdeckung nicht gegen die große Vielfalt von Coronaviren in Fledermaushöhlen, die sich ständig weiterentwickeln, schützen könnten.

DRASTIC stellt in einer unabhängigen Bewertung fest, dass der Tonfall des Vorschlags (siehe zum Beispiel »unser Höhlenkomplex«) und die vorgeschlagene enge Einbindung diverser WIV-Beteiligter (Shi Zhengli, die 3 Jahre lang halbtags angestellt war, aus Mitteln der Förderung bezahlt wurde und in die DARPA-Zentrale in Arlington eingeladen war) ebenfalls nicht hilfreich gewesen sein können – vor allem in Ermangelung eines Programms zur Risikominimierung bei bedenklicher Dual-Use-Forschung.

Es steht fest, dass das vorgeschlagene, von Peter Daszak geleitete DEFUSE-Projekt lokale Gemeinden in Gefahr gebracht hätte, da die folgenden Punkte nicht berücksichtigt wurden:

- Gain of Function
- bedenkliche Dual-Use-Forschung
- Epitopabdeckung der Impfstoffe
- regulatorische Anforderungen
- ethische, rechtliche oder soziale Fragen
- Verwendung der Daten

ENDE[28]

Ein vernichtenderes Ablehnungsschreiben von einer militärischen/geheimdienstlichen Forschungsbehörde, die für ihre Risikofreudigkeit bekannt ist, kann man sich nur schwer vorstellen. Aber genau so reagierte die DARPA auf den Vorschlag von Peter Daszaks EcoHealth Alliance.

Sehen wir uns einmal an, ob wir das alles ins richtige Licht rücken können.

Wir wissen von Dr. Andrew Huff, dem ehemaligen Vizepräsidenten und leitenden Wissenschaftler der EcoHealth Alliance, dass eine der »Allianzen«, die diese Organisation wahrscheinlich hatte, mit der CIA bestand.

Aus der DARPA-Ablehnung geht hervor, dass die Behörde über den Vorschlag, »Spike-Glykoproteine zu synthetisieren, die an menschliche Zellrezeptoren binden, und diese in SARSr-CoV-Grundgerüste einzufügen, um zu prüfen, ob sie eine SARS-ähnliche Krankheit verursachen können«, entsetzt war. Man war bei DARPA nicht der Meinung, dass Daszak das Risiko einer »Gain-of-Function-Forschung«, die möglichen tödlichen Folgen dieser Experimente oder die »Risiken bedenklicher Dual-Use-Forschung« angemessen berücksichtigt hatte. Zudem hatte er keinen Plan zur Risikominimierung vorgelegt.

Die DARPA war nicht der Ansicht, dass die Probleme mit dem Verabreichungssystem des Impfstoffs angesprochen worden waren.

Die DARPA konnte nicht nachvollziehen, wie die Daten verwendet werden sollten.

Die DARPA war skeptisch, dass die vorgeschlagenen Programme zur Risikominimierung in den Höhlen funktionieren würden.

Der vielleicht schwerwiegendste Kritikpunkt der DARPA bezieht sich auf die potenziell kompromittierte Loyalität und Urteilsfähigkeit von Peter Daszak. Die Behörde störte sich daran, dass er von den chinesischen Yunnan-Höhlen als »unserem Höhlenkomplex« sprach und dass die DARPA ersucht wurde, die Hälfte des Gehalts einer chinesischen Virologin (Shi Zhengli) zu bezahlen, und dass diese eingeladen worden war, die DARPA-Zentrale in Arlington, Virginia, zu besuchen.

Wahrscheinlich wusste die DARPA-Führung nicht, dass die EcoHealth Alliance möglicherweise eine Allianz mit der CIA eingegangen war und Daszak daher vermutlich glaubte, einen Freibrief dafür zu haben, die chinesische Forscherin durch sämtliche DARPA-Einrichtungen zu führen.

Daszaks Plan ist nicht leicht nachzuvollziehen. Es ist nicht bekannt, ob er mit dem vollen Wissen unserer Geheimdienste erstellt wurde oder ob er ihn ganz allein ausgeheckt und andere Leute dazu gebracht hatte, ihm zuzustimmen, ohne sich der Gefahren dieses Plans bewusst zu sein.

In jedem Fall aber trägt Peter Daszak wahrscheinlich mehr als jeder andere Mensch auf diesem Planeten die Hauptverantwortung für die mehr als 6 Millionen Menschen, die durch die Covid-19-Pandemie ums Leben kamen.

***

Befassen wir uns nun etwas ausführlicher mit der chinesischen Wissenschaftlerin Shi Zhengli, die wegen ihrer Arbeit mit Fledermaus-Coronaviren häufig auch als »Fledermausfrau« bezeichnet wird.[29]

So beschrieb die *New York Times* ihre immer stärker angegriffene Position im Juni 2021, als die Frage, ob SARS-CoV-2 aus dem Institut für Virologie Wuhan entkam, mit zunehmender Vehemenz gestellt wurde:

> Für immer mehr amerikanische Politiker und Wissenschaftler ist sie die Schlüsselfigur zur Beantwortung folgender Frage: Wird die Welt je erfahren, ob das Virus, das die verheerende Covid-19-Pandemie auslöste, aus einem chinesischen Labor entwichen ist? Für die chinesische Regierung und Öffentlichkeit gilt sie als Landesheldin bei der erfolgreichen Eindämmung der Pandemie und als Opfer bösartiger Verschwörungstheorien.
>
> Shi Zhengli, eine führende chinesische Virologin, steht wieder einmal im Mittelpunkt widersprüchlicher Darstellungen über ihre Forschungen zu Coronaviren in dem staatlichen Labor in Wuhan – der Stadt, wo die Pandemie zuerst auftrat.
>
> Die Idee, dass das Virus aus einem Labor entwichen sein könnte, wurde von vielen Wissenschaftlern als unglaubhaft abgetan und von anderen wegen ihrer Verbindung zum ehemaligen Präsidenten Donald J. Trump gemieden. Doch ihre erneute Überprüfung durch die Regierung Biden sowie die Forderung prominenter Wissenschaftler nach mehr Offenheit rückten diese Theorie wieder in den Vordergrund.[30]

Wissen Sie noch, wie ich gesagt habe, dass es durchaus in Ordnung ist, Mainstream-Nachrichtenmedien wie die *New York Times* oder die *Washington Post* zu lesen – solange Sie begreifen, dass diese Medien anfangs zwar vielleicht nicht die Wahrheit sagen, doch bei aufmerksamer Lektüre über längere Zeit hinweg eventuell doch die Wahrheit offenbaren? Dieser Artikel ist ein Paradebeispiel dafür: Wenn man ihn kritisch liest, erhält er viele erstaunliche Eingeständnisse. Hätte Dr. Shi Zhengli diese Antworten vor Gericht gegeben, so wäre sie wahrscheinlich binnen weniger Stunden von den Geschworenen für schuldig befunden und für lange Zeit ins Gefängnis geschickt worden.

Doch zunächst musste die *New York Times* Dr. Shi verteidigen, und zwar mithilfe von Dr. Robert Gallo, der bekanntlich aus dem Staatsdienst entlassen wurde, weil er versucht hatte, dem französischen Forscher Dr. Luc Montagnier die Anerkennung für die Entdeckung des HIV-Virus zu stehlen. Montagnier erhielt 2008 den Nobelpreis für diese Forschungsarbeit.[31]

> In weniger polarisierten Zeiten war Dr. Shi ein Symbol für Chinas wissenschaftlichen Fortschritt und stand bei der Erforschung neu auftauchender Viren an vorderster Front.
>
> Sie leitete Expeditionen in Höhlen und sammelte dort Fledermaus- und Guano-Proben, um herauszufinden, wie Viren von Tieren auf den Menschen überspringen. 2019 wurde sie als eine von 109 Wissenschaftlern für ihre Beiträge zur Mikrobiologie in die American Academy of Microbiology gewählt.
>
> »Sie ist eine herausragende Wissenschaftlern – extrem sorgfältig und mit einer strengen Arbeitsethik«, sagt Dr. Robert C. Gallo, Direktor des Instituts für Humanvirologie an der medizinischen Fakultät der University of Maryland.[32]

Die Reporter der *New York Times*, die über dieses Thema berichten, gaben uns die positiven Informationen über Dr. Shi, doch dann hörten sie wie gute Anwälte genau zu und lieferten ihren Lesern die Antworten von Dr. Shi, die zeigten, dass die gegen sie gerichteten Vorwürfe wahrscheinlich zutreffen.

Aber einige ihrer bedeutendsten Erkenntnisse sind mittlerweile Gegenstand genauer Überprüfungen. In den letzten paar Jahren begann Dr. Shi Experimente mit Fledermaus-Coronaviren durchzuführen, indem sie diese gentechnisch veränderte, um ihr Verhalten zu beobachten.

Im Jahr 2017 veröffentlichten sie und ihre Kollegen aus dem Wuhan-Labor eine Studie über ein Experiment, bei dem sie neue hybride Fledermaus-Coronaviren durch das freie Kombinieren von Teilen mehrerer bestehender Viren erschufen – darunter mindestens eines, das beinahe auf den Menschen übertragbar war –, um deren Fähigkeit zu untersuchen, menschliche Zellen zu infizieren und sich in ihnen zu replizieren.[33]

Liest sich das nicht absolut verrückt? Sie geben ganz offen zu, dass sie potenziell gefährliche neue Pathogene erschaffen und dass diese Krankheitserreger die Menschheit vernichten könnten. Und das alles wird in einer relativ blutleeren »Nun ja, einerseits … aber andererseits auch wieder«-Art von Rechtfertigung präsentiert. Das Problem dabei ist nur, dass man durch einen Fehler einen tödlichen globalen Krankheitserreger freisetzen kann.

An dieser Stelle wird der Artikel dann wirklich verrückt. Ich frage mich, wie heftig der Streit zwischen den Reportern (die scheinbar wirklich daran interessiert waren, dieser sehr wichtigen Frage auf den Grund zu gehen) und den Redakteuren der *New York Times* war.

Die Lage wurde durch neue Fragen dazu verkompliziert, ob die amerikanischen Regierungsgelder, die in Dr. Shis Forschungsarbeit geflossen sind, in Wahrheit eine umstrittene Gain-of-Function-Forschung finanzierten. Das Institut für Virologie Wuhan erhielt von der US-Regierung über eine amerikanische gemeinnützige Organisation namens EcoHealth Alliance etwa 600 000 Dollar an Zuschüssen. Die National Institutes of Health geben an, dieser gemeinnützigen Organisation keine Geldmittel bewilligt zu haben, die für die Durchführung von Gain-of-Function-Forschung an Coronaviren, die diese infektiöser oder tödlicher machen würde, gedacht waren.

In einer E-Mail-Antwort auf einschlägige Fragen behauptete Dr. Shi, dass sich ihre Experimente von Gain-of-Function-Forschung unterschieden, weil sie nie vorgehabt hätte, ein Virus gefährlicher zu machen, sondern vielmehr zu verstehen, wie es zwischen den Arten überspringen kann.

»Mein Labor hat nie Gain-of-Function-Forschung durchgeführt oder an Projekten mitgewirkt, die die Virulenz von Viren verstärken«, schrieb sie.[34]

In jeder anderen Situation wäre dies ein Eingeständnis gewesen: »Ja, zur Hölle, natürlich haben wir Gain-of-Function-Forschung gemacht!« Wie sonst sollte man die Behauptung interpretieren, dass »sich ihre Experimente von Gain-of-Function-Forschung unterschieden, weil sie nie vorgehabt hätte, ein Virus gefährlicher zu machen, sondern vielmehr zu verstehen, wie es zwischen den Arten überspringen kann«? Das hört sich für mich so an, als hätte sie alle notwendigen Maßnahmen ergriffen, das Virus leichter auf den Menschen übertragbar zu machen – aber nur, um zu sehen, ob es möglich wäre, und nicht, um das Virus tödlicher zu machen. Unausgesprochen bleibt allerdings, dass sie das Virus sehr wohl tödlicher gemacht haben könnte, auch wenn das vielleicht nicht in ihrer Absicht lag. (Das ist so, als würden Teenager einen Fußball im Haus herumschießen und bei der ersten zerbrochenen Lampe oder Fensterscheibe, um der Strafe zu entgehen beteuern: »Das wollten wir nicht!«) Manchmal reicht es schon aus, eine gefährliche Aktion zu starten, um daran schuld zu sein, wenn ein Unfall passiert.

Zu der Frage, wie viel Geld die Regierung der Vereinigten Staaten und Dr. Faucis National Institute of Allergy and Infectious Diseases an das Institut für Virologie Wuhan überwiesen haben, verweise ich auf diesen Artikel aus der *Newsweek* vom April 2020.

Doch erst vergangenes Jahr finanzierte das National Institute of Allergy and Infectious Diseases, die von Dr. Fauci geleitete Organisation, Wissenschaftler am Institut für Virologie Wuhan und in anderen Institutionen, um Gain-of-Function-Forschungen an Fledermaus-Coronaviren durchzuführen.

2019 stellten die National Institutes of Health mit Unterstützung des NIAID 3,7 Millionen Dollar für einen Zeitraum von 6 Jahren für Forschungsarbeiten bereit, die auch Gain-of-Function-Studien umfassten. Dieses Programm folgte auf ein früheres Fünfjahresprojekt in Höhe von ebenfalls 3,7 Millionen Dollar für die Sammlung und Untersuchung von Fledermaus-Coronaviren, das 2019 endete, womit sich die Gesamtsumme auf 7,4 Millionen Dollar beläuft.[35]

Mit solchen Informationen sollte eigentlich jeder Artikel anfangen, in dem es um Coronavirus-Todesfälle auf der ganzen Welt geht. Es müsste nur ein einziger Absatz sein, vielleicht so etwas wie die kollektiven Anmerkungen, die Elon Musk jetzt auf X/Twitter eingeführt hat.

Er würde etwa so lauten: »Obwohl es nicht bewiesen ist, vermutet jeder Mensch, der kein Idiot ist, dass die von Anthony Faucis National Institute of Allergy and Infectious Diseases genehmigte Forschung an Fledermaus-Coronaviren und die am chinesischen Institut für Virologie Wuhan durchgeführte Gain-of-Function-Forschung für den weltweiten Infektionsausbruch verantwortlich sind.« Der *Newsweek*-Artikel beschrieb diese Forschung in aller Deutlichkeit.

Das NIH-Forschungsvorhaben bestand aus zwei Teilen. Der erste begann 2014, umfasste die Überwachung von Fledermaus-Coronaviren und hatte ein Budget von 3,7 Millionen Dollar. Das Programm stattete Shi Zhengli, Virologin im Wuhan-Labor, und andere Forscher mit Geldmitteln aus, um Fledermaus-Coronaviren in freier Wildbahn zu untersuchen und zu katalogisieren. Dieser Projektabschnitt war 2019 abgeschlossen.

Die zweite Phase des Projekts begann im selben Jahr und umfasste zusätzliche Überwachungsaktivitäten, aber auch Gain-of-Function-Forschung, um zu verstehen, wie Fledermaus-Coronaviren so mutieren können, dass sie auf Menschen übergreifen. Das Projekt wurde von der

EcoHealth Alliance, einer Non-Profit-Organisation unter der Leitung von Präsident Peter Daszak – einem Experten für Krankheitsökologie – durchgeführt. Die NIH strichen dieses Projekt laut *Politico* erst am vergangenen Freitag, den 24. April. Daszak beantwortete bisher keine der *Newsweek*-Anfragen nach einem Kommentar.

Im Projektvorschlag steht: »Wir werden S-Protein-Datensequenzen, infektiöse Klon-Technologie, In-vitro- und In-vivo-Infektionsexperimente und Analysen der Rezeptorbindung einsetzen, um die Hypothese zu erproben, dass prozentuale Divergenzschwellen in S-Protein-Sequenzen das Spillover-Potenzial vorhersagen.«[36]

In dem Artikel wurde anschließend erklärt, dass sich der Begriff »Spillover-Potenzial« auf »die Fähigkeit eines Virus bezieht, von Tieren auf den Menschen überzuspringen«, und dass SARS-CoV-2 »geschickt an den ACE2-Rezeptor in der menschlichen Lunge und anderen Organen bindet«.[37]

Vermittelt dies einen ersten Eindruck von der Beziehung zwischen dem Institut für Virologie Wuhan und dem amerikanischen Gesundheitsapparat, in dem Anthony Faucis National Institute of Allergy and Infectious Diseases eine so zentrale Rolle spielt?

Denken Sie einmal an jemanden, mit dem Sie 6 Jahre lang zusammengearbeitet haben.

Aller Wahrscheinlichkeit nach haben Sie eine ziemlich enge Beziehung zu dieser Person, vor allem, wenn Sie für diese Beziehung um die halbe Welt reisen mussten.

Vielleicht ist es ja verständlich, warum Fauci nicht wollte, dass man in den USA zu viele Fragen über seine langjährige Beziehung mit den chinesischen Wissenschaftlern stellt, selbst wenn diese vielleicht Geheimnisse vor ihm hatten.

★★★

Wie ging Präsident Trump mit der Covid-19-Pandemie um?
Bemerkenswert schlecht.

Seine Instinkte waren gut, aber er hörte nicht auf sie. Im Endeffekt hörte er stattdessen auf das Establishment des Tiefen Staates, auf Leute wie Fauci, Alex Azar, den Chef des Ministeriums für Gesundheitspflege und Soziale Dienste, und Scott Gottlieb, den Leiter der Lebens- und Arzneimittelbehörde Food and Drug Administration (FDA). Die beiden Letzteren waren ehemalige Lobbyisten für die Pharmakonzerne.

Zu Beginn der Krise stand Trump den Informationen, die er von der Covid-19-Taskforce erhielt, durchaus skeptisch gegenüber. Deshalb erhielt Dr. Paul Alexander im April 2020 einen seltsamen Anruf. Alexander beriet damals die WHO und die Panamerikanische Gesundheitsorganisation PAHO, indem er Informationen über die Covid-19-Pandemie für sie zusammentrug; außerdem war er für die Infectious Diseases Society of America [dt. etwa: Amerikanische Gesellschaft für Infektionskrankheiten; Anm. d. Übers.] tätig.

Paul erinnert sich in seinem Buch *Presidential Takedown: How Anthony Fauci, the CDC, NIH, and the WHO Conspired to Overthrow President Trump*, das er zusammen mit Kent Heckenlively, dem Mitautor des vorliegenden Buches, verfasst hat, an diesen Anruf:

Meine Frau begrüßte den Anrufer und sagte dann ein paar Minuten gar nichts mehr. Ich fragte mich, ob irgendein Vertreter mit einer besonders guten Verkaufsmasche dran war, weil sie normalerweise bei einem solchen Anruf recht schnell auflegt – aber das war diesmal nicht der Fall.

Stattdessen sagte sie mit leiser Stimme: »Paul, da ist jemand dran, der sagt, dass er vom Weißen Haus und der US-Regierung oder in deren Auftrag anruft und mit dir sprechen möchte.«

Ich nahm ihr den Hörer aus der Hand und sagte: »Hier spricht Dr. Paul Alexander«, ohne das, was sie eben gesagt hatte, so recht zu glauben.

Der Mann, der im Namen des Weißen Hauses sprach, klang glaubwürdig, nannte seinen Namen und den Grund seines Anrufs und sagte dann: »Wir wissen von ein paar Dingen, die Sie öffentlich geäußert haben, und haben einige Ihrer jüngsten Studien zu verschiedenen Themen gelesen.

So ist jemand im Oval Office auf Sie aufmerksam geworden. Man möchte wissen, ob Sie daran interessiert wären, Teil der Regierung zu werden und mit am Tisch zu sitzen.«

»Macht ihr Witze?« fragte ich, weil ich immer noch nicht an die Echtheit dieses Anrufs glaubte.

»Nein, eigentlich nicht«, sagte der Mann am anderen Ende der Leitung. »Wir wollen wissen, ob Sie einen Platz am Tisch haben möchten. Wir haben über Sie recherchiert und festgestellt, dass Sie eine Bereicherung für die Regierung sein könnten. Sie sind vertrauenswürdig und haben eine technische Kompetenz, die wir schätzen. Wir wollen, dass Sie bei uns mitmachen.«

Ich halte es für wichtig, dass der Leser versteht, was ich als Nächstes sage, weil es meine Geisteshaltung zu Beginn meiner Tätigkeit für die Regierung am besten widerspiegelt.

»Wollen Sie damit sagen, dass man der Taskforce nicht trauen kann?«, fragte ich. Ich neige dazu, sehr unverblümt und brutal ehrlich zu sein, vor allem in solchen Situationen.

Am anderen Ende der Leitung gab es eine Pause. »Der Präsident will mehr Leute am Tisch haben, denen er vertrauen kann und die so kompetent wie möglich sind.«

»Also traut er der Taskforce nicht?«, fragte ich mit Nachdruck.

»So würde ich es nicht ausdrücken«, antwortete er. »Er hat nur das Gefühl, dass er mit den derzeitigen Mitgliedern der Taskforce nicht vollständig, richtig und optimal bedient ist. Wir wollen, dass andere Leute an den Sitzungen teilnehmen und ihre Erkenntnisse einbringen. Wenn wir uns alle einig sind, ist alles in Ordnung. Wenn nicht, dann müssen wir über die nächsten Schritte nachdenken. Also, sind Sie dabei?«[38]

Diese Textstelle weckt gemischte Gefühle in mir. Einerseits unterstreicht sie die Eigenschaften, die ich an Trump so schätzte, wie seine Bereitschaft, auch Leuten mit anderen Meinungen zuzuhören – manchmal sogar einer ganzen Reihe von Abweichlern, der gleichen Art von Patrioten, die dieses Land aufgebaut haben.

Andererseits ist er der Mann, der sich auf »15 Tage zur Verlangsamung der Verbreitung« einließ, aus denen dann jahrelange Lockdowns, Schädigungen von Kindern und die Zerstörung kleiner Unternehmen wurden. Er ist auch der Mann, der eine irre »Warp-Geschwindigkeit«-Impfstoffentwicklung genehmigte, aber dann nichts dagegen unternahm, dass die Establishment-Vertreter des öffentlichen Gesundheitswesens gegen Therapeutika vorgingen und damit Hunderttausende Amerikaner und Millionen Menschen auf der ganzen Welt umbrachten. Er ließ die Piraten und Abweichler mit am Tisch sitzen, schlug sich dann aber doch auf die Seite des Establishments.

So sehe zumindest ich das.

Ist es eine bloße Ausrede, wenn man in ihm einfach einen der Menschen in einem bestimmten Alter sieht, die Impfungen für eine Art »Wunderspritze« halten? War er jemand, der trotz aller Berichte über Impfschäden nicht den Mut zum Durchgreifen hatte und nicht untersuchen ließ, was diese Impfungen den Menschen antun?

Ich kenne Leute, die Trump trotz dieser eklatanten Schwäche weiterhin unterstützen, und andere, die ihn wegen seines Versagens bei Covid-19 nie wieder wählen wollen.

Ich verstehe beide Standpunkte und maße mir hier kein Urteil an.

Ich selbst bin mir wirklich unsicher, wie ich 2024 wählen werde.

Sicher bin ich mir jedoch, dass ich Ihnen weiterhin die Wahrheit erzählen werde, so wie ich sie sehe. Folgendes schrieb Dr. Alexander über das Schlangennest, in das Trump geraten war:

Sie – Dr. Fauci, Dr. Birx und die Technokraten des Tiefen Staates bei den CDC, den NIH, der FDA usw. – logen ihn über die Lockdowns an, belogen ihn, was die Therapeutika betraf, und erzählten ihm auch Lügen über die Impfstoffe. Sie belogen ihn alle miteinander täglich und verschworen sich, die Vereinigten Staaten unregierbar, unkontrollierbar, chaotisch, verzweifelt und zu einem einzigen Desaster zu machen. Das sagten mir Regierungsbeamte, die ich zur Bürokratie des Tiefen Staates zählen würde, ganz unverblümt. Sie, also Dr. Fauci, Dr.

Birx und andere, sorgten dafür, dass die Lockdowns lange dauerten sowie hart, schmerzhaft und zerstörerisch waren, damit man Präsident Trump die Schuld an ihnen geben konnte. Die durch die Lockdowns entstandenen Schäden und Todesfälle sind diesen Leuten zuzuschreiben.

Ich versuchte, die Taskforce über die mangelhaften Sicherheitsprüfungen der Impfstoffe aufzuklären, damit wenigstens Aufzeichnungen über das Verhalten aller Mitwirkenden erhalten blieben.

Aber niemand hörte mir zu.[39]

Alles daran liest sich sinnvoll und erscheint mir wahr. Trump war in einer schwierigen Lage, wahrscheinlich der schwierigsten, in der sich je ein Präsident befunden hat.

Jene Leute, die Trump nach wie vor mit dem Argument verteidigen, dass er in der Krise so gut wie möglich gehandelt habe, möchte ich nun über die nahezu absolute Kontrolle informieren, die Leute wie Anthony Fauci und Francis Collins über das wissenschaftliche Establishment hatten.

Die NIH erhielten im Haushaltsjahr 2020 41,6 Milliarden Dollar. 30,8 Milliarden Dollar dieses Betrags wurden als 56 [&] 169 neue und erneuerte externe Zuschüsse für verdienstvolle Projekte vergeben (ohne die Verträge für Forschung und Entwicklung). Diese Investition war um 1,3 Milliarden Dollar höher als im Haushaltsjahr 2019 (ein Anstieg von 4,4 Prozent), wobei 1157 Projektzuschüsse mehr erteilt wurden (2,1 Prozent Anstieg). Diese Zuschüsse wurden an 2650 Universitäten, Krankenhäuser und andere Organisationen in den USA und international vergeben.[40]

NIH-Direktor Dr. Francis Collins und Dr. Anthony Fauci, der Direktor des National Institute of Allergy and Infectious Diseases (und die bestbezahlte Person in der US-Regierung) standen mehr als 30 Milliarden Dollar jährlich zur Verfügung, die sie an ihre Freunde in der Wissenschaft verteilen konnten.

Damit kann man sich in der Wissenschaft ganz schön viel Einfluss erkaufen.

Zum Vergleich: Bei der Wahl des Jahres 2020 gaben beide politische Parteien zusammen nur 5,7 Milliarden Dollar aus, um einen US-Präsidenten ins Amt zu bringen.[41]

Collins und Fauci verfügten im Wesentlichen über einen Schmiergeldfonds, mit dem sie sich Einfluss in der Wissenschaft erkaufen konnten und der auf Jahresbasis mehr als fünfmal so hoch war wie der Betrag, den wir alle 4 Jahre für die Wahl eines Präsidenten der Vereinigten Staaten ausgeben.

Können wir wenigstens sagen, dass sich Dr. Francis Collins und Dr. Anthony Fauci während der Covid-19-Krise ehrenhaft verhalten und eine vernünftige wissenschaftliche Diskussion gefördert haben, vor allem im Hinblick auf abweichende Meinungen?

Nein, das können wir nicht.

Das wohl anschaulichste Beispiel für die eiserne Hand, mit der sie die Wissenschaft kontrollierten, war der Angriff von Collins und Fauci auf drei Forscher – Martin Kulldorff von der Harvard University, Sunetra Gupta von der University of Oxford und Jay Bhattacharya von der Stanford University. Diese drei hatten die Great-Barrington-Erklärung erstellt, in der sie die Auffassung vertraten, dass alle bisherigen Erkenntnisse für einen »gezielten Schutz« von Hochrisikogruppen wie älteren Menschen, chronisch Kranken und Übergewichtigen sprechen, dass aber der Rest der Bevölkerung, also gesunde Arbeiter und Angestellte sowie Kinder, sein normales Leben weiterführen sollte.

Die Redakteure des *Wall Street Journal* schrieben im Dezember 2021, als bekannt geworden war, dass Collins und Fauci gemeinsam versucht hatten, diese Experten kaltzustellen, in einer Stellungnahme:

Öffentlich forderten Anthony Fauci und Francis Collins die Amerikaner auf, »der Wissenschaft zu folgen«. Im stillen Kämmerlein versuchten die zwei beinahe heiliggesprochenen Regierungsbeamten des Gesundheitswesens aber, die abweichenden Meinungen von Spitzenwissenschaftlern zu unterdrücken. Das ist die besorgniserregende, aber zutreffende Schlussfolgerung aus E-Mails, die das American Institute for Economic

Research [eine libertäre Denkfabrik in Great Barrington, Massachu-setts; Anm. d. Übers.] vor Kurzem über den Freedom of Information Act [US-Bundesgesetz zur Informationsfreigabe; Anm. d. Übers.] erhalten hat.

Die Geschichte ereignete sich im Oktober 2020 nach der Veröffentli-chung der Great-Barrington-Erklärung, in der sich Martin Kulldorff (Harvard), Sunetra Gupta (Oxford) und Jay Bhattacharya (Stanford) gegen pauschale Pandemie-Lockdowns wandten. Sie sprachen sich für eine Politik des »gezielten Schutzes« von Hochrisikogruppen wie älteren Menschen oder solchen mit Vorerkrankungen aus. Tausende Wissen-schaftler unterzeichneten diese Erklärung – wenn sie überhaupt von ihrer Existenz erfuhren. Wir haben versucht, sie auf diesen Seiten darzustellen.[42]

In jedem anderen Fall hätte ein derartiger Angriff auf Wissenschaftlerkollegen dazu geführt, dass Fauci und Collins aus der Wissenschaftsgemeinde aus-geschlossen worden wären und ihre Namen für immer unter den größten Verrätern unserer Nation – gleich nach Benedict Arnold, dem Überläufer aus dem Unabhängigkeitskrieg – aufgeführt worden wären.

Doch mit 30 Milliarden Dollar im Jahr kann man sich in der Wissenschaft eine Menge Freunde kaufen.

Die Redaktionsleitung des *Wall Street Journal* drückte ihre Missbilligung für Fauci und Collins noch weiter aus:

Unsere Politiker setzten während der Pandemie jedoch nicht auf den gezielten Schutz von Pflegeheimen und anderen Hochrisikogruppen. Viel-leicht hätte sich die vorgeschlagene Strategie ohnehin nicht durchgesetzt, wenn eine Diskussion darüber möglich gewesen wäre. Aber es reicht kei-nesfalls aus, immer wieder zu sagen – wie Dr. Collins in der Sendung *Fox News Sunday* –, dass ihre Befürworter »Nebenfiguren in der Epidemio-logie sind, denen es an der nötigen Legitimation fehlt« und dass »Hun-derttausende gestorben wären, wenn wir diese Strategie verfolgt hät-ten«.

Mehr als 800 000 Amerikaner sind gestorben, weil ein Großteil des Landes die Strategie der Doktoren Collins und Fauci verfolgt hat. Und da sind die Kosten durch verlorene Existenzgrundlagen, geschlossene Unternehmen, unbehandelte Krankheiten, psychische Erkrankungen aufgrund von Isolation und die unermesslichen Qualen, wenn eine Familie einen geliebten Menschen allein sterben lassen muss, ohne sich von ihm verabschieden zu können, noch gar nicht eingerechnet.

Die Aufgabe von Gesundheitsbeamten besteht nicht darin, die öffentliche Meinung zu manipulieren, sondern ihre besten wissenschaftlichen Empfehlungen abzugeben. Sie sollten sich nicht wie Politiker oder Zensoren verhalten – und wenn sie das doch tun, verspielen sie damit das Vertrauen der Öffentlichkeit.[43]

Das kann ich nur vollinhaltlich unterschreiben.

Trump war wie ein Löwe, der von einem Rudel Wölfe eingekreist war.

Andererseits hat er sich uns immer als harter Hund verkauft, der alle Lügen durchschaut und das Richtige tut.

Covid-19 war der Hügel, auf dem ein seines Amtes würdiger Präsident hätte kämpfen und sterben müssen.

✳✳✳

Was war das Ergebnis unserer Lockdown-Politik?

Sie hat unseren Kindern geschadet. Dies geht aus einem Artikel der *New York Times* vom September 2022 über die Auswirkungen der Lockdowns auf amerikanische Schüler hervor.

Dieses Jahr – zum ersten Mal seit den 1970er-Jahren, als die National-Assessment-of-Educational-Progress[dt.: Nationale Bewertung des Bildungsfortschritts; Anm. d. Übers.]-Tests Schülerleistungen zu erfassen begannen – schnitten 9-Jährige schlechter in Mathematik ab, und die Leseleistung fiel so stark ab wie seit mehr als 30 Jahren nicht mehr.

Der Rückgang betraf fast alle Rassen und Einkommensschichten und war bei den leistungsschwächsten Schülern deutlich stärker. Während die leistungsstärksten im Neunziger-Perzentil nur einen moderaten Rückgang aufwiesen – drei Punkte in Mathematik –, sank der Wert bei Schülern im untersten Zehner-Perzentil um zwölf Punkte, war also viermal so hoch.

»Ich war bestürzt über Umfang und Ausmaß dieses Rückgangs«, sagt Peggy G. Carr, Leiterin des National Center for Education Statistics [dt.: Nationales Zentrum für Bildungsstatistiken; Anm. d. Übers.], der Bundesbehörde, die Anfang dieses Jahres die Tests durchführte. Getestet wurde eine bundesweite Stichprobe aus 14 800 9-Jährigen die Ergebnisse wurden dann mit denen derselben Altersgruppe von Anfang 2020, kurz vor dem Ausbruch der Pandemie in den Vereinigten Staaten, verglichen.[44]

Dabei wäre das alles nicht nötig gewesen. Eine im Juni 2020 in der Fachzeitschrift *Journal of the American Medical Association* veröffentlichte Studie beschrieb nicht nur ausführlich, dass sich relativ wenige Kinder mit dem Virus angesteckt hatten, sondern auch eine mögliche Erklärung für diese Tatsache.

Auf Kinder entfallen weniger als 2 Prozent der diagnostizierten Fälle der Coronavirus-Krankheit 2019 (Covid-19). Man nimmt an, dass das geringere Risiko für Kinder auf die unterschiedliche Expression des Angiotensin-konvertierenden Enzyms 2 (ACE2) zurückzuführen ist. Dabei handelt es sich um den Rezeptor, den das Schwere-akute-Atemwegssyndrom-Coronavirus Typ 2 (SARS-CoV-2) zum Eindringen in den Wirt nutzt. Wir haben die ACE2-Genexpression im Nasenepithel von Kindern und Erwachsenen untersucht.[45]

Den ACE2-Rezeptor einer Zelle stellt man sich am besten wie eine Blume vor, die geöffnet sein muss, damit eine Biene auf ihr landen und Nektar sammeln kann. Ist die Blume nicht erblüht, dann ist es für die Biene sinnlos, auf ihr zu landen, weil sie eben keinen Nektar sammeln kann.

Wenn man sich nun das SARS-CoV-2-Virus wie eine Biene vorstellt, die um den Körper schwirrt, dann sucht diese Biene keine Blüte, sondern eine Zelle mit einem aktiven und geöffneten ACE2-Rezeptor, der ihr Zugang zu der Zelle gewährt. Bei Kindern ist dieser ACE2-Rezeptor in den meisten Fällen nicht geöffnet. Aus diesem Grund waren Kinder im Großen und Ganzen nicht von der Infektion betroffen, und wenn sie erkrankten, waren ihre Symptome im Allgemeinen mild.

> Die Ergebnisse dieser Studie zeigen eine altersabhängige Expression von ACE2 im Nasenepithel, dem ersten Kontaktpunkt von SARS-CoV-2 mit dem menschlichen Körper. Um die Kovarianz bereinigte Modelle ergaben, dass der positive Zusammenhang mit der ACE2-Genexpression unabhängig vom Geschlecht und dem Vorliegen von Asthma ist. Eine geringere ACE2-Expression bei Kindern im Vergleich zu Erwachsenen könnte erklären, warum Covid-19 bei Kindern seltener vorkommt.[46]

Am einfachsten lässt sich diese Studie verstehen, wenn man davon ausgeht, dass Kinder im Allgemeinen nicht schwer an Covid-19 erkranken können, weil das Virus nicht in eine ausreichende Anzahl von Zellen eindringen und sich darin replizieren kann. Eine niedrige Viruslast im Körper bedeutet, dass das angeborene Immunsystem das Virus in der Regel recht schnell, meist innerhalb weniger Tage, beseitigen kann.

Inwieweit wirkte sich das Versagen, frühe Behandlungsmethoden einzuführen, auf die Hospitalisierungs- und Sterberate beim Vorliegen einer Covid-19-Infektion aus? In einem Artikel des Brownstone Institute, verfasst von Dr. Paul Alexander, Trumps ehemaligem leitenden Pandemieberater, wird diese Frage zu beantworten versucht:

> Schon sehr früh in der Pandemie häuften sich die Hinweise darauf, dass der Einsatz aufeinanderfolgender Mehrfacharznei-Therapeutika [sequenced multi-drug therapeutics; SMDT] unter ärztlicher Anleitung positive

Auswirkungen hatte und dass manche Medikamente sicher und wirksam waren. Wir beziehen uns hier auf zu einem neuen Zweck genutzte Therapeutika, die behördlich zugelassen sind und in einigen Fällen jahrzehntelang zur Behandlung anderer Krankheiten verwendet wurden.

Wir haben umfangreiche Behandlungsalgorithmen und -protokolle verfasst und publiziert sowie Belege für den Nutzen einer früh einsetzenden ambulanten Behandlung des SARS-CoV-2-Virus und der Folgeerkrankung Covid-19 vorgelegt. Mit hochgradig zielgerichteten und SMDT-Therapien, die eine frühzeitige Verabreichung antiviraler Medikamente in Kombination mit Corticosteroiden und Thrombozytenaggregationshemmern, Antithrombotika und Antikoagulanzien umfasst, lässt sich das Risiko einer Krankenhauseinweisung um 85–95 Prozent senken und das Sterberisiko bei Hochrisikopatienten und jüngeren Patienten mit schweren Symptomen eliminieren.

Covid-19 äußert sich entweder als leicht grippeähnlicher Zustand (asymptomatisch oder mit leichten Symptomen) oder bei Hochrisikopatienten als schwerere Erkrankung. Bei einem kleinen Teil der mit dem Covid-Virus infizierten Personen kommt es zu einem schwereren Krankheitsverlauf (typischerweise älteren Menschen mit Grunderkrankungen sowie fettleibigen oder jüngeren Menschen mit Grunderkrankungen/ Risikofaktoren). Die komplexe und mehrdimensionale Pathophysiologie einer lebensbedrohenden Covid-19-Erkrankung, einschließlich der durch das Virus verursachten Organschäden, des Zytokinsturms und der Thrombose, rechtfertigt eine frühzeitige Behandlung, um sämtliche Komponenten der Krankheit anzusprechen.[47]

Nach Angaben der Weltgesundheitsorganisation WHO gab es in den USA bis zum 7. Juni 2023 weltweit 6 941 095 Todesfälle durch Covid-19 und 767 750 853 gemeldete Erkrankungen.[48] Dr. Alexander behauptet zwar, dass eine frühzeitige Behandlung die Todesfälle im Wesentlichen eliminiert hätte – doch nehmen wir einmal die konservativste Zahl her, die er für die Vorteile einer frühzeitigen Behandlung angegeben hat, nämlich eine 85-prozentige Verringerung der

Krankenhausaufenthalte, und verwenden sie als Ersatz für die Verringerung der Todesfälle.

Daraus ergibt sich, dass eine frühzeitige Behandlung wahrscheinlich mindestens 5 899 930 Leben weltweit gerettet hätte; die Zahl der Todesfälle hätte sich somit auf 1 041 164 reduziert.

Und welches Ergebnis haben die Covid-19-Impfungen gebracht?

Viele Leute warfen die Frage auf, ob diese Impfungen zu einer höheren Übersterblichkeit führen – wie dieser BBC-Artikel vom 10. Januar 2023 mit dem Titel »Übersterblichkeit im Jahr 2022 so hoch wie nur selten in den vergangenen 50 Jahren«:

Im Jahr 2022 wurden in Großbritannien 650 000 Todesfälle registriert – 9 Prozent mehr als 2019.

Das ist eine der höchsten Übersterblichkeitsraten außerhalb der Pandemie in den vergangenen 50 Jahren.

Obwohl sie weit unter dem Höchststand der Pandemie liegt, wirft sie die Frage auf, warum mehr Menschen sterben als sonst. [...]

Covid tötet nach wie vor Menschen, ist aber mittlerweile an weniger Todesfällen beteiligt als zu Beginn der Pandemie. 2022 war Covid an etwa 38 000 Todesfällen beteiligt, gegenüber mehr als 95 000 im Jahr 2020.

Insgesamt gibt es immer noch mehr Todesfälle, als aufgrund der jüngeren Geschichte zu erwarten wäre.[49]

Natürlich wurde in dem BBC-Artikel vermutet, dass die Übersterblichkeit auf das Versäumen von Arztterminen zurückführen sei (was in einigen Fällen auch tatsächlich stimmen könnte), doch ich vermute, dass die Impfung einer großen Zahl von Menschen schadet, die derzeit noch gar nicht in die Berechnungen einbezogen sind.

Ich bin besonders fasziniert von der Untersuchung der Pfizer-Dokumente, die derzeit von Dr. Naomi Wolf angeführt wird. Dr. Wolf ist die Autorin von sieben landesweiten Bestsellern, war Teil der »dritten Welle« der feministischen Bewegung und arbeitete 1996 als Beraterin für Präsident Bill Clinton sowie bei den

Wahlen des Jahres 2000 für Vizepräsident Al Gore. Nach dem Jahr 2000 vollzog sie eine interessante politische Entwicklung und ergriff in vielen Fragen Partei der Konservativen, ohne jedoch ihre starken feministischen Überzeugungen aufzugeben. Sie finden ihre ausgezeichneten Artikel auf Substack unter dem Titel »Outspoken with Dr. Naomi Wolf« [dt. etwa: »Unverblümt mit Dr. Naomi Wolf«; Anm. d. Übers.]. Das sagte sie vor Kurzem bei einer Veranstaltung, wie Daily Clout berichtet:

»Eines, was Menschen seit Jahrtausenden tun können, ist Sex zu haben und Babys zu bekommen, ohne dass sich jemand einmischt oder ihnen helfen muss. Mit dieser großartigen Methode ist die Autonomie der menschlichen Rasse garantiert, weil sie so auch Katastrophen überleben kann. Nun wollen die Technikriesen und wahrscheinlich auch China uns das wegnehmen. Das geht deutlich aus den Pfizer-Dokumenten hervor.

Es gibt einen Abschnitt in den Pfizer-Dokumenten, in denen Pfizer die unerwünschten Nebenwirkungen aufschlüsselt und zu dem Schluss kommt, dass 72 Prozent davon Frauen betreffen. Und von diesen sind – O-Ton Pfizer – 16 Prozent ›Reproduktionsstörungen‹, im Vergleich zu 0,49 Prozent bei Männern. Sie konzentrieren sich also sehr auf die Reproduktion, vor allem die weibliche Fortpflanzungsfähigkeit.

Ich glaube, dass die versucht haben, vor allem die weibliche Fortpflanzung zu stören. Die Frage ist: Woher weiß ich das? Und die Antwort ergibt sich aus dem, worauf sie sich in ihrem Bericht konzentriert haben. Auch hier bin ich in erster Linie Literaturkritikerin, aber dies ist ein Kriminalroman, der die Frage stellt: Wie hindern wir Frauen daran, gesunde Kinder zu bekommen? Das ist die Story, die die Pfizer-Dokumente erzählen.« [...]

Dr. Wolf ging dann noch näher auf einige »super-sonderbare« Dinge in den Pfizer-Dokumenten ein, zum Beispiel »10-jährige Mädchen, die nach der ersten Impfdosis zu menstruieren begannen« oder »Frauen in ihren 80er- oder 90er-Jahren, die lange nach ihrer Menopause wieder zu bluten begannen, nachdem sie geimpft worden waren«.[50]

Es wird sicher Kritiker geben, die anzweifeln, dass der thematische Schwerpunkt der Pfizer-Dokumente einen Hinweis auf die Absichten des Pharmaunternehmens liefert – aber ich stimme mit Dr. Naomi Wolf darin überein, dass dies Teil einer Agenda zur Bevölkerungsreduktion sein könnte. Weiter unten in dem Artikel sagt sie:

»Jetzt schreiben wir also das Jahr 2023«, beklagt Dr. Wolf, da diese Fruchtbarkeitsprobleme zum Tragen gekommen sind. »Igor Chudov hat Datenbanken in Ländern auf aller Welt verglichen. In Europa fehlen 1 Million Babys.

Die sind nie zur Welt gekommen. In Schottland [gibt es] doppelt so viele Fehlgeburten und Spontanaborte, [und] die Zahl der Lebendgeburten ist weltweit um 13–20 Prozent zurückgegangen. In Tel Aviv [gibt es] zwei- bis dreimal so viele Spontanaborte und Fehlgeburten wie zuvor. Und jetzt wissen wir auch, warum. Jetzt kennen wir den Mechanismus, der dahintersteckt.

Das ist nicht nur ein Angriff auf uns. Es ist nicht nur Massenmord – übrigens der Ausdruck, an dem Ofcom [Office of Communications, die britische Medienaufsichtsbehörde; Anm. d. Übers.] Anstoß nahm –, sondern eine existenzielle Bedrohung. Und man muss es chronologisch betrachten. Ich bin sehr besorgt darüber, dass eine Quelle in England sagte, dass man diese Information für 20 Jahre sperren will. Was erwarten sie, das in 20 Jahren passiert sein wird?

Ich glaube, das ist nur die Spitze des Eisbergs. Uns [DailyClout/War Room Volunteers] liegen Berichte über Turbo-Krebs, Schlaganfälle sowie Leber- und Nierenschädigungen vor.

Ich will Sie nicht deprimieren, aber überall um Sie herum sind Menschen, die an Krankheiten leiden. Keiner ihrer Ärzte sagt ihnen, dass diese Krankheiten als Nebenwirkungen in den Pfizer-Dokumenten stehen und wir jetzt die Mechanismen verstehen.«[51]

Hätte ich je gedacht, dass ich einmal auf derselben Seite wie eine ehemalige Clinton- und Gore-Beraterin stehen werde, was die globale Entvölkerungsagenda angeht?

Nein. Aber ich freue mich, dass Dr. Wolf jetzt auf unserer Seite kämpft.

***

Muss ich hier wirklich etwas Nettes über den Alien-Roboterjungen Mark Zuckerberg schreiben?

Ich habe ja vorher bereits angeregt, beim Feind stets darauf zu achten, ob er auch nur einen einzigen Schritt aus der Dunkelheit ans Licht macht – also muss ich mich wohl selbst auch an diesen Rat halten, oder?

Am 9. Juni 2023 jammerte Mark Zuckerberg (der CEO von Facebook, jetzt Meta) im *Lex Fridman Podcast* über die Zensurentscheidungen, die er während der Covid-19-Lockdowns treffen musste. Eigentlich wollte ich ja noch lauter schreien, als ich das hörte, aber das ist vielleicht keine wirklich positive Reaktion. Ich lasse den Leser entscheiden.

> Der Facebook-CEO sagte, dass das medizinische Establishment oft schwankte, was seine Aussagen zum Thema Covid anbelangte, und von ihm verlangte, Material zu entfernen, das sich später als diskutabel oder wahr herausstellte.
>
> »Man denke nur an einige Themen rund um Covid zu Beginn der Pandemie, als es zwar echte gesundheitliche Folgen gab, aber noch niemand die Zeit gehabt hatte, eine ganze Reihe wissenschaftlicher Annahmen vollständig zu überprüfen«, sagte Zuckerberg.
>
> »Ich glaube, dass viele aus den Establishment-Kreisen in diesem Bereich hinsichtlich einer ganzen Reihe Fakten sehr wankelmütig waren und die Zensur zu etlichen Themen forderten, die sich im Nachhinein als diskutabel oder wahr herausgestellt haben. Solche Dinge sind auch wirklich schwierig, nicht wahr? Und sie untergraben im Endeffekt das Vertrauen.«[52]

Einerseits sollte ich mich darüber freuen, dass Zuckerberg zur Erkenntnis gelangt ist, dass das medizinische Establishment ihn belogen oder zumindest zweifelhafte Behauptungen aufgestellt hat, die nur eigenen finanziellen Interessen dienten. Aber andererseits habe ich in diesem Buch sowieso immer wieder betont, dass *niemand* die Macht haben sollte, die öffentliche Diskussion zu zensieren.

Es gab in der Menschheitsgeschichte nie eine Zeit, in der die Zensoren die Guten waren.

Die Aufgabe in jeder Gesellschaft besteht nicht darin, die Menschen einzuschränken, sondern die Macht der Regierung oder mächtiger Interessengruppen einzuschränken.

Gott hat den Menschen nach seinem Ebenbild geschaffen, nicht Konzerne, Behörden oder Aktivistengruppen.

Keiner hat sich in dieser Debatte wortgewandter geäußert als Robert F. Kennedy Jr., wie die Rede beweist, die er im November 2021 bei der vom Ron Paul Institute veranstalteten Konferenz zum Thema »Die Pandemie und der Weg in den Totalitarismus« hielt.

> Kennedy erzählte von der vor Kurzem durchgeführten Simulation Event 201, einer »Planübung«, bei der eine globale Pandemie simuliert wurde, die nahezu identisch mit Covid war. Die Veranstaltung fand im Oktober 2019 im Johns Hopkins Center for Health Security [dt.: Johns-Hopkins-Zentrum für Gesundheitssicherheit; Anm. d. Übers.] statt.
>
> Dr. Tom Ingelsby, der Direktor des Zentrums, leitete die Simulation. Bill Gates von der Bill-und-Melinda-Gates-Stiftung, Gesundheitsbeauftragte sowie Social-Media-Gruppen, große Pharmafirmen und Weltkonzerne oder deren Abgesandte nahmen daran teil.
>
> Kennedy sagte:
>
> »Was haben sie dort simuliert? Sie simulierten eine Pandemie, doch sie simulierten keine medizinische Reaktion auf diese Pandemie. Stattdessen simulierten sie eine militärische Reaktion. Die Frage war, wie man die fragliche Pandemie, vor allem bei diesem Event 201, dazu nutzen kann, eine weltweite Zensur zu verhängen. Genau das haben sie dort modelliert.«

Kennedy beschrieb CIA-Operationen und von Spitzenuniversitäten geleitete Programme zur organisierten Bewusstseinskontrolle, die früher an »entbehrlichen« Personen wie Militärangehörigen und Strafgefangenen durchgeführt wurden. Laut Kennedy werden dieselben Methoden bei den heutigen Lockdowns eingesetzt.

»Die wirksamste Technik, die sie übrigens immer und immer wieder einübten und die effektiver ist als körperliche Folter, war Isolation. […] Sie legten Leute in Isolationstanks, wo sie von allen äußeren Reizen abgeschottet waren, […] oder sperrten sie in Einzelhaft.

So kann man [Menschen] nach einer gewissen Zeit dazu bringen, dass sie fast alles tun, was man von ihnen verlangt. Es treibt sie in den Wahnsinn, weil wir soziale Tiere sind, soziale Wesen. Und wenn man das soziale Gefüge zerreißt, macht man Menschen verzweifelt, ängstlich und gehorsam, sodass sie jeden Befehl befolgen.«[53]

Wir sind dazu bestimmt, in Gemeinschaft mit anderen zu leben und unsere Gedanken und Gefühle mit ihnen zu teilen. Wenn Tyrannen die Gesellschaft steuern wollen, dann tun sie das, indem sie die Menschen voneinander trennen, Zwietracht zwischen ihnen säen und hoffen, dass sie sich selbst isolieren.

Lassen Sie sich bloß nicht von ihrer Droge der Spaltung einwickeln!

Jeder Mensch sollte laut und deutlich erklären, dass er sich auch abweichende Meinungen mit offenem Herzen und Verstand anhören wird, dass er gegebenenfalls auf jeden faktischen Fehler oder jede falsche Auslegung hinweisen wird, und dass er ohne Angst entscheiden wird, ob er die vorgebrachten Argumente für glaubhaft hält.

Die einzige Abhilfe für ein Argument, mit dem man nicht einverstanden ist, ist ein besseres Gegenargument.

***

Mehr als 3 Jahre nachdem Covid-19 unser Land in den Lockdown getrieben hat, begannen wir Informationen zu erhalten, die wir eigentlich schon in den ersten 3 Tagen hätten haben sollen – zum Beispiel die Namen der ersten drei infizierten Personen und was sie gemeinsam hatten, etwa eine Vorliebe für »Fledermaussuppe«.

In Wahrheit hatten sie aber nicht das gemeinsam, sondern ihren Arbeitsplatz: das Institut für Virologie Wuhan. Das folgende Zitat stammt aus der *New York Post* vom 13. Juni 2023:

> Wissenschaftler, die am Institut für Virologie Wuhan an neuartigen Coronaviren forschten, waren laut einem aktuellen Bericht die ersten Menschen, die an Covid-19 erkrankten.
>
> Zu den »Indexpatienten« gehörten Ben Hu, Ping Yu und Yan Zhu – Wissenschaftler, die am Institut an SARS-ähnlichen Viren forschten, wie die im Substack-Newsletter Public veröffentlichte Recherche der Journalisten Michael Shellenberger und Matt Taibi ergab.
>
> Die drei Wissenschaftler führten »Gain-of-Function«-Experimente durch, bei denen die Infektiosität erhöht wird und Pathogene verstärkt werden, um ihre Gefahren besser zu verstehen, als sie im Herbst 2019 erkrankten. Das erzählten mehrere US-Regierungsbeamte angeblich den Journalisten.[54]

Welche Folgen hätte es gehabt, wenn diese Information schon im März oder April 2020 bekannt geworden wäre? Die Welt wäre über den Ursprung des Virus richtig informiert worden, wir hätten einiges über gefährliche wissenschaftliche Praktiken erfahren, und Trump wäre wahrscheinlich im Weißen Haus geblieben. Und jeder Amerikaner hätte vom »China-Virus« gesprochen und damit recht gehabt.

Und wissen Sie auch, wer in diesem Fall garantiert nicht der offizielle Beauftragte in Sachen Covid-19 geworden wäre?

Anthony Fauci, der diese gefährliche Forschung genehmigt hatte.

Auch der Ruf sämtlicher Personen, die mit Fauci in Verbindung standen, hätte gelitten. Und wir hätten vielleicht eine wirksame Antwort auf das Virus gehabt, einschließlich des Einsatzes leicht zu verabreichender Therapeutika wie Hydroxychloroquin und Ivermectin, wodurch die Todesrate drastisch reduziert worden wäre.

War all das nur ein Schachzug, um sich den Rücken freizuhalten, oder steckte etwas wesentlich Übleres dahinter?

Kann man sich bei Massenmord darauf berufen, dass man »nur etwas geheim halten« wollte?

Ich werde diese Frage noch mit meinen Anwälten besprechen – aber ich lehne mich jetzt schon aus dem Fenster und behaupte, dass eine solche Verteidigung nicht zulässig ist.

Die Sache wird aber noch schlimmer, wie aus dem Artikel hervorgeht:

> 2019 verfassten Hu und Yu, zwei der mutmaßlich infizierten Wissenschaftler, gemeinsam eine Studie über die genetische Abstammung des SARSr-Coronavirus in Fledermäusen in ganz China, die sie untersucht hatten.
>
> Hu hatte unter der Virologin Shi Zhengli studiert, die wegen ihrer Forschungen zu SARS-ähnlichen Coronaviren, die von Fledermäusen stammen, auch als »Fledermausfrau von China« bekannt ist. Seit öffentlich wurde, dass sich der Ausbruch von Covid-19 in Wuhan ereignete, steht Zhengli im Zentrum der Kritik.
>
> »Ben Hu ist so etwas wie die nächste Shi Zhengli«, sagt Alina Chen, eine Molekularbiologin am Broad-Institut von MIT und Harvard, im Gespräch mit Public. »Er war ihr Musterschüler. Er hat chimäre SARS-ähnliche Viren hergestellt und diese in humanisierten Mäusen getestet. Wenn ich raten müsste, wer eine derart riskante Virusforschung betreibt und am meisten Gefahr läuft, sich versehentlich anzustecken, würde ich auf ihn tippen.«[55]

Das erinnert an die Szene im Filmklassiker *Casablanca*, in der Rick sagt: »Von allen Kaschemmen der ganzen Welt kommt sie ausgerechnet in meine.«

Reiner Zufall?

Von allen Leuten auf der ganzen Welt, die an Covid-19 erkranken, sind die ersten drei Wissenschaftler vom Institut für Virologie Wuhan, darunter auch der »Musterschüler« der »Fledermausfrau von China«. Und was sagt Shi zu diesem erstaunlichen Zufall?

Dr. Shi wies wiederholt die Behauptungen zurück, dass ihre Forschung oder die ihrer Studenten die verheerende Pandemie durch ein Leck im Labor verursacht hätten.

Sie bezeichnete die Behauptung, dass mehrere ihrer Kollegen vor dem Ausbruch der Pandemie an Covid-19-ähnlichen Symptomen erkrankt gewesen seien, als haltlos. In einem Interview, das die *New York Times* im Juni 2021 mit ihr führte, sagte sie, dass es in ihrem Labor keine Quelle des Virenstamms gegeben habe, der die Pandemie verursachte.

»Ich verstehe nicht, wie es so weit kommen konnte, dass eine unschuldige Wissenschaftlerin ständig mit Dreck beworfen wird«, schrieb sie in einer SMS.[56]

Die Schuld auf andere abzuwälzen mag in Rotchina funktionieren, doch im skeptischeren Westen fragen wir eben doch nach. Wir glauben ihre Dementis nicht, ebenso wenig wie die Dementis unserer eigenen Gesundheitsbehörden über den Ursprung des Virus, die Lockdowns, die Maskenvorschriften und die Sicherheit der Impfstoffe, die sie propagiert haben.

Haben wir es hier mit mächtigen Leuten zu tun, die böse oder dumm sind – oder vielleicht beides? Was sollen wir in einem Umfeld, wo so vieles vor der Allgemeinheit verborgen wird, darüber denken, was wirklich hinter den Kulissen passiert? Handelt es sich um ein Programm zur Bevölkerungsreduktion?

Ich empfehle, in Ermangelung von Beweisen sicherheitshalber das Schlimmste über diese äußerst mächtigen Kräfte anzunehmen.

Zumindest aber ähneln diese Wissenschaftler allem Anschein nach Kindern, die auf globaler Ebene mit Streichhölzern und Benzin spielen und hoffen, dass sie nicht den ganzen Planeten abfackeln werden.

***

Was bedeutet das alles für uns und unsere Zukunft?

Ich glaube, dass wir nichts Geringeres als einen großen Krieg hinter uns haben, und obwohl es hohe Verluste gab, gab es auch Siege. Ich verweise auf eine

Umfrage des Meinungsforschungsinstituts Pew Research Center aus dem Jahr 2022 als Beleg für diese Ansicht.

> Insgesamt geben 29 Prozent der befragten Erwachsenen in den USA an, dass sie großes Vertrauen in Mediziner haben, im Interesse der Öffentlichkeit zu handeln; das sind weniger als die 40 Prozent, die dies noch im November 2020 sagten. Auch der Anteil derer, die großes Vertrauen in Wissenschaftler haben, im Interesse der Öffentlichkeit zu handeln, ist laut einer neuen Umfrage des Pew Research Center um 10 Prozentpunkte (von 39 auf 29 Prozent) gesunken. [...]
>
> Wissenschaftler und Mediziner sind nicht die einzigen Gruppen und Institutionen, deren Vertrauenswerte im vergangenen Jahr gesunken sind. Der Anteil der Amerikaner, die angeben, dass sie großes Vertrauen in das Militär haben, im Interesse der Öffentlichkeit zu handeln, fiel von 39 Prozent im November 2020 auf 25 Prozent in der aktuellen Umfrage. Und der Anteil der Amerikaner, die großes Vertrauen in Schuldirektoren und Polizisten haben, ist ebenfalls gesunken (um 7 beziehungsweise 6 Prozentpunkte). [...]
>
> Das Vertrauen der Allgemeinheit in Journalisten, Wirtschaftsführer und gewählte Beamte ist nach wie vor geringer, obwohl selbst das öffentliche Vertrauen in diese Gruppen zum Negativen tendiert. Vier von zehn Befragten geben an, dass sie Journalisten und Wirtschaftsführern hohes oder ziemlich hohes Vertrauen entgegenbringen, dass sie im Interesse der Öffentlichkeit handeln; sechs von zehn sagen hingegen, dass sie diesen Gruppen nicht allzu viel oder gar kein Vertrauen entgegenbringen. Die Vertrauenswerte für gewählte Beamte sind besonders negativ: 24 Prozent der Befragten geben an, dass sie gewählten Beamten hohes oder ziemlich hohes Vertrauen entgegenbringen, verglichen mit 76 Prozent, die sagen, dass sie ihnen nicht allzu viel oder gar kein Vertrauen entgegenbringen.[57]

Ordnen wir diese Ergebnisse richtig ein. Die aufmerksamen Bürger (60–76 Prozent) vertrauen weder Wissenschaftlern, Medizinern, dem Militär, Schuldirektoren, Journalisten, Wirtschaftsführern noch gewählten Beamten.

Bei einer Wahl würde man das als Erdrutschsieg bezeichnen.

Die einzigen Menschen, die diesen Gruppen vertrauen, sind entweder unheilbar dumm (wahrscheinlich, weil sie an Eliteunis studiert haben oder wegen ihrer langjährigen Abhängigkeit von der *New York Times*, CNN oder der *Washington Post*) oder aber Zeitgenossen, die in den vergangenen 10 Jahren hinterm Mond gelebt haben.

Wir sind in der Mehrheit.

Als Trump 2016 gewählt wurde, brachte wahrscheinlich ein Drittel der Leute, die mich in der Öffentlichkeit ansprachen, eine Kritik oder einen negativen Kommentar über meine Unterstützung von Trump oder eine meiner Wahlbeobachtungen vor.

In den vergangenen Monaten, obwohl ich immer noch häufig in die Öffentlichkeit gehe, habe ich meiner Erinnerung nach nicht einen einzigen negativen Kommentar gehört. Die Leute, die mich ansprechen, sind schwarz, weiß, asiatisch, schwul, heterosexuell etc. Sie tragen einen Bürstenhaarschnitt, lange Haare, Tätowierungen, rosa oder blaue Haare – und alle sagen mir, wie sehr sie mich schätzen, oder dass sie mich früher für verrückt hielten, aber jetzt zu dieser Erkenntnis gekommen sind.

Wir haben im Covid-19-Krieg zweifellos hohe Verluste erlitten, aber diese Verluste haben vielen Menschen die Augen geöffnet.

Lassen Sie sich nicht einreden, dass wir im Begriff sind, zu verlieren.

Das war ein Marathonkrieg, und obwohl wir manche Schlachten verloren haben, waren wir in vielen anderen siegreich.

Ich glaube, dass wir uns in Zukunft nie wieder versklaven lassen werden.

Zu viele von uns sind wach.

★★★

Als ich das vorliegende Buch am 27. Juli 2023 fertigstellte, erschien auf NBC News der folgende Artikel über ein chinesisches Geheimlabor im kalifornischen Fresno County:

> Lokale und bundesstaatliche Behörden untersuchten monatelang ein Lagerhaus in Fresno County, Kalifornien, in dem sie ein illegales, nicht lizensiertes Labor voller Labormäuse, medizinischer Abfälle und gefährlicher Materialien vermuteten.
>
> Wie aus Gerichtsdokumenten hervorgeht, wurden in dem Lagerhaus Hunderte von Mäusen unter völlig inakzeptablen Bedingungen gehalten. Die Stadt beschlagnahmte die Tiere im April und musste 773 von ihnen einschläfern lassen; mehr als 175 Mäuse konnten nur mehr tot aufgefunden werden.
>
> Die Centers for Disease Control and Prevention testeten die beschlagnahmten Substanzen und stellten fest, dass sich darunter mindestens zwanzig potenzielle Infektionserreger wie Coronavirus, HIV, Hepatitis und Herpes befanden, wie aus einem Schreiben des Gesundheitsministeriums vom 6. Juni hervorgeht. [...]
>
> »Bei den anderen Adressen, die man autorisierten Agenten, die sich ausgewiesen hatten, angegeben hatte, handelte es sich um leere Büroräume oder Adressen in China, die nicht überprüft werden konnten«, so die Gerichtsdokumente.[58]

Und Sie haben vielleicht gedacht, Sie müssten sich nur über geheime Biolabors in China oder möglicherweise in der Ukraine Sorgen machen. Nein – auch in Ihrer Stadt oder im nächsten Landkreis könnte es ein von Chinesen oder vielleicht sogar unseren Geheimdiensten betriebenes Biolabor geben, von dem Sie erst dann erfahren werden, wenn etwas schiefgeht.

Die Kabale der verrückten Wissenschaftler muss aufgelöst und in eine Kraft umgewandelt werden, die der Menschheit dient, statt ihre Zerstörung zu planen.

Kapitel 11

Wie man seine Seele an Hollywood (und wahrscheinlich die CIA) verkauft

---

Dies ist das vielleicht verstörendste Kapitel des gesamten Buches.

Ich würde verstehen, wenn manche Leute es überspringen wollen, weil sie ihren Verstand nicht unbedingt an jeden finsteren Ort führen wollen.

Doch als christlicher Mann, der nach bestem Wissen und Gewissen die Wahrheit spricht, wäre es ein schweres Versäumnis von mir, dieses Kapitel nicht zu schreiben.

Als ich in die Medienbranche einstieg und versuchte, dort meinen Weg zu machen, war ich ein unschuldiger Mensch, wie so viele andere auch. Ich wollte wahrgenommen werden. Sobald ich einen gewissen Bekanntheitsgrad erlangt hatte, traf ich mich mit Leuten, die in der Nahrungskette weiter oben standen als ich.

Eine der Persönlichkeiten, die ich relativ früh kennenlernte, war der Kinoregisseur Richard Linklater, wie ich ein Texaner. Er ist wahrscheinlich am bekanntesten dafür, dass er den jungen Matthew McConaughey für seinen Film *Confusion – Sommer der Ausgeflippten* engagiert hat, in dem es um die Subkultur der Highschool-Kiffer geht. Rick ist ein toller Typ und kein Teil Hollywoods. Ich durfte in zwei seiner Filme mitspielen: *Waking Life* (2001) und *A Scanner Darkly – Der dunkle Schirm* (2006) mit Keanu Reeves, Robert Downey Jr., Woody Harrelson und Winona Ryder. Wenn Sie wissen wollen, wie wenig ich mich im Laufe der Jahre geändert habe, dann lesen Sie meinen

Monolog aus *Waking Life* im Jahr 2001, kurz nach Beginn der Präsidentschaft von George W. Bush:

»Gegen das Establishment kommt man nicht an.« »Tod und Steuern«. »Über Politik und Religion diskutiert man nicht.« Diese Slogans sind doch dasselbe wie Feindpropaganda, die über eine Streikpostenkette hinwegrollt. »Waffen weg, Soldat! Waffen weg!« Wir haben es das ganze 20. Jahrhundert hindurch gesehen. Und heute, im 21. Jahrhundert, sollten wir endlich aufstehen und begreifen, dass wir NICHT zulassen dürfen, dass man uns in dieses Rattenlabyrinth sperrt. Wir dürfen uns der Entmenschlichung nicht UNTERWERFEN. Ich weiß nicht, wie ihr das seht, aber ich mache mir Sorgen über das, was auf der Welt passiert.

Ich mache mir Sorgen über die Struktur. Ich mache mir Sorgen über die Kontrollsysteme. Über die, die mein Leben kontrollieren, und die, die es NOCH MEHR kontrollieren wollen. Ich will FREIHEIT! Das ist es, was ich will, und das ist es, was auch IHR wollen solltet.

Es liegt an jedem Einzelnen von uns, sich zumindest teilweise von Gier, Hass, Neid und ja, auch von Unsicherheit zu befreien. Diese Gefühle stehen nämlich im Mittelpunkt der Kontrolle. Sie wollen, dass wir uns klein und erbärmlich fühlen, damit wir bereitwillig unsere Souveränität, unsere Freiheit und unsere Bestimmung aufgeben. Wir MÜSSEN erkennen, dass wir massenhaft konditioniert werden.

Fangt an, diesen kommerziellen Sklavenstaat herauszufordern. Das 21. Jahrhundert wird ein neues Jahrhundert sein. Nicht das Jahrhundert der Sklaverei, nicht das Jahrhundert der Lügen und bedeutungslosen Themen und all der anderen Kontrollmethoden. Es wird das Zeitalter der Menschheit sein, die sich für etwas REINES und RICHTIGES einsetzt! Was für ein Haufen Müll: Liberale, Demokraten, Konservative, Republikaner – sie sind alle nur da, um euch zu kontrollieren, zwei Seiten derselben Medaille. Zwei Managementteams, die sich um den Posten des Chefs bei der Sklaverei GmbH reißen!

Die Wahrheit liegt da draußen, direkt vor euch, aber sie präsentieren euch ein Buffet aus LÜGEN. Ich habe es SATT und ICH WERDE KEINEN BISSEN DAVON RUNTERSCHLUCKEN! VERSTEHT IHR? Widerstand ist NICHT zwecklos! Wir werden gewinnen. Die Menschheit ist zu gut. WIR SIND KEIN HAUFEN VON VERSAGERN, WIR WERDEN AUFSTEHEN UND WIR WERDEN MENSCHEN SEIN!

WIR WERDEN UNS FÜR DIE WIRKLICHEN DINGE BEGEISTERN! DIE DINGE, AUF DIE ES ANKOMMT – KREATIVITÄT UND DEN DYNAMISCHEN MENSCHLICHEN GEIST, DER SICH WEIGERT, SICH ZU UNTERWERFEN! Das war alles, was ich sagen wollte. Jetzt liegt die Entscheidung bei euch.[1]

Das macht nicht den Eindruck, als hätte ich mich in den letzten paar Jahren stark verändert, oder? Diese Rede stammt aus der Zeit, als mich die Linke noch richtig liebte.

A Scanner Darkly – Der dunkle Schirm kam 2006 in die Kinos, also nach 9/11 und den massiven Eingriffen in die bürgerlichen Freiheiten durch den Patriot Act [dem nach den Anschlägen vom 11. September 2001 in den USA erlassenen Anti-Terrorismus-Gesetz; Anm. d. Übers.]. Der Film wurde nach einem dystopischen Roman von Philip K. Dick gedreht, der in der nahen Zukunft in einer Welt aus Drogen, Paranoia und Überwachung spielt. Die Handlung drehte sich um einen Anzug, der seinen Träger unsichtbar für jede staatliche Überwachung macht. In der Geschichte war ein Viertel der Bevölkerung drogenabhängig, was der Regierung eine Rechtfertigung dafür lieferte, gegen ihre Bürger vorzugehen.

So konnte ich in Hollywood ein wenig Fuß fassen, da viele meine Arbeit als Anklage gegen George W. Bushs Patriot Act und den globalen Krieg gegen den Terror betrachteten, was sie ja auch war. Im Jahr 2005 galt ich als links, und der Schauspieler Emilio Estevez wurde auf eine meiner Antikriegsdokus, *Martial Law 9/11: Rise of the Police State*, [dt. etwa: »Kriegsrecht 9/11– der Polizeistaat erhebt sein Haupt«; Anm. d. Übers.] aufmerksam. Er erzählte seinem Bruder Charlie Sheen und ihrem gemeinsamen Vater Martin Sheen davon. Charlie Sheen rief mich an und sagte: »Würden Sie nach Kalifornien kommen?« Ich sagte zu. Sie interessierten sich am meisten dafür, dass ich öffentlich diverse Aspekte der 9/11-Story infrage stellte, vor allem den Einsturz von Gebäude 7.[2] Dieses Video wurde ein paar Hundert Millionen Mal gesehen. Ich hatte mich bereits mit George W. Bush angelegt, als er noch Gouverneur von Texas war. Als er dann Präsident wurde, warf ich Fragen zu 9/11, dem Krieg gegen den Terror und den Plänen der Neocons auf, in Länder im gesamten Nahen Osten einzumarschieren. Ihr Anführer dabei war Vizepräsident Dick Cheney, den ich für einen der niederträchtigsten Männer hielt, die je eine höhere Position in diesem Land innehatten.

Als ich in Martin Sheens Haus in Malibu eintraf, wurde ich von ihm und seiner Frau herzlich begrüßt. Martin startete meine Antikriegsdoku, damit wir sie uns gemeinsam ansehen konnten. Schon in den ersten paar Minuten sagte er mir, wie sehr er meine Arbeit schätze. Für Schmeicheleien bin ich genauso anfällig wie jeder Mensch – und hier wurde ich gerade vom Hauptdarsteller eines meiner Lieblingsfilme, *Apocalypse Now*, gelobt. Sheen hat auch Josiah Bartlett, den fiktiven Präsidenten der Vereinigten Staaten in der mit zahlreichen Emmys ausgezeichneten Serie *The West Wing – Im Zentrum der Macht*, großartig verkörpert. Mein Besuch bei ihm war also ziemlich aufregend für mich.

Nach etwa einer halben Stunde trafen der Schauspieler Anthony Hopkins sowie die beiden Söhne von Sheen, Charlie und Emilio Estevez, ein. Sie alle setzten sich zu uns, um meinen Dokumentarfilm anzuschauen, und lobten mich dafür, als wäre ich die Ballkönigin.

Aus irgendeinem Grund schien mich Charlie Sheen sehr zu mögen und lud mich ein, noch einmal nach Kalifornien zu fliegen und in seinem Haus zu wohnen. Damals war Charlie mit der Schauspielerin Denise Richards zusammen und nahm noch keine Drogen, war aber Kettenraucher.

Hollywood ist in Wirklichkeit so etwas wie ein kleiner Privatklub, zu dem ich durch die Familie Sheen Zutritt erhielt. Später ließ mich Charlie also nach Kalifornien fliegen und in seinem Haus wohnen. Als ich dort war, sagte er einmal: »Hey, Alex, ich will was von Taco Bell. Fahr mit meinem Porsche den Berg runter und hol mir was zu essen.« Ich nahm den Porsche, aber das verdammte Ding hatte so viel PS unter der Haube, dass ich Angst bekam und auf halber

Strecke umkehrte. Er schaute verwirrt, weil ich so schnell wieder da war, also sagte ich: »Lass mich ein anderes Auto nehmen, mit dem kann ich nicht fahren, weil es mich sonst umbringt.«

Später trat Charlie in meiner Sendung auf und sorgte für einige Kontroversen um seine Person.[3] Er war immer gut zu mir, und ich versuchte im Laufe der Jahre (nicht besonders erfolgreich), ihn wegen einiger seiner Probleme zu beraten.

Da ich neu in Hollywood war (Frischfleisch), zeigten mir ein paar Leute, was sich hinter den Kulissen abspielte und wie die Dinge dort wirklich liefen, aber die Sheens waren bei alldem nicht dabei. Zu diesem Zeitpunkt kannte ich bereits viele prominente Hollywoodpersönlichkeiten und bekam Zugang zu einigen der Spitzenschauspieler. Und mir gefiel nicht, was ich dort sah. Es war noch schlimmer als die Gerüchte, die ich gehört hatte.

Einmal ging ich mit Buzz Aldrin, dem zweiten Menschen auf dem Mond, essen. Er erzählte mir alles über Außerirdische auf dem uns nächsten Himmelskörper, über unsere geheimen Basen und Obelisken, von denen die Allgemeinheit nichts erfahren hatte. Etwas anderes, was mir damals seltsam vorkam, war Aldrins Behauptung, dass wir wussten, dass es Wasser auf dem Mond gab – doch wir wollten es den Indern überlassen, das offiziell zu entdecken. Und im Jahr 2009 passierte dann genau das, wie *The Guardian* berichtet:

Eine indische Raumfahrtmission behauptet, Wasser auf dem Mond gefunden zu haben. Das weckt die Hoffnung, dass dort innerhalb der nächsten 2 Jahrzehnte eine bemannte Basis errichtet werden könnte.

Bisher war man davon ausgegangen, dass der Mond trocken sei, doch laut den von der indischen Mission Chandrayaan-1 gesammelten Daten soll es eindeutige Beweise für das Vorhandensein von Wasser geben, das sich offenbar an den Polen konzentriert und möglicherweise durch den Sonnenwind entstand.

Außerdem scheint sich nach wie vor Wasser auf dem Mond zu bilden, was es noch wahrscheinlicher macht, dass dort einmal Menschen leben könnten. Wissenschaftler hoffen, dass Astronauten eines Tages nicht nur dieses Wasser trinken, sondern aus ihm auch Sauerstoff zum Atmen und Wasserstoff als Treibstoff gewinnen können.[4]

Ich weiß noch, dass ich 2009 auf einem Flughafen die Zeitungsschlagzeile über Wasser auf dem Mond sah, das Blatt kaufte und den Artikel las. Damals dachte ich: *Das ist doch absoluter Schwachsinn. Laut Aldrin unterhalten wir dort oben ja bereits Stützpunkte.* Ich bin kein großer Experte für Außerirdische (das ist eher Joe Rogans Thema als meines), aber ich habe ein ziemlich gutes Gespür für Schwachsinn.

Sooft ich Ufologen wie Dr. Steven M. Greer zu Gast in meiner Sendung hatte, beeindruckten mich diese Leute mit ihrer Gründlichkeit und Sorgfalt, wenn es darum ging, zwischen dem zu unterscheiden, was sie wussten, und dem, was sie nur vermuteten. Würde man mich mitten in der Nacht aufwecken und fragen, ob ich Angst vor Außerirdischen habe, dann würde ich antworten, dass mir menschliche Monster viel mehr Angst einjagen als Aliens – und dann würde ich mich umdrehen und weiterschlafen.

Ich lernte alle möglichen anderen Hollywoodtypen kennen, trat in Fernsehsendungen auf und machte ein paar Reality-TV-Shows über Verschwörungen. (Dabei fiel mir das Muster auf, dass die Seite, die sich gerade nicht an der Macht fühlt, viel eher bereit ist, Verschwörungs- oder Korruptionstheorien in Betracht zu ziehen.) Die Linke *liebte* das, was ich über den Patriot Act und den Krieg gegen den Terror zu sagen hatte, als Bush noch im Amt war (und es gefiel ihr viel weniger, nachdem Barack Obama Präsident geworden war.) Einige der neuen Leute, die ich kennenlernte, begannen mir zu erzählen, wie die Macht in Hollywood wirklich strukturiert ist.

»Du hältst Hollywood für cool?«, sagten sie. »Pass auf: Es gibt drei Gruppen hier. Die erste sind die Leute, die hierher kommen, um Geld zu verdienen und zu versuchen, außerhalb des Systems zu leben. Die zweite sind die Scientologen. Und die dritte sind die okkulten CIA-Teufelsanbeter. Es gibt da alle möglichen Kulte, aber sie gehören irgendwie alle der umfassenden CIA-Gruppierung an. Einige von denen kennzeichnen ihre Frauen sogar durch Brandzeichen auf dem Bauch.« (Das war, lange bevor irgendjemand vom NXIVM-Sexkult gehört hatte,

NXIVM

den Keith Raniere 1998 gründete.[5]) Man erzählte mir auch, dass es Inseln gibt, auf die man Politiker und Wissenschaftler einlädt, damit sie dort Sex mit minderjährigen Mädchen haben, und sie dann damit zu kompromittieren versucht. Und diese Inseln wurden von unserer CIA, dem britischen Geheimdienst MI6 und dem israelischen Mossad betrieben. Ich habe diese Geschichte von vielen Entertainern, bekannten Musikern und anderen Leuten gehört, und sie war der Grund, warum viele von ihnen aus der Branche ausgestiegen sind.

Doch Sex war nur der Anfang.

In Wahrheit wollten diese mächtigen Institutionen prominente Persönlichkeiten dazu bringen, sich dem Teufel zu verschreiben.

Mein guter Freund Mark Dice äußerte sich öffentlich über einen Vorfall, bei dem er aufgefordert wurde, ein solches Gelöbnis abzulegen. Dice war in Hollywood erfolgreich, weil er ein witziger Typ ist, und bekam von der größten Reality-TV-Gruppe das Angebot einer großen Sendung. Der Leiter des Unternehmens nahm Mark in ein Büro mit und sagte zu ihm: »Mark, wir möchten, dass Sie sich zu Satan bekennen.«

»Aber ich bin Christ«, antwortete Mark.

Der Unternehmensboss machte eine abfällige Geste. »Wir wissen, dass Sie das von sich behaupten. Aber lassen wir das hinter uns.«

»Soll das ein Witz sein?«, fragte Mark.

»Nein, ich meine es todernst«, antwortete der Firmenchef.

Daraufhin ließ Mark ihn sitzen und ging.

Mich hat niemand aufgefordert, mich dem Teufel zu verschreiben. Aber ich habe Angebote bekommen, die meiner Meinung nach darauf abzielten, dass mir diese Frage irgendwann gestellt wird.

Einmal hatte ein hochrangiges Mitglied der Kissinger-Gruppe aus New York ein Treffen mit mir und meinem Produzenten John Harmon. Er sagte: »Wir wollen, dass Sie für uns arbeiten. Wir möchten, dass Sie nächste Woche nach New York kommen. Wir haben nur ein paar Tausend Leute in unserer Superklasse, aber wir wollen, dass Sie dazustoßen. Dann werden Sie im Prinzip die populistische Freiheitsbewegung anführen. Sie werden mit am Tisch sitzen, müssen aber tun, was wir Ihnen vorschreiben. Natürlich werden Sie auch bis zu einem gewissen Grad mitreden dürfen. Sie haben also die Wahl: Entweder Sie führen Ihren eigenen Kreuzzug an, und wir sorgen dafür, dass Sie scheitern, oder Sie machen bei uns mit.«

All das äußerte der Mann ganz unverblümt. Das ist ja auch die bekannte Masche: Du wirst mehr Macht haben, als du dir je vorstellen konntest, aber du wirst unter unserer Kontrolle stehen. Es ist nicht allzu viel Grips nötig, um zu begreifen, dass einem hier ein Teufelspakt vorgeschlagen wird.

Ein anderes Mal bot mir eine hohe Führungskraft 10 Millionen Dollar Jahresgehalt für eine Sendung und mehrere Bücher im Jahr an. Er sagte: »Sie kommen einfach und machen die Sendung. Aber wir kontrollieren, was Sie tun.«

Als er gerade sein Verkaufsgespräch mit mir führte, spazierte seine Frau in das Luxusbüro des Managers – eine superschöne Frau natürlich, das dürfte auch der Sinn ihres Auftritts gewesen sein. Der Typ schaute seine Frau an, dann mich und sagte: »Ich habe gehört, dass Sie sich gern amüsieren. Wollen Sie mit meiner Frau schlafen? Sie findet Sie heiß. Was muss ich tun? Sex mit meiner Frau vor oder nach der Vertragsunterzeichnung? Muss ich vor Ihnen auf die Knie fallen und Sie anflehen, diesen Vertrag zu unterschreiben?«

Dazu muss ich anmerken, dass die besagte Vorgehensweise – auf die Knie fallen und einen anflehen – eine bei diesen Leuten verbreitete Taktik ist. Einmal trug mir ein berühmter CIA-Mann ein ähnliches Ansinnen vor (allerdings ohne willige Ehefrau) und bot mir an, auf die Knie zu fallen und mich anzuflehen, den von ihm offerierten Vertrag zu unterzeichnen. Ich schätze, der Gedanke dahinter ist, dass man sich mächtig fühlen soll, wenn jemand vor einem auf den Knien herumrutscht. Aber man merkt schnell, das das nur ein Trick ist, um dir das Geschirr anzulegen, als wärst du ein Ackergaul. Du bist wie eine seltene Briefmarke, die sie unbedingt in ihrer Sammlung haben wollen. Wenn sie sehen, dass du auf dem Weg nach oben bist, machen sie dir ihr Angebot, damit sie dich in der Tasche haben, wenn du populär wirst.

Vielleicht glauben Sie ja Alex Jones nicht, wenn er Ihnen über die CIA in Hollywood erzählt … aber wie wäre es, wenn die Story vom Oscar-preisgekrönten Regisseur und Schauspieler Ben Affleck kommt?

Affleck inszenierte 2012 den Film *Argo*, in dem er auch die Hauptrolle spielt. Der Streifen erzählt die wahre Geschichte eines CIA-Unternehmens im Jahr

1980, bei dem einige unserer Geiseln aus dem Iran gerettet werden sollten, indem man sie als Teil eines angeblichen Hollywoodfilmteams aus dem Land schmuggelte. (Meine Informanten haben mir auch berichtet, dass die CIA immer wieder ein paar Spione in Filmteams einschleust, wenn diese in Ländern drehen, die für unsere Geheimdienste von Interesse sind.) Ein Artikel auf BBC News berichtete über den Film und die wahre Geschichte dahinter:

> Ben Afflecks Film *Argo* erzählt die bizarre Geschichte, wie die CIA 1980 – mit kanadischer Hilfe – eine Gruppe von Amerikanern aus dem Iran befreite, die einer von Demonstranten gestürmten US-Botschaft entkommen waren.
>
> Der Film, der sieben Oscarnominierungen erhielt, darunter eine für den besten Film, basiert auf wahren Begebenheiten. Aber wie viel davon ist Fiktion?
>
> Als Mark Lijek Teheran als seine erste Station im diplomatischen Dienst der USA wählte, entschied er sich nicht gerade für ein einfaches Leben.
>
> »Man ersuchte mich im Oktober 1978, als die Lage im Iran schon ziemlich schlimm war, mich freiwillig zu melden«, erklärt er.[6]

Der Film zeigt überdeutlich, dass die CIA im Rahmen ihrer regulären Tätigkeit fiktive Scheinfirmen in Hollywood unterhält. Affleck nahm sich zwar ein paar dramaturgische Freiheiten, vor allem zur Steigerung der Ungewissheit, ob die iranischen Behörden den Plan aufdecken würden, hielt sich aber ansonsten recht nahe an die tatsächliche Geschichte.

> Das zentrale Element der Story klingt unglaublich, ist aber tatsächlich wahr. Die CIA heckte einen Plan aus, sechs Personen mit einem Linienflug vom Teheraner Flughafen außer Landes zu bringen, indem sie sich als Kanadier ausgaben, die bei einem nicht existierenden Science-Fiction-Film mitarbeiteten.
>
> Mark Lijek erinnert sich, jenes Mitglied der Gruppe gewesen zu sein, das am schnellsten von der Idee begeistert war. »Ich fand, der Plan hatte

genau die richtige Portion Extravaganz. Wer außer Filmemachern wäre verrückt genug, mitten in einer Revolution nach Teheran zu kommen? Für mich war es kein Problem, so zu tun, als wäre ich in der Filmbranche tätig.«[7]

Wir müssen uns vor Augen halten, dass unsere Geheimdienste, wenn sie für ihre Aktionen nie in irgendeiner Weise sanktioniert werden, einfach tun werden, was sie wollen. Der CIA ist es ausdrücklich verboten, innerhalb der Vereinigten Staaten zu operieren, aber *Argo* zeigt ganz offen, dass es sich dabei um eine Lüge handelt.

Was die aktuellen Geschehnisse in Hollywood angeht, zitiere ich im Folgenden aus einem Interview, das Ben Affleck dem *Guardian* kurz nach Anlaufen seines Films gab.

BEN AFFLECK: Eines der Hauptthemen von *Argo* ist das Geschichtenerzählen, und wie mächtig es ist – angefangen von der Politbühne über die Art, wie wir mit unseren Kindern kommunizieren, bis hin zu der Art und Weise, wie wir andere Menschen inspirieren. Es ist interessant, wie sowohl Hollywood als auch die Geheimdienste einen Großteil ihrer Zeit damit verbringen, die Leute von etwas zu überzeugen, was nicht wahr ist. […] Hollywood hat diese Art des Geschichtenerzählens entwickelt und setzt sie oft für philanthropische und politische Zwecke ein, die man gut oder schlecht finden kann. Es gibt zwar auch ein paar wirklich positive Ableger, aber meistens werden diese Projekte aus Eigennutz und mit bestimmten Zielen realisiert. Trotzdem glaube ich, dass auch gute Dinge passieren. Und dies ist ein außergewöhnliches Beispiel für eine gute Sache …
INTERVIEWER: Gibt es Ihrer Ansicht nach viele Schauspieler in Hollywood, die nebenbei als Agenten arbeiten?
BEN AFFLECK: Ja, ich glaube, da gibt es einige. Sicher. Ich schätze, dass Hollywood wahrscheinlich voll von CIA-Agenten ist, von denen wir einfach nichts wissen. Die Erkenntnis, dass das sehr häufig der Fall ist, würde mich keineswegs überraschen.[8]

In *Argo* sieht man eine CIA-Operation, deren Ziele die meisten Menschen wohl begrüßen würden. Aber glauben Sie wirklich, dass sich die CIA in Hollywood und bei ihren anderen Inlandsunternehmen hauptsächlich mit solchen Dingen befasst? Nein, meistens geht es ihr um schändliche Operationen, von denen sie hofft, dass sie nie in einem Hollywoodfilm gezeigt werden. Auch wenn die Operation im Jahr 1980, unser Botschaftspersonal aus Teheran zu befreien, ein nobles Unterfangen mit erfolgreichem Ausgang war, hat der Geheimdienst sie erst 1997 öffentlich zugegeben.[9]

Wenn Sie ein jüngeres Beispiel dafür suchen, wie zwielichtige Gestalten einflussreichen Persönlichkeiten »Angebote« machen, damit sie ihr Verhalten ändern, brauchen Sie nur das Beispiel Kari Lake herzunehmen. Ich zähle mich zu den Leuten, die davon überzeugt sind, dass Lake den Gouverneursposten von Arizona auf ehrliche Art gewonnen hat und dass sie eine der wirkmächtigsten Kritikerinnen der korrupten Praktiken in unserem Wahlsystem ist.

Mit anderen Worten: Sie ist ein Feind des Tiefen Staates.

Und wie reagiert der Tiefe Staat auf die Herausforderung durch Kari Lake? Lesen Sie dazu einen Ausschnitt des am 1. Juli 2023 auf Breitbart erschienenen Artikels über ihr Buch *Unafraid: Just Getting Started* [dt. etwa: »Furchtlos. Das war erst der Anfang«; Anm. d. Übers.] und ihre möglichen Pläne, für den US-Senat zu kandidieren:

Matthew Boyle, Leiter des Breitbart-News-Büros in Washington, fragte Lake, die im vergangenen Jahr als republikanische Kandidatin für den Gouverneursposten in Arizona antrat, ob sie eine weitere Kandidatur im Grand Canyon State in Betracht ziehe. Lake, die von der MAGA-Koalition unterstützt wurde und ihre hauchdünne Wahlniederlage anficht, gibt an, über eine weitere Kandidatur nachzudenken. Sie betont aber auch, dass sie sich in ihrem Rechtsstreit noch nicht geschlagen gegeben hat.

»Politik ist widerlich«, sagt sie. »Sie ist ein schmieriges Geschäft, aber ich glaube, dass trotzdem normale Menschen darin mitspielen sollten. Und daher überlege ich mir, erneut zu kandidieren. Ich will, dass jeder da draußen weiß, dass wir in unserem Fall Berufung eingelegt haben. Wir werden das Vorhaben, unsere Wahlen sicher zu machen und zu reformieren, bestimmt nicht aufgeben, sondern durch alle juristischen Instanzen gehen.

Aber ich werde vielleicht für den Senat kandidieren«, fügt sie hinzu.[10]

Kari Lake ist eine Kämpferin. Wir brauchen mehr Leute wie sie in der Politik. Der Breitbart-Artikel konzentrierte sich zwar in erster Linie auf ihr Buch und ihre mögliche Kandidatur für den Senat, doch ein Abschnitt des Interviews weckte mein besonderes Interesse, weil er vieles von dem bestätigte, was der Allgemeinheit meiner Meinung nach vorenthalten wird.

Lake, früher als Moderatorin für Fox 10 Phoenix tätig, stieg aus der Nachrichtenbranche wegen deren politischer Linksneigung aus. Sie behauptet, dass eine »hochrangige Person« den Versuch unternommen habe, sie zu »bestechen«, damit sie sich aus der Politik heraushielt. Der Vorfall ereignete sich, als sie nach der Wahl an *Unafraid* schrieb.

»Ursprünglich wollte ich das Buch nur *Unafraid* nennen, doch dann tauchte eine ziemlich hochrangige Person bei mir auf und bot mir Geld an, damit ich meine Bewegung und meine politische Laufbahn auf Eis lege. Er stellte mir einen bequemen Job, einen netten Gehaltsscheck und eine Vorstandsposition in Aussicht, und ich antwortete: ›Machen Sie Witze? Einen bequemen Job habe ich aufgegeben … und Geld motiviert mich nicht.‹«, erzählt Lake. »Und dann nahm das Gespräch eine interessante Wendung: ›Nun, was müsste passieren, damit Sie nicht mehr kandidieren, zumindest bis nach 2024?‹ Und ich dachte: ›O mein Gott, ich glaube, ich bin in einem Film!‹

Wenn diese Leute, die politische Elite, mich so dringend aus der Politik raushaben wollen, dass sie sogar bereit sind, mich zu bestechen, sagt mir das, dass ich drinbleiben muss. Daher habe ich beschlossen, *Just Getting Started* als Untertitel für mein Buch zu nehmen, um ihnen ein wenig Angst zu machen – weil das eben erst der Anfang war«, sagt sie mit einem Lachen.«[11]

Ich habe so viele Varianten dieser Geschichte von verschiedenen Leuten gehört, die nichts miteinander zu tun haben, dass ich sie einfach als Teil des Betriebssystems des Tiefen Staates betrachte – so wie ein Profiler irgendwann die Gewohnheiten eines Serienmörders versteht und dessen nächsten Schritt vorhersagen kann.

Man braucht einen starken moralischen Kompass und meiner Ansicht nach auch einen starken Glauben an Gott, um die Hürden zu überwinden, die diese Dämonen guten und ehrlichen Menschen in den Weg stellen.

Auch andere Leute, die in dieser Welt leben, haben mir von ihren Erfahrungen erzählt.

Als ich einmal in einem Privatjet unterwegs war, wollte mir der Pilot – der früher für den Chef eines großen Unterhaltungskonzerns gearbeitet hatte – unbedingt eine Geschichte erzählen. Er berichtete, dass man ihn angewiesen habe, bestimmte Koordinaten anzufliegen.

»Aber dort ist nichts«, sagte der Pilot. »Nur das Meer.«

»Fliegen Sie einfach hin«, wies man ihn an. »Es ist eine Privatinsel. Sie hat sieben Sterne. Keine Obdachlosen, nur Milliardäre.« Über so viel Kontrolle verfügen diese Leute. Es ging nicht um Epsteins Insel, sondern um eine andere, von der Sie nichts wissen sollen.

Ich garantiere Ihnen, dass jede berühmte Person, von der Sie je gehört haben, schon einmal auf diese Art und Weise angesprochen worden ist. Joe Rogan hat mir zwar nicht direkt gesagt, dass man ihm solche Vorschläge unterbreitet hat – aber als ich einmal mit ihm essen war und das Thema erwähnte, kam er einem Eingeständnis schon recht nahe. Er sagte so etwas wie »Die können mich mal«, und mir schien, dass er Ähnliches gehört hat wie ich.

Ich erinnere mich an meine Zeit in Hollywood, als mich einige Leute warnten: »Du glaubst, Hollywood ist cool, Alex? Was wirst du tun, wenn du auf einer Party bist und sie ein 16-jähriges Mädchen reinbringen und Sex mit ihr haben? Aus diesem Grund solltest du heute Abend auch nicht auf diese Party gehen. Dieser Ort ist gefährlich; du musst aufpassen.«

Über solche Sachen haben Hollywoodprominente mit mir geredet. Es gab viele, die solchen Situationen ebenfalls auswichen, wie die Familie Sheen. Sie waren gute, starke Katholiken, und obwohl Charlie seine Probleme hatte, gehört er *nicht* zu diesem Hollywood.

Ich bin mit einer christlichen Erziehung aufgewachsen und glaube an Gott. Trotzdem klangen diese Geschichten über Teufelsanbetung und geheime Rituale für mich offen gestanden wie etwas aus dem Mittelalter. Als ich im Teenageralter Rockbands sah, die eine satanische Show aufführten, nahm ich immer an, dass sie damit nur die Allgemeinheit schockieren und mehr Platten verkaufen wollten.

Später erfuhr ich jedoch mehr darüber und sah, dass Hollywood und vielleicht auch andere Gruppen aus mächtigen Persönlichkeiten etwas aufbauten, was man nur als alternatives Glaubenssystem zum Christentum bezeichnen kann.

Ich kann Ihnen nicht beweisen, dass es einen Teufel gibt, aber diese Leute glauben jedenfalls an ihn und wollen sich diesem falschen Gott weihen.

Ich habe dieses alternative Glaubenssystem aus erster Hand kennengelernt, als ich im Jahr 2000 in den Bohemian Grove in Kalifornien eindrang, wie die *Washington Post* 2023 in einem Artikel berichtete.

> Der Bohemian Grove hat alles, was bei einem normalen Beobachter Verwunderung auslösen würde: In dem reinen Männerklub im Sonoma County findet sich eine riesige Eulenstatue, es gibt Berichte über öffentliches gemeinsames Urinieren, geheimnisvolle Zeremonien und eine streng geheime Gästeliste, auf der Präsidenten, reiche Geschäftsleute, internationale Machtmenschen und andere Schlagzeilenmacher standen. […]
>
> Vor allem die Einäscherungszeremonie gelangte in den Blick der Öffentlichkeit – spätestens, seit sich Infowars-Gründer Alex Jones in das Gelände eingeschlichen hat und die Zeremonie im Jahr 2000

filmte. Auch Mainstream-Journalisten versuchen immer wieder gern, den Schleier der Geheimnisse zu lüften. Ein Reporter der *Washington Post* wurde mit Nachdruck zu seinem Auto zurückbegleitet, nachdem er versucht hatte, hineinzukommen. Ein Autor für die Zeitschrift *Spy* schaffte es in den 1980er-Jahren für mehrere Tage hinein. Und ein Redakteur von *Vanity Fair* wurde wegen unerlaubten Betretens verhaftet.

Ein Ort wie der Bohemian Grove, der als »exklusiv«, »mysteriös« und »praktisch die Verkörperung eines Altherrenklubs« gilt, ist ein Magnet für rechte Verschwörungstheoretiker und linke Demonstranten, obwohl die Demonstranten in den letzten paar Jahren immer spärlicher geworden sind.[12]

Mitte der 2000er-Jahre war ich in Hollywood ein Held für die Linke, weil ich die geheimen Sommertreffen im Bohemian Grove infiltriert hatte. Doch während meiner Zeit in der Traumfabrik erfuhr ich, dass die Unterhaltungsbranche in ähnlicher Weise von mächtigen Kräften kompromittiert wurde.

2005, nach dem Präsidentschaftswahlkampf zwischen George W. Bush und John Kerry, interessierten sich wiederum viele Leute für meine Recherchen über die »Skull and Bones«-Studentenverbindung an der Yale University, bei der beide Kandidaten Mitglied gewesen waren. So begann ein Artikel über die geheimniskrämerische Yale-Studentenverbindung:

Der Legende zufolge soll Yale-Student Prescott R. Bush eines Nachts im Jahre 1918 das Grab von Geronimo geöffnet haben.

Bush und zwei seiner Mitverschwörer nahmen den ausgegrabenen Schädel und zwei Knochen des berühmten Apachenführers dann angeblich mit in die Yale University in New Haven, Connecticut, wo die Gebeine im Hauptquartier einer der mysteriösesten Geheimgesellschaften Amerikas zur Schau gestellt sind.

Prescott Bush, der Vater des Präsidenten George H. W. Bush und Großvater von George W., ist ein Bonesman. Er und seine Helfer waren

Mitglieder eines elitären Klubs an der Yale University, der unter dem Namen Skull and Bones Society bekannt ist.

Im Laufe der Geschichte waren einige der prominentesten Persönlichkeiten Amerikas Bonesmen, handverlesene Mitglieder der Yale-Studentenschaft, die in die Reihen der Elitestudenten aufgenommen wurden. Abgesehen von den Bushs – sowohl H. W. als auch W. traten während ihrer Zeit an der Universität in Prescotts Fußstapfen – zählten Hunderte Regierungsvertreter wie der ehemalige Außenminister John Kerry sowie Vertreter der Unterhaltungsbranche wie der Schauspieler Paul Giamatti zu den Mitgliedern des Vereins.[13]

Es ist kein großer Spürsinn nötig, um Verbindungen zwischen einigen der mächtigsten Menschen unseres Landes und diesen Geheimgesellschaften zu entdecken. Ich möchte hier nicht einmal in ein Wespennest stechen, indem ich mich näher über US-Senator Prescott Bush auslasse, der möglicherweise einer der Hauptverantwortlichen dafür war, dass die Regierungsgewalt in den USA unter Eisenhower auf die Geheimdienste überging – also genau das passierte, wovor Eisenhower uns in seiner Abschiedsrede über den »militärisch-industriellen Komplex« gewarnt hatte.

Wird Ihnen nicht ein bisschen schwindlig, wenn Sie begreifen, in welchem Naheverhältnis gewisse Familien seit Jahrzehnten zum Zentrum unserer Regierungsgewalt stehen? In dem Artikel hieß es weiter:

Das Initiationsritual der Geheimgesellschaft war lange Zeit geheimnisumwittert, was viele Leute vermuten ließ, dass es dabei um okkulte Praktiken, schwarze Magie und sogar Tieropfer geht.

Wie alle Studentenverbindungen an der Universität (es gibt sieben davon) hat auch die Skull and Bones Society ein Hauptquartier. Die gemeinhin »die Gruft« genannte Skull and Bones Hall ist ein düsteres, fensterloses Haus an der High Street, knapp außerhalb des Campus, wo die Mitglieder sich zu Versammlungen und Veranstaltungen treffen können.

Hier sollen Geronimos Knochen nach dem Diebstahl von Prescott Bush ruhen, aber auch die Schädel des ehemaligen Präsidenten Martin Van Buren und des mexikanischen Revolutionärs Pancho Villa.[14]

Ich lese viel und vergleiche dann das Gelesene mit dem, was ich aus anderen Quellen weiß. Ich mag es, wenn die Dinge einen Sinn ergeben und eine gewisse erzählerische Logik haben. Andererseits verstehe ich aber auch, dass nicht alles, was einen Sinn ergibt, deswegen auch wahr ist. Doch ich bin davon überzeugt, dass wahre Tatsachen einen Sinn ergeben, den wir verstehen können, wenn wir alle Fakten kennen. Denken Sie daran, wenn sie die folgende Passage aus obigem Artikel lesen.

Manche behaupten, dass die Gruppe hinter dem Kennedy-Attentat steckt und für die Entwicklung der Atombombe verantwortlich ist, dass sie von den Illuminaten finanziert und beeinflusst wird oder auch, dass sie die gesamte Central Intelligence Agency kontrolliert.

Diese Theorien, so abwegig manche von ihnen auch klingen mögen, sind jedoch gar nicht so daneben, wenn man sich die Mitglieder der geheimen Verbindung ansieht.

Zu verschiedenen Zeitpunkten der Geschichte kontrollierten Bonesmen die Vermögen der Rockefellers, der Carnegies und der Fords. Sie hatten auch Mitglieder, die einen unaufhaltsamen Aufstieg hinlegten und bedeutende Posten im Council of Foreign Relations [dt.: Rat für auswärtige Beziehungen; Anm. d. Übers.] oder in mächtigen Medienkonzernen wie TIME erlangten. Und natürlich rekrutierten sich auch drei Präsidenten der Vereinigten Staaten aus ihren Reihen (außer den Bushs noch William Howard Taft).

Bei der Präsidentschaftswahl 2004 waren sowohl der republikanische als auch der demokratische Kandidat – George W. Bush und John Kerry – Mitglieder von Skull and Bones.[15]

Ich kann Ihnen nicht mit Sicherheit sagen, was an der zitierten Passage wahr ist, aber wenn ich die Informationen darin mit dem vergleiche, was ich aus anderen

Quellen erfahren habe, neige ich dazu, dem allgemeinen Tenor des Artikels zu glauben.

Skull and Bones ist kein Geselligkeitsverein.

Es ist eine akademische Kaderschmiede für jene Leute, die die Welt beherrschen wollen.

Ich gebe gern zu, dass ich mich in manchen Details geirrt haben könnte. Wenn die Mächtigen ihre Aktivitäten vor uns verheimlichen, ist es dann unsere Schuld, wenn wir ein paar Fehler machen?

Aber verstehen Sie jetzt, warum ich einen ähnlichen Analyserahmen verwende, wenn ich mir Gruppen wie das Weltwirtschaftsforum, die Trilaterale Kommission, den Club of Rome, die Bilderberger oder die WHO anschaue?

Immer, wenn ich eine solche Kombination aus Macht und Geheimnistuerei sehe, werde ich nervös.

Doch es reicht nicht, Angst zu haben und sich vor den Fakten zu verstecken.

Die richtige Antwort besteht darin, diese Schurken ans Licht der Öffentlichkeit zu zerren, wo der Rest von uns sie deutlich als die Teufel erkennen kann, die sie in Wahrheit sind.

Kapitel 12

Gefechtstaktiken für den Sieg

Die Globalisten haben Ihre Zukunft bereits durchgeplant.

Sie wollen Ihre Zukunft so gestalten, dass Sie von ihren giftigen Chemikalien, Medikamenten und Impfstoffen krank werden. Sie stellen sich eine dystopische Welt der Zensur, der Sozialkredit-Ratings und digitalen Währungen vor, die wie ein Damoklesschwert über Ihnen hängen, eine Zukunft aus winzigen Häusern, Überbevölkerung und fleischlosen Mahlzeiten, ein Zukunft, in der die »nutzlosen Esser« an die virtuelle Realität angeschlossen sind und in der man Ihnen Halluzinogene verabreicht, sodass Sie sich niemals über Ihre politischen Herren beklagen.

Die Globalisten versuchen unsere moderne Welt zu zerstören, weil unsere Ideen von Freiheit, dem ureigenen Wert jedes menschlichen Wesens und der Leiter des Erfolgs, auf der Milliarden Menschen aus der Armut aufgestiegen sind, so auffallend erfolgreich und dauerhaft waren. Die Globalisten wollen diese Leiter des Erfolgs umwerfen, weil sie wissen, dass die Menschen bei einer Durchsetzung der globalistischen Vorstellungen von Knappheit, Armut und staatlicher Kontrolle vergessen werden, dass es jemals so etwas wie Freiheit und Erfolgschancen gegeben hat. Den Globalisten geht es um nichts Geringeres als die Eroberung und Beherrschung der ganzen Welt.

Das ist eine große Sache.

Eine Wissenschafts- und Managerelite hat versucht, die Kontrolle über die obersten Ebenen der Unternehmens- und Verwaltungssysteme zu erlangen (und hat das größtenteils auch schon geschafft). Jetzt will sie auch noch die Kontrolle über unser individuelles Leben, unsere Informationssysteme, dank derer wir sachkundige und respektvolle Debatten führen können, und mit ihrer »Gesundheitsfürsorge« sogar über unsere Körper. Alle möglichen alternativen Technologien und medizinischen Behandlungen wurden niedergehalten. Sie versuchen, den freien Markt der Ideen abzuschaffen, indem sie uns den ganzen Tag an Videospiele anstöpseln und uns mit Drogen füttern.

Erahnen Sie wenigstens, was man uns da antut? Die Beweise dafür häufen sich schon seit Jahren.

Und sie sind nur die Spitze des Eisbergs.

In unserer Reaktion auf diese Machenschaften müssen wir jedoch einen Ausgleich zwischen der Infragestellung ihrer autoritären Ideen, dem Widerstand dagegen und dem Vorantreiben unserer eigenen Freiheitsidee herstellen. Wenn uns das gelingt, kann es zu einem noch nie da gewesenen Fortschritt und Glück der Menschheit führen. Mir geht es nicht darum, eine falsche Utopie zu schaffen, sondern ein gesundes politisches Ökosystem, in dem lebhafte Diskussionen dafür sorgen, dass die besten Ideen siegreich daraus hervorgehen. Lassen Sie diese autoritären Gestalten doch einmal erklären, warum sie nicht glauben, dass lebhafte Diskussionen der Förderung der besten Ideen dienen. In Wahrheit halten diese Leute Sie für dumm – doch das trauen sie sich nicht laut auszusprechen. Sie kapern die Intelligenz, kneten sie ordentlich durch und glauben, dass Sie ihre Lügen einfach schlucken werden.

Wir wissen, dass die Antwort auf das globalistische Modell von Zensur und Kontrolle die freie und offene Gesellschaft ist, wie sie sich schon die größten Geister der Aufklärung und der Renaissance ausgemalt haben. Diese Ideen fanden ihre größte Entfaltung in der späteren Gründung der Vereinigten Staaten und wurden durch die Erkenntnisse unserer Gründerväter über die Natur des Menschen beflügelt.

Wir dürfen uns von unserer aktuellen Situation auch keine Angst einjagen lassen. Wir müssen vielmehr verstehen, dass es historische Zyklen gibt, so wie auch jahreszeitliche Zyklen existieren, und dass Demokratien immer in einer Periode der Dekadenz, Korruption und Tyrannei versinken, bis sie schließlich zusammenbrechen. Wenn wir aber dagegen aufstehen, werden wir eine Wiedergeburt der Freiheit erleben.

Die Globalisten haben den Great Reset inszeniert, aber wir werden statt ihres Neustarts unsere eigenen Pläne realisieren – die große Renaissance.

Vor Kurzem habe ich einen Ausspruch über unsere aktuelle Ära gehört, dem ich nur zustimmen kann. Er lautet etwa so: »Schlechte Zeiten schaffen starke Männer. Starke Männer schaffen gute Zeiten. Gute Zeiten schaffen schwache Männer. Schwache Männer schaffen schlechte Zeiten.« Und so schließt sich der Kreis. Ich würde in diese Gleichung auch Frauen einbauen, glaube aber jeden-falls, dass wir uns in der »Schlechte Zeiten«-Phase unserer großen Republik befinden. Allerdings bringen unsere derzeitigen schlechten Zeiten unglaublich starke Männer und Frauen hervor, und wir wissen ja, was die immer getan haben.

Wie Ihnen im vorliegenden Buch wahrscheinlich aufgefallen ist, habe ich festgefügte Meinungen. Ich möchte aber nichts weniger, als dass Sie meine Meinungen einfach übernehmen. Mehr als an alles andere glaube ich an indi-viduelles Denken und nicht an Gruppendenken. Ein Wettbewerb, der frei von der Einmischung von Unternehmen und Behörden ist, wird immer das beste Ergebnis hervorbringen. Und das liegt in der kollektiven Kraft einer fairen Debatte.

Ich glaube auch, dass es wichtig ist, unsere persönlichen Beziehungen zurück-zuerobern. Der fabelhafte Dokumentarfilm *The Great Awakening* [dt. etwa: »Das große Erwachen«; Anm. d. Übers.] von Mikki Willis beginnt mit einer Erörte-rung darüber, wie die Covid-19-Maßnahmen der Regierung sich offenbar eine Scheibe von Maos Kulturrevolution abschnitten, indem sie Menschen von ihren Freunden und Angehörigen isolierten, was die Wahrscheinlichkeit erhöht, dass sie die Regierung als ihren Beschützer ansehen.

Wenn ich das, was Mikki Willis in *The Great Awakening* über die Strategien Maos während der Kulturrevolution berichtet hat, mit dem kombiniere, was ich aus den Experimenten mit dem Mäuse-Utopia gelernt habe, erkenne ich deutlich den Versuch der Globalisten, unsere Gesellschaft in einen Kollaps zu zwingen. Wie sonst könnte man den Schritt der Globalisten interpretieren, uns in hochverdichteten Wohnsituationen zusammenzutreiben, durch zu viel Interaktion mit anderen (durch hochverdichtetes Wohnen in Städten) auszulaugen und so in geschlechtslose Eremiten zu verwandeln? Wir brauchen menschliche Kontakte, aber wir brauchen genauso die verjüngenden Kräfte der Natur, der Religion und des Gebets, damit wir unsere Verbindung zur spirituellen Welt und zur göttlichen Quelle allen Lebens aufrechterhalten können.

Ich selbst weiß, dass ich das, was ich tue, ohne Gott nicht schaffen könnte. Nur das Nachdenken über die Unendlichkeit kann uns die Größe der Schöpfung vor Augen führen und erkennen lassen, dass alles real ist, die Engel wie die Teufel. Das ist ein wenig so wie im Bob-Dylan-Song »You've Got to Serve Somebody« [dt. etwa: »Du musst jemandem dienen«; Anm. d. Übers.]. Ich stimme der Rock'n'Roll-Legende Bob Dylan da zu: Egal, wer du bist, du musst jemandem dienen, Gott oder dem Teufel. Es gibt wirklich keine andere Wahl. Man mag sich einbilden, dass man nur der Menschheit dienen will, aber irgendwann wird man mit seiner eigenen Sterblichkeit konfrontiert. Und wenn man dann dem großen Vergessen gegenübersteht, der Auslöschung all dessen, was man ist, dann ergibt die Entscheidung wohlhabender Menschen wie Peter Nygård, die Föten ihrer ungeborenen Kinder zu vernichten, um deren Stammzellen zu gewinnen und länger sowie gesünder zu leben, auf verdrehte Art einen Sinn.

Wenn im Endeffekt nichts zählt, dann ist alles erlaubt, solange es dem Einzelnen nützt.

Ich habe Freunde, gute Menschen, die dieses Dilemma offenbar erkennen und Dinge sagen wie: »Ich glaube nicht an Gott. Aber ich respektiere und bewundere die christlichen Grundsätze. Ich beobachte auch, dass sich die Grundsätze des Christentums anscheinend positiv auf die Gesellschaft und das Leben derer auswirken, die diesen Grundsätzen folgen.«

Für mich klingt das so, als würde man sagen: »Ich lebe mein Leben so, als spielte die Gravitation eine Rolle, aber ich glaube nicht an das Gravitationsgesetz.« Alles, was man an einem wahrhaft christlichen Leben beobachten kann, deutet darauf hin, dass es eine wohlwollende Ordnung im Universum gibt, die danach verlangt, von uns anerkannt zu werden.

Wenn wir uns in eine gottgefällige Richtung bewegen wollen, müssen wir anerkennen, dass es einen Gott gibt.

Das ist wie bei einer traditionellen Thanksgiving-Feier, wo es einen Tisch für Kinder und einen für die Erwachsenen gibt. Die Globalisten sitzen herum und schreiben Bücher, halten ihre Konferenzen ab und planen all diese schrecklichen Dinge für uns. Sie sitzen am Erwachsenentisch. Leider geben sich aber so viele Erwachsene in unserer Gesellschaft damit zufrieden, am Kindertisch zu sitzen und dort ausschließlich über das aktuelle Netflix-Angebot, ihre Lieblingsmannschaft oder die neueste glitzernde Ablenkung aus der Popkultur zu plaudern.

Wir müssen uns an den Erwachsenentisch setzen und über wichtige Dinge sprechen.

Erst neulich habe ich einen Bericht der Vereinten Nationen gelesen, in dem es heißt, dass wir unseren Energieverbrauch bis 2030 um mindestens 45 Prozent reduzieren müssen und in den Jahren danach sogar noch weiter.[1] Wenn man den Energieverbrauch um 20 Prozent senkt, bringt man damit mindestens 100 Millionen Menschen um. Senkt man ihn um 50 Prozent, so wird die Zahl der Todesopfer in die Milliarden gehen.

Es geht darum, zu erkennen, dass wir uns bereits mitten in einer Krise befinden. Ein Teil des großen Erwachens ist die Erkenntnis, dass man etwas bewirken und die Welt verbessern kann. Dabei dreht es sich weder um Liberale, die noch mehr von Ihren Steuergeldern wollen, um ein großzügigeres soziales Netz zu schaffen, noch um Konservative, die eine Senkung der Steuerlast fordern, um so die menschliche Kreativität zu entfesseln.

Es dreht sich alles um die Globalisten, die unser gesamtes System in die Luft jagen und uns in ihr geplantes, äußerst restriktives System zwingen wollen.

Ich versuche den Leuten immer zu erklären, dass die da oben längst entschieden haben, dass sie obsolet sind. Die Frage, ob Sie ein »nutzloser Esser« sind, stellt sich nicht mehr. In ihren Augen sind Sie das. Deshalb wurden im Zuge der Covid-19-Lockdowns manche Leute zu »nicht systemrelevanten Menschen« erklärt. Man will, dass Sie sich an diese Programmierung gewöhnen.

Ich sage den Leuten aber stets, dass sie sehr wohl relevant sind, was auch immer die Globalisten ihnen einreden wollen. Ich vertrete nicht die Idee der weißen, sondern der menschlichen Vorherrschaft, weil ich fest davon überzeugt bin, dass die Menschen gemeinsam die Erde besser machen können und dass wir alle einen Wert besitzen. Die Sozialingenieure wollen Ihnen weismachen, dass wir von Natur aus unrettbar böse sind und nicht verbessert werden können. Sie wollen, dass wir unsere göttliche Lebenskraft abschalten, einfach aufgeben und sterben.

Das große Erwachen bedeutet, dass wir Nein zu diesen Lügen sagen und erklären, dass wir von einem erstaunlichen Schöpfer geschaffen wurden. Menschen können schöne Architektur, Musik, Kultur und wissenschaftliche Wunder erschaffen. Wenn wir danach streben, im Einklang mit dem Göttlichen zu schaffen, dann erzeugen wir Dinge, die das Gefühl der Ehrfurcht und Andacht in uns erneuern und eine geistige Erhabenheit widerspiegeln, wie es die großen Kathedralen in Europa tun.

Nur durch die Rückkehr zu diesem Ursprung können wir die Befähigung und Erleuchtung finden, die uns aus unserem derzeitigen dunklen Zeitalter herausführen werden.

Die Globalisten haben entschieden, dass wir als Spezies gefallen, hässlich und verdammt sind und dass Lügen sowie Korruption der richtige Weg für uns sind. Ja, sie werden versuchen, ihr Böses und ihre Lügen zu einem Imperium der Sündhaftigkeit zu organisieren. Wir müssen dieses Imperium zurückweisen und erkennen, dass jede große Stadt, in der sie die Kontrolle erlangen, nur zusammenbrechen kann. Und danach folgen nur noch Menschenhandel, Kriege, giftige Chemikalien, gentechnisch erzeugte Abscheulichkeiten und eine Tyrannei verrückter Wissenschaftler, die den Programmcode des Lebens verändern wollen.

Wir müssen uns spirituell, physisch und finanziell von ihren Kontrollsystemen emanzipieren. Die globalistischen Technokraten haben ihren Selbsthass auf uns projiziert, und wir müssen ihn zurückweisen. Wir müssen uns eingestehen, dass wir unperfekte, gefallene Wesen sind, aber durch Gott individuell und kollektiv wieder ganz gemacht werden können. Ihre neue Staatsreligion des Klimawandels, Autoritarismus und linken Mülls von einer neuen Weltordnung wird uns mit Sicherheit nicht verbessern, heiligen und läutern. Sie haben sich von Gott abgewandt, womit – wie Bob Dylan so richtig sagt – ihnen nur eine mächtige Instanz übrig bleibt, der sie dienen können: der Teufel.

Mir liegen die einzelnen Länder und unterschiedlichen Kulturen der Welt am Herzen, weil ich weiß, dass sie alle Teil der prächtigen Komplexität sind, die Gott zu unserer Freude und unserem Vergnügen geschaffen hat. Ihre Endlösung sieht jedoch so aus, dass sie uns beibringen wollen, den Transhumanismus als gegeben anzunehmen und zu glauben, dass wir als Spezies versagt haben und nur die Wissenschaftler uns retten können.

Ich bete dafür, dass wir uns solidarisch zusammenfinden werden, als neue Gemeinschaft von Menschen aller Rassen, Hautfarben und Glaubensrichtungen, die an eine menschenwürdige Zukunft glauben und das zu würdigen wissen, was wir sind und was es bedeutet, ein menschliches Wesen zu sein.

Sie wollen, dass wir verdreht, durcheinander und verwirrt sind. Sie wollen, dass wir das Klonen von Menschen und Tieren akzeptieren, ebenso wie Babys mit der DNA von drei Menschen. Das alles gehört zur Revolution der verrückten Wissenschaftler. Sie wollen die Kontrolle an sich reißen, uns die Zukunft stehlen und das Ende der Geschichte ausrufen. Sie versuchen, uns von der Kraft und Lebendigkeit offener Gesellschaften abzuschneiden, weil sie wissen, dass ihr System staatlicher und kommerzieller Tyrannei einfach nicht dagegen bestehen kann. Sie wollen eine totale Tyrannei über Ihre Meinungsäußerungen, Ihre Bewegungen und sogar Ihren Körper etablieren – eine albtraumhafte Dystopie, die in eine moderne, liberale Woke-Ideologie verpackt ist. Das alles müssen wir mit jedem Teil unserer Seele zurückweisen.

Viele sind diesem wissenschaftlichen Todeskult bereits zum Opfer gefallen. Wir müssen alles Menschenmögliche unternehmen, um diese Leute aufzuwecken. Wir brauchen bessere Führer in unseren politischen Bewegungen – starke, kluge und reine Menschen, die auch jene, die in die Dunkelheit gestürzt sind, auf ihre Seite bringen und dadurch ein neues Goldenes Zeitalter herbeiführen können.

Ich hoffe, dass mehr und mehr Menschen »Nein« zu diesem wissenschaftlichen Todeskult sagen werden. Die Menschheit ist nicht am Ende. Unsere glorreiche Geschichte wartet noch darauf, geschrieben zu werden. Es kann eine Wiedergeburt des Staunens, der Erforschung, des krassen Individualismus und der Kreativität geben. Wie Thomas Jefferson zu seiner Zeit schrieb, so sage ich auch heute, dass es zu einem belebenden Wettstreit der Freiheit kommen wird. Wir können aus dem dekadenten Teufelskreis des Zusammenbruchs und der Tyrannei ausbrechen und ihn durch das Goldene Zeitalter aller Goldenen Zeitalter ersetzen.

Ein dankenswertes Beispiel dafür, dass sich die Entwicklung in unsere Richtung bewegt, ist der republikanische Präsidentschaftskandidat Vivek Ramaswamy, der Elon Musk im Juli 2023 dazu aufforderte, meine Sperre bei X/Twitter aufzuheben.[2] Mir scheint, dass die Globalisten mittlerweile ihre gesamte Munition aufgebraucht haben und nur noch den Rückzug vor unserer mutigen Patriotenarmee antreten können.

Ich glaube, dass wir am Rand einer unglaublichen Renaissance stehen, in der wir zu den Sternen vordringen und zu einer Zivilisation werden, die diesen Namen auch wirklich verdient hat. Wie aufregend ist es doch, in solchen Zeiten zu leben! Die Menschheit war wie eine Raupe, die sich verpuppt hat und sich die nächste Stufe ihrer Entwicklung nicht vorstellen konnte – und dann, als alles um sie herum immer enger wurde und verloren schien, bricht sie als wunderschöner Schmetterling aus ihrem Kokon hervor. Anfangs sind wir vielleicht noch etwas benommen, weil unsere Flügel noch nicht ganz trocken sind, doch bald werden wir die Kraft haben, in das größte Abenteuer der Menschheitsgeschichte loszufliegen.

Ich hoffe, dass wir diese Reise gemeinsam antreten werden.

Kapitel 13

Die letzte Schlacht

Es gibt zwei wirklich furchteinflößende Gedanken, denen sich jeder Wahrheitssucher irgendwann stellen muss.

Der erste ist, dass wir ganz allein sind und es keinen Gott gibt. Alles besteht nur aus einer zufälligen Kombination von Atomen, Molekülen und dem Glücksfall, dass wir am Leben sind und ein Bewusstsein besitzen.

Der zweite ist, dass wir nicht allein sind und es einen Gott gibt. Das Universum ist so ungeheuer groß, vielfältig, gut organisiert und für das Leben optimiert, dass man sich kaum vorstellen kann, dies alles sei zufällig entstanden.

Meiner Erfahrung nach neigen rebellische und interessante Menschen, sobald sie mit diesen zwei widersprüchlichen Ideen konfrontiert werden, zunächst einmal zum Atheismus. Immerhin wirkt diese Haltung viel amüsanter, trotziger und wie ein klarer Bruch mit den Traditionen der Altvorderen.

Auch ich habe das eine Zeit lang ausprobiert, doch dann fiel mir etwas auf: So sehr man sein Leben auch mit Menschen, Aktivitäten und Besitz füllen kann, die unvermeidliche Realität ist doch, dass es Zeiten gibt, in denen man allein ist. Erst wenn man Gott in seinem Leben hat, kann man sich in seiner Haut wohlfühlen.

Wenn man Gott im Herzen und im Geist hat, ist man nämlich nie wirklich allein.

Mir ist auch aufgefallen, dass jene unter meinen Freunden, die sich in ihrer Jugend für den Atheismus entschieden und diesen Glauben beibehalten haben, anscheinend immer unglücklicher wurden. Ihr Leben verlief nicht so wie geplant, ihre Kinder gerieten häufig in Schwierigkeiten, und ihre Existenz schien nur noch eine einzige Pechsträhne zu sein. Es sah so aus, als ob viele von ihnen nicht besonders gut mit diesen Hindernissen umgehen konnten.

Ich merkte aber auch, dass diejenigen, die ihren Atheismus aufgegeben und sich Gott zugewandt hatten, eine Leichtigkeit und Freude an den Tag legten, die ich bei den Atheisten nicht mehr feststellen konnte, auch wenn die Gläubigen ähnliche Probleme hatten wie sie.

Ich kann Ihnen nicht empirisch belegen, dass Gott real ist, aber ich kann Ihnen sagen, dass religiöse Menschen anscheinend glücklicher sind, bessere soziale Beziehungen haben und einen tieferen Sinn im Leben finden, der sie auch durch schwierige Zeiten bringt.

Sogar die Stanford University scheint dies für wahr zu halten, wie dieser auf ihrer Newsplattform erschienene Artikel aus dem November 2020 belegt, in dem es um ein Buch mit dem Titel *How God Becomes Real: Kindling the Presence of Invisible Others* [dt. etwa: »Wie Gott real wird: Die Gegenwart unsichtbarer Anderer entfachen«; Anm. d. Übers.] von der Anthropologin Tanya Luhrmann geht:

In ihrem Buch legt Luhrmann dar, wie ihre wissenschaftliche Arbeit von zwei einfachen, aber oft übersehenen Merkmalen der Religion inspiriert wird. »Erstens ist Religion eine Methode, mit der Menschen sich bemühen, mit einem unsichtbaren Anderen in Kontakt zu treten. Und zweitens wollen religiöse Menschen etwas verändern. Sie wollen sich anders fühlen, als sie es aktuell tun«, schreibt sie. »Doch statt diese Merkmale zu untersuchen, gehen die meisten Religionstheorien davon aus, dass der Glaube an etwas unsichtbares Anderes sowohl selbstverständlich als auch eine kognitive Fehlleistung ist.«

Luhrmann behauptet, dass gläubige Menschen oft hart daran arbeiten müssen, übernatürliche Wesenheiten zu einer Realität für sie zu machen; jene, die dazu in der Lage sind, erleben aber dann oft hilfreiche Veränderungen. »Wenn sie Glück haben, können sie sich auf andere Art und Weise mit ihren Gedanken beschäftigen und sich ruhiger sowie geliebter fühlen«, sagt sie. Diese positiven Ergebnisse bestärken sie in ihrer Glaubenspraxis und ermutigen sie zu einer dauerhaften Hingabe an kirchliche Rituale und Feste.[1]

Ich verstehe diese Aussage auf einer intuitiven Ebene. Es ist nicht mein rationaler Verstand, über den ich Gott erreiche, sondern meine Kreativität. Wenn ich bete, lege ich Gott keine Liste von Problemen vor, sondern versuche einfach, meinen Kopf frei zu bekommen, damit ich den Willen Gottes besser verstehen kann.

Der einzige Punkt, in dem ich dieser Anthropologin nicht recht geben kann, ist folgender: Wenn ich meinen Geist freimache, dann sehe ich meiner Meinung nach die Realität klarer, als wenn ich nur von der physischen Welt erfüllt bin.

In anderen Punkten stimme ich ihr jedoch zu.

Die Forschung hat wiederholt gezeigt, dass sich gläubige Menschen besser und gesünder fühlen.

Es ist eine der bemerkenswertesten Erkenntnisse der Sozialepidemiologie, so Luhrmann, dass die religiöse Verbundenheit mit Gott besser für den Körper ist, was die Immunfunktionen und die Verringerung des Einsamkeitsgefühls angeht. Eine Erklärung dafür könnte laut Luhrmann sein, dass Gott für Menschen mit einem starken Glauben die Rolle einer sozialen Beziehung einnimmt. MRT-Befunde deuten darauf hin, dass das Gespräch mit Gott in Bezug auf die Gehirnfunktion dem Gespräch mit einem Freund ähnelt.

Doch die Art dieser Beziehung spielt auch für die Gesundheit eine entscheidende Rolle. Je mehr man Gott als verurteilend und negativ ansieht, desto mehr Symptome psychischer Erkrankungen werden berichtet. Im Gegensatz dazu widmen sich Menschen, die ihre Beziehung zu Gott als liebevoll und zufriedenstellend betrachten, mehr dem Gebet und berichten über weniger Symptome psychischer Erkrankungen. »Die Daten deuten darauf hin, dass eine gute Beziehung besser für den Körper ist«, sagt Luhrmann.[2]

Dagegen kann ich absolut nichts einwenden, weil es in der physischen Welt zutrifft. Gute Beziehungen machen uns gesünder, daran kann kein Zweifel bestehen.

Als ich mich aber entschloss, an Gott zu glauben, war das eine vollständige Überzeugung, keine teilweise. Obwohl ich Gott nicht sehen kann, akzeptiere ich seine physische Realität.

Ich bin Christ und erkenne die Lehren der Bibel voll und ganz an, obwohl ich mit meinem begrenzten menschlichen Verstand nicht jeden einzelnen Aspekt begreifen oder auch nur erkennen kann.

Da ich mein Leben als gläubiger Mensch gelebt habe, der Gottes Plan in der Welt zu erkennen versucht, bin ich zu meinen eigenen Schlussfolgerungen gelangt. So wie es das ultimative Gute in der Welt in Form von Gott gibt, existiert auch das ultimative Böse, das wir als Satan, den Vater der Lüge oder den Teufel kennen.

Gott hat uns die Gabe des freien Willens geschenkt und würde sie uns niemals nehmen. Die Engel, die an seiner Seite geblieben sind, wachen über uns. Wenn wir uns im richtigen Gemütszustand befinden, können wir ihre Gegenwart spüren und sogar die Folgen ihres Einflusses sehen.

Ganz anders der Teufel, der uns mit seinen Lügen umgarnen will. Er versucht unter anderem, uns in die Irre zu führen, indem er Menschen davon überzeugt, Humanisten zu sein – oder zu glauben, dass man auch ohne Gott ein guter Mensch sein kann. Ich glaube, dass der Versuch, ein guter Mensch zu sein, ohne Gott zu benötigen, immer nur scheitern kann, obwohl dieses Scheitern erst nach Jahren oder einem ganzen Leben erkennbar wird.

Das Unsichtbare wirkt sich auf sehr sichtbare Weise auf uns aus. Immer, wenn ich Dinge sehe, die mir böse vorkommen, bin ich mir einer dunklen Gegenwart bewusst.

Sehe ich aber gute Werke, dann bin ich mir der Gegenwart Gottes bewusst. Dies war einst die einheitliche Auslegung der Welt in der westlichen Zivilisation. Während unseres Bürgerkriegs rief Lincoln seine Landsleute auf, sich von »den besseren Engeln unserer Natur« leiten zu lassen. Jeder Mensch verstand, dass das Leben eine Schlacht zwischen Gut und Böse ist, sowohl in der Gesellschaft als auch in jedem Einzelnen.

Wenn ich mir die Gräueltaten der Nazizeit, in Stalins Russland und Maos China vor Augen führe, sehe ich den Teufel an diesen Orten. Diese Regimes versuchten, entweder die Religion zu vernichten oder die Kirchen unter staatliche Kontrolle zu bringen, so wie viele Regierungen es auch mithilfe der Covid-19-Krise versucht haben.

Das Unterfangen, eine Bevölkerung zu kontrollieren, beginnt immer mit einem Angriff auf Gott – vielleicht in Form einer direkten Attacke, vielleicht auch nur als Versuch, die Menschen dazu zu bringen, nicht mehr über ihn zu reden, wie beim Verbot des Schulgebets. Sie wollen, dass man den Glauben an Gott und aneinander verliert, damit man sich dem Staat als Retter zuwendet.

Es ist genau dieselbe Strategie, die der Vorsitzende Mao während der Kulturrevolution anwandte.

Ich frage die Gäste meiner Sendung oft, wo wir ihrer Ansicht nach in diesem Kampf gegen das Böse stehen. Wenn ich diese Frage schon so oft anderen stelle, sollte ich sie endlich auch selbst einmal beantworten. Ich glaube, unser Augenblick in der Geschichte ähnelt am ehesten der biblischen Erzählung vom Exodus, als Moses und seine Gefolgschaft vom Heer des Pharao verfolgt wurden und am Ufer des Roten Meeres standen. Das wurde so erzählt:

Als der Pharao sich näherte, blickten die Israeliten auf und sahen plötzlich die Ägypter von hinten anrücken. Da erschraken die Israeliten sehr und riefen zum Herrn. Zu Moses sagten sie: Gab es denn keine Gräber in Ägypten, dass du uns zum Sterben in die Wüste holst? Was hast du uns da angetan? Warum hast du uns aus Ägypten herausgeführt? Haben wir dir in Ägypten nicht gleich gesagt: Lass uns in Ruhe! Wir wollen Sklaven der Ägypter bleiben; denn es ist für uns immer noch besser, Sklaven der Ägypter zu sein, als in der Wüste zu sterben.

Moses aber sagte zum Volk: Fürchtet euch nicht! Bleibt stehen, und schaut zu, wie der Herr euch heute rettet. Wie ihr die Ägypter heute seht, so seht ihr sie niemals wieder. Der Herr kämpft für euch, ihr aber könnt ruhig abwarten.

Der Herr sprach zu Moses: Was schreist du zu mir? Sag den Israeliten, sie sollen aufbrechen. Und du heb deinen Stab hoch, streck deine Hand über das Meer, und spalte es, damit die Israeliten auf trockenem Boden in das Meer hineinziehen können. Ich aber will das Herz der Ägypter verhärten, damit sie hinter ihnen hineinziehen. So will ich am Pharao und an seiner ganzen Streitmacht, an seinen Streitwagen und Reitern meine Herrlichkeit erweisen. Die Ägypter sollen erkennen, dass ich der Herr bin, wenn ich am Pharao, an seinen Streitwagen und Reitern meine Herrlichkeit erweise.[3]

Was danach passierte, wissen wir ja. Die Israeliten konnten das Meer sicher durchqueren, und als die Ägypter ihnen zu folgen versuchen, schlugen die Wellen über der Streitmacht des Pharao zusammen, sodass es keinen einzigen Überlebenden gab.

Ich glaube, Gott hat die Herzen unserer Feinde so verhärtet, dass sie uns wie die Armee des Pharao verfolgen und so direkt ins Verderben laufen.

Die Geschichten aus der Bibel liefern uns eine Vorlage, die uns heute nützlich sein kann.

Wie uns die Exodus-Geschichte lehrt, lässt sich das Blatt meiner Meinung nach zu unseren Gunsten wenden, wenn wir Gott anerkennen und uns vor seinem mächtigen Thron beugen.

Ich glaube, dass wir an einer Kreuzung stehen. Auf einem der Wege vor uns erwarten uns Wunder und Moral, auf dem anderen Schrecken und Schlechtigkeit. Wenn man mich fragt, was das Blatt wenden wird, gebe ich immer dieselbe Antwort:

Es sind wir und unsere Hingabe an Gott sowie das Leben im Überfluss, das er uns schenken will.

Das Böse will, dass wir gegen unsere Natur handeln, dass wir uns Angst und Zorn statt Zuversicht und Gelassenheit, Hass und Chaos statt Liebe und Verständnis zuwenden. Wir werden den Tiefen Staat nicht deshalb besiegen, weil wir jeden einzelnen Fakt über ihn kennen. Wir werden unsere Feinde besiegen, weil sie die Güte unserer Seelen sehen werden – und wenn sie Gottes

Warnung beherzigen, werden sie eine Chance haben, sich von der Finsternis abzuwenden.

Wenn nicht, dann werden sie genauso vernichtet werden wie die Streitmacht des Pharao.

Vielleicht fühlen wir uns geradeso wie die Israeliten, die sich umwandten und das furchterregende Heer des Pharao hinter sich erblickten und vor sich das tiefe Wasser des Ozeans sahen. Vielleicht fragen wir uns sogar einen Augenblick lang, ob es klug war, den Kampf gegen diese dunklen Mächte aufzunehmen. Doch obwohl wir uns vor der Stärke des Feindes gefürchtet haben, haben wir viele mutige Schritte gegen ihn unternommen.

Und wie zur Zeit des Moses werden wir stark bleiben und uns selbst zuflüstern: »Sei still und erkenne Gott.« Er wird uns einen glorreichen Weg zur Befreiung eröffnen.

Sie müssen sich nicht über jede böse Tat auf der Welt Sorgen machen oder eine Lösung dafür finden. Seien Sie einfach der Mensch, als den Gott Sie geschaffen hat, in dem Teil der Welt, wo sie etwas beeinflussen können. Machen Sie sich nur Gedanken über den Kampf, der direkt auf Sie zukommt. Keine Angst, es wird genug Kämpfe geben, in denen Sie sich bewähren und an der Seite Gottes in die Schlacht ziehen können.

Statt unsere Blicke nach außen auf die vielen Probleme der Welt zu richten, sollten wir uns nach innen wenden und Gott um die Kraft bitten, das zu bewältigen, was vor uns liegt. Wir stehen alle gemeinsam in diesem Kampf, und da kein Einzelner wichtiger ist als ein anderer, liegt unsere Kraft in der kollektiven Menschlichkeit Gottes.

Machen Sie sich keine Gedanken darüber, wer sie sind.

Denken Sie darüber nach, wer Sie selbst sind und welchem Herrn Sie dienen.

Ich möchte mich mit den Seligpreisungen aus dem Evangelium nach Matthäus von Ihnen verabschieden:

> Als Jesus die vielen Menschen sah, stieg er auf einen Berg. Er setzte sich, und seine Jünger traten zu ihm. Dann begann er zu reden und lehrte sie.

Er sagte:

Selig, die arm sind vor Gott; denn ihnen gehört das Himmelreich.

Selig die Trauernden; denn sie werden getröstet werden.

Selig, die keine Gewalt anwenden; denn sie werden das Land erben.

Selig, die hungern und dürsten nach der Gerechtigkeit; denn sie werden satt werden.

Selig die Barmherzigen; denn sie werden Erbarmen finden.

Selig, die ein reines Herz haben; denn sie werden Gott schauen.

Selig, die Frieden stiften; denn sie werden Söhne Gottes genannt werden.

Selig, die um der Gerechtigkeit willen verfolgt werden, denn ihnen gehört das Himmelreich.

Selig seid ihr, wenn ihr um meinetwillen beschimpft und verfolgt und auf alle mögliche Weise verleumdet werdet.

Freut euch und jubelt: Euer Lohn im Himmel wird groß sein. Denn so wurden schon vor euch die Propheten verfolgt.[4]

Wir sind Kinder Gottes, wie wir es immer waren, und werden von allen Seiten von Agenten des Teufels angegriffen, die uns die Freude stehlen wollen.

Aber der Gott, der die Israeliten aus Ägypten herausgeführt hat und uns seinen eingeborenen Sohn gegeben hat, damit wir unsterblich werden, ist immer noch der wahre Herrscher.

Fazit

Wie man weiß, dass man siegen wird

Es ist nicht leicht, die Wahrheit zu finden.

Die Suche nach der Wahrheit hat Generationen von Journalisten, Autoren, Rechtsanwälten, Wissenschaftlern, Rechercheuren und gläubigen Menschen zu schaffen gemacht. Wir alle wünschen uns die Wahrheit – aber wie kann man sie am besten finden?

Seit mehr als 500 Jahren hat die westliche Welt eine Antwort auf diese Frage: das offene Gespräch. Man lässt jeden Menschen zu Wort kommen und ausreden, diskutiert über die Qualität der vorgelegten Informationen und zieht dann eine Schlussfolgerung, ein Fazit. Da wir uns aber auch darüber im Klaren sind, dass alle unsere Schlussfolgerungen unsicher sein könnten, revidieren wir sie gern, wenn wir zusätzliche Informationen erhalten.

In diesem System, das nun schon seit mehr als 500 Jahren Bestand hat – von der Zeit, als die Europäer den Atlantik überquerten, über die Mondlandung bis zur Entsendung von Sonden in die entferntesten Regionen unseres Sonnensystems –, wurden Milliarden Menschen aus Armut und Leid befreit, und der individuelle Wahrheitssucher wurde zur gefeierten Figur. In die spirituelle DNA dieser Renaissance ist die Einsicht integriert, dass wir alle gleich sind in unserem Wunsch, die Wahrheit zu finden und ihren Richtlinien gemäß zu leben.

Aber das hat sich geändert. Den Beginn dieser Veränderung markierte der seit den frühen 2000er-Jahren geführte Kampf um Kinderimpfungen. Damals griff man Dr. Andrew Wakefield, den ich mehrmals in meiner Sendung interviewt habe, vehement an.

Bedenken Sie das Ausmaß des möglichen Schadens, den wir unseren Kindern haben zufügen lassen. Wenn Kindern in ihren frühesten Lebensphasen immer mehr Impfungen verabreicht werden, die Schädigungen verursachen, dann haben wir bei einer unserer grundlegenden Aufgaben als Spezies versagt.

Als Robert F. Kennedy Jr. am 16. Juni 2023 in Joe Rogans Podcast zu einer 3-stündigen Diskussion auftrat, war daher absehbar, dass die Fetzen fliegen würden. Joe stellte Kennedy die Frage, über die sich Millionen Menschen Gedanken machten: Warum gibt es keine Debatte zwischen Robert F. Kennedy Jr. und Dr. Peter Hotez, in der dieses Thema behandelt wird, damit wir endlich Antworten erhalten? Schließlich diskutierten seinerzeit schon Stephen Douglas und Abraham Lincoln in den Jahren vor dem Bürgerkrieg über die Sklaverei. Und als Charles Darwin seine Theorie der natürlichen Selektion überstürzt veröffentlichte, um seinem Wissenschaftlerkollegen Alfred Russel Wallace zuvorzukommen, der sich ebenfalls Gedanken zu diesem Thema gemacht hatte, hielten Vertreter der beiden Forscher 1858 eine Debatte in der Londoner Linnean Society ab, um diese Frage zu klären.

Sind wir im Jahr 2023 etwa nicht mehr dazu fähig, ähnlich schwierige Fragen zu stellen?

Wie aus den meisten Mainstream-Medien hervorgeht, dürfte dies tatsächlich der Fall sein. Das scheint zumindest ein Artikel aus der Zeitschrift *Fortune* zu behaupten.

Wenn man einen bekannten Impfwissenschaftler, einen umstrittenen Podcaster, einen Anti-Impf-Kandidaten und ein paar Milliardäre gemeinsam in einen Raum – alias Twitter-Thread – steckt, was kann da schon schiefgehen?

Am Wochenende twitterte Dr. Peter Hotez, Co-Direktor des Zentrums für Impfstoffentwicklung (Center for Vaccine Development; CVD) im Texas Children's Hospital und Autor des demnächst erscheinenden Buches *Preventing the Next Pandemic: Vaccine Diplomacy in a Time of*

Anti-Science [dt. etwa: »Die nächste Pandemie verhindern: Impfdiploma-
tie in einer Zeit der Wissenschaftsfeindlichkeit«; Anm. d. Übers.] einen
Vice-Artikel mit dem Titel: »Spotify versucht nicht einmal mehr, Joe
Rogans Impf-Fehlinformationen einzudämmen«. Sein Tweet erschien,
nachdem Podcaster Joe Rogan den Präsidentschaftskandidaten Robert F.
Kennedy Jr. in seine Sendung eingeladen hatte, um dort seinen Anti-
Impf-Standpunkt darzulegen.

Hotez bezeichnete das Podcast-Interview als »Unsinn« und teilte
danach mit, dass er wegen seines Tweets auf Twitter attackiert wurde.

Das Gespräch löste, gelinde gesagt, einen Sturm aus. Nachdem Hotez
das sofortige Angebot Joe Rogans abgelehnt hatte, 100 000 Dollar an
eine Wohltätigkeitsorganisation seiner Wahl zu spenden, so er bereit
sei, in Echtzeit in seiner Sendung mit RFK Jr. zu diskutieren [später
wurden mehr als 1,5 Millionen Dollar daraus, weil auch andere zu
einem Gelingen der Debatte beitragen wollten], schrieb Twitter-CEO
Elon Musk: »Er hat Angst vor einer öffentlichen Diskussion, weil er
weiß, dass er falschliegt.«[1]

Man beachte, wie im *Fortune*-Artikel versucht wird, das Narrativ so zu gestalten,
dass es nicht um Joe Rogans, Robert F. Kennedy Jr.'s und Elon Musks Suche nach
der Wahrheit, sondern um einen Versuch geht, »Fehlinformationen« einzudämmen. Hat Galileo etwa »Fehlinformationen« verbreitet, als er sagte, dass seine
Beobachtungen ihn zu dem Schluss geführt haben, dass sich die Erde um die
Sonne dreht? Hat sich Rachel Carson der Verbreitung von »Fehlinformationen« schuldig gemacht, als sie behauptete, das Pestizid DDT verursache einen
katastrophalen Zusammenbruch der Vogelpopulationen in den Vereinigten
Staaten und solle daher verboten werden?

Ich hoffe zwar, dass lange Zeit unterdrückte Ideen irgendwann ihren Weg ins
öffentliche Bewusstsein finden, fürchte aber gleichzeitig, dass dunkle Mächte trotzdem versuchen könnten, sie abzuwürgen. Ich bin besorgt darüber, dass die Geheimdienste versuchen werden, den ehemaligen Präsidenten Trump zu ermorden,
indem sie möglicherweise sein Flugzeug sabotieren, falls die juristischen Angriffe

auf ihn nicht die gewünschte Wirkung erzielen, sein Image ausreichend zu schädigen. Ich fürchte auch, dass Robert F. Kennedy Jr. von jemandem angegriffen und umgebracht werden könnte, der sich als »Impfbefürworter« ausgibt und angeblich über Kennedys Forderung nach einer stärkeren Kontrolle der Pharmabranche verärgert ist.

Könnten zwei prominente politische Persönlichkeiten in einer einzigen politischen Saison ermordet werden, ohne dass dies den gerechten Zorn der Allgemeinheit weckt? Im Jahr 1968 kamen sowohl Martin Luther King Jr. als auch US-Senator Robert F. Kennedy durch Attentate ums Leben, was den Weg für die Wahl von Präsident Nixon ebnete.

Hoffen wir, dass es nicht das ist, was Gott für uns geplant hat. Vielleicht gibt es ja Patrioten im Tiefen Staat, die uns wenigstens versuchen lassen wollen, die Möglichkeiten einer konstitutionellen Republik auszuschöpfen.

Auf dem Nachrichtenportal Vox erschien ein bemerkenswerter Artikel unter dem Titel »Joe Rogan will eine ›Diskussion‹ über Impfsicherheit – verweigern Sie sie ihm«. Der Text argumentiert im Wesentlichen gegen die Prinzipien der Aufklärung, der Renaissance und der mehr als 500 Jahre beachtlicher Fortschritte unserer Spezies.

> Diskussionen sind nicht wirklich ein ideales Forum für Gespräche über strittige Themen – vor allem, wenn es sich um Themen handelt, deren Verständnis durch Fehlinformationen erschwert wird.
>
> Dafür gibt es mehrere Gründe. Zunächst einmal impliziert eine Diskussion über ein wissenschaftliches Thema, dass es in der Wissenschaft unterschiedliche Ansichten zu diesem Thema gibt, sagt Rupali Limaye, Sozialwissenschaftlerin an der Schule für öffentliche Gesundheit der Johns Hopkins University, die über Impfkommunikation forscht. So »gibt man Individuen eine Plattform, um etwas zu propagieren, was dem wissenschaftlichen Konsens widerspricht«, erklärt sie.[2]

In diesem Artikel sind mehrere abscheuliche Ideen zu finden. Die erste ist, dass »Diskussionen« sich nicht besonders gut für »Gespräche über strittige Themen«

eignen. Was sonst ist der Zweck einer »Diskussion«? Wie steht's mit der strittigen Idee, dass sich jemand des Mordes schuldig gemacht hat? Genau aus diesem Grund dürfen in einem Strafprozess *sowohl* der Staat *als auch* der Angeklagte ihren Fall so überzeugend wie möglich darlegen. [Obwohl mir in meinem Zivilprozess *nicht gestattet* wurde, eine Verteidigung vorzubringen. Beginnen Sie das Muster zu erkennen?] Vor einer Wahl möchte die Allgemeinheit sehen, wie die beiden Kandidaten in einer Debatte gegeneinander antreten, damit sie einen Vergleich zwischen ihnen anstellen kann. Aber natürlich will Joe Biden auf der demokratischen Seite keine Debatten,[3] und wenn Trump republikanischer Kandidat werden sollte, wird er wahrscheinlich auch mit ihm nicht diskutieren wollen.

Zudem finde ich die Vorstellung von Wissenschaft, wie sie in den meisten Mainstream-Artikeln verbreitet wird, absolut verblüffend. Warum sollte die Öffentlichkeit an so etwas wie einen »wissenschaftlichen Konsens« glauben? Alle echten Wissenschaftler, mit denen ich im Laufe der Jahre geredet habe, wissen genau, dass die einzige wahre Messung die »Validierung« oder »Bestätigung« von Forschungsergebnissen ist.

Was jemand »glaubt«, spielt nicht die geringste Rolle, wenn Informationen vorliegen, die diese Ansicht eindeutig widerlegen.

Doch diese menschenfeindliche, von den Eliten verbreitete Agenda zielt darauf ab, die skeptischen Methoden der Aufklärung aus dem Weg zu räumen, damit niemand mehr Beweise für die Behauptungen der Mächtigen fordert. In der Flut von Mainstream-Artikeln, die die Kontroverse um Joe Rogan, Robert F. Kennedy Jr., Peter Hotez und Elon Musk behandelten, drückte wahrscheinlich keiner die Sichtweise der von der Pharmaindustrie kontrollierten Medien besser aus als der Artikel aus dem *Houston Chronicle* mit dem Titel »Warum Hotez recht damit hat, nicht mit RFK Jr. diskutieren zu wollen«. Vielleicht sind Sie über die mentale Gymnastik dieses Kolumnisten genauso erstaunt wie ich … der Verfasser argumentiert doch tatsächlich dagegen, dass abweichende Meinungen in öffentlichen Foren geäußert werden.

Hotez, der den Zorn der Anti-Impf-Bewegung auf sich gezogen hat, seit er sie vor ein paar Jahrzehnten zu kritisieren begann, weiß es besser. Er weiß, dass eine Diskussion mit jemand derart Unseriösem wie RFK Jr. sehr ernste Folgen haben könnte. Hotez war schon einmal in Rogans Sendung und bot an, noch einmal über die Covid-Impfung zu diskutieren – vor allem über die Hunderttausende Todesfälle, die auf Fehlinformationen über die Impfstoffe zurückzuführen sind. Er weigerte sich aber, »eine Jerry-Springer-Show daraus zu machen«, indem er mit RFK Jr. auftritt. [Jerry Springer moderierte jahrelang eine berühmte Skandal-Talkshow im US-Fernsehen; Anm. d. Übers.]

Es ist keineswegs überraschend, dass Kritiker ihm Feigheit vorwarfen. Einige warfen ihm auch vor, ein Handlanger der Pharmakonzerne zu sein. Für sie spielt es keine Rolle, dass Hotez unermüdlich versucht hat, die Pharmakonzerne zu umgehen; für den kostengünstigen, patentfreien Covid-Impfstoff, den er und Maria Elena Bottazzi entwickelten und der während der Pandemie Millionen von Bedürftigen geholfen hat, wurde er sogar für den Friedensnobelpreis nominiert.[4]

Ich will nun meine Sicht der Dinge darlegen, die in diesem Artikel vermittelt werden. Hotez wird als eine Art Mutter Teresa präsentiert, an der man keinerlei Kritik üben darf.

Sollen wir wirklich glauben, dass eine Diskussion mit Robert F. Kennedy Jr., der für seine gut formulierten und faktenreichen Vorträge bekannt ist, einer Jerry-Springer-Show ähneln würde, in der sich Frauen um die Frage »Wer ist der Vater deines Babys?« streiten, prügeln und mit Stühlen bewerfen?

Man würde bei einer solchen Diskussion vielmehr erwarten, dass beide Teilnehmer eine Spitzenleistung erbringen. Angesichts der Tatsache, dass Hotez das Gespräch verweigert, muss man aber annehmen, dass er gar nicht zu einer Spitzenleistung fähig ist.

Doch in Wahrheit geht es nicht nur darum, ob Peter Hotez mit Robert F. Kennedy Jr. diskutieren sollte. Die Frage ist vielmehr, ob die Justiz unsere Wissenschaft noch infrage stellen kann oder ob es der Wissenschaft gestattet wird, die endgültige Kontrolle über unsere Gesellschaft zu erlangen.

Wenn ein Arzt mit seiner Behandlungsmethode auch nur einem einzigen Patienten schadet, muss er damit rechnen, vor Gericht einem Anwalt gegenüberzustehen, der ihm schwierige Fragen stellt. Doch ein Impfwissenschaftler, dessen Produkt Hunderte oder Tausende oder sogar Millionen Menschen schädigen könnte, weiß genau, dass ihm *nie* ein Anwalt Fragen stellen wird, weil es den National Childhood Injury Act [dt. etwa: Nationales Gesetz zu Impfschäden bei Kindern; Anm. d. Übers.] aus dem Jahr 1986 und dessen spätere Ausweitung auf Impfstoffe für Erwachsene gibt. Diese erfolgte im Jahr 2011 durch eine Entscheidung des Obersten Gerichtshofs der USA im Fall Bruesewitz gegen Wyeth Laboratories, bei dem entschieden wurde, dass die Pharmakonzerne keine Haftung für Impfschäden übernehmen müssen.[5]

Die Impfgeschädigten in unserem Land sind die »Indexpatienten« der Krebserkrankung unseres Staatswesens, die Metastasen wie den Kommentar von Larry Fink von der riesigen Investmentgesellschaft BlackRock hervorgebracht haben: »Man muss Verhaltensweisen erzwingen, und wir bei BlackRock erzwingen Verhaltensweisen.« Fink sprach darüber, wie sein Unternehmen versucht, die Einhaltung seiner Umwelt- und Sozialziele zu erzwingen.[6]

Wir befinden uns mitten in einem Krieg um die ganze Welt. Doch die Menschen beginnen sich zu wehren, so wie die deutsche Abgeordnete Christine Anderson, die vor Kurzem über die WHO und deren Plan, die Länder der Welt durch die Angst vor Pandemien zu kontrollieren, Folgendes sagte:

> »Ein nicht gewähltes Gremium wie die WHO, die von Multimilliardären kontrolliert und gesteuert wird, sollte niemals anstelle einer demokratisch gewählten Regierung handeln dürfen. [...] Sie [die WHO] sind die kleine Minderheit am Rande. Sie sind diejenigen, die nicht das Recht haben, den Menschen zu diktieren, was sie wollen und was nicht. Vernehmt es also von mir ... vernehmt es von den Millionen und Abermillionen Menschen auf der ganzen Welt: Wir werden euch zu Fall bringen, und wir werden nicht müde werden, bis wir genau das getan haben. Also macht euch bereit. Wir sind hier, und der Kampf hat begonnen. Also lasst uns diesen Kampf führen.«[7]

Wie sonst als mit einem Kampf um das Schicksal der Welt ließe sich die Wut erklären, mit der die US-Kongressabgeordnete Debbie Wasserman Schultz versuchte, Robert F. Kennedy Jr. zum Schweigen zu bringen, als er vor dem Ausschuss »Weaponization of Government« [dt. etwa: »Missbrauch der Bundesregierung als Waffe«; Anm. d. Übers.] aussagte?

KONGRESSABGEORDNETE DEBBIE WASSERMAN SCHULTZ: Antrag zur Geschäftsordnung gemäß Hausregel 11, Abschnitt 2, gegen die Mr. Kennedy soeben verstoßen hat. Ich beantrage, dass wir in die geschlossene Sitzung gehen, weil Mr. Kennedy wiederholt verachtenswerte antisemitische und antiasiatische Bemerkungen gemacht hat, zum Beispiel erst vergangene Woche.

Regel 11, Abschnitt 2 besagt: »Wenn von einem Mitglied des Ausschusses behauptet wird, dass die Beweise oder Aussagen in einer Anhörung dazu angetan sind, eine Person zu verleumden, herabzuwürdigen oder zu belasten, oder wenn von einem Zeugen behauptet wird, dass die Beweise oder Aussagen, die der Zeuge in einer Anhörung vorbringen würde, dazu angetan sind, den Zeugen zu verleumden, herabzuwürdigen oder zu belasten« und so weiter.

Mr. Kennedy hat unter anderem gesagt: »Ich weiß jetzt viel über Biowaffen. Wir haben Hunderte Millionen Dollar in die Entwicklung von Mikroben investiert, die auf bestimmte ethnische Gruppierungen ausgerichtet sind. Die Chinesen haben dasselbe getan. Sogar bei Covid-19 wurde behauptet, dass es auf bestimmte ethnische Gruppierungen ausgerichtet ist. Covid-19 griff bestimmte Rassen unverhältnismäßig stark an. Die Rassen, die am meisten gegen Covid-19 immun sind, sind ...«[8]

Wenn sich mutige Menschen wie Robert F. Kennedy Jr. aber gegen Tyrannen wie die Kongressabgeordnete Debbie Wasserman Schultz wehren, werden die Leute aufmerksam. So hat Kennedy die Verleumdungen der Demokraten im Ausschuss zurückgewiesen:

ROBERT F. KENNEDY Jr.: Wir stehen wieder einmal vor einem Versuch, Informationen zu unterdrücken. Wenn man die Twitter-Dateien und die Korrespondenz zwischen Facebook und dem Weißen Haus liest, findet man darin die Bestätigung, dass Facebook vom Weißen Haus ersucht wurde, Informationen zu zensieren, von denen jeder wusste, dass sie wahr oder mit hoher Wahrscheinlichkeit wahr sind – und Facebook ist darauf eingestiegen. Tatsächlich hatte der Begriff »Fehlinformationen« nichts mit Unwahrheit oder Wahrhaftigkeit zu tun, sondern war ein Euphemismus für jede Information, die von der Rechtgläubigkeit der Regierung abwich. Und damit ist er sehr gefährlich.

Gerade hat sich ein Kongressabgeordneter dahin gehend geäußert, dass in diesem Land 1 Million Menschen wegen Fehlinformationen über Impfstoffe gestorben sei. In Wahrheit hat unser Land jedoch eine der höchsten Durchimpfungsraten der Welt und eines der schlechtesten Gesundheitsergebnisse. In den USA leben 4,2 Prozent der Weltbevölkerung, doch wir haben 16 Prozent der Covid-Todesfälle zu verzeichnen. Bei den Schwarzen in Haiti betrug die Impfrate nur 1 Prozent, und sie kamen auf eine Sterberate von fünfzehn Personen auf 1 Million Einwohner. In Nigeria sieht es ähnlich aus, dort lag die Impfrate bei 1,3 Prozent und die Sterberate bei vierzehn Personen auf 1 Million Einwohner. Bei uns starben 3000 Schwarze auf 1 Million Einwohner – das ist das 300-Fache der Sterberate in anderen Ländern.

Und das gilt für die ganze Welt. Wir hätten Informationen gebraucht. Wir hätten alle Informationen offen miteinander austauschen und über das Internet mit den 15 Millionen Ärzten sprechen sollen, die überall auf der Welt an vorderster Front Patienten behandeln. So hätten wir die besten Therapien und Behandlungsmethoden ermitteln können, um eine Lösung für alle zu finden. In einer Pandemie ist dies nicht der richtige Zeitpunkt, um … Ich möchte nur eines sagen: Es ist nicht Aufgabe der Wissenschaft, Experten zu vertrauen. Es ist auch keine Aufgabe der Demokratie. Es ist eine Aufgabe, die üblicherweise nur Religion und

Totalitarismus erfüllen, und es trägt nicht zu einer gesünderen Bevölkerung bei.[9]

Somit stehen wir vor der Frage, die meiner Meinung nach die wichtigste unserer Zeit ist:

Werden wir zulassen, dass die öffentliche Debatte zensiert wird, und damit der Aufklärung und dem jahrhundertelangen Fortschritt ein Ende bereiten – oder werden wir aufstehen und sagen, dass wir alle das Recht haben, uns frei zu äußern? Wie es scheint, fangen die Verteidiger der Freiheit gerade erst an, wie die aktuelle Entscheidung eines Bundesgerichts am 4. Juli 2023 nahelegt. ABC News berichtete darüber:

Am Dienstag untersagte ein Richter mehreren Bundesbehörden und Beamten der Regierung Biden, mit Social-Media-Unternehmen im Hinblick auf »verfassungsmäßig geschützte Meinungsäußerungen« zu kooperieren. Diese Entscheidung wurde von einem der republikanischen Funktionäre, deren Klage zu dieser Entscheidung geführt hat, als »Schlag gegen die Zensur« bezeichnet.

US-Bezirksrichter Terry Doughty aus Louisiana erließ die einstweilige Verfügung als Reaktion auf eine Klage, die die Generalstaatsanwälte von Louisiana und Missouri eingebracht hatten. In der Klage warfen sie der Bundesregierung vor, mit ihren Bemühungen, Social-Media-Unternehmen gegen Beiträge vorgehen zu lassen, die während der Covid-19-Pandemie zu Impf-Zögerlichkeit führen oder Wahlen beeinflussen könnten, zu weit gegangen zu sein.

Doughty berief sich auf »erhebliche Beweise« für eine weitreichende Zensurkampagne. Er schrieb, dass die »bisher erbrachten Beweise ein fast schon dystopisches Szenario darstellen. Während der Covid-19-Pandemie, einer Periode, die sich am besten durch weitverbreitete Zweifel und Ungewissheit charakterisieren lässt, scheint die Regierung der Vereinigten Staaten eine Rolle gespielt zu haben, die einem orwellschen ›Wahrheitsministerium‹ ähnelt.«[10]

Für mich wird die Lage immer klarer.

Wenn Ihre Gegner sich weigern, mit Ihnen zu diskutieren, und wenn sie versuchen, Sie zu zensieren, ist das ein Beweis dafür, dass Sie das Zeug dazu haben, sie zu besiegen.

Es hat ungeheure Versuche gegeben, mich auf juristischem Wege zu zensieren, indem man mich in den Bankrott trieb. Aber weil sich so vieles von dem, was ich prognostiziert und über das ich berichtet habe, als wahr erwiesen hat, ist die Unterstützung für meine Person im gesamten politischen System wieder stark gestiegen. Ich wollte nie parteipolitisch agieren, weder für die Linke noch für die Rechte, sondern einfach Menschen zusammenbringen, um die wichtigen Fragen unserer Zeit zu diskutieren. Diejenigen unter Ihnen, die mich nicht gesehen haben, weil ich auf den großen Social-Media-Plattformen gesperrt wurde, sollten wissen, dass man mich nach wie vor unter *www.infowars.com/show* oder *www.banned.video* finden kann. Wir sind dabei, die Sendung neu aufzubauen und in vieler Hinsicht stärker als je zuvor zu machen. Und ich hoffe, dass Sie nicht nur dieses Buch lesen werden, sondern auch mein erstes Buch *The Great Reset: And the War for the World*, bei dem mich ebenfalls Kent Heckenlively beim Schreiben und Gestalten unterstützt hat.

Ich werde diesen Kampf so lange wie nötig führen. Das Einzige, was mich aufhalten wird, ist mein Tod, der hoffentlich noch viele Jahrzehnte in der Zukunft liegt – dafür bete ich zumindest. Die letzten paar Jahre haben mich unter enormen Stress gesetzt, aber es war mir auch eine Ehre, die Speerspitze im beseelenden Kampf für die Freiheit sein zu dürfen. Die Zensur wird stärker, aber wir schaffen es auch, vielen unserer Mitbürger die Augen zu öffnen. Wie Orwell einst sagte: »In Zeiten der universellen Täuschung ist das Aussprechen der Wahrheit ein revolutionärer Akt.« Für die Menschheit ist es wichtig, dass sie die Zensoren besiegt, und ich bin zuversichtlich, dass wir das schaffen werden.

Die neue Renaissance der Menschheit sieht vielversprechend aus, wenn wir handeln und Vertrauen haben. Wir werden handeln, indem wir unsere Brieftaschen, unsere Stimmen, unseren Glauben an Gott und all das einsetzen, was wir sehen und lesen, weil der Feind all diese Hinweise genau beobachtet. Ich möchte Sie dazu anregen, sich meine Sendung und die der anderen Wahrheitsverkünder anzusehen. Wir müssen den Stimmen des Volkes Gehör verschaffen. Gemeinsam können wir die gegenwärtige Finsternis besiegen.

Ein Goldenes Zeitalter der Menschheit erwartet uns – wenn wir nur genug Mut haben, es zu erobern.

Schreiben für Alex Jones

Ich bin an einem Ort aufgewachsen, den ich bis heute für den schönsten Flecken auf der Erde halte. Wir wohnten direkt neben dem vierzehnten Loch des Round Hill Country Club in Alamo, Kalifornien, etwa 56 Kilometer östlich von San Francisco.

Das vierzehnte Loch ist ein langes Par fünf, Dogleg nach rechts, mit einem Ententeich und einer überhängenden Eiche, etwa 120 Meter vom Green entfernt. Ich musste aus dem Garten hinter unserem Haus nur dreißig Schritte gehen, um vom Ufer des Teichs aus Brot an die Enten zu verfüttern.

Round Hill war gerade erst ein paar Jahre alt, als wir im Jahr 1965 dorthin zogen. Der Golfplatz strahlte die Energie und Forschheit neuen Geldes aus. In der Gegend wohnten viele kreative Denker, die herausgefunden hatten, wie sie möglichst viel aus dem amerikanischen Traum herausholen konnten. Direkt gegenüber unseres Hauses, auf der anderen Seite des vierzehnten Lochs, wurde eine Villa mit 1100 Quadratmeter Wohnfläche errichtet, damals die größte im ganzen County. Sie gehörte dem Eigentümer des beliebten Restaurants The Elegant Farmer, direkt an der Küste am Jack London Square in Oakland. Ich durfte oft in dieser Villa spielen und blieb stets einen Augenblick stehen, nachdem ich durch die Haustür gekommen war, um den riesigen, fast 3 Meter großen ausgestopften Eisbären direkt hinter dem Eingang zu betrachten.

Mir ist klar, dass ich in vielerlei Hinsicht keine typisch amerikanische Kindheit hatte.

Zu verschiedenen Zeitpunkten in meinem Leben konnte ich auf einer Party mit der Baseball-Legende Joe DiMaggio oder auch mit Rick Barry, dem Star-Basketballer für die Golden State Warriors und einstigen NBA-Rekordhalter für den besten Freiwurf-Prozentsatz in einer Spielerlaufbahn, plaudern. Es kam auch vor, dass mir Dr. Don Rose, der beliebteste Mittelwellen-Radio-Discjockey der Bay Area, im Radio zum Geburtstag gratulierte; dass ich mit diversen Spielern der Oakland Raiders einen Football werfen konnte; dass ich mit Profigolfern wie Johnny Jacobs oder Ron Cummins ein paar Löcher spielen durfte; oder dass ich mit Marvin Starr, der das Standardlehrbuch über das kalifornische Immobilienrecht geschrieben hatte, am 4. Juli ein Feuerwerk abbrannte. Und wären meine Eltern gestorben, als ich noch klein war, dann hätte sich Angelo Sangiacomo, damals der größte Grundbesitzer in San Francisco, meiner angenommen.

In meiner Jugend lernte ich viele berühmte und umstrittene Persönlichkeiten näher kennen, die mich genauso faszinierten wie die Bücher, die ich ständig las.

Meine Eltern waren ähnlich neugierig auf die Menschen aus unserer Nachbarschaft und dem Rest der Welt. Sie lernten einander auf dem Parteitag der Republikaner 1956 in San Francisco kennen. Und obwohl wir Republikaner waren, war mein Vater stets offen für andere Ideen. Ich kann mich noch lebhaft daran erinnern, wie er sich mit den unterschiedlichsten Leuten über Prominente oder politische Persönlichkeiten unterhielt und dabei sagte: »Ich weiß nicht viel über ihn oder sie. Was gefällt dir an ihnen?«

Er hörte sich an, was seine Gesprächspartner zu sagen hatten, und bedankte sich dann meist dafür, dass sie ihm ihre Sichtweise erläutert hatten. Einmal, nachdem die Person gegangen war, fragte ich meinen Vater: »Du hasst doch den Typen, den er da beschrieben hat. Warum hast du ihm die ganze Zeit zugehört, als er über ihn geredet hat?«

Mein Vater zuckte die Achseln und sagte: »Vielleicht lerne ich ja etwas daraus. Und das Zuhören kostet mich ja nichts.«

Als einer der Freunde meines Vaters ihm vorschlug, für den Wahlkampf der demokratischen US-Senatorin Barbara Boxer zu spenden, um so auf ein paar tolle Partys eingeladen zu werden, ergriff er sofort die Gelegenheit. Danach besuchten meine Eltern und ich einige dieser Partys, wo ich die Senatorinnen

Boxer und Dianne Feinstein, die Kongressabgeordnete Nancy Pelosi und vermutlich auch die derzeitige US-Vizepräsidenten Kamala Harris kennenlernte, die ebenfalls eingeladen war.

Zu dieser Zeit arbeitete ich in den Sommerferien als Praktikant für den republikanischen US-Senator Pete Wilson. Wilson und Feinstein hatten an einigen kalifornischen Problemen eng zusammengearbeitet und empfanden viel Respekt und Sympathie füreinander.

Ich weiß noch, dass ich mich bei einem dieser Anlässe ein paar Minuten lang mit Senatorin Feinstein unterhielt und zu ihr sagte: »Sie sollten die erste Präsidentin unseres Landes werden. Warum kandidieren Sie nicht?« Ich war zwar Republikaner, konnte aber auch Leistungen auf der Gegenseite anerkennen. Feinstein hatte nach der Ermordung von Bürgermeister George Moscone das Amt der Bürgermeisterin von San Francisco übernommen und großartige Arbeit geleistet. Außerdem agierte sie im Senat als vernünftige Demokratin, die sich nach Möglichkeit immer für parteiübergreifende Arbeit engagierte.

Sie dankte mir für meine Worte, beantwortete die Frage aber nicht wirklich.

Ich erinnere mich, dass ich danach zu meinem Eltern und Angelo Sangiacomo – der de facto mein Patenonkel war – hinüberging und sagte: »Ich verstehe nicht, warum Senatorin Feinstein nicht für das Präsidentenamt kandidiert.«

»Sie hat ein China-Problem«, sagte Angelo. »Ihr Mann hat mit den Kommunisten eine Menge Geld verdient. Das würde sich bei einer landesweiten Wahl nicht gut machen.« (Als Feinsteins Ehemann Richard Blum 2022 starb, wurde das gemeinsame Vermögen des Paares auf 1 Milliarde Dollar geschätzt.[1] Die beiden waren seit 1980 verheiratet gewesen.)

Mit dieser Geschichte möchte ich Sie nur wissen lassen, dass ich durchaus zugeben würde, an einem Politiker von einer anderen Fraktion etwas Positives zu sehen. Ich erzähle sie aber auch als Warnung, weil wir oft nicht alle Fakten über eine Person des öffentlichen Lebens kennen.

Man sollte daher durchaus freundlich und offen für das Gute sein, dabei aber nie seine Skepsis aufgeben.

Die *Los Angeles Times* ging 1997 in einem Artikel auf den potenziellen Konflikt ein, als Feinstein für eine Verbesserung der Beziehungen zwischen den USA und

China eintrat und ihr Mann gleichzeitig Geschäfte mit der aufstrebenden kommunistischen Supermacht machte.

> Senatorin Dianne Feinstein (Demokratin – Kalifornien) hat sich im Kapitol als eine der entschiedensten Befürworterinnen für engere Beziehungen der USA zu China hervorgetan und sich dafür eingesetzt, dass Peking einen Meistbegünstigtenstatus im Handel erhält.
> Gleichzeitig hat Feinsteins Ehemann Richard C. Blum fernab des Rampenlichts seine privaten geschäftlichen Interessen in China ausgeweitet, sodass sein Unternehmen heute ein bedeutender Investor in dem kommunistischen Land ist.[2]

Es verwirrt mich bis heute, dass dieser potenzielle Interessenkonflikt nicht näher untersucht wurde.

CBS News deckte im Jahr 2018 auf, dass Senatorin Feinstein 20 Jahre lang einen chinesischen Spion in ihrem Senatsbüro beschäftigt hatte.

> Am Mittwoch tauchten neue Einzelheiten darüber auf, wie ein Spion für die Regierung des kommunistischen China es geschafft hat, fast 20 Jahre lang an der Seite von Senatorin Dianne Feinstein zu bleiben. [...]
> Die Kolumne enthüllte, dass der chinesische Spion Feinsteins Fahrer war, der auch Erledigungen in ihrem Büro in der Bay Area durchführte und eine Kontaktperson zur asiatisch-amerikanischen Gemeinschaft war.
> Er besuchte für die Senatorin sogar Veranstaltungen des chinesischen Konsulats.
> Feinstein – die damals als Vorsitzende des Geheimdienstausschusses im Senat diente – war es Berichten zufolge sehr peinlich, als das FBI ihr mitteilte, dass sie infiltriert worden war.[3]

Als diese Story in den Nachrichten auftauchte, erinnerte ich mich an das, was Angelo Anfang der 1990er-Jahre zu mir gesagt hatte. Könnte es einen Zusammenhang zwischen den Geschäften von Feinsteins Ehemann mit Rotchina und der Einschleusung eines chinesischen Spions in ihrem Büro gegeben haben?

Diese Frage ist bis heute ein ungelöstes Rätsel für mich.

Aber ich habe so meine Vermutungen.

Als ich jung war, wollte ich Staatsanwalt werden – ein Kreuzritter wie Elliot Ness, der in Chicago gegen Al Capone vorging, oder Rudy Giuliani, der die New Yorker Mafia so erfolgreich demontierte.

Ich war aber auch von Strafverteidigern wie F. Lee Bailey, William Kunstler, Alan Dershowitz und Gerry Spence fasziniert. Sie wirkten auf mich wie heldenhafte Einzelgänger, die sich gegen ein ganzes System stellten, und obwohl sie meiner Meinung nach oft im Unrecht waren, bewunderte ich ihren Mut. Wie muss es sich anfühlen, der gewaltigen Macht des Staates und der Missbilligung der Öffentlichkeit gegenüberzutreten und dabei nur auf die eigene Intelligenz und Überzeugungskraft zurückgreifen zu können? Ich liebte das Beispiel von Atticus Finch, der im Filmklassiker *Wer die Nachtigall stört* von Gregory Peck dargestellt wurde, als Lehrstück dafür, wie man sich gegen Vorurteile durchsetzen kann.

In meinem Jurastudium hatte ich das Glück, mehrere Vorlesungen des berühmten Strafverteidigers Bernie Segal besuchen zu können. Segal hatte Jeffrey MacDonald, den »Green-Beret-Killer«, verteidigt – einen Militärarzt, der wegen des Mordes an seiner Ehefrau und seinen beiden Töchtern angeklagt und (laut Bernie) zu Unrecht verurteilt wurde. (MacDonald hatte immer behauptet, die Morde seien von einer Gruppe Hippies, darunter einer Frau namens Helena Stoeckley begangen worden. Stoeckley war eine ortsansässige Rauschgiftsüchtige, die ihre Beteiligung an den Morden wiederholt gestand und später widerrief.)

Während des Studiums arbeitete ich zwei Sommer lang für die US-Staatsanwaltschaft in San Francisco. In einem dieser Sommer stellte ich Beweismittel aus den Abhörmaßnahmen gegen den Oakland-Drogenboss Rudy Henderson zusammen,[4] im zweiten brachte ich Fälle von Ordnungswidrigkeiten vor ein Bundesgericht. Ich erinnere mich noch an mein jüngeres Ich, das perfekte Beispiel für einen Country-Club-Konservativen, wie ich mit meinen ebenfalls in Ausbildung befindlichen Anwaltskollegen in der Cafeteria herumhing, als plötzlich unsere größte Nemesis Tony Serra – der berühmte Strafverteidiger, der in dem von unserer Regierung geführten Krieg gegen die Drogen auf der anderen Seite kämpfte – zur Tür hereinspazierte.[5]

Serra war eine der bemerkenswertesten Gestalten, die man in den späten 1980er-Jahren in den heiligen Hallen des Bundesgerichts sehen konnte: groß, breitschultrig wie ein Footballer, vielleicht Anfang fünfzig, mit langem weißen Haar, das ihm in Locken weit über die Schultern fiel, als hätte er seine Frisur aus den Sixties aus Protest gegen die konservative neue Zeit beibehalten. Wir hatten reißerische Geschichten über seine Taten gehört: Er war der Meinung, dass Gras legal sein sollte, trieb sich mit Rauschgifthändlern herum und feierte in seiner Kanzlei oft bis spät in die Nacht mit seinen kriminellen Mandanten Partys mit lauter Musik, wilder Tanzerei und natürlich jeder Menge Drogen. Einer von Tony Serras Fällen wurde im nicht besonders guten 80er-Jahre-Film *Das dreckige Spiel* dargestellt, in dem Serra von James Woods gespielt wurde. Als der Film herauskam und man Tony fragte, ob er das Gefühl habe, richtig porträtiert worden zu sein, sagte er nur: »Ich rauche in der Eröffnungsszene des Films einen Joint – und das ist auch schon das Einzige, was sie richtig hingekriegt haben.«

Für uns Junge war Serra ein wilder Hund, aber an diesem Tag hatte er seine Tochter mitgebracht, die nicht älter aussah als acht oder neun. Ich sah, wie liebevoll er mit ihr umging, ihr mit dem Essenstablett half, ihr zuhörte, mit ihr redete und lachte, und ertappte mich bei dem Gedanken: *Gehört er wirklich zu den Bösen? Vielleicht sind ja wir die Bösen, die Leute, mit denen ich hier herumsitze, die wir ihm böse Blicke zuwerfen und Beleidigungen vor uns hin murmeln?*

Heute habe ich eine Tochter. Sie ist impfgeschädigt und benötigt eine tägliche Cannabisdosis, damit sie keine verheerenden Anfälle bekommt.

Und da frage ich mich natürlich, bei wie vielen Dingen ich mich im Leben geirrt habe.

Mit Sicherheit lag ich bei Marihuana falsch, obwohl ich nach wie vor so »anständig« bin, dass ich nie Gras geraucht habe. (Alte Gewohnheiten lassen sich nicht so leicht ablegen.) Allerdings war ich auch noch nie betrunken, obwohl ich Teilhaber eines angesehenen Weinguts im Napa Valley bin. (Und ich gebe auch den Leuten recht, die sagen, dass Alkohol mehr Probleme auf der Welt verursacht hat, als das bei Gras je der Fall war.)

Als ich Jura studierte, war eines der großen Themen, über die Bernie Segal sprach, die Befugnis der Behörden, das Vermögen angeblicher Drogenhändler zu beschlagnahmen. Er betrachtete dies als verfassungswidrige Machtanmaßung der Bundesregierung, mit der man verhindern wollte, dass Verdächtige ihre Anwälte bezahlen können.

Damals war ich nicht seiner Meinung, doch heute weiß ich, dass ich mich in diesem Punkt geirrt habe. Unrecht gegenüber einer bestimmten Menschengruppe darf man niemals dulden, unabhängig davon, wie sehr man die betreffenden Personen verabscheuen mag. Irgendwann wird die Regierung nämlich versuchen, solche Unrechtsgesetze auch auf andere auszudehnen.

Nach den 9/11-Anschlägen gehörte ich zu den Unterstützern des Patriot Act. Erst die Enthüllungen von Edward Snowden und Julian Assange brachten mich dazu, meine Meinung zu revidieren. Für mich sind die anhaltenden juristischen Angriffe auf diese Whistleblower ein Zeichen, dass unser Land in vielerlei Hinsicht diktatorisch geworden ist.

Im Jahr 2003 hielt ich den Irakkrieg für eine gute Sache. Schließlich war Saddam Hussein einer von den Bösen, und die Welt wäre ohne ihn besser dran. Aber nachdem ich das Chaos gesehen hatte, das wir im Nahen Osten anrichteten, kam ich zu der Überzeugung, dass ich mich hier ebenfalls geirrt habe.

Ich war auch der Meinung, dass Impfungen einen großen wissenschaftlichen Fortschritt darstellen und alle Eltern, die sie ihrem Kind verweigern, nicht ganz bei Trost seien. Heute glaube ich, dass Impfstoffe und jene Pharmafirmen, die sie herstellen, ohne für die durch ihre Produkte verursachten Schäden finanziell haften zu müssen, eine existenzielle Gefahr für die Menschheit darstellen.

Ich habe mich in meinem Leben schon in so vielen Dingen geirrt.

Vielleicht geht es Ihnen auch so. Und vielleicht versuchen Sie – wie ich – es in Zukunft besser zu machen.

Andererseits habe ich auch vieles getan, das meinem Gefühl nach richtig war und auf das ich stolz bin.

Ich bin stolz auf die vier Bücher, die ich mit Dr. Judy Mikovits geschrieben habe.

Ich bin stolz darauf, den einleitenden Sprechertext für das 26 Minuten lange

Plandemic-Video mit Dr. Mikovits und Mikki Willis – den meistgesehenen und -verbotenen Film der Geschichte – verfasst zu haben.

Ich bin stolz auf die vier Bücher, die ich gemeinsam mit Project-Veritas-Whistleblowern geschrieben habe.

Ich bin stolz auf das Buch, das ich über die Enthüllungen des leitenden CDC-Wissenschaftlers Dr. William Thompson geschrieben habe (auf der Grundlage von Dokumenten, die ich aus dem Büro des US-Kongressabgeordneten William Posey erhielt), in dem dargelegt wird, dass die zu frühe Verabreichung des MMR-Impfstoffs zu einer hohen Anzahl von Autismusfällen bei Kindern geführt hat, vor allem bei afroamerikanischen Jungen. Dies ist meiner Ansicht nach der größte Anschlag auf die schwarze Bevölkerung seit der Tuskegee-Syphilis-Studie [eine von 1932 bis 1972 laufende Studie, in der eine Behörde des US-Gesundheitsministeriums den »natürlichen Verlauf« der Syphilis an armen, zum Teil analphabetischen Schwarzen untersuchte – das heißt ihnen eine Behandlung verweigerte; Anm. d. Übers.].

Ich bin stolz auf das Buch, das ich zusammen mit dem langjährigen Universitätsprofessor Dr. Joseph Cummins geschrieben habe. Es heißt *The Case for Interferon* [dt. etwa: »Argumente für Interferon«; Anm. d. Übers.] und erzählt die 40-jährige Geschichte dieses nur allzu gern übersehenen Immunmodulators und Krebstherapeutikums. Das Werk erhielt von der renommierten Zeitschrift *Kirkus Reviews* eine besondere Auszeichnung. Obwohl die zwölf Bücher, die ich veröffentlicht habe, umstrittene Themen behandeln, erhielten vier von ihnen positive Kritiken von *Kirkus*.

Ich bin stolz auf die beiden Bücher, an denen ich mit Alex Jones gearbeitet habe. Jones ist der am stärksten verfolgte Mensch dieses Planeten, gegen den aufgrund von Ansichten, die er in seiner InfoWars-Sendung geäußert hat, eine Geldstrafe von 1,5 Milliarden Dollar verhängt wurde. Ich kann mich nicht daran erinnern, dass die *New York Times* in ähnlicher Weise dafür bestraft wurde, den Irakkrieg befürwortet oder die Öffentlichkeit nicht vor den potenziellen Risiken von Kinderimpfungen oder den Covid-19-Spritzen gewarnt zu haben.

Ich betrachte es als große Ehre, dass mein für den 9. April 2015 geplanter Vortrag mit Dr. Judy Mikovits und Dr. Brian Hooker im Commonwealth Club mit dem Titel »Amerikanische Whistleblower: das Versprechen und die Gefahr der Wissenschaft«[6] aufgrund von Protesten abgesagt und nie neu angesetzt wurde.

Ich werde immer stolz darauf sein, dass es mir von August 2017 bis August 2020 untersagt war, in Australien über Impfungen zu sprechen,[7] womit ich meines Wissens der einzige lebende amerikanische Autor bin, der von einem ganzen Kontinent verbannt wurde.

Ich finde es mehr als amüsant, dass Chuck Todd in seiner *Meet the Press*-Sendung vom 17. Mai 2020 ganze 5 Minuten darauf verwendete, mein mit Dr. Mikovits verfasstes Buch *Die Pest der Korruption* und das 26-minütige *Plandemic*-Video zu verreißen, ohne dabei den Namen des Buches oder die Autoren zu erwähnen.[8] Das muss eine Premiere in der TV-Geschichte gewesen sein.

Ich kann nur darüber lachen, dass Amazon mein mit Dr. Mikovits geschriebenes Buch *The Case Against Masks* [dt. etwa: »Argumente gegen Masken«; Anm. d. Übers.] vom August 2020 aus dem Programm nahm, auf dessen Cover ein wunderbarer satirischer Cartoon des rebellischen Zeichners Ben Garrison die Freiheitsstatue zeigt, die hinter einer Stoffmaske erstickt.

Als mein Agent mir das vorliegende Projekt präsentierte und mir sagte, dass ich mit Alex Jones zusammenarbeiten würde, ergriff ich die Gelegenheit sofort. Welcher Autor, der etwas auf sich hält, würde sich nicht gern mit einem so kontroversen Thema befassen und sehen, wohin es ihn führt?

Ich erinnerte mich an die Strafverteidiger, von denen ich in jungen Jahren so fasziniert gewesen war, und dachte: *Ja, das ist etwas, was sie auch tun würden. Sie hätten keine Angst vor einer Geldstrafe von 1,5 Milliarden Dollar und dem Entsetzen des Mainstream-Establishments, das schreckensstarr seine Perlenketten umklammert. Wenn überhaupt, dann würden sie sich darauf stürzen wie Joe Biden auf eine Eistüte.*

In unserer Gesellschaft muss es immer einen Platz für die Furchtlosen geben, auch wenn sie manchmal falschliegen.

Die Zusammenarbeit mit Alex war großartig. Er ist ein wunderbarer Kooperationspartner mit einem brillanten, fast fotografischen Gedächtnis. Ich habe mir angewöhnt, mich als seinen »Vogelhund« zu bezeichnen – den Hund, der sein Herrchen auf der Jagd begleitet und dann, wenn der Jäger seine Flinte abgefeuert hat, ins hohe Gras davonrast, um die Beute zu holen. Doch anstatt erlegtes Wild zurückzubringen, spüre ich die Geschichten auf, an die sich Alex erinnert, oder bestätige die Version der Ereignisse, die sich Alex über Jahrzehnte in diesem Geschäft erarbeitet hat. In 95 Prozent aller Fälle konnte ich feststellen, dass seine Erinnerungen exakt zutrafen. Für einen Großteil der verbleibenden 5 Prozent konnte ich nur Quellen finden, die mir nicht wirklich glaubwürdig erschienen und die ich daher nicht verwendet habe. Aber ich kann mich nicht an einen einzigen Fall erinnern, in dem er mir etwas erzählt hätte, über das ich keine Informationen finden konnte.

Ich habe Alex wütend, glücklich und heiter erlebt. Ich habe gesehen, wie er von Gefühlen überwältigt und den Tränen nahe war. Er ist ein Mann, dem die Welt und auch andere Leute sehr am Herzen liegen. Der Mensch, den man in der Sendung sieht, ist so ziemlich derselbe, den ich hinter den Kulissen gesehen habe. Inmitten der Hektik einer täglichen Sendung verfügt er über eine beachtliche soziale Intelligenz. Er treibt sein Produktionsteam zu Höchstleistungen an, lobt aber auch ganz gezielt gute Arbeit. Und er legt eine enorme persönliche Liebenswürdigkeit an den Tag – ein Charakterzug, den ich sehr bewundere.

Ich hoffe, dass Sie sich aufgeklärt fühlen von dem, was für Alex ein »tiefes Eintauchen« in die vielen umstrittenen Themen war, die ihn Tag für Tag beschäftigen. Mehr als alles andere wollte Alex, dass dies ein »optimistisches« Buch wird, das den Menschen Hoffnung auf eine neue Renaissance der Menschheit gibt, mit Gott im Zentrum dieser glorreichen Zukunft.

Es war mir eine große Freude, Alex bei der Verwirklichung dieser Vision zu unterstützen. Ich hoffe, Sie irgendwann auf diesem Weg wiederzusehen und mit Ihnen ein Gespräch über eines der behandelten Themen zu führen.

Schließlich sind freundschaftliche Gespräche und Debatten der American Way.

– Kent Heckenlively

Danksagungen

Ich hätte diesen Kampf ohne die standhafte Unterstützung meiner Familie über die Jahre hinweg nicht weiterführen können. Ich danke euch aus tiefstem Herzen. Ich liebe euch.

Ich möchte auch all unseren Vorgängern in diesem zeitlosen Kampf um die menschliche Freiheit danken. Wir alle stehen in der Schuld derer, die vor uns da waren – unserer Vorfahren, der Pioniere, die für die Freiheit kämpften und starben, für einen Traum, den wir heute als westliche Zivilisation kennen. Wir sind die gesegneten Erben dieses Traums, aber nur, wenn es uns gelingt, ihn gegen all die Angriffe der Moderne zu verteidigen.

Ich danke allen, die sich gegenwärtig für die Bewahrung der klassischen westlichen Werte sowie eines klassischen liberalen Systems und gegen die hinterhältigen Einflüsse des Technofaschismus und Neoglobalismus einsetzen. Wir sehen uns einem mächtigen Feind gegenüber, der fast zu mächtig ist, um ihn ganz zu begreifen. Die Seele Amerikas, wie wir es kennen, fällt derzeit einer Übernahme, einem Staatsstreich zum Opfer. Unser wunderschönes Land wird von Massentierhaltungsbetrieben und industrieller Landwirtschaft erobert und verschmutzt; unsere wertvollen Schulen werden durch technokratische Ideologien vergiftet, die sich als Wahrheiten tarnen; und unsere verfassungsmäßig garantierten Rechte sind durch apokalyptische neue politische Maßnahmen gefährdet, die das Wesen der westlichen Demokratien zerstören wollen. Geist und Herz des Menschen werden zu einer Handelsware, die man manipulieren und für das Streben nach einer unvorstellbaren Machtkonzentration einsetzen kann. Aber das Schlimmste daran ist, dass es sich um keine rein amerikanischen Bedrohungen handelt – das Ziel der Übernahme ist die ganze Welt.

Dennoch müssen wir, wenn wir unseren Kampf fortsetzen wollen, an die Fähigkeit des menschlichen Geistes glauben, auch diese unüberwindlich scheinenden Hindernisse zu überwinden und selbst jene Feinde zu besiegen, die auf den ersten Blick zu entschlossen und mächtig wirken, als dass man je über sie triumphieren könnte. Aber haben Sie keine Angst. Wir haben es in jeder Kultur und in jedem Kontext gesehen: Letztendlich wird der tief verwurzelte menschliche Freiheitsdrang immer über die niedrigeren Triebe der Gier auf der einen und der Angst auf der anderen Seite siegen. Wir befinden uns in einem langfristigen Kampf, um eine bessere Welt für unsere Kinder zu schaffen. Ich danke Ihnen dafür, dass Sie meinen Ausführungen auf den vorangegangenen Seiten gefolgt und Ihren Geist für eine erschreckende Realität geöffnet haben. Ich danke Ihnen für Ihren Widerstand gegen die unzähligen Kräfte, die kontrollieren wollen, was Sie denken und lesen. Und ich danke Ihnen dafür, dass Sie sich gegen die beinahe endlose Propaganda und Zensur wehren. Ich hoffe, Sie werden weiterhin Widerstand leisten, für Amerika und für die gesamte Menschheit.

Zu guter Letzt möchte ich auch dem außergewöhnlichen Autor Kent Heckenlively danken. Ich bin ihm zutiefst dankbar für seine Hilfe bei der Zusammenfassung und Organisation der hier vorgestellten Recherchen und freue mich darauf, bei zukünftigen Projekten mit ihm zusammenzuarbeiten.

– Alex Jones

***

Zunächst möchte ich meiner wunderbaren Lebenspartnerin Linda und unseren beiden Kindern Jacqueline und Ben für ihre stetige Liebe und Unterstützung danken. Ihr macht mein Leben lebenswert. Ich danke auch meiner Mutter Josephine und meinem Vater Jack dafür, dass sie mir beigebracht haben, Mut für den Kampf und Respekt für andere zu haben. Mit Jay habe ich den besten Bruder der Welt und bin dankbar für seine Frau Andrea und ihre gemeinsamen drei Kinder Anna, John und Laura. Die Familie steht immer an erster Stelle.

Ich hatte das Glück, einige der besten Lehrer der Welt zu haben: Paul Rago, Elizabeth White, Ed Balsdon, Brother Richard Orona, Clinton Bond, Robert Haas, Carol Lashoff, David Alvarez, Giancarlo Trevisan, Bernie Segal, James Frey, Donna Levin und James Dalessandro.

Danke an die fantastischen Freunde in meinem Leben: John Wible, John Henry, Pete Klenow, Chris Sweeney, Suzanne Golibart, Gina Gioffi Loud, Eric Holm, Susanne Brown, Rick Friedling, Max Swafford, Sherilyn Todd, Rick und Robin Kreutzer, Christie und Joaquim Perreira und Tricia Mangiapane.

Mein Leben wurde durch die mutigen Whistleblower, die ich beim Schreiben kennengelernt habe, ungemein bereichert: Judy Mikovits, Frank Ruscetti, Nobelpreisträger Luc Montagnier, Zach Vorhies, Ryan Hartwig, Mikki Willis, Michael Mazzola, Henry Marx, Cary Poarch, David Johnson und natürlich James O'Keefe, der all jenen eine Plattform und seine Unterstützung bietet, die den Mut haben, Korruption aufzudecken.

Ich möchte mich auch bei den wunderbaren Mitarbeitern des Verlags Skyhorse bedanken: der fabelhaften Caroline Russomanno, dem erstaunlichen Hector Carosso und meinem großartigen Verleger Tony Lyons. Ich fühle mich geehrt, mit euch gemeinsam im Kampf für die Freiheit dienen zu dürfen.

– Kent Heckenlively

Endnoten

Sämtliche Links in den Quellenangaben waren bei Redaktionsschluss online zugänglich. Möglicherweise haben Seitenbetreiber in der Zwischenzeit Links hinter einer Paywall versteckt. Dies liegt nicht im Verantwortungsbereich von Autoren und Verlag. Für Links, die nach der Veröffentlichung von den Seitenbetreibern gelöscht oder verändert wurden, übernehmen Autor und Verlag keine Verantwortung. Manche verlorene Links können mithilfe der Wayback Machine im Internet Archive aufgefunden werden: *https://archive.org/web/*.

Kapitel 1

1   Greg Wehner, »Air Force Pushes Back on Claim that Military AI Drone Sim Killed Operator, Says Remarks Taken ›Out of Context‹«, Fox News, 1. Juni 2023, *https://www.foxnews.com/tech/us-military-ai-drone-simulation-kills-operator-told-bad-takes-out-control-tower*.

2   Ebd.

3   Kate Conger und Lauren Hirsch, »Elon Musk Completes $44 Billion Deal to Own Twitter«, *The New York Times*, 22. Oktober 2022, *https://www.nytimes.com/2022/10/27/technology/elon-musk-twitter-deal-complete.html*.

4   »Twitter Ends COVID Misinformation Policy under Musk«, BBC, 30. November 2022, *https://www.bbc.com/news/technology-63796832*.

5   »Elon Musk with Tucker Carlson (Full Interview) AI, TruthGPT, Twitter, Banking Crisis, Aliens«, https://rumble.com/v2v1aem-elon-musk-with-tucker-carlson-full-interview-ai-truthgpt-twitter-banking-cr.html.

6   Edd Gent, »Google's AI-Building AI Is a Step Toward Self-Improving AI«, Singularity Hub, 31. Mai 2017, *https://www.singularityhub.com/2017/05/31/googles-ai-building-ai-is-a-step-toward-self-improving-ai/*.

7   Ebd.

8   Jasper Hamill, »Elon Musk's Fears that Artificial Intelligence Will Destroy Humanity are ›Speciest‹, said Google Founder Larry Page«, Metro News, 2. Mai 2018, *https://www.metro.co.uk/2018/05/02/elon-musks-fears-artificial-intelligence-will-destroy-humanity-speciesist-according-google-founder-larry-page-7515207/*.

9 Yale Hanlon, »Elon Musk Reveals US Intel Agencies had ›Full Access‹ to Private Twitter DMs, Discloses New Encryption Features«, Fox News, 17. April 2023, *https://www.foxnews.com/media/elon-musk-us-intel-agencies-full-access-private-twitter-dms-discloses-new-encryption-feature.*

10 »What is Speciesism?«, PETA-Website, *https://www.peta.org/features/what-is-speciesism.*

11 »About Me«, persönliche Website von Peter Singer, *https://www.petersinger.info/about-me-cv.*

12 Jasper Hamill, »Elon Musk's Fears that Artificial Intelligence Will Destroy Humanity are ›Speciest‹, said Google Founder Larry Page«, a. a. O.

13 David Marchese, »Yuval Noah Harari Believes This Simple Story Can Save the Planet«, *The New York Times Magazine,* 7. November 2021, *https://www.nytimes.com/interactive/2021/11/08/magazine/yuval-noah-harari-interview.html.*

14 Ebd.

15 Ebd.

16 Wesley J. Smith, »Transhumanist Theorist Calls the AI-Unenhanced ›Useless People‹«, *National Review,* 24. April 24 2022, *https://www.nationalreview.com/corner/transhumanist-theorist-calls-the-ai-unenhanced-useless-people/.*

17 Ebd.

18 Ryan Chase, »A Life Unworthy of Life«, *Decision magazine,* 1. Juni 2021, *https://www.decisionmagazine.com/a-life-unworthy-of-life/.*

19 »Read Yuval Harari's Blistering Warning to Davos in Full«, World Economic Forum, 20. Januar 2020, *https://www.weforum.org/agenda/2020/01/yuval-hararis-warning-davos-speech-future-predications/.*

20 John Hittler, »An Antidote to the Rise of the ›Global Useless Class‹«, *Forbes,* 15. Oktober 2018, *https://www.forbes.com/sites/forbescoachescouncil/2018/10/15/an-antidote-to-the-rise-of-the-global-useless-class/.*

21 Ebd.

22 Cade Metz, »›The Godfather is A.I.‹ Leaves Google and Warns of Danger Ahead«, *The New York Times,* 1. Mai 2023, *https://www.nytimes.com/2023/05/01/technology/ai-google-chatbot-engineer-quits-hinton.html.*

23 Ebd.

24 Robby Soave, »Covid-19 is Probably 99% Survivable for Most Age Groups, but Politi-Fact Rated this False«, *Reason,* 9. August 2021, *https://www.reason.com/2021/08/09/covid-19-is-probably-99-survivable-for-most-age-groups-but-politifact-rated-this-false/.*

25 »NEAS Final Form Ep12: The One with That One Call«, Youtube, 8. Mai 2023, *https://www.youtube.com/watch?v=usl7bWUt3tg.*

26 Ronald Bailey, »To Save the Planet, Kill 90% of People Off, Says UT Ecologist«, *Reason,* 3. April 2006, *https://www.reason.com/2006/04/03/to-save-the-planet-kill-90-per/.*

27 John Vidal, »Cut World Population and Redistribute Resources, Expert Urges«, *The Guardian,* 26. April 2012, *https://www.theguardian.com/environment/2012/apr/26/world-population-resources-paul-ehrlich.*

Kapitel 2

1   Social Darwinism«, *Encyclopedia Britanica*, *https://www.britannica.com/topic/social-Darwinism*.

2   Joshua A. Kirsch, »When Racism was a Science«, *The New York Times*, 13. Oktober 2014, *https://www.nytimes.com/2014/10/14/science/haunted-files-the-eugenics-record-office-recreates-a-dark-time-in-a-laboratorys-past.html?searchResultPosition=2*.

3   Ebd.

4   Ebd.

5   »›On the Correct Handling of Contradictions Among the People‹, Speech at the Eleventh Session of the Supreme State Conference«, *Marxists.org*, 27. Februar 1957, *https://www.marxists.org/reference/archive/mao/selected-works/volume-5/mswv5_58.htm*.

6   Ebd.

7   Wengi Yang und Fei Yan, »The Annihilation of Femininity in Mao's China: Gender Inequality of Sent-Down Youth during the Cultural Revolution«, *Sage Journals*, 13. Februar 2017, *https://journals.sagepub.com/doi/10.1177/0920203X17691743*.

8   »Private Dinner Conversation with Dr. Wolf by Kent Heckenlively«, 12. Mai 2023, Camper-Restaurant, Menlo Park.

9   Yu Xianghzen, »Confessions of a Red Guard, 50 Years after China's Cultural Revolution«, CNN, 15. Mai 2016, *https://www.cnn.com/2016/05/15/asia/china-cultural-revolution-red-guard-confession/index.html*.

10 Ebd.

11 Ebd.

12 Ebd.

13 Valerie Strauss und Daniel Southeri, »How Many Died? New Evidence Suggests Far Higher Numbers for the Victims of Mao Zedong's Era«, *The Washington Post*, 17. Juli 1994, *https://www.washingtonpost.com/archive/politics/1994/07/17/how-many-died-new-evidence-suggests-far-higher-numbers-for-the-victims-of-mao-zedongs-era/01044df5-03dd-49f4-a453-a033c5287bce/*.

14 »On the Correct Handling of Contradictions Among the People«, a. a. O.

15 David Rockefeller, »From a China Traveler«, *The New York Times*, 10. August 1973, *https://www.nytimes.com/1973/08/10/archives/from-a-china-traveler.html*.

16 »COINTELPRO«, The FBI Records: The Vault, *https://vault.fbi.gov/cointel-pro*.

17 Maya Rhodan, »FBI Letter to Martin Luther King Jr Reveals Ugly Truths from Hoover's Era«, *TIME*, 21. November 2014, *https://www.time.com/3582004/fbi-letter-hoover-mlk/*.

18 »The Sworn Testimony of Former FBI Senior Agent in Charge Ted Gunderson«, *Rense*, 18. November 2018, *https://rense.com/general96/the-sworn-testimony-of-former-fbi-senior-special-agent-in-charge-ted-gunderson.php*.

19 »The FBI Exposed«, Truth Justice, Twitter, 10. August 2023, *https://www.twitter.com/SpartaJustice/status/1689715109583609856*.

20 Dave Roos, »How the East India Company Became the World's Most Powerful Monopoly«, History Channel, 23. Oktober 2020, *https://www.history.com/news/east-india-company-england-trade*.

21 Ebd.

22 Ebd.

23 H. G. Wells, *The New World Order* (Legend Books, 2022), S. 46.

24 Ebd., S. IX.

25 George Orwell, *A Collection of Essays* (San Diego, Harcourt Press, 1981), S. 237 f.

26 Mike Isaac und Kevin Roose, »Facebook Bans Alex Jones, Louis Farrakhan, and Others From Its Service«, *The New York Times*, 2. Mai 2019, *https://www.nytimes.com/2019/05/02/ technology/facebook-alex-jones-louis-farrakhan-ban.html*.

27 Ebd.

28 Newswroom, »Former KKK Leader Invokes Trump's Name«, CNN, 12. August 2017, *https://www.cnn.com/videos/politics/2017/08/12/david-duke-trump-charlottesville-protest-nr.cnn*.

29 »Flashback: Remember When Facebook Called for the Murder of Alex Jones & Others? Bombshell Report Reveals How Big Tech Advocates Open Violence, Threats Against Political Targets«, InfoWars, 1. Juni 2023, *https://www.infowars.com/posts/. flashback-remember-when-facebook-called-for-the-murder-of-alex-jones-others/*.

30 Carol D. Leonnig und Aaron C. Davis, »FBI Resisted Opening Probe into Trump's Role in Jan. 6 for More Than a Year«, *The Washington Post*, 19. Juni 2023, *https://www.washingtonpost. com/investigations/2023/06/19/. fbi-resisted-opening-probe-into-trumps-role-jan-6-more-than-year/*.

31 Ebd.

32 Tim Pearce, »›It Should be a No!‹: Congressman Explodes After Wray Refuses Question on FBI, January 6«, *The Daily Wire*, 15. November 2022, *https://www.dailywire.com/news/ it-should-be-a-no-congressman-explodes-after-wray-refuses-question-on-fbi-january-6*.

33 Helen Pluckrose und James Lindsay, *Cynical Theories: How Activist Scholarship Made Everything about Race, Gender, and Identity – And Why This Harms Everybody* (Durham, North Carolina, Pitchstone Publishing, 2020), S. 265 f.

Kapitel 3

1 Ben Johnson, »Five Ways a Bioethicist Wants to Change Our Bodies to Fight Climate Change«, Marketplace, 15. Dezember 2016, *https://www.marketplace.org/2016/12/15/five-ways-bioethicist-wants-change-our-bodies-fight-climate-change/*.

2 »Life in Our Image – The Ethics of Altering the Human Genome«, World Science Festival, Youtube, 16. Dezember 2016, *https://www.youtube.com/watch?v=qP7qL1Hyblk*.

3 »Alpha-gal Syndrome«, Ticks, CDC, *https://www.cdc.gov/ticks/alpha-gal/*.

4 »Products That May Contain Alpha-gal«, CDC, *https://www.cdc.gov/ticks/alpha-gal/products. html*.

5 Ewen Callaway, »Fearful Memories Passed Down to Mice Descendants«, *Scientific American*, 1. Dezember 2013, *https://www.scientificamerican.com/article/fearful-memories-passed-down/*.

6 Ebd.

7 Ebd.

8 »Trauma's Epigenetic Fingerprint Observed in Children of Holocaust Survivors«, *ScienceDaily*, 1. September 2016, *https://www.sciencedaily.com/releases/2016/09/160901102207.htm*.

9 Oliver Homes, »Netanyahu Touts Pfizer Deal as 20% of Israelis get COVID Jab«, *The Guardian*, 10. Januar 2021, *https://www.theguardian.com/world/2021/jan/10/netanyahu-touts-pfizer-deal-after-20-of-israelis-get-covid-jab*.

10 Isabel Kershner, »As Israel Reopens, ›Whoever Does Not Get Vaccinated Will Be Left Behind‹«, *The New York Times*, 18. Februar 2021, *https://www.nytimes.com/2021/02/18/world/middleeast/israel-covid-vaccine-reopen.html*.

11 Zev Stub, »Netanyahu to Davos: Israel is ›World's Laboratory for Immunity‹«, *The Jerusalem Post*, 27. Januar 2021, *https://www.jpost.com/israel-news/netanyahu-to-davos-israel-is-worlds-laboratory-for-immunity-656901*.

12 »Benjamin Netanyahu Admits to Using the Israeli Population as Lab Rats (Dec 5, 2022)«, Bitchute, 26. Dezember 2022, *https://www.bitchute.com/video/kvEuQAvuLlEN/*.

13 Amazing Facts About Fleas«, One Kind Planet Animal Education and Facts, *https://www.onekindplanet.org/animal/flea/*.

14 Darold Treffert, »Genetic Memory: How We Know Things We Never Learned«, *Scientific American*, 28. Januar 2015, *https://blogs.scientificamerican.com/guest-blog/genetic-memory-how-we-know-things-we-never-learned/*.

15 Ebd.

16 Ebd.

17 R. Melzack, E. Pennick und A. Beckett, »The Problem of ›Innate Fear‹ of the Hawk Shape: An Experimental Study with Mallard Ducks«, *Journal of Comparative Physiological Psychology*, Vol. 52(6), S. 694–698 (1959), *https://www.doi.org/10.1037/h0038532*.

18 Sam Kean, »Mouse Heaven or Hell?«, Science History Institute, 17. Mai 2022, *https://www.sciencehistory.org/distillations/mouse-heaven-or-mouse-hell*.

19 Ebd.

20 Ebd.

21 Ebd.

22 Ebd.

23 Jonathan Vanian, »Meta Lost $13.7 Billion on Reality Labs in 2022 as Zuckerberg's Metaverse Bet Gets Pricier«, CNBC, 1. Februar 2023, *https://www.cnbc.com/2023/02/01/meta-lost-13point7-billion-on-reality-labs-in-2022-after-metaverse-pivot.html*.

24 Mike Isaac, »6 Reasons Meta is in Trouble«, *The New York Times*, 3. Februar 2022, *https://www.nytimes.com/2022/02/03/technology/facebook-meta-challenges.html*.

25 Tristan Bove, »One Week Working in the Metaverse Led to 19% More Anxiety and 16% Less Productivity, New Study Finds«, Yahoo News, 21. Juni 2022, *https://www.yahoo.com/video/one-week-working-metaverse-led-164453743.html*.

26 Elroy Boers, Mohammed H. Afzali, Nicola Newton, et al., »Association of Screen Time and Depression in Adolescence«, *Journal of American Pediatrics*, Vol. 173(9), S. 853–859, 856 f. (15. Juli 2019), *https://www.jamanetwork.com/journals/jamapediatrics/fullarticle/2737909*.

27 Ebd.
28 Andrea Peterson und Alex Janin, »One Simple Thing You Can Do to Relax This Summer«, *The Wall Street Journal*, 2. August 2022, *https://www.wsj.com/articles/stress-relief-walk-nature-science-11659388504.*

Kapitel 4

1   Grant Suneson, »The Net Worth of Every US President from George Washington to Donald Trump«, *USA Today*, 13. Februar 2019, *https://www.usatoday.com/story/money/2020/11/05/the-net-worth-of-the-american-presidents-washington-to-trump/114599966/.*
2   »George Washington's Account of Expenses while Commander in Chief of the Continental Army«, Revolution and the New Nation (1754-1820s), National Archives and Records Administration, *https://www.archives.gov/exhibits/american_originals/acctbk.html.*
3   Ivana Pino, »57% of American Can't Afford a $1,000 Emergency Expense, Says New Report. A Look at Why Americans are Saving Less and How You Can Boost Your Emergency Fund«, *Fortune*, 25. Januar 2023, *https://www.fortune.com/recommends/banking/57-percent-of-americans-cant-afford-a-1000-emergency-expense/.*
4   »Recent Trends in Monetary Policy«, Board of Governors of the Federal Reserve System, *https://www.federalreserve.gov/monetarypolicy/bst_recenttrends.htm.*
5   «Federal Reserve Act«, Board of Governors of the Federal Reserve System, *https://www.federalreserve.gov/aboutthefed/fract.htm.*
6   Gary Richard, »The Federal Reserve's Role During World War 2«, Federal Reserve History, *https://www.federalreservehistory.org/essays/feds-role-during-wwii.*
7   Sandra Kollen Ghizoni, »Creation of the Bretton Woods System«, Federal Reserve History, 22. November 2013, *https://www.federalreservehistory.org/essays/bretton-woods-created.*
8   Charles Kolb, »August 15, 1971«, *HuffPost*, aktualisiert am 23. Januar 2014, *https://www.huffpost.com/entry/august-15-1971_b_4284327.*
9   Sandra Kollen Ghizoni, »Nixon Ends Convertibility of U.S. Dollars to Gold and Announces Wage/Price Controls«, Federal Reserve History, 22. November 2013, *https://www.federalreservehistory.org/essays/gold-convertibility-ends.*
10 Alicia Wallace, »America's National Debt Has Now Surpassed $31 Trillion«, CNN, 4. Oktober 2022, *https://www.cnn.com/2022/10/04/economy/us-national-debt-31-trillion/index.html.*
11 David Blackmon, »A Spate of Recent Deals Raises Chatter of a Fading Petrodollar«, *Forbes*, 22. April 2023, *https://www.forbes.com/sites/davidblackmon/2023/04/02/a-spate-of-recent-deals-raises-chatter-of-a-fading-petrodollar/.*
12 Tom O'Connor, »Why Saudi Arabia is Following Iran to Join China and Russia's Security Bloc«, *Newsweek*, 29. März 2023, *https://www.newsweek.com/why-saudi-arabia-following-iran-join-china-russias-security-bloc-1791326.*
13 Jan Strupczewski, Kate Abnett, David Lawder und Andrea Shalal, »G7 Coalition Agrees $60 per Barrel Cap for Russian Oil«, Reuters, 2. Dezember 2022, *https://www.reuters.com/business/energy/holdout-poland-approves-eus-60-russian-oil-price-cap-with-adjustment-mechanism-2022-12-02/.*

14   Bradford Betz, »Japan Puts Russian Oil Above $60 a Barrel Cap, Breaking with U.S. Allies: Report«, Fox Business, 2. April 2023, *https://www.foxbusiness.com/markets/japan-buys-russian-oil-above-60-barrel-cap-breaking-us-allies-report*.

15   Dalibar Rohac, »France's Macron Picks a Needless Fight with the United States«, *New York Post*, 10. April 2023, *https:nypost.com/2023/04/10/frances-macron-picks-a-needless-fight-with-the-united-states/*.

16   Max Reyes, »The Search for Lessons From Another US Banking Crisis«, *Bloomberg*, 6. Juni 2023, *https://www.bloomberg.com/news/articles/2023-06-06/2023-banking-crisis-key-lessons-from-the-svb-first-republic-collapses*.

17   Jesse O'Neill, »Biden Insists US Economy is ›Strong as Hell‹ as He Munches an Ice Cream Cone«, *New York Post*, 16. Oktober 2022, *https://nypost.com/2022/10/16/joe-biden-insists-us-economy-is-strong-as-hell-as-he-munches-an-ice-cream-cone/*.

18   Katherine Fung, »Banks Have Begun Freezing Accounts Linked to Trucker Protest«, *Newsweek*, 18. Februar 2022, *https://www.newsweek.com/banks-have-begun-freezing-accounts-linked-trucker-protest-1680649*.

19   Oliver JJ Lane, »Debanking Has Arrived: Farage Left Without Bank Account«, Breitbart, 30. Juni 2023, *https://www.breitbart.com/europe/2023/06/30/debanking-has-arrived-farage-pursues-legal-action-as-hes-left-without-bank-account/*.

20   Ebd.

21   Pippa Malmgren, World Government Summit, 2022, »Digital Currency is Coming«, Youtube, *https://www.youtube.com/watch?v=7-Pj1i1RLm4*.

22   Lily Kuo, »China Bans 23M from Buying Travel Tickets as Part of ›Social Credit‹ System«, *The Guardian*, 1. März 2019, *https://www.theguardian.com/world/2019/mar/01/china-bans-23m-discredited-citizens-from-buying-travel-tickets-social-credit-system*.

23   Peter Patroll und Bryan Chai, »World Economic Forum Speaker Reveals the True Power Behind Governments' Digital Currencies«, Independent Journal Review, 9. Juli 2023, *https://www.ijr.com/world-economic-forum-speaker-reveals-true-power-behind-governments-digital-currencies/*.

24   Robert D. Knight, »Joe Rogan Podcast Exposes Central Bank Digital Currency (CBDC) Dystopia«, Be[In]Crypto, 22. Februar 2022, *https://www.beincrypto.com/joe-rogan-central-bank-digital-currency-cbdc-dystopia/*.

25   »Event 201«, Johns Hopkins/Bloomberg School of Public Health, 18. Oktober 2019, *https://www.centerforhealthsecurity.org/our-work/tabletop-exercises/event-201-pandemic-tabletop-exercise*.

26   Smriti Mallapaty, »COVID-Origins Study Links Racoon Dogs to Wuhan Market. What Scientists Think«, *Nature*, 21. März 2023, *https://www.nature.com/articles/d41586-023-00827-2*.

Kapitel 5

1   Richard Nelsson, »The Molotov-Ribbentrop Pact – Archive – August 1939«, *The Guardian*, 24. Juli 2019, *https://www.theguardian.com/world/from-the-archive-blog/2019/jul/24/molotov-ribbentrop-pact-germany-russia-1939*.

2 History.com Editors, »Operation Barbarossa«, History Channel, 24. November 2022, *https://www.history.com/topics/world-war-ii/operation-barbarossa.*

3 Christopher J. Kshyk, »Did Stalin Plan to Attack Hitler in 1941? The Historiographical Controversy Surrounding the Origins of the Nazi-Soviet War«, *Inquiries Journal*, Vol. 7, Nr. 11 (2015), *https://www.inquiriesjournal.com/articles/1278/2/did-stalin-plan-to-attack-hitler-in-1941-the-historiographical-controversy-surrounding-the-origins-of-the-nazi-soviet-war.*

4 Ebd.

5 Gianluna Gini, Tiziana Pozzoli und Marc Hauser, »Bullies Have Enhanced Moral Competence Relative to Victims, But Lack Moral Compassion«, *Journal of Personality and Individual Differences*, Vol. 50, Issue 5, S. 603–608 (April 2011), *https://www.sciencedirect.com/science/article/pii/S0191886910005866.*

6 Chi Wang, »How Zbigniew Brzezinski Shaped US-China Relations«, *The Diplomat*, 1. Juli 2017, *https://thediplomat.com/2017/07/how-zbigniew-brzezinski-shaped-us-china-relations/.*

7 »Dr. Rahul Gupta Releases Statement on CDC's New Overdose Death Data«, The White House, 11. Januar 2023, *https://www.whitehouse.gov/ondcp/briefing-room/2023/01/11/dr-rahul-gupta-releases-statement-on-cdcs-new-overdose-death-data-2/.*

8 Jeremy Herb und Natasha Bernard, »US Energy Department Assesses Covid-19 Likely Resulted from Lab leak, Furthering US Intel Divide over Virus Origin«, CNN, 27. Februar 2023, *https://www.cnn.com/2023/02/26/politics/covid-lab-leak-wuhan-china-intelligence/index.html.*

9 Illya Somin, »Remembering the Biggest Mass Murder in the History of the World«, *The Washington Post*, 3. August 2016, *https://www.washingtonpost.com/news/volokh-conspiracy/wp/2016/08/03/giving-historys-greatest-mass-murderer-his-due/.*

10 Josh Rogin, »Tulsi Gabbard's Syria Record Shows Why She Can't Be President«, *The Washington Post*, 1. August 2019, *https://www.washingtonpost.com/opinions/global-opinions/tulsi-gabbards-syria-record-shows-why-she-cant-be-president/2019/08/01/f804c790-b497-11e9-8949-5f36ff92706e_story.html.*

11 Lolita C. Baldor, »A Look at the US Military Mission in Syria and Its Dangers«, *Associated Press*, 24. März 2023, *https://www.apnews.com/article/syria-us-troops-drone-attack-6194dca97f594e3609914637463c4ce3.*

12 Somin, »Remembering the Biggest Mass Murder in the History of the World«, a. a. O.

13 William Harris, »Psychopaths are Not Neurally Equipped to Have Concern for Others«, University of Chicago News, 24. April 2013, *https://news.uchicago.edu/story/psychopaths-are-not-neurally-equipped-have-concern-others.*

14 Michael Hirsch, »A Q&A with Zbigniew Brzezinski«, *Politico*, 6. November 2014, *https://www.politico.com/magazine/story/2014/11/its-time-for-a-new-opening-to-china-112656/.*

15 Ebd.

16 Adense Huld, »US-China Trade in Goods Hits New record in 2022 – What Does it Mean for Bilateral Ties?«, China Briefing, 15. Februar 2023, *https://www.china-briefing.com/news/us-china-trade-in-goods-hits-new-record-in-2022-what-does-it-mean-for-bilateral-ties/.*

17 »China's Xi Jinping Defends Globalization from the Davos Stage«, World Economic Forum, 17. Januar 2017, *https://www.weforum.org/agenda/2017/01/chinas-xi-jinping-defends-globalization-from-the-davos-stage.*

18 Ebd.
19 »Transcript: George Soros Interview«, *Financial Times*, 23. Oktober 2009, *https://www.ft.com/content/6e2dfb82-c018-11de-aed2-00144feab49a*.
20 Ebd.
21 Ebd.
22 David Scutt, »China Has Picked a Big Fight with George Soros«, *Business Insider Australia*, 28. Januar 2016, *https://www.businessinsider.com/china-picks-big-fight-with-george-soros-2016-1*.
23 Ebd.
24 Sam Meredith, »BlackRock Responds to George Soros' Criticism Over China Investments«, CNBC, 8. September 2021, *https://www.cnbc.com/2021/09/08/blackrock-responds-to-george-soros-criticism-over-china-investments.html*.
25 Ebd.
26 Brooke Singman, »Soros Calls China's Xi Jinping ›the Greatest Threat that Open Societies Face Today‹«, Fox News, 1. Februar 2022, *https://www.foxbusiness.com/politics/soros-china-xi-jinping-greatest-threat-open-societies-face*.
27 Ebd.
28 Isabel Vincent, »How George Soros Funded Progressive ›Legal Arsonist‹ DAs Behind U.S. Crime Surge«, *New York Post*, 16. Dezember 2021, *https://nypost.com/2021/12/16/how-george-soros-funded-progressive-das-behind-us-crime-surge/*.
29 Maureen Down, »2 U.S. Officials Went to Beijing Secretly in July«, *The New York Times*, 19. Dezember 1989, *https://www.nytimes.com/1989/12/19/world/2-us-officials-went-to-beijing-secretly-in-july.html*.
30 Ryan King, »Obama Blames Trump for Emboldened China«, *Washington Examiner*, 28. März 2023, *https://www.washingtonexaminer.com/policy/foreign/obama-faults-trump-emboldened-china*.
31 Ebd.

Kapitel 6

1 »U.S. Defense Spending Compared to Other Countries«, Peter G. Peterson Foundation (aufgerufen am 8. Mai 2023), *https://www.pgpf.org/blog/2023/04/the-united-states-spends-more-on-defense-than-the-next-10-countries-combined*.
2 Ebd.
3 »Countries with the Highest Military Spending Worldwide in 2022«, Statista (aufgerufen am 13. Juni 2023), *https://www.statista.com/statistics/262742/countries-with-the-highest-military-spending/*.
4 Ebd.
5 Ebd.
6 Ebd.
7 Ebd.

8 Ebd.
9 Ebd.
10 Ebd.
11 Ebd.
12 Ebd.
13 Ebd.
14 Ashik Siddique, »U.S. Still Spends More on Military Than Next Nine Countries Combined«, National Priorities Project, 22. Juni 2022, *https://www.nationalpriorities.org/blog/2022/06/22/us-still-spends-more-military-next-nine-countries-combined/*.
15 Doug Bamdow, »750 Bases in 80 Countries is Too Many for Any Nation: Time for the US to Bring Its Troops Home«, Cato Institutes Commentary, 4. Oktober 2021, *https://www.cato.org/commentary/750-bases-80-countries-too-many-any-nation-time-us-bring-its-troops-home#*.
16 Ebd.
17 Ebd.
18 Ebd.
19 Stephen Semeler, »Biden is Selling Weapons to the Majority of the World's Autocracies«, *The Intercept,* 11. Mai 2023, *https://www.theintercept.com/2023/05/11/united-states-foreign-weapons-sales/*.
20 Ebd.
21 Ebd.
22 Murtaza Hussain, »Over Two Decades, U.S.'s Global War on Terror Has Taken Nearly 1 Million Lives and Cost $8 Trillion«, *The Intercept,* 1. September 2021, *https://www.theintercept.com/2021/09/01/war-on-terror-deaths-cost.*
23 Ebd.
24 Ebd.
25 William D. Hartung, »What a Waste: $778 Billion for the Pentagon and Still Counting«, Quincy Institute for Responsible Statecraft, 3. Februar 2022, *https://www.quincyinst.org/2022/02/03/what-a-waste-778-billion-for-the-pentagon-and-still-counting/*.
26 Ebd.
27 Ebd.
28 William Arkin, »Sunk Cost«, *Newsweek*, 28. April 2023.
29 Richard Knowles Morris, »The Story of the Holland Submarine«, U.S. Naval Institute, Januar 1960, *https://www.usni.org/magazines/proceedings/1960/january/story-holland-submarine-pictorial/*.
30 William Arkin, »Sunk Cost«, a. a. O.
31 Ebd.
32 Ebd.
33 »Billion Dollar Watchdog«, *TIME*, 8. März 1943, *https://content.time.com/time/subscriber/article/0,33009,774390,00.html*.
34 Ebd.
35 Ebd.

36 »President Dwight D. Eisenhower's Farewell Address«, National Archives,
    *https://www.archives.gov/milestone-documents/president-dwight-d-eisenhowers-
    farewell-address.*
37 Lewis Pennock, »Supreme Court Justice Gorsuch Issues Excoriating Review of COVID
    Lockdown Policies Including Business Closures and Vaccine Mandates and Calls Them
    ›Among the Greatest Intrusions on Civil Liberties in the History of the Nation‹«, *Daily Mail*,
    20. Mai 2023, *https://www.dailymail.co.uk/news/article-12106351/Supreme-Court-justice-tears-
    COVID-lockdown-vaccine-policies.html.*
38 Jenna Ryu, »›Screw Your Freedom‹: Arnold Schwarzenegger Calls Anti-Maskers ›Schmucks‹
    in Powerful Rant«, *USA Today*, 12. August 2021, *https://www.usatoday.com/story/
    entertainment/celebrities/2021/08/12/arnold-schwarzenegger-anti-maskers-screw-your-
    freedom/8106562002/.*
39 Pennock, »Supreme Court Justice Gorsuch …«, a. a. O.
40 Ebd.

Kapitel 7

1   Tim Hains, »RFK, Jr.: My Father Believed the CIA and Allen Dulles Killed My Uncle JFK,
    ›There's Been a 60 Year Coverup‹«, RealClearPolitics, 9. Mai 2023, *https://www.realclearpolitics.
    com/video/2023/05/09/rfk_jr_my_father_believed_the_cia_killed_my_uncle_jfk_60_year_
    coverup.html.*
2   Peter Feuerherd, »How the Bay of Pigs Invasion Changed JFK«, *JSTOR Daily*, 11. April 2019,
    https://daily.jstor.org/how-the-bay-of-pigs-invasion-changed-jfk/.
3   Ebd.
4   Robert F. Kennedy Jr., »John F. Kennedy's Vision of Peace«, *Rolling Stone*,
    10. November 2013, *https://www.rollingstone.com/politics/politics-news/
    john-f-kennedys-vision-of-peace-109020/.*
5   Lieutenant Commander Pat Paterson, »The Truth About Tonkin«, *Naval History Magazine*,
    Vol. 22, Nr. 1 (Februar 2008), *https://www.usni.org/magazines/naval-history-magazine/2008/
    february/truth-about-tonkin.*
6   Ebd.
7   Ebd.
8   Ebd.
9   Ebd.
10 Ebd.
11 Ebd.
12 Ebd.
13 Ebd.
14 Ebd.
15 Ebd.
16 Ebd.

17 »Robert S. McNamara«, The World Bank – Explore History, *https://www.worldbank.org/en/archive/history/past-presidents/robert-strange-mcnamara.*

18 »A Timeline of the Iraq War«, *PBS Newshour*, 7. März 2023, *https://www.pbs.org/newshour/world/a-timeline-of-the-iraq-war.*

19 Glenn Kessler, »The Iraq War and WMDs: An Intelligence Failure or White House Spin?«, *The Washington Post*, 22. März 2019, *https://www.washingtonpost.com/politics/2019/03/22/iraq-war-wmds-an-intelligence-failure-or-white-house-spin/.*

20 Ebd.

21 Noreen Malone, »What the Iraq Invasion Revealed About How America Works«, *Slate*, 22. April 2021, *https://www.slate.com/news-and-politics/2021/04/iraq-invasion-slow-burn-intro.html.*

22 Anna Fifield, »Contractors Reap $138B from Iraq War«, CNN, 19. März 2013, *https://www.cnn.com/2013/03/19/business/iraq-war-contractors/index.html.*

23 Ishaan Tharoor, »The Death Toll in Ukraine is Huge. It may Still be Far Behind Tigray«, *The Washington Post*, 3. Mai 2023, *https://www.washingtonpost.com/world/2023/05/03/tigray-ethiopia-casualty-death-ukraine-russia/.*

24 »Kennedy Speaks About Ukraine Losses«, Azerbaycan 24, 21. April 2023, *https://www.azerbaycan24.com/en/kennedy-speaks-about-ukraine-losses/.*

25 Daniel L. Davis, »What is the US Getting in Ukraine for $100 Billion?«, *Business Insider*, 10. Januar 2023, *https://www.businessinsider.com/congress-explain-how-ukraine-military-aid-advances-us-interests-2023-1.*

26 Jeffrey D. Sachs, »The War in Ukraine was Provoked – And Why That Matters to Achieve Peace«, Common Dreams, 23. Mai 2023, *https://www.commondreams.org/opinion/the-war-in-ukraine-was-provoked-and-why-that-matters-if-we-want-peace.*

27 Ebd.

28 Ebd.

29 Miranda Devine, »Hunter Biden's Ukraine Salary Was Cut Two Months After Joe Biden Left Office«, *New York Post*, 26. Mai 2021, *https://nypost.com/2021/05/26/hunter-bidens-ukraine-salary-was-cut-after-joe-biden-left-office/.*

30 Ebd.

31 Ebd.

32 Seymour Hersh, »How America Took Out the Nord Stream Pipeline«, Substack, 8. Februar 2023, *https://seymourhersh.substack.com/p/how-america-took-out-the-nord-stream.*

33 Ebd.

34 »Nord Stream Rupture May Mark Biggest Single Methane Release Ever Recorded, U.N. Says«, Reuters, 30. September 2022, *https://www.reuters.com/world/europe/nord-stream-rupture-may-mark-biggest-single-methane-release-ever-recorded-un-2022-09-30/.*

35 Hersh, »How America Took Out the Nord Stream Pipeline«, a. a. O.

36 David Ruppe, »U.S. Military Wanted to Provoke War with Cuba«, ABC News, 1. Mai 2001, *https://abcnews.go.com/US/story?id=92662&page=1.*

37 Hersh, »How America Took Out the Nord Stream Pipeline«, a. a. O.

38 »Leaked Video: Retired Four Star General McChrystal Claims US Behind Nord Stream Pipeline Bombing«, InfoWars, 22. Juli 2023, *https://www.infowars.com/posts/leaked-video-retired-four-star-general-mcchrystal-claims-us-behind-nord-stream-bombing/?utm_medium=referral&utm_source=ground.news.*

39 Chris Menahan, »WSJ: The West Knew Ukraine Wasn't Prepared for Counter-Offensive, Hoped their ›Courage and Resourcefulness Would Carry the Day‹«, InfoWars, 26. Juli 2023, *https://www.infowars.com/posts/wsj-the-west-knew-ukraine-wasnt-prepared-for-counter-offensive-hoped-their-courage-and-resourcefulness-would-carry-the-day/.*

Kapitel 8

1   Israel Salas-Rodriguez und Tereza Shkurtaj, »Who Are Tucker Carlson's Parents?«, *U.S. Sun*, 24. April 2023, *https://www.the-sun.com/news/2486984/get-to-know-fox-host-tucker-carlsons-parents/.*

2   »Malcolm X Quotes«, GoodReads, *https://www.goodreads.com/quotes/74430-the-media-s-the-most-powerful-entity-on-earth-they-have.*

3   »Larry Silverstein WTC7 ›Pull It‹ Statement«, Youtube, 6. November 2007, *https://www.youtube.com/watch?v=p34XrI2Fm6I.*

4   »Alex Jones Predicted Tucker Would Get Fired Last Month«, *Salty Cracker*, 24. April 2023, *https://www.saltmustflow.com/aoc-wants-tucker-banned-from-tv-copy/.*

5   »Tucker Carlson on Twitter«, 9. Mai 2023, *https://www.twitter.com/TuckerCarlson/status/16560 37032538390530?lang=en.*

6   Nick Gilbertson, »Report: Fox Lost to CNN, MSNBC in Key Demo During Tucker Carlson's Old Slot«, Breitbart, 9. Mai 2023, *https://www.breitbart.com/the-media/2023/05/09/fox-loses-cnn-msnbc-key-demo-tucker-carlson-old-slot/.*

7   Cheryl Teh, »Paul Ryan Didn't Hesitate to Blame Tucker When Asked About ›Toxic Sludge‹ and ›Misinformation‹ on Fox News«, *Business Insider*, 1. März 2023, *https://www.businessinsider.com/paul-ryan-tucker-carlson-fox-news-toxic-sludge-disinformation-2023-3.*

8   Nicholas von Hoffman, »Journalism and the CIA«, *The Washington Post*, 5. Oktober 1977, *https://www.washingtonpost.com/archive/lifestyle/1977/10/05/journalism-and-the-cia/de80094a-6b88-4e7a-94ef-3da744351fba/.*

9   *Tucker Carlson Tonight*, Youtube, 20. April 2023, *https://www.youtube.com/watch?v=t9eN19qkZRk.*

10 Ebd.

11 Ebd.

12 Jeff Bercovi, »Eight Things You Didn't Know About Fox News' Roger Ailes«, *Forbes*, 19. März 2013, *https://www.forbes.com/sites/jeffbercovici/2013/03/19/eight-things-you-didnt-know-about-fox-news-chief-roger-ailes/.*

13 »Straight Ahead with Roger Ailes«, Youtube, Mai 1995, *https://www.youtube.com/watch?v=EU32wrSptwE.*

14   Ebd.

15   Ebd.

16   Ebd.

17   Ebd.

18   Liz Smith, »Kennedy and Ailes Pitch a Tent«, Newser, 6. Januar 2006, *https://www.adweek. com/tvnewser/kennedy-ailes-pitch-a-tent/.*

19   »Episode 127: Presidential Candidate Robert F. Kennedy, Jr. in Conversations with the Besties«, *All-In Podcast*, 5. Mai 2023, *https://podcasts.apple.com/us/podcast/e127-presidential- candidate-robert-f-kennedy-jr-in/id1502871393?i=1000611941938.*

20   »Tucker Carlson Address at the Heritage Foundation«, Youtube, 22. April 2023, *https://www.youtube.com/watch?v=ebG2POkoHgU.*

21   Ebd.

22   Ebd.

23   Ebd.

24   Ebd.

25   Ebd.

26   »Robert F. Kennedy Quotes«, GoodReads, *https://www.goodreads.com/quotes/8215370- moral-courage-is-a-rarer-commodity-than-bravery-in-battle.*

27   »Tucker Carlson Address at the Heritage Foundation«, a. a. O.

28   Ronald C. White Jr., »Honest Abe Reminds Us of the Power of Words«, NPR, 4. März 2011, *https://www.npr.org/2011/03/04/134162178/150-years-later-lincolns- words-still-resonate.*

29   Gabriel Sherman, »Tucker Carlson's Prayer Talk May Have Led to Fox News Ouster: ›That Stuff Freaks Rupert Out‹«, *Vanity Fair*, 25. April 2023, *https://www.vanityfair.com/ news/2023/04/tucker-carlson-fox-news-rupert-murdoch.*

30   Ebd.

31   Ebd.

32   Mike Redmond, »Tucker Carlson Reportedly Could Be Off the Air Until 2024, if Fox News Has Its Way«, UPROXX, 28. April 2023, *https://www.uproxx.com/viral/tucker-carlson-fox- news-contract-2024/.*

33   Sherman, »Tucker Carlson's Prayer Talk May«, a. a. O.

34   »Tucker Carlson Interview with Russell Brand«, Rumble, 7. Juli 2023. *https://www.rumble.com/ v2ypa20-russell-brand-interviews-tucker-carlson-full-interview.html.*

35   »Dominick Mastrangelo, »Tucker Carlson Tweet Announcing New Twitter Show Tops 100 Million Views«, *The Hill*, 10. Mai 2023, *https://www.thehill.com/homenews/3998093-tucker- carlson-tweet-announcing-new-twitter-show-tops-100-million-views/.*

36   Rick Porter, »Fox News Takes Ratings Hit after Tucker Carlson's Exit«, *The Hollywood Reporter*, 25. April 2023, *https://www.hollywoodreporter.com/tv/tv-news/fox-news-takes-ratings- hit-after-tucker-carlsons-exit-1235400150/.*

37   Erik Wemple, »Sexual Harassment Victims Drive Fox News – Roger Ailes Documentary«, *The Washington Post*, 15. November 2018, *https://www.washingtonpost.com/blogs/erik-wemple/ wp/2018/11/15/sexual-harassment-victims-drive-fox-news-roger-ailes-documentary/.*

Kapitel 9

1   Anne Karni, Eileen Sullivan und Noam Scheiber, »Acosta to Resign as Labor Secretary Over Jeffrey Epstein Plea Deal«, *The New York Times*, 12. Juli 2019, *https://www.nytimes.com/2019/07/12/us/politics/acosta-resigns-trump.html#:~:text=Alexander%20Acosta%2C%20the%20labor%20secretary,say%20it%20to%20the%20press.*

2   Julie K. Brown, *Perversion of Justice: The Jeffrey Epstein Story* (Mw York - Dey Street, an Imprint of William Morrow, 2021), xii.

3   Ebd., S. xii–xiii.

4   Nicole Goodkid, »›No Regrets is a Very Hard Question‹, Alex Acosta Defends Jeffrey Epstein Plea Deal«, *Newsweek*, 10. Juli 2019, *https://www.newsweek.com/alex-acosta-epstein-sex-trafficking-department-labor-1448568.*

5   Jack Crowe, »Epstein's Lawyer Claimed the Alleged Pedophile Helped Devise the Clinton Global Initiative«, Yahoo News, 8. Juli 2019, *https://www.yahoo.com/now/epstein-lawyer-claimed-alleged-pedophile-223701676.html.*

6   Chris Spargo, »Rape, Lies and Videotape: Jeffrey Epstein had Surveillance Cameras in Every Room of His NYC and Little St. James Properties – for Security and to Feed his Depraved Perversions«, *Daily Mail*, 14. August 2019, *https://www.dailymail.co.uk/news/article-7357357/Jeffrey-Epstein-surveillance-cameras-room-NYC-Little-St-James-properties.html.*

7   Gustaf Kilander, »Epstein Victim Claims He Had Surveillance Rooms and Secret Cameras at New Mexico Ranch«, *The Independent*, 21. Oktober 2021, *https://www.independent.co.uk/news/world/americas/crime/jeffrey-epstein-victims-ranch-cameras-b1942944.html.*

8   Jerry Lambe, »The ›Epstein-Barr‹ Problem at New York City's Dalton School«, Law & Crime, 13. Juli 2019, *https://www.lawandcrime.com/high-profile/the-epstein-barr-problem-of-new-york-citys-dalton-school/.*

9   Katie Benner, »Barr Says Epstein's Suicide Resulted From ›Perfect Storm of Screw-Ups‹«, *The New York Times,* 22. November 2019, *https://www.nytimes.com/2019/11/22/nyregion/william-barr-jeffrey-epstein-suicide-investigation.html.*

10 Mike Baker und Amy Julia Harris, »Jeffrey Epstein Taught at Dalton. His Behavior was Noticed«, *The New York Times*, 12. Juli 2019, *https://www.nytimes.com/2019/07/12/nyregion/jeffrey-epstein-dalton-teacher.html.*

11 Ebd.

12 Wolfgang Saxon, »Donald Barr, 82, Headmaster and Science Honors Educator«, *The New York Times*, 10. Februar 2004, *https://www.nytimes.com/2004/02/10/nyregion/donald-barr-82-headmaster-and-science-honors-educator.html.*

13 Brown, *Perversion of Justice*, a. a. O., S. 47.

14 Donald Barr, *Space Relations* (Greenwich, CT, Fawcett Crest, 1973), hintere Umschlagseite.

15 Ebd., S. 98 f.

16 Ebd., S. 116 f.

17 Ebd., S. 253 f.

18 Ebd., S. 254.

19 Donald Barr, *A Planet in Arms* (New York, Fawcett Crest, 1981), hintere Umschlagseite.

20 Ebd., S. 127.
21 Marie Brenner, »›I Had No Problem Being Politically Different‹, Young William Barr Among the Manhattan Liberals«, *Vanity Fair*, 7. Oktober 2019, *www.vanityfair.com/news/2019/10/ the-untold-tale-of-young-william-barr.*
22 James Barron, »Who is Jeffrey Epstein? An Opulent Life, Celebrity Friends, and Lurid Accusations«, *The New York Times*, 9. Juli 2019, *www.nytimes.com/2019/07/09/nyregion/ jeffrey-epstein-who-is-he.html.*
23 Ebd.
24 Vicky Ward, »Was Jeffrey Epstein a Spy?«, *Rolling Stone*, 15. Juni 2021, *https://www.rollingstone. com/culture/culture-features/jeffrey-epstein-steven-hoffenberg-intelligence-agencies-spy-1197708/.*
25 Ebd.
26 Ebd.
27 Ebd.
28 Ebd.
29 Brown, *Perversion of Justice*, a. a. O., S. 211.
30 Ebd.
31 Ebd., S. 220.
32 Ebd., S. 221.
33 Ebd.
34 Ebd., S. 223.
35 Ebd., S. 224.
36 James Patterson, John Connolly und Tim Malloy, *Filthy Rich* (New York, Little Brown and Company, Oktober 2016), S. 146 f.
37 Dylan Howard, Melissa Cronin und James Robertson, *Dead Men Tell No Tales: Spies, Lies, and Blackmail* (New York, Skyhorse Publishing, 2019), S. 106 f.
38 Terry Reed und John Cummings, *Compromised: Clinton, Bush, and the CIA* (New York, S.P.I. Books, 1994), S. 229.
39 Ebd.
40 Ebd.
41 Ebd., S. 235.
42 Howard, *Dead Men Tell No Tales*, a. a. O., S. 127.
43 Brown, *Perversion of Justice*, a. a. O., S. 369 f.
44 Ebd., S. 371.
45 Michael Levenson, »Harvard Kept Ties with Jeffrey Epstein after '08 Conviction, Report Shows«, *The New York Times*, 1. Mai 2020, *https://www.nytimes.com/2020/05/01/us/jeffrey-epstein-harvard.html.*
46 Ebd.
47 Collin Binkley, »Jeffrey Epstein Frequented Harvard, Had Own Office, Report Finds«, CBS Boston, 1. Mai 2020, *https://www.nbcboston.com/news/national-international/ epstein-frequented-harvard-had-own-office-report-finds/2117275/.*
48 »Meryl Streep, Once Called Harvey Weinstein a ›God‹, Now Actress Is Calling Him ›Disgraceful‹«, Newsweek, 9. Oktober 2017, *https://www.newsweek.com/meryl-streep-harvey-weinstein-harrassment-680643.*

49   Ronan Farrow, »How an Elite University Research Center Concealed Its Relationship with Jeffrey Epstein«, *The New Yorker*, 6. September 2019, *https://www.newyorker.com/news/news-desk/how-an-elite-university-research-center-concealed-its-relationship-with-jeffrey-epstein*.

50   Ebd.

51   Ebd.

52   Ebd.

53   Lachlan Cartwright, »Jeffrey Epstein Bragged Bill Barr was in Charge, Not Trump«, The Daily Beast, 15. Oktober 2021, *https://www.thedailybeast.com/epstein-bragged-barr-was-in-charge-not-trump*.

54   Ebd.

55   Ebd.

56   James B, Stewart, Matthew Goldstein und Jessica Silver-Greenberg, »Jeffrey Epstein Hoped to Seed Human Race with his DNA«, *The New York Times*, 31. Juli 2019, *https://www.nytimes.com/2019/07/31/business/jeffrey-epstein-eugenics.html*.

57   Ebd.

58   Ebd.

59   Ebd.

60   Nick Nowalk, »Pascal's God-Shaped Hole«, *The Harvard Ichthus*, 2. Mai 2011, *https://harvardichthus.org/2011/05/pascal_hole/*.

61   Benjamin Weiser, Kim Barker und Grace Ashford, »Fashion Mogul Peter Nygard Indicted on Sex-Trafficking Charges«, *The New York Times*, 15. Dezember 2020, *https://www.nytimes.com/2020/12/15/world/canada/peter-nygard-sex-trafficking-charges.html*.

62   Ebd.

63   Melissa Cronin, *Predator King: Peter Nygard's Dark Life of Rape, Drugs, and Blackmail* (New York, Hot Books, 2020), S. 71.

64   Ebd.

65   Ebd., S. 72.

66   »Shock Video: TV Producers Interview Real Vampires«, InfoWars, 11. Juli 2022, *https://www.infowars.com/posts/shock-video-tv-producers-interview-real-vampires/*.

67   Benner, »Barr Says Epstein's Suicide …«, a. a. O.

68   Ebd.

69   Devan Cole, »Washington Post: Bill Barr Says Trump ›Has Neither the Temperament nor Persuasive Powers‹ of a Leader«, CNN, 27. Februar 2023, *https://www.cnn.com/2022/02/27/politics/bill-barr-trump-criticism-new-book/index.html*.

70   Steve Janoski, »New Jeffrey Epstein Docs reveal Pedophile Met with CIA Chief, Former White House Counsel – After His Child Sex Crime Conviction«, *New York Post*, 30. April, 2023, *https://nypost.com/2023/04/30/epsteins-newly-released-calendar-includes-planned-meets-with-cia-chief-college-head-and-former-white-house-counsel/*.

71   Ariel Zilber, »Joe Rogan: Jeffrey Epstein May Have Been CIA or Mossad Spy«, *New York Post*, 1. August 2022, *https://nypost.com/2022/08/01/joe-rogan-jeffrey-epstein-may-have-been-cia-or-mossad-spy/*.

72 Amanda Holpuch, »Bill Gates Says Meetings with Jeffrey Epstein were ›Huge Mistake‹«, *The Guardian*, 5. August 2021, *https://www.theguardian.com/us-news/2021/aug/05/bill-gates-jeffrey-epstein-meeting-huge-mistake.*

73 Jay Greene, »The Billionaire Who Cried Pandemic«, *The Washington Post*, 2. Mai 2020, *https://www.washingtonpost.com/technology/2020/05/02/bill-gates-coronavirus-science/.*

74 Jessica Napoli, »Jeffrey Epstein's Pilot Reveals Names of Hollywood Stars who Flew on His Plane«, Fox News, 1. Dezember 2021, *https://www.foxnews.com/entertainment/jeffrey-epstein-pilot-names-hollywood-stars-flew-private-plane.*

75 Nick Arama, »Joe Rogan Just Dropped Bill Clinton with Comment About Jeffrey Epstein and that Infamous Painting«, RedState, 23. Juli 2023, *https://www.redstate.com/nick-arama/2023/07/23/joe-rogan-just-dropped-bill-clinton-with-comment-about-jeffrey-epstein-and-that-infamous-painting-n781017.*

76 Kelen McBreen, »Artist Who Painted Bill Clinton in a Dress Also Painted George W. Bush Re-Enacting 9-11«, *Newswars*, 16. August 2019, *https://web.archive.org/web/20200606141102/https://www.newswars.com/artist-who-painted-bill-clinton-in-a-dress-also-painted-george-w-bush-re-enacting-9-11/.*

77 Hattie Hamilton und Jenny Ky, »Jeffrey Epstein was a Mossad Spy, Says Investigative Journalist Dylan Howard«, 7News, *The Morning Show*, 9. Dezember 2019, *https://www.7news.com.au/the-morning-show/jeffrey-epstein-was-a-mossad-spy-says-investigative-journalist-dylan-howard-c-595812.*

78 Jim Ferguson, Twitter-Kommentar, 24. Juli 2023, *https://twitter.com/JimFergusonUK/status/1683388043196088321.*

Kapitel 10

1 »Flashback: Alex Jones Predicted Forced Vaccine Tyranny Over 10 Years Ago«, InfoWars, 21. Mai 2021, *https://www.infowars.com/posts/flashback-alex-jones-predicted-forced-vaccine-tyranny-over-10-years-ago/.*

2 Ebd.

3 »COVID-19 Timeline«, David J. Sencer Museum: In Association with the Smithsonian Institution, Centers for Disease Control and Prevention, *https://www.cdc.gov/museum/timeline/covid19.html.*

4 »Military Documents About Gain of Function Contradict Fauci Testimony Under Oath«, Project Veritas, 10. Januar 2022, *https://www.projectveritas.com/news/military-documents-about-gain-of-function-contradict-fauci-testimony-under/.*

5 Nick Turse, »DARPA's Wild Kingdom«, *Mother Jones*, 8. März 2004, *https://www.motherjones.com/politics/2004/03/darpas-wild-kingdom.*

6 Diane Tedeschi, »How Much Did Wernher von Braun Know, and When Did He Know It?«, *Smithsonian Magazine*, 1. Januar 2008, *https://www.smithsonianmag.com/air-space-magazine/a-amp-s-interview-michael-j-neufeld-23236520/.*

7   Peter Daszak, »Project DEFUSE: Defusing the Threat of Bat-Borne Coronaviruses«, EcoHealth Alliance, 14. März 2018, *https://assets.ctfassets.net/syq3snmxclc9/4NFC6M83ewzKLf 6DvAygb4/0cf477f75646e718afb332b7ac6c3cd1/defuse-proposal_watermark_Redacted.pdf.*

8   Ebd.

9   Josh Rogin, »State Department Cables Warned of Safety Issues at Wuhan Lab Studying Bat Coronaviruses«, *The Washington Post*, 14. April 2020, *https://www.washingtonpost.com/ opinions/2020/04/14/state-department-cables-warned-safety-issues-wuhan-lab-studying-bat-coronaviruses/.*

10   Daszak, »Project DEFUSE …«, a. a. O.

11   Rogin, »State Department Cables …«, a. a. O.

12   Ebd.

13   Andrew G. Huff, *The Truth About Wuhan: How I Uncovered the Biggest Lie in History* (New York, Skyhorse Publishing, 2022), S. 182.

14   Ebd., S. 213.

15   Ebd., S. 214.

16   Ebd., S. 214 f.

17   Rogin, »State Department Cables …«, a. a. O.

18   Josh Rogin, »Congress is Investigating Whether the 2019 Military World Games in Wuhan was a Covid-19 Superspreader Event«, *The Washington Post*, 23. Juni 2021, *https://www. washingtonpost.com/opinions/2021/06/23/congress-wuhan-military-games-2019-covid/.*

19   Ebd.

20   Sharri Markson, *What Really Happened in Wuhan* (New York, Harper Collins, 2021), S. 296.

21   Ebd.

22   Ebd., S. 297 f.

23   Declan Butler, »Engineered Bat Virus Stirs Debate Over Risky Research«, *Nature Medicine*, 12. November 2015, *https://www.nature.com/articles/nature.2015.18787.*

24   Ebd.

25   »NIH Lifts Funding Pause on Gain-of-Function Research«, National Institutes of Health, 19. Dezember 2017, *https://www.nih.gov/about-nih/who-we-are/nih-director/statements/ nih-lifts-funding-pause-gain-function-research.*

26   »Framework for Guiding Funding Decisions about Proposed Research Involving Enhanced Potential Pandemic Pathogens«, U.S. Department of Health and Human Services, 2017, S. 1, *https://www.phe.gov/s3/dualuse/documents/p3co.pdf.*

27   Ebd., S. 3.

28   »Rejection of DEFUSE Project Proposal«, Project Veritas, 10. Januar 2022, *https://www.projectveritas.com/news/military-documents-about-gain-of-function-contradict-fauci-testimony-under/;* Direktlink: *https://assets.ctfassets.net/syq3snmxclc9/5OjsrkkXHfuHps6Lek1MO0/5e7a0d86d5d6 7e8d153555400d9dcd17/defuse-project-rejection-by-darpa.pdf.*

29   Jane Qiu, »How China's ›Bat Woman‹ Hunted Down Viruses from SARS to the New Corona-virus«, *Scientific American*, 1. Juni 2020, *https://www.scientificamerican.com/article/how-chinas-bat-woman-hunted-down-viruses-from-sars-to-the-new-coronavirus1/.*

30 Amy Qin und Chris Buckley, »A Top Virologist in China, at Center of a Pandemic Storm, Speaks Out«, *The New York Times*, 14. Juni 2021, aktualisiert am 25. August 2021, *https://www.nytimes.com/2021/06/14/world/asia/china-covid-wuhan-lab-leak.html*.

31 »Luc Montagnier Facts«, The Nobel Prize, *https://www.nobelprize.org/prizes/medicine/2008/montagnier/facts/*.

32 Amy Qin und Chris Buckley, »A Top Virologist in China …«, a. a. O.

33 Ebd.

34 Ebd.

35 Fred Guterl, »Dr. Fauci Backed Controversial Wuhan Lab with U.S. Dollars for Risky Coronavirus Research«, *Newsweek*, 28. April 2020, *https://www.newsweek.com/dr-fauci-backed-controversial-wuhan-lab-millions-us-dollars-risky-coronavirus-research-1500741*.

36 Ebd.

37 Ebd.

38 Paul Elias Alexander und Kent Heckenlively, *Presidential Takedown: How Anthony Fauci, the CDC, NIH, and the WHO Conspired to Overthrow President Trump* (New York, Skyhorse Publishing, 2022), S. 84 f.

39 Ebd., S. 110.

40 Mike Lauer, »FY 2020 by the Numbers: Extramural Investments in Research«, National Institutes of Health: Office of Extramural Research, 21. April 2021, *https://nexus.od.nih.gov/all/2021/04/21/fy-2020-by-the-numbers-extramural-investments-in-research/*.

41 Karl Evers Hilstrom, »Most Expensive Ever: 2020 Election Cost $14.4 Billion«, OpenSecrets, 11. Februar 2021, *https://www.opensecrets.org/news/2021/02/2020-cycle-cost-14p4-billion-doubling-16/*.

42 Editorial Board, »How Fauci and Collins Shut Down COVID Debate«, *The Wall Street Journal*, 22. Dezember 2021, *https://www.wsj.com/articles/fauci-collins-emails-great-barrington-declaration-covid-pandemic-lockdown-11640129116*.

43 Ebd.

44 Sarah Mervosh, »The Pandemic Erased Two Decades of Progress in Math and Reading«, *The New York Times*, 1. September 2022, *https://www.nytimes.com/2022/09/01/us/national-test-scores-math-reading-pandemic.html*.

45 Supinda Bunyavanich, Anh Do und Alfin Vicenio, »Nasal Gene Expression of Angiotensin-Converting Enzyme in Children and Adults«, *Journal of the American Medical Association*, Vol. 323, Nr. 23 (20. Mai 2020), *https://jamanetwork.com/journals/jama/fullarticle/2766524*.

46 Ebd.

47 Paul Elias Alexander, »Early Outpatient Treatment for COVID-19: The Evidence«, Brownstone Institute, 22. Januar 2022, *https://brownstone.org/articles/early-outpatient-treatment-for-covid-19-the-evidence/*.

48 World Health Organization, »WHO Coronavirus (COVID-19) Dashboard«, *https://www.who.int/emergencies/diseases/novel-coronavirus-2019?adgroupsurvey={adgroupsurvey}&gclid=Cj0KCQjw9fqnBhDSARIsAHlcQYSrvJzS2mRyXrF3bmj-znZk1uM5Fj33OnQ4WTWTTxUJQBlZR6xrBK4aAg68EALwwcB*.

49 Robert Cuffe und Rachel Schraer, »Excess Deaths in 2022 Among Worst in 50 Years«, BBC, 10. Januar 2023, *https://www.bbc.com/news/health-64209221.*

50 The Vigilant Fox, »Dr. Naomi Wolf Uncovers Pfizer's Depopulation Agenda, as Evidenced by Its Own Documents«, DailyClout, 1. Juni 2023, *https://www.globalresearch.ca/dr-naomi-wolf-uncovers-pfizer-depopulation-agenda-evidenced-its-own-documents/5821250.*

51 Ebd.

52 Allum Bokhari, »Zuckerberg: Medical Establishment Demanded Facebook Censor Coronavirus Info that was ›Debatable or True‹«, Breitbart, 10. Juni 2023, *https://www.breitbart.com/tech/2023/06/10/zuckerberg-covid-authorities-censor-true-information/.*

53 Children's Health Defense Team, »›Our Country is Under Attack‹, RFK, Jr. Speaks on CIA and Totalitarianism«, *The Defender,* 5. November 2021, *https://www.childrenshealthdefense.org/defender/rfk-jr-defender-chd-cia-totalitarianism-us-constitution/.*

54 Allie Griffin, »Wuhan Lab Scientists Researching Coronavirus Were the First to Contract COVID-19«, *New York Post,* 13. Juni 2023, *https://nypost.com/2023/06/13/wuhan-scientists-were-the-first-to-contract-covid-19-report/.*

55 Ebd.

56 Ebd.

57 »Americans' Trust in Scientists, Other Groups Declines«, Pew Research, 2022, *https://www.pewresearch.org/science/2022/02/15/americans-trust-in-scientists-other-groups-declines/.*

58 Doha Madani, »CDC Detects Coronavirus, HIV, Hepatitis, and Herpes at Unlicensed California Lab«, NBC News, 27. Juli 2023, *https://www.nbcnews.com/news/us-news/officials-believe-fresno-warehouse-was-site-illegal-laboratory-rcna96756.*

Kapitel 11

1 »Alex Jones: Man in Car with P.A.«, Independent Movie Database (IMDB), *https://www.imdb.com/title/tt0243017/characters/nm1093953.*

2 Joshua Ostroff, »Martin Sheen: 9/11 Questions ›Unanswered‹, Building 7 ›Very Suspicious‹«, *HuffPost,* 13. November 2012, *https://www.huffpost.com/archive/ca/entry/11-questions-unanswered-building-7-very-suspicious_n_2118828.*

3 Laura Donovan, »Charlie Sheen's Rambling Radio Interview: ›I'm an F-18, Bro and I Will Destroy You‹«, Yahoo News, 25. Februar 2011, *https://news.yahoo.com/charlie-sheen-rambling-radio-interview-m-f-18-20110225-043538-214.html.*

4 Helen Pidd, »India's First Lunar Mission Finds Water on the Moon«, *The Guardian,* 23. September 2009, *https://www.theguardian.com/world/2009/sep/24/water-moon-space-exploration-india.*

5 Carla Correa, »A Timeline of the NXVIM Sex Cult Case«, *The New York Times,* 8. September 2021, *https://www.nytimes.com/article/nxivm-timeline.html.*

6 Vincent Dowd, »Argo: The True Story Behind Ben Affleck's Globe Winning Film«, BBC News, 14. Januar 2013, *https://www.bbc.com/news/entertainment-arts-21003432.*

7 Ebd.
8 *The Guardian*, »Ben Affleck on Argo: ›Probably Hollywood is Full of CIA Agents …‹«, Youtube, 7. November 2012, *https://www.youtube.com/watch?v=LCq97j4VakQ.*
9 Dowd, »Argo: The True Story …«, a. a. O.
10 Nick Gilbertson, »Arizona Republican Kari Lake Floats Possible U.S. Senate Run«, Breitbart, 1. Juli 2023, *https://www.breitbart.com/2024-election/2023/07/01/exclusive-arizona-republican-kari-lake-floats-possible-u-s-senate-run/.*
11 Ebd.
12 Hannah Sampson, »What is Bohemian Grove? The Secretive Camp Visited by Clarence Thomas«, *The Washington Post*, 6. April 2023, *https://www.washingtonpost.com/travel/2023/04/06/clarence-thomas-crow-bohemian-grove/.*
13 Katie Serena, »The Secret History of the Skull and Bones Society – And the Powerful Men Behind It«, All That's Interesting, 5. Oktober 2021, aktualisiert am 8. Juli 2022, *https://www.allthatsinteresting.com/skull-and-bones-society.*
14 Ebd.
15 Ebd.

Kapitel 12

1 »Emissions Gap Report 2022: the Closing Window - Climate Crisis Calls for Rapid Transformation of Societies«, United Nations Environment Program, Reliefweb, *https://reliefweb.int/report/world/emissions-gap-report-2022-closing-window-climate-crisis-calls-rapid-transformation-societies-enarruzhsw?gclid=Cj0KCQjw9fqnBhDSARIsAHlcQYRFvarzyXmzdfqcGSEP012EzrBf0 CkHKUNJ3MGYQm7bTllflVo8fEaAj5UEALwwcB.*
2 »Vivek: If Twitter Supports Free Speech, then Unban Alex Jones«, InfoWars, 27. Juli 2023, *https://www.infowars.com/posts/vivek-if-twitter-supports-free-speech-then-unban-alex-jones/.*

Kapitel 13

1 Sandra Feder, »Religious Faith Can Lead to Positive Mental Benefits, Writes Stanford Anthropologist«, Stanford News, 13. November 2020, *https://news.stanford.edu/2020/11/13/deep-faith-beneficial-health/#:~:text=Religious%20faith%20can%20lead%20to,says%20 Stanford%20anthropologist%20Tanya%20Luhrmann.*
2 Ebd.
3 *The New American Bible – Catholic Edition* (Nashville, Tennessee, Catholic Bible Press, 1986), Exodus 14,10-18 [dt. Text: *Die Bibel – Einheitsübersetzung. Altes und Neues Testament* (Freiburg-Basel-Wien, Herder, 1980)].
4 Ebd., Matthäus 5,3-11 [dt. Text: s. o.].

Fazit

1   Alex Mikhail, »After Elon Musk, Joe Rogan Vaccine Twitter Brawl, Scientists Say ›Vile Rhetoric & Misinformation‹ is Forcing Them Off the Platform«, *Fortune*, 20. Juni 2023, *https://www.fortune.com/well/2023/06/20/elon-musk-joe-rogan-peter-hotez-anti-vaccine-twitter-harassment/*.

2   Karen Landman, »Joe Rogan Wants a ›Debate‹ on Vaccine Science. Don't Give it to Him«, Vox, 22. Juni 2023, *https://www.vox.com/2023/6/22/23768539/rogan-rfk-hotez-debate-vaccine-deniers-better*.

3   Diana Gelbova, »Biden, DNC Take Criticism From All Sides on Lack of Primary Debates«, The Daily Caller, 8. Mai 2023, *https://www.dailycaller.com/2023/05/08/biden-dnc-marianne-williamson-rfk-jr-debates-2024-election*.

4   Regina Lankenua, »Why Hotez is Right Not to Debate RFK Jr.«, *Houston Chronicle*, 22. Juni 2023, *https://www.houstonchronicle.com/opinion/outlook/article/peter-hotez-joe-rogan-rfk-jr-vaccine-twitter-musk-18165180.php*.

5   *Bruesewitz v. Wyeth, LLC*, Justia U.S. Supreme Court, entschieden am 22. Februar 2011, *https://www.supreme.justia.com/cases/federal/us/562/223/*.

6   Aubrey Spady, »BlackRock CEO Slammed for ›Force Behaviors‹ Comment after 2017 Interview Re-Emerges about DEI Initiatives«, Fox Business, 5. Juni 2023, *https://www.foxbusiness.com/politics/blackrock-ceo-slammed-force-behaviors-dei-initiatives*.

7   »›We Will Bring You Down‹: German MP Vows to Dismantle WHO's Grip on Government«, Zero Hedge, 17. Juli 2023, *https://www.zerohedge.com/geopolitical/we-will-bring-you-down-german-mp-vows-dismantle-whos-grip-governments*.

8   »Robert F. Kennedy Jr. Testifies on Social Media and Alleged Censorship«, Youtube, 20. Juli 2023, *https://www.youtube.com/watch?v=OokHd05Tq4E*.

9   Ebd.

10   Jim Salter, »Biden admin blocked from working with social media firms about ›protected speech‹«, PBS NewsHour, 4. Juli 2023, *https://www.pbs.org/newshour/nation/biden-administration-blocked-from-working-with-social-media-firms-about-protected-speech*.

Anmerkung des Mitautors

1   Erin Laviola, »Richard Blum, Dianne Feinstein's Husband: 5 Fast Facts You Need to Know«, Heavy.com, September 2018, aktualisiert am 14. November 2023, *https://heavy.com/news/2018/09/richard-blum-dianne-feinstein-husband/*.

2   Glenn F. Bunting, »Feinstein, Husband Hold Strong China Connections«, *Los Angeles Times*, 28. März 1997, *https://www.latimes.com/archives/la-xpm-1997-03-28-mn-43046-story.html/*.

3   »Details Surface About Sen. Feinstein and the Chinese Spy Who Worked for Her«, CBS News Bay Area, 1. August 2018, *https://www.cbsnews.com/sanfrancisco/news/details-chinese-spy-dianne-feinstein-san-francisco/*.

4   Thaai Walker, »Drug Kingpin's Sentencing Ends Bloody Era in Oakland/Decades of Turf Warfare as Citizens Reclaim Their City«, SFGate, 16. Februar 1999, *https://www.sfgate.com/bayarea/article/Drug-Kingpin-s-Sentencing-Ends-Bloody-Era-in-2946651.php*.

5   »Tony Serra / The Original True Believer – Stanford«, Love Thy Lawyer, 10. August 2022, *https://www.lovethylawyer.com/tony-serra-the-original-true-believer-stanford/*.

6   »American Whistleblowers: The Peril and Promise of Science«, Commonwealth Club of California, *https://www.commonwealthclub.org/events/2015-04-09/american-whistleblowers-peril-and-promise-science*.

7   »Anti-Vaccination Advocate Kent Heckenlively Denied Entry to Australia«, SBS News Australia, 31. August 2017, *https://www.sbs.com.au/news/article/anti-vaccination-advocate-kent-heckenlively-denied-entry-to-australia/hnafua7lm*.

8   »Meet the Press Broadcast (FULL) – May 17th, 2020/Meet the Press/NBC News«, Youtube, 18. Mai 2020, *https://www.youtube.com/watch?v=p3eQ_JmHB0c&list=PLajqb8-_1_iTG2u6djt-045epj1OhsNud&index=1*.

57) Komitee der 300